국제해양법 판례연구

이 저서는 2012년 정부(교육과학기술부)의 재원으로 한국연구재단의
지원을 받아 수행된 연구임(NRF-2012S1A3A2033587)

국제해양법 판례연구

이석용 · 이창위 · 김채형

세창출판사

제3차 유엔해양법회의의 결과 채택되어 효력을 발생하고 있는 해양법협약을 세상에서는 '해양의 헌법'이라고 부른다. 10년간의 대장정 끝에 탄생한 해양법협약은 거의 모든 해양문제를 다루고 있고 세계 대부분의 국가들이 그 협약의 당사국이니, 협약을 그렇게 부르는 것은 당연해 보인다.

그렇지만 해양법협약에는 처음부터 내재해 있는 약점들이 있었고, 협약의 채택 이후 새롭게 등장하여 보완이 필요한 문제들도 있다. 제3차 유엔해양법회의는 본래 컨센서스에 의한 협약 채택을 목표로 하였었다. 그리하여 협상과정에서 국가들의 대립된 이해관계를 적절한 수준에서 봉합하기 위하여 모호한 조문이 도입되기도 하였고 명확한 결정을 유보한 경우도 있었다. 또한 '아프리카의 뿔' 지역에서의 해적문제처럼 국제사회가 예상한 수준 이상으로 사태진전이 이루어져 기존의 대응방식의 변화가 요구되거나, 해양과학기술의 발전에 따라 새로운 제도가 필요해지는 경우도 있다.

국제사법재판소 등 국제법원과 재판소들은 해양법협약의 미비한 부분과 공백을 채워 주는 역할을 수행하고 있다. 국제판례법의 발달이 기대되는 분야 중에 해양영토 문제가 있다. 국제사법재판소와 국제중재재판소들이 해양경계획정 분야에서 1958년 협약체제의 모호한 부분들을 밝히고 보완해 왔듯이, 1982년 해양법협약 체제에서도 국제법원과 재판소들의 역할이 중요시되는 것이다.

이 책은 해양영토 문제에 관한 주요한 국제판례를 선정하여 분석하고 우리나라에 대한 함의를 분석한 결과를 모은 것이다. 도서영유권에 관한 판례가 일부 포함되어 있지만, 대부분은 해양경계획정에 관한 것이다. 도서영유권과 해양경계획정 분야에서 기념비적인 판결에 대한 분석과 정책적 시사점을 담고 있는바, 우리나라의 해양정책 담당자는 물론 국제해양법을 공부하는 사람들에게도 작으나마 도움이 되었으면 한다.

2015년 6월
저자 일동

1 리비아와 몰타 간 대륙붕 사건

I. 서 론

1985년 6월 3일 국제사법재판소(ICJ)는 「리비아와 몰타 간 대륙붕 사건」에 대해 판결하였다.[1] 이 사건에 대한 재판은 1982년 7월 19일 리비아와 몰타가 양국 간에 합의된 특별협정(special agreement)을 국제사법재판소(International Court of Justice: ICJ)에 등록함으로써 시작되었다. 양국은 이 협정에서 ICJ에 그들 간의 대륙붕 경계획정에 적용할 국제법 원칙과 규칙들을 결정해 줄 것과 그들이 합의로 당해 수역에 대륙붕 경계선을 그을 수 있도록 그러한 원칙과 규칙들을 적용하기 위한 현실적 방법들을 제시해 줄 것을 요청하였다

몰타는 지중해 중앙에 위치한 도서국가로 본섬인 몰타(Malta, 246 ㎢)와 고조(Gozo, 66㎢), 코미노(Comino, 2.7㎢), 코미노토(Cominotto, 0.1㎢) 등 4개의 주요 섬과 암석(rock)인 Filfla로 구성되어 있다. 반면에 리비아는 북아프리카 해안의 대륙국가로 1,775,500㎢달하는 광대한 면적을 가지고 있으며, 그 해안은 서쪽의 Ras Ajdir에서 동쪽의 Bardia 항구 근처에 이르기까지 1,700km에 달한다.[2] 리비아와 몰타는 지중해라는 하나의 바다에 면해 있으면서도, 여러 가지 환경이 매우 상이하여

---

1 *Continental Shelf (Libya/Malta)*, Judgement, ICJ Reports, 1985, p.13.
2 *Ibid.*, paras.15-16.

본 사건의 진행과정에서 개진된 당사국들의 주장 역시 대조적이었다.

리비아와 몰타 양국이 본 사건을 ICJ에 제소한 시기는 제3차 유엔해양법회의가 끝나가던 시점이었고, 그 재판절차는 해양법협약의 효력발생 이전에 종결되었다. 본 사건은 국제해양법이 커다란 변화 가운데 있을 때 제3차 유엔해양법회의에서도 가장 치열한 논란의 대상이었던 해양경계획정 문제를 다루었다는 점에서 많은 관심대상이 되었으며, 국제법 학계에서는 해양법협약의 경계획정 조항에 대한 ICJ의해석방향에 이목을 집중하였다.

ICJ는 본 사건을 다루면서 경계획정의 원칙, 형평의 원칙, 경계획정시 고려할 관련상황 등 다양한 문제들을 깊이가 있게 다루었다. ICJ는 리비아와 몰타 간 대륙붕에 관한 본 사건에서 당사국들이 주장하는 자연적 연장론과 등거리선을 검토하였으며, ICJ의 이전의 판결들과 마찬가지로 형평이 경계획정의 원칙임을 재확인하였다. 아울러 형평의 법적인 의미와 기능을 검토하면서, 형평에 맞는 해결을 위해 배후지, 경제상황, 도서, 해안선의 길이, 비례성 등 관련상황들을 검토하였다.

II. 재판과정과 당사국 주장

1. 재판과정

본 사건에 대한 재판절차는 1982년 7월 26일 리비아와 몰타 양국이 특별협정(Special Agreement)을 국제사법재판소(ICJ)에 접수하면서 개시되었다. 특별협정 제1조는 ICJ에 다음을 요구하였다.

몰타공화국에 속하는 대륙붕 지역과 리비아아랍공화국에 속하는 대륙붕 지역을 경계획정하는 데 적용할 국제법 원칙과 규칙은 무엇이며, 실제로 그러한 원칙과 규칙들을 본 사건에 적용하는 데 있어서 양국이 어렵지 않게 제3조에 규정된 바 합의에 의하여 그 지역을 경계획정할 수 있는 방법은 무엇인가.[3]

양국이 합의한 특별협정문을 보면 그들의 요구는 두 가지이다. 양국은 ICJ에 각국에 속하게 될 대륙붕의 경계획정에 적용할 국제법 원칙과 규칙을 밝혀줄 것을 요구하는 한편, 이 원칙과 규칙들을 실제로 적용하기 위한 방법도 문의하였던 것이다. 첫 번째 부분은 이 사건에 적용할 국제법원칙과 규칙에 관해 당사국 간에 견해차가 있으면 이를 해소해 달라는 부탁이나, 양국 모두 형평에 따른 경계획정에 동의하였으므로 이 부분에 대해서는 당사국 간 견해차는 없었다. 문제는 양국이 ICJ에게 그들이 별 어려움이 없이 합의에 의해 대륙붕 경계획정을 이룰 수 있도록 그러한 원칙과 규칙들을 실제로 적용하는 방법을 문의한 것인데, 양국은 이 부분에서 커다란 견해차를 보였다. 몰타는 ICJ가 구체적으로 대륙붕 경계선을 그어주기를 원하였으나, 리비아는 ICJ는 적용이 가능한 국제법 원칙만 밝혀주면 되고 실제 경계선은 당사국 간 합의에 의해 설정되어야 한다고 하였던 것이다.[4]

이 사건의 특별협정이 경계획정 방법에 관해서는 아무런 규정도 두지 않았지만, 그들이 별 어려움 없이 양국 간 대륙붕 경계선에 합의할 수 있도록 국제법원칙과 규칙들을 적용하는 구체적 방법을 결정해

---

3 특별협정 제3조는 ICJ의 최종결정이 내려지면, 몰타정부와 리비아정부는 각국에게 속하는 대륙붕 지역을 결정하고 ICJ 결정에 따른 합의를 위하여 교섭(negotiation)에 들어간다고 하였다.

4 *Libya/Malta Case, op. cit.,* para.18. 특별협정문에는 ICJ에게 구체적인 대륙붕 경계선 획정을 요구하는 조문은 없었다. 그러나 몰타는 튀니지와 리비아 간 사건에서 ICJ가 내린 특별협정의 유사한 조문에 대한 해석을 원용하면서, 양국이 ICJ에 이 사건을 의뢰한 목적이 '어려움 없이'(without difficulty) 경계획정을 가능하게 하기 위한 데 있음을 고려할 때 ICJ에 적절한 법원칙과 규칙을 요구한다는 것은 실제로는 특정한 선의 설정을 요구하는 것이나 마찬가지라고 하였다.

달라고 요구한 사실에 재판소는 주목하였다.[5] 만일 재판소가 매우 세밀하게 구체적인 경계획정 방법을 정해 준다면, 그것은 실제로 재판소가 경계선을 획정해주는 것이나 마찬가지 효과를 가지게 될 것이다. 특히 재판소가 이 문제에 등거리선을 적용해야 한다고 판시한다면 등거리선은 당사국들 해안의 기점으로부터 자연스레 도출되므로 그러한 결정은 사실상 경계선을 정해주는 것과 다름이 없게 된다. 재판소가 보다 덜 기계적인 방법을 택하게 된다면 재판소는 당사국들이 그야말로 어려움 없이 합의에 의해 경계획정에 도달할 수 있도록 보다 세밀한 지침을 제공하여야 한다.

당시 ICJ에는 리비아와 몰타 국적의 재판관은 없었으므로, 양국은 ICJ규정 제31조 3항에 따라 본 사건에 참여할 임시재판관(judge ad hoc)을 선임하게 되었다.[6] ICJ는 1982년 7월 27일과 1983년 4월 26일자 명령을 통하여 양 당사국의 진술서(memorial)와 답변서(counter-memorial) 제출을 위한 시한을 정하였으며, 양 당사국의 진술서와 답변서는 모두 시한 안에 제출되었다.[7] ICJ는 본 사건과 관련하여 1984년 11월부터 1985년 2월에 걸쳐 모두 8차례 걸쳐 공개법정(open sitting)을 가졌다.[8] 한편 이탈리아는 자국의 대륙붕 중에서 일부가 리비아와 몰타 간 이 사건의 재판결과에 영향을 받게 될 것이라고 하면

---

5 *Ibid.*, para. 19.

6 *Ibid.*, paras. 3-4. 리비아는 Eduardo Jimenez de Arechaga를 임시재판관으로 지명하였으며, 몰타는 당초 임시재판관으로 Jorge Castaneda를 지명하였으나, 그가 1984년 10월 13일 건강상의 이유로 사임함에 따라 후임으로 Nicolas Valticos를 지명하였다.

7 *Ibid.*, para. 5.

8 *Ibid.*, paras. 8-9. 몰타 측에서는 Edgar Mizzi 박사, E. Lauterpacht 교수, Prosper Weil 교수, Ian Brownlie 교수가 대표로 참석하였으며, 리비아 측에서는 Suleiman 교수, Francis Vallat 경, Herbert W. Briggs 교수, Gunther Jaenicke 교수, Jean-Pierre Queneudec 교수, Claude-Albert Colliard 교수, Laurent Lucchini 교수, Keith Highet, Derek W. Bowett 교수 등이 참석하였다.

서, ICJ 규정 제62조에 따른 소송참가(intervention)를 요청하였으나, 재판소는 1984년 3월 21일 11 대 5로 이탈리아의 요청을 거절하였다.

2. 당사국 주장

리비아와 몰타는 양국 간 대륙붕 경계획정에 관련된 법원(sources of law)에 관해서는 커다란 견해차를 보이지 않았다. 1958년 제1차 유엔해양법회의에서 채택된 대륙붕협약에 몰타가 가입하였으나 리비아는 당사국이 아니어서 대륙붕협약 제6조를 본 사건에 적용할 수 없었다. 당시 양국은 모두 제3차 유엔해양법회의가 채택한 해양법협약에 서명하였지만, 협약은 아직 효력발생에 이르지 못하고 있었다. 따라서 양국 모두 이 분쟁은 국제관습법에 따라서 해결되어야 한다고 보았는데, 문제는 해양법협약의 해양경계획정에 관한 규정이 국제관습법을 표현하고 있는 것인가 하는 것이었다. 특히 중요한 것은 대륙붕 경계획정에 관한 해양법협약 제83조의 법적인 의미와 내용이었다. 해양법협약 제83조는 "대안국이나 인접국 간의 대륙붕 경계획정은 ICJ 규정 제38조에 언급된 국제법을 기초로 형평에 맞는 결과에 도달하기 위해 합의에 의해 이루어져야 한다"고 하였으나, 이 규정은 매우 모호한 것이다.[9] 양국 모두 이 규정은 형평에 따른 경계획정을 요구하는 것으로 이해하였으나, 실제 적용에 있어서는 상당한 견해차를 보였다.[10]

---

9 ICJ는 1982년 튀니지와 리비아 간 대륙붕사건에 대한 판결에서, 새로운 해양법 협약에는 형평에 맞는 해결을 위해 관련국들이 따라야 할 지침이 되는 명확한 기준이 제시되지 않았으며 형평에 맞는 해결이란 목적만이 제시되었다고 하였다. 이 사건에서 ICJ는 형평의 원칙에 따른 합의에 의한 경계획정이란 표현은 사용하지는 않았으나, 형평의 원칙들에 따라 재판하고 형평의 원칙을 적용한 결과는 형평에 맞는 것이어야 한다고 하였다. *Continental Shelf (Tunisia/Libyan Arab Jamahiriya)*, Judgment, ICJ Reports, 1982, pp. 49, 59.

10 Libya/Malta Case, *op. cit.*, para. 29.

리비아는 그 진술서(memorial)을 통해 자신의 주장을 제기하였으며, 이러한 주장은 본 사건의 진행과정에서 일관되게 유지되었다. 리비아는 진술서에서 ICJ에 다음과 같이 요구하였다.[11]

1. 경계획정은 형평에 맞는 결과를 달성하기 위하여 형평의 원칙에 따라 모든 관련상황들을 고려하여 합의에 의하여 이루어져야 한다.

2. 각 당사국의 육지영토의 해저로의 자연적 연장이 당사국 각국에게 속하는 대륙붕 지역에 대한 권원의 기초이다.

3. 경계획정은 가능한 각국에게, 다른 국가의 자연적 연장을 저해함이 없이, 그 육지영토의 자연적 연장을 구성하는 대륙붕 전체지역을 주는 방식으로 이루어져야 한다.

4. 본 사건에 있어서 대륙붕지역의 경계획정 기준은 자연적 연장 원칙으로부터 나오는바, 그 이유는 그곳 해저와 지하에는 대륙붕지역을 각 당사국 육지영토로부터의 두개의 판이한 자연적 연장으로 나누는 근본적인 단절(fundamental discontinuity)이 있기 때문이다.

5. 형평의 원칙은 제한적인 해안선을 가진 국가가 마치 긴 해안선을 가지고 있는 것처럼 다루어지도록 요구하지 않는다.

6. 본 사건과 같이 특수한 지리적 상황에서 형평의 원칙은 경계획정이 이루어질 지역에 면한 각국의 해안선의 길이에 있어서의 심각한 차이를 고려하도록 요구한다.

7. 본 사건에 있어서 형평의 원칙에 따른 경계획정은 각국에게 속하는 대륙붕 지역의 범위와 각국 해안의 관련부분의 길이 간에 이루어지는 상당한 정도의 비례성의 요소를 반영해야 한다.

8. 등거리선 방법의 적용은 의무적이 아니며, 특히 이 사건과 같이 특수한 상황에 그 방법을 적용하면 형평에 맞는 결과에 도달할 수 없다.

---

11 *Ibid.*, para.11.

9. 형평에 맞는 결과에 도달하기 위하여 당사국들은 국제법 원칙과 규칙들을, 본 사건의 물리적 요소들과 모든 기타 관련상황들을 고려하여, 본 진술서에 정의된 단층지대(Rift Zone) 안에서 그 일반적인 방향에 따른 경계획정 합의를 통하여, 실제로 적용할 수 있다.

몰타 역시 그 진술서(memorial)에서 주장한 내용들을 재판의 진행 과정에서 일관되게 주장하였다. 몰타가 그 진술서와 1985년 심리과정에서 ICJ에 요구한 내용은 동일한 것으로 다음과 같았다.[12]

1. 몰타와 리비아에 속하는 대륙붕 지역의 경계획정에 적용할 국제법 원칙과 규칙은 경계획정은 국제법을 기초로 형평에 맞는 결과에 도달하도록 이루어져야 한다는 것이다.
2. 실제로 위의 원칙과 규칙들은 몰타의 기준선과 리비아 해안의 저조점의 가장 가까운 점들로부터 등거리에 있는 모든 점들을 연결하는 중간선 방식에 의하여 적용된다.

특별협정에 따른 경계획정은 당연히 분쟁당사국에 속하는 대륙붕 지역에 경계선을 긋는 것이다. 본 사건에서 ICJ의 임무는 당사국 간의 경계획정에 적용할 법원칙과 규칙을 결정하고 이러한 원칙과 규칙들을 적용하는 방법을 결정하는 것이었다. 그러나 ICJ는 당사국들이 권리를 주장하는 일부 수역에 대해 제3국의 권리주장이 있음을 인지하고 있었다. 그 제3국이란 이탈리아인데, 이탈리아는 ICJ규정 62조에 따른 소송참가(intervention)를 허락해 주도록 요청하였다.[13]

ICJ는 이미 1984년 3월 21일의 판결에서 이탈리아의 신청을 기각한 바 있으나, 이탈리아와 지중해 다른 국가들의 이익을 무시할 수는

---

12 *Ibid.*, paras. 11-12.
13 *Ibid.*, para. 20.

없다고 하였다. 리비아와 몰타는, ICJ가 제3국이 권리를 주장할 가능성이 있는 지역을 제외하는 것은 ICJ가 재판관할권 없이 그러한 주장에 대하여 어떤 결정을 하는 것이므로, ICJ는 본 사건의 당사국들이 주장하는 전체 지역으로 확대하는 데 주저해서는 아니 된다고 하였다.[14]

ICJ는 자신이 특별협정에 의해 대륙붕 경계획정에 적용할 법원칙과 규칙을 결정해 달라는 부탁을 받았으며, 재판소의 결정은 ICJ규정 제59조에 의하여 당사국을 구속할 뿐 제3국에 대하여는 구속력이 없음을 주목하였다. 따라서 재판소는 판결문이 단정적인 용어로 작성된다면, 그 결정은 그러한 제3국 주장이 존재하지 않는 지리적 범위에 제한되어야 한다고 보았다. 당사국들은 ICJ에 그들의 권리주장만이 존재하는 지역으로 그 판결을 제한하지 말아 달라고 요청하였으나, ICJ로서는 이탈리아의 이익을 고려할 때 그렇게 할 수는 없다고 하였던 것이다. 하지만 ICJ의 이러한 결정은 그 범위 내에서의 경계획정에 적용할 원칙이나 규칙이 그 범위 밖에서는 적용할 수 없다는 의미가 아니며, 그 범위 밖의 대륙붕에 대한 각 당사국의 주장이 부당하다는 것을 의미하는 것도 아니었다. 그것은 단지 ICJ는 제3국과의 경계획정에 적용할 원칙과 규칙을 결정할 관할권과 그 지역 밖에 대한 당사국들의 주장이 그 지역에 대한 제3국의 주장보다 우월한지를 결정할 관할권을 부여받은 바 없음을 의미하는 것이라고 하였다.[15]

리비아와 몰타는 ICJ의 결정 범위가 이처럼 제한될 것으로 전망됨에도 불구하고 이탈리아의 소송참가에 대해 반대 입장을 굽히지 않았다. ICJ가 1984년 3월 21일의 판결에서 언급하였듯이, 양국은 이탈리

---

14 *Ibid.*, para. 20. 리비아는 제3국의 권리주장이 제기되지 아니한 지역에서는 확정적인 경계획정을 하고, 그러한 주장이 제기된 지역에 대해서는 확정적인 경계획정을 회피함으로써 제3국의 권리를 보호할 수 있다고 하였다. 반면에 몰타는 그러한 구분은 실제적인 목적도 없고 관할권적인 근거에서도 약점이 있다고 하면서 반대하였다.

15 *Ibid.*, para. 21.

아의 소송참가에 대해서는 부정적인 입장이면서도 판결의 지리적 범위제한에 대해서는 이를 수용하였다.[16] ICJ는 결국 제3국의 아무런 주장이 제기되지 아니한 지역으로 그 결정범위를 제한하였는바, 그 범위는 동경 13°50′와 15°10′ 사이가 되었다.[17]

III. 해양경계획정의 원칙

1. 양국의 주장

국제사법재판소(ICJ)는 본 사건에서 리비아와 몰타 양국 간 대륙붕 경계획정에 적용할 법원칙과 규칙을 결정해 달라는 요청을 받았는데, 양 당사국은 본 사건에 적용할 법원(sources of the law)에 관해서는 대부분 의견의 일치를 보았다. 1958년 제1차 유엔해양법회의에서 채택된 대륙붕협약에 몰타는 가입하였으나, 리비아는 그 당사국이 아니었다. 따라서 양국은 대륙붕협약 특히 경계획정에 관한 규정인 제6조를 양국 간의 관계에 적용할 수 없다는 데 대해 의견의 일치를 보았다. 양국은 모두 제3차 유엔해양법회의가 채택한 해양법협약에 서명하였지만, 협약이 아직 효력발생에 이르지 못하였으므로 이를 조약으로 활용할 수도 없었다. 양국이 합의한 특별협정에도 아무런 실질규정은 없었으며, 양국에게 적용할 기타 양자조약이나 다자조약이 있는 것도 아니었다. 따라서 양국은 이 분쟁은 국제관습법에 따라 해결되어야 한다는 데 의견의 일치를 보았다.[18]

본 사건의 진행과정에서 분쟁당사국 간에는 대륙붕 경계획정에

---

16 *Ibid.*, para.23.

17 *Ibid.*, para.22.

18 *Ibid.*, para.26.

있어서 국가관행의 중요성과 관련하여 많은 논란이 있었다. 그러나 해양법협약은 절대적으로 중요성을 가지는 것으로 보았으니, ICJ는 협약의 관련규정들이 국제관습법 규칙으로서 당사국들에게 어느 정도 구속력을 가지는지 판단해야 했다.[19] 이와 관련하여 ICJ는 "대안국이나 인접국 간의 대륙붕 경계획정은 ICJ 규정 제38조에 언급된 국제법을 기초로 형평에 맞는 결과에 도달하기 위해 합의에 의해 이루어져야 한다"는 1982년 협약 제76조와 제83조를 검토하였다.

본 사건에서 양 당사국은, 그 해결은 형평에 맞는 것이어야 한다고 하면서도, 형평원칙의 적용에 대하여는, 특별히 언급하지 않은 해양법협약 제83조의 지위가 어떠하든, 이러한 요건들이 적용해야 할 법을 형성한다고 보았다. 리비아는 "경계획정은 형평에 맞는 결과를 달성하기 위하여 형평의 원칙에 따라 모든 관련상황을 고려하여 이루어져야 한다"고 하였으며, 몰타는 "몰타와 리비아에 속하는 대륙붕지역의 경계획정에 적용할 국제법 원칙과 규칙이란 곧 국제법을 기초로 형평에 맞는 결과에 도달하도록 경계획정을 하는 것"이라고 하였다.[20]

대륙붕에 대한 권원에 대한 법적인 근거에 있어서는 양국 간에는 좁혀질 수 없는 견해차이가 있었다. 리비아는 전통적인 자연적 연장론 입장에서 "당사국들의 육지영토의 바다로의 자연적 연장(natural prolongation of land territories)이 각국에 속하는 대륙붕에 대한 권원의 기초"라고 하였다. 리비아에 의하면 1969년 북해대륙붕 사건에서 ICJ가 언급한 "한 국가의 육지영토의 바다로의 자연적 연장"은 "지질학적 사실"(geological fact)이며, 지리적 · 지질학적 · 지형학적 측면을 포함하는 물리적인 의미에서의 자연적 연장이 지금도 대륙붕에 대한 법적인 권원의 근본적인 기초라고 하였다. 몰타도 한 국가의 대륙붕은 육지영토의 자연적 연장이라고 보았으나, 여기에서 말하는 '연장'(prolongation)이란

---

19 *Ibid.*, para. 27.
20 *Ibid.*, para. 29.

그러한 물리학적 특성이 아닌 해안으로부터의 일정한 거리에 의하여 결정된다고 하였다. 몰타는 자연적 연장이란 순전히 공간적 개념으로 모든 지형학적·지질학적 특성과는 무관하다고 하면서, 다만 보다 넓은 물리적·자연적 연장을 가지고 있는 국가는 대륙변계(continental margin)의 끝까지 대륙붕에 대한 권리를 가지므로 해안으로부터 200해리 너머에서는 물리적 특성이 중요해진다고 하였다. 몰타에게 있어서 경계획정의 원칙은 '거리기준'(distance criterion)의 적용이었던 것이다.[21]

2. 대륙붕과 경제수역의 관계

해양법협약에 의하면 대륙붕과 경제수역은 모두 연안국의 경제적 관할권에 속하며 그 수평적인 범위도 비슷하다. 따라서 오늘날 해양경계선을 그으려면 이 두개의 수역의 경계선 간 관계를 먼저 확정지을 필요가 있으며, 본 사건에서처럼 대륙붕 또는 경제수역 경계선 획정만을 시도하는 경우에도 그 상관관계를 검토해 보아야 한다.[22]

---

21 *Ibid.*, para.30.
22 1982년 해양법협약이 대륙붕에도 200해리 거리기준을 도입하면서 대륙붕과 경제수역의 수평적 범위는 상당히 유사해졌다. 대륙붕은 해저와 지하의 자원에 대한 관할권인 데 비해 경제수역은 상부수역에 대한 관할권까지 포함하는 포괄적 관할권이란 차이는 있지만, 이 두 가지 관할권은 같은 경제적관할권이란 점에서 상당히 유사하다. 더구나 1982년 해양법협약은 제74조와 제83조에 대륙붕과 경제수역의 경계획정에 관한 규정을 두었는데, 형평에 맞는 해결을 위해 ICJ 규정 제38조의 국제법을 기초로 합의에 의한다는 동일한 규정을 도입하였다. 때문에 협약규정의 취지와 관할권에 관한 분쟁을 줄이기 위해 대륙붕과 경제수역에 동일한 경계선을 그어야 한다는 주장과 형평의 입장에서 상이한 경계선도 가능하다는 주장이 대립하고 있다. Derek W. Bowett, *The Legal Regime of Islands in International Law*, Oceana Publications, 1979, p.29.; R. R. Churchill & A. V. Lowe, *The Law of the Sea*, Manchester Univ., 1983. pp.128-129.

리비아/몰타 사건에서는 해양법협약에 비추어 대륙붕과 경제수역이란 법적인 개념 간의 관계가 검토되었다. 몰타는 EEZ 개념이 등장하여 1982년 해양법협약에 등장하기까지의 과정을 언급하면서, 대륙붕에 관한 법에서 '거리원칙'(distance principle)이 중요해지고 물리적 연장 기준으로부터 해저지형이 사라지게 된 배경을 설명하였다. 반면에 리비아는 이 사건이 오직 대륙붕 경계획정에 관한 사건임을 지적하면서, 해양법협약은 아직 효력발생에 들어가지 않았으므로 이 사건에 적용할 수 없음을 강조하였다. 리비아는 소위 '거리원칙'(distance principle)이란 대륙붕에 관한 '실정국제법규'(rule of positive international law)가 아니며, 일정한 상황에서 대륙붕 외측한계 설정에 적용가능한 거리기준을 지중해 지역에서 적용하는 것은 적절치 못하다고 하였다. 아울러 리비아는 국제법에서 대륙붕 제도가 경제수역에 흡수된 것은 아니며, EEZ의 등장으로 거리기준이 우세해진 것도 아니라고 하였다.[23]

ICJ는 이 사건은 오직 대륙붕 경계획정에 관한 것으로 배타적 경제수역 경계획정과는 직접적인 관계는 없지만, 경제수역 개념에 내재해 있는 원칙과 규칙들을 고려대상에서 제외할 수는 없다고 하였다. 해양법협약이 보여주고 있듯이 대륙붕과 경제수역 두 제도는 오늘날 상호 연결되어 있어서, 한 국가가 그 대륙붕에서 누리는 권리는 그 경제수역의 해저와 지하에서도 향유되므로, 한 국가에게 속하는 경제수역의 범위는 그 국가의 대륙붕 경계획정시 고려되는 관련상황의 한 가

---

23 *Libya/Malta Case, op. cit.*, paras. 31-32. 몰타는 1982년 리비아와 튀니지 간 대륙붕사건에서 ICJ가 대륙붕 경계획정 시에도 경제수역을 국제법의 일부로 고려해야 한다고 하면서 해양법협약 제76조를 고려하도록 요구한 사실을 지적하면서, 이 사건에서도 해양법협약 제76조에 나타난 관습법규칙이 고려되어야 한다고 하였다. 반면에 리비아는 연안국의 대륙붕에 대한 권리는 고유하고 시원적인 것인 데 비해 경제수역에 대한 권리는 연안국이 그러한 수역을 주장할 때에만 창설되는 부차적인 것이라고 하면서, 1982년 해양법협약이 이를 증명한다고 하였다.

지가 된다는 것이다. ICJ에 의하면, 이것은 대륙붕 개념이 배타적 경제 수역 개념에 의하여 흡수되었음을 뜻하는 것은 아니지만, 이 두 가지 개념에 공통된 "해안으로부터의 거리"(distance from the coast)와 같은 요소가 보다 중요해졌다는 것을 의미한다고 하였다.[24]

ICJ는 해양법협약이 제76조에서 대륙붕을 정의하면서 거리에 대해 언급한 것을 협약이 '거리원칙'(distance principle)을 표현한 것이라고 보는 몰타의 주장과 자연적 연장에 대한 언급만이 국제관습법에 해당된다는 리비아의 주장을 검토하였다. ICJ는 경제수역 제도와 거리기준은 국가들의 관행에 비추어 볼 때 국제관습법의 일부가 된 것은 분명하며, 리비아도 이를 인정하였다고 하면서, 그 관계를 검토하였다. ICJ는 대륙붕 제도와 경제수역 제도는 서로 다른 것이지만, 그에 대한 권리와 범위는 서로 중복된다고 하였다. 따라서 관할권적 · 실제적 이유에서 대륙붕과 경계수역에는 거리기준이 적용되는바, 이는 협약 제76조 1항의 거리규정과는 상관이 없다고 하였다. ICJ에 의하면 이것은 자연적 연장 개념이 거리라는 개념에 의해 대체되었다는 것을 의미하는 것은 아니라고 하였다. 이것은 대륙변계(continental margin)가 연안으로부터 200해리에 미치지 못하는 곳에서는, 자연적 연장은, 그 역사적 배경에도 불구하고, 해저와 지하의 물리적 성격에 관계없이 해안으로부터의 거리에 의해 부분적으로 결정된다는 의미라고 하였다. 따라서 ICJ는 자연적 연장과 거리는 반대되는 개념이 아니라 상호보완적인 개념이며, 이들은 대륙붕이란 법적인 개념에 필수적인 요소들이라고 하였다. 결국 ICJ는 해안으로부터의 거리가 본 사건 결정의 관련요소가 아니라는 리비아의 주장은 받아들일 수 없다고 하였다.[25]

---

24 *Ibid.*, para.33.
25 *Ibid.*, para.34.

3. 단층지대(Rift Zone) 이론

거리(distance)를 경계획정의 가장 중요한 요소로 주장하면서 최소한 대안국 간 경계획정의 첫 단계에서는 등거리선을 적용해야 한다는 몰타의 주장에 맞서, 리비아는 해저의 물리적 자연적 연장론의 연장선상에서 '단층지대'(rift zone) 이론을 주장하였다. 리비아는 물리적인 의미에 있어서의 육지영토의 해저로의 자연적 연장이 여전히 대륙붕에 대한 가장 중요한 권원의 기초라고 하였다. 따라서 경계획정의 첫 단계에서 각 분쟁당사국은 경계획정이 이루어져야 하는 수역까지 자국 영토의 자연적 연장이 연결되어 있음을 입증해야 한다고 하였다. 만일 한 국가에 인접한 대륙붕과 다른 국가에 인접한 대륙붕 사이에 근본적 단절(fundamental discontinuity)이 있으면, 그 경계선은 "근본적 단절의 일반적 선"(general line of fundamental discontinuity)을 따르게 된다고 하였다. 리비아는 자국과 몰타 간 대륙붕에는 자국이 '단층지대'(rift zone)라 부르는 근본적 단절이 존재하므로, 양국 간 대륙붕 경계획정에서는 이를 중요시해야 한다고 하였다.[26]

리비아는 ICJ에 단층지대라 부르는 지역의 성격과 지질학적 역사에 관한 방대한 분량의 전문가의견을 제출하였으며, 몰타는 이를 반박하는 자료들을 제출하였다. 그러나 ICJ는 그간의 법발전 과정을 통해 국가들은 해저와 지하의 지질학적 특성이 어떠하든 각국에게 속하는 대륙붕은 그 해안에서 200해리에 이르므로, 이 범위 안에서는 대륙붕에 대한 권원을 확인하기 위한 것이든 아니면 경계획정을 위한 것이든

---

26 *Ibid.*, para.36. 리비아가 언급한 지역은 몰타군도의 남부와 서남부를 의미하며, 리비아보다는 몰타군도에 가까이 위치해 있다. 지중해에 관한 International Bathymetric Chart란 지도에 의하면 이곳에는 '몰타해구'(Malta Trough), '판탈레리아 해구'(Pantelleria Trough), '리노사 해구'(Linosa Trough)라는 북서에서 동남 방향으로 뻗어 있는 수심 1천 미터 이상인 해구들이 위치해 있다.

지질학적 또는 지구물리학적 요소에 아무런 역할도 부여할 이유가 없다고 하였다. 따라서 ICJ는 리비아와 몰타 영토 간 거리가 400해리에 미치지 못하므로, 각 해안으로부터 200해리 이원에는 그 어떠한 지구물리학적 특성도 존재하지 아니하고, 리비아가 말하는 단층지대(rift zone)라 부르는 지형은 몰타 대륙붕의 남쪽으로의 진행과 리비아 대륙붕의 북쪽으로의 확장을 중단시키는 "근본적 단절"(fundamental discontinuity)이 될 수 없다고 하였다.[27]

ICJ는 리비아가 제출한 증거들을 면밀하게 검토하였지만, 리비아가 주장하는 "근본적 단절"의 존재여부에 대해 충분하고 일관된 결론을 내리기는 어려웠다. 문제의 지역에 '단절'이라는 과학적인 용어로 표현할 수 있는 지질학적 또는 지형학적 특징들이 존재한다는 것은 의문의 여지가 없었다. 그러나 리비아로서는 ICJ로 하여금 그러한 단절이 과학적으로 '근본적인' 것이므로 법적인 의미에서도 자연적 연장의 단절임을 믿도록 설득해야 했다. 리비아 측 과학자들은 그들이 말하는 단층지대는 지각판(tectonic plate) 경계선을 형성하고 있다고 하였으며, 몰타 측 과학자들은 이러한 "제2차적 지각판 경계선"(secondary tectonic plate boundary)은 하나의 가설일 뿐이며, 현재 접근가능한 자료들로는 그 존재를 입증하기에는 불충분하다고 하였다.[28]

---

27 *Ibid.*, para.39. ICJ는 과거 경계획정 대상지역의 지구물리학적 특성들이 당사국 간 대륙붕 분계선 확인에 도움이 되는 경우 이를 원용했었다. 북해대륙붕 사건에서 ICJ는 일부 대륙붕의 어떤 국가에의 부종성이 두드러져 경계획정을 위해 지형적인 특징들을 고려하는 것이 필요한가 하는 것을 판단할 필요가 있는 때에는 당해 대륙붕의 지질을 고려하는 것이 필요하다고 하였다(North Sea Continental Shelf, Judgement, ICJ Reports, 1969, para.95). 1982년 튀니지와 리비아 간 대륙붕 사건에 대한 판결에서도 ICJ는 적절한 지리적 상황이 존재하는 경우 자연적 연장의 확인은 형평에 맞는 경계선 획정을 위해 중요하다고 하면서, 해저의 뚜렷한 단절은 두 개의 대륙붕의 한계와 두 개의 자연적 연장의 한계를 보여주는 것이라고 하였다. *Ibid.*, para.66.

28 *Ibid.*, para.41.

이 문제와 관련하여 ICJ는 먼저 외견상 불충분한 과학적 데이터에 대한 보다 타당한 해석을 위해 과학자들 간의 견해차에 대하여 어떠한 결정을 해야 한다는 주장을 받아들이지 않았다. ICJ로서는 재판소 또는 각국 정부에 의한 그러한 판단과 추정에 근거한 기준은 경계획정에 관한 일반법규에는 적합하지 않다고 보았기 때문이다. 이러한 이유에서 ICJ는 리비아의 소위 단층지대(rift-zone) 주장을 기각하였다.[29]

4. 등거리선

몰타는 물리적인 의미에 있어서의 자연적 연장이 연안국의 대륙붕에 대한 권원의 기초라는 리비아의 주장에 반대하면서, '거리원칙'(distance principle)에 따른 경계획정을 주장하였다. 각 연안국은 해저와 지하의 물리적 특성에 관계없이 해안으로부터 일정한 거리까지는 대륙붕을 가질 권리가 있다는 것이다. 특히 리비아와 몰타 해안의 거리는 그리 멀지 않아 양국 모두 국제법이 인정하는 최대 범위인 200해리까지 대륙붕을 가질 수는 없기 때문에, 경계획정 과정은 양국 해안 사이의 등거리선을 고려하는 데에서 시작되어야 한다는 것이 몰타의 주장이었다.[30]

ICJ는 이처럼 등거리선 원칙을 주장하는 몰타의 입장을 받아들이지 않았다. ICJ는 비록 그것이 경계획정선 획정을 위한 예비적이고 잠정적인 조치라고 할지라도, 등거리선 방법을 사용해야 한다고 한다든가 아니면 ICJ는 등거리선 방법의 사용에 의한 경계획정 결과를 검토

---

29 *Ibid.*
30 *Ibid.*, para.42. 몰타는 등거리선 방법이 근본적인 것이거나 법적으로 의무적인 성격의 것이라고 주장하지는 않았다. 몰타는 대륙붕에 대한 권리의 법적인 기초 즉 거리원칙의 경계획정과정은 등거리에 근거한 경계선에 대한 고려에서부터 시작되어야 한다고 하였으며, 그 범위는 이러한 경계획정 절차가 갖가지 관련상황의 균형에 의하여 형평에 맞는 결과를 만들어내는 곳까지라고 하였다.

해야 한다는 몰타의 주장을 수용할 수는 없었다. ICJ에 의하면 등거리선 규칙은 이미 1969년 ICJ가 거부한 '절대적 근접성'(absolute proximity) 주장과 유사한 것으로, 그 규칙은 제3차 유엔해양법회의에서도 거부되었다고 하였다. ICJ는, 연안국들은 해저와 지하의 물리적 특성에 관계없이 해안으로부터의 거리에 의해 대륙붕에 대한 권리를 취득하지만, 그로 인해 등거리선 방법이 대안국 간 또는 준대안국 간 경계획정을 위한 유일하고도 적절한 경계획정 방법이 되는 것은 아니라고 하였다. ICJ는 형평의 원칙의 적용은 처음부터 다른 경계획정 방법의 사용을 요구할 수도 있다고 하였다.[31]

양국은 대륙붕 경계획정에 관한 그간의 국가관행을 해석하는 데 있어서도 상이한 입장이었다. 리비아는 70건 이상의 국가 간 해양경계 협정에서 일관된 국가관행을 발견할 수 없다고 하면서도, 1958년 대륙붕협약 제6조가 규정한 대안국과 인접국 간 경계획정 원칙의 약화가 현재의 경향이며, 1969년 이래 법학자들의 학설과 제3차 유엔해양법회의에서 표명된 견해 그리고 그간의 양국 간 협정들은 모두 등거리선으로부터의 이탈을 보여준다고 하였다.[32] ICJ는 본 사건에 있어서 국가관행의 중요성을 의심하지 않았다. 그러나 그러한 관행들은 등거리선 방법 등 경계획정 방법의 의무적 사용을 요구하는 규칙의 존재를 증명하는 데에는 이르지 못하고 있다고 보았다. ICJ는 추후 교정을 조건으로 경계획정의 첫 단계에서 등거리선을 사용하자는 몰타의 주장도 원칙적으로 거부하였다. 등거리선 방법이 많은 경우 형평에 맞는 결과(equitable result)를 가져오는 것은 사실이나, 등거리선이나 수정된 등거리선 방법이 자주 사용되어 왔다는 사실만으로 이 방법을 지지할 수는 없다는 것이다.[33]

---

31 *Ibid.*, para.43.
32 *Ibid.*, para.44.
33 *Ibid.*

1958년 대륙붕협약은 인접국과 대안국 간 경계획정 원칙으로 등거리선-중간선 방식을 규정하였었다. 그러나 1969년 북해대륙붕 사건에 대한 ICJ의 판결 이후 국제재판소들은 일관되게 그 원칙의 형평성에 의문을 제기하였으며, 해양법협약은 등거리선에 대해서는 아무런 언급도 없이 형평에 맞는 해결을 경계획정의 목적으로 삼기에 이르렀다.[34] 그렇지만 EEZ 제도의 등장과 그에 따른 거리기준의 강화에 따라 등거리선 방식이 다시금 활력을 얻어가고 있는 점에 유의할 필요가 있다.

IV. 형평의 원칙과 관련상황

1. 형평의 원칙

1969년 북해대륙붕사건 이래 국제사법재판소(ICJ)는 일관되게 대륙붕 경계획정은 관련상황을 고려하는 가운데 형평에 맞는 결과(equitable result)를 목적으로 이루어져야 한다고 판시해 왔다. 이러한 ICJ의 태도는 아리스토텔레스(Aristoteles)와 그로티우스(Grotius) 이래 법의 경직성을 경감하기 위해 주장되어 온 재판상재량으로의 형평이 19세기에서 20세기 전반까지의 상대적 침체에서 벗어나 중요한 국제법의 법원으로 다시 등장하게 하는 중요한 계기가 되었다.[35]

---

34 제3차 유엔해양법회의 당시 1980년 마련된 해양법협약초안(Draft Convention of the Law of the Sea)은, 대륙붕과 경제수역 경계획정은 국제법에 따라 합의에 의해 이루어져야 하며 그러한 합의는 적절한 경우 중간선과 등거리선을 사용하는 형평의 원칙에 따라 이루어져야 한다고 하였었다. 그러나 1982년 해양법협약에는 중간선·등거리선에 대한 언급이 생략되었으니 이는 형평을 강조하는 측의 승리로 해석되었다. H. Chiu, "Some Problems concerning the Application of the Delimitation of Maritime Boundary Provisions of the 1982 United Nations Convention on the Law of the Sea," *Can. Yrbk. Int'l L.*, vol. 4, 1984, p.70.

1969년 북해대륙붕 사건에 대한 ICJ의 판결 이후 국제사회에서는 해양경계획정은 형평에 따라 이루어져야 한다는 규범이 보편화되었으나, 그 구체적인 법적인 의미와 재판상 기능은 여전히 모호한 상태에 있었다. 국제법상의 형평은 1937년 PCIJ가 뮤즈강수로변경사건(Diversion of Water from the Meuse Case)에 대한 판결에서 허드슨(Manley O. Hudson) 재판관이 개별의견을 통해 제시하였듯이, 법일반원칙이란 통로를 통하여 적용된다고 보는 것이 일반적이나,[36] 그 구체적인 기능에 대해서는 견해가 갈리고 있다. 형평을 중요시하는 일부 학자들은 형평에 분배적 정의를 구현하기 위한 기능까지 부여해야 한다고 주장하지만, 국제법에서 말하는 형평은 여전히 법적인 개념이므로 형평의 범위를 그렇게까지 확대할 수는 없다.[37] 다만 경직적이고 기계적인 법규칙

---

35 아리스토텔레스는 법은 어차피 일반적이어서 아무리 훌륭한 법규칙도 모든 상황에 적합할 수는 없기 때문에 법의 조정을 위해 형평이 필요하다고 하였고, 그로티우스는 그의 저서 「전쟁과 평화의 법」(De Jure Belli ac Pacis)에서 재판관들에게 법규칙에 대한 예외를 인정할 수 있는 재량을 인정할 것을 주장하였다. 19세기와 20세기 초에는 형평은 상대적으로 소홀히 취급되었으나, 중재조약과 중재재판에 활용되었으며, 미국과 영국 간 '카유가인디안 사건'(Cayuga Indian Case)에 관한 중재재판은 그 한 가지 예이다. 한편 국제연맹시대 상설국제사법재판소(PCIJ) 설립을 위해 조직된 법률자문위원회(Advisory Committee of Jurists)는 보편화된 개념인 형평(equity)을 제외하고 공평과 선(ex aequo et bono)을 당사자들이 합의하는 경우 적용할 수 있는 국제법 법원의 하나로 인정하였으나, 이것은 오늘날 국제법에서 말하는 형평과는 다른 것이다. 1969년 북해대륙붕 사건에 대한 ICJ의 판결은 이처럼 국제법에서 중요한 위치에 있었지만, 상설국제사법재판소(PCIJ)와 국제사법재판소(ICJ) 규정이 제대로 평가하지 못했던 형평의 가치를 재평가하는 계기가 되었다. M. W. Janis, "The Ambiguity of Equity in International Law," *Brook J. Int'l L.*, vol. 9, 1988, pp.10-11; P. van Djik, "Equity: A Recognized Manifestation of International Law?" in W. P. Heere(ed.), *International Law and Its Resources*, Kluwer & Taxation Publishers, 1989, pp.3-13.

36 *The Diversion of Water from the Meuse Case(Neth. v. Bel.)*, Individual Opinion of Judge Hudson, P.C.I.J. (ser. A/B) No. 70, 1937, pp.76-77.

37 형평을 전통적 입장에서 교정적 의미로 파악하는 데 그치지 않고, 이를 분배적

이 초래할 형평에 어긋나는 결과를 막기 위해 가능한 관련사실들을 고려하고 그 결과가 형평에 어긋나지 않게 하는 노력이 필요하다.[38] 1982년 리비아와 튀니지 간 사건에서 ICJ는, 형평은 도달해야 할 결과와 그러한 결과에 도달하기 위한 수단을 함께 표현하는 것이어서 문제는 있지만, 이러한 두 가지 중에서 주된 요소는 그 수단이 아니라 형평에 맞는 결과란 목적이라고 하였다.[39]

　　형평에 관련된 재판상 재량의 범위와 관련하여 ICJ는 일관되게 형평의 원칙의 적용은 '공평과 선에 따른 판결'(decision ex aequo et bono)과는 구분되어야 한다고 하여, 형평(equity)과 공평과 선(ex aequo et bono)을 구분하여 왔다.[40] ICJ는 1969년 북해대륙붕 사건에서 "그것은 형평을 단순히 추상적 정의로서 적용하는데 관한 문제가 아니며, 대륙

　　정의를 실현하기 위한 수단으로 사용하려는 시도들이 있다. 이러한 입장은 1970년대 신국제경제질서(New International Economic Order) 기치 아래 국제경제질서 재편과 관련하여 제기되어 왔다.

38　Charney 교수는 모든 법적인 판단은 법규강조적(rule-intensive)이거나 사실강조적(fact-intensive)이 될 수 있지만 이러한 두 가지 판단은 기본적으로 하나의 연장선상에 있는 것이라고 하였다. 다만 해양경계획정에서 형평이 중요한 의미를 가지게 된 것은 경계획정시 법규칙과 함께 당해수역의 여러 가지 사실들을 함께 고려할 것을 요구하는 것으로 해석하면 된다고 하였다. Jonathan I. Charney, "Ocean Boundaries between Nations: A Theory for Progress," *American Journal of International Law*, vol. 78, 1984, pp.584-606.

39　*Tunisia/Libya Case, op. cit.*, p.59.

40　형평을 재판상재량이란 측면에서 파악할 때 허용되는 재량의 범위와 관련하여 형평을 '법안에서의 형평'(equity intra legem), '법을 넘는 형평'(equity praeter legem), '법에 반하는 형평'(equity contra legem)으로 나누고자 하는 시도들이 있었다. 학자들은 이러한 세 가지 형평 중에서 첫 번째와 두 번째의 것은 인정되나, 세 번째의 형평은 재판소에 절대적 재량권을 부여하는 것으로 법적 판단에서는 허용되지 않는다고 하였다. 세 가지 형평의 의미와 한계에 대해서는 다음을 볼 것. L. B. Sohn, "Arbitration of International Disputes Ex Aequo et Bono," in Sanders (ed.), *International Arbitration Liber Amicorum for Martin Domke*, 1967, pp.330-332; M. W. Janis, *An Introduction to International Law*, Little, Brown & Co., 1988, pp.57-58.

붕 법제도의 발달에 항상 내재해 있는 관념에 따라 형평의 원칙의 적용을 요구하는 법규칙을 적용하는 데 관한 문제"라고 하였다.[41]

　ICJ는 형평의 표현인 정의는 추상적 정의가 아니라 법규칙에 따른 정의이므로, 형평의 적용은 일관성과 상당한 정도의 예측가능성이 있어야 하고, 그러한 정의는 어떤 사건의 특수성에 유의하면서도 보다 보편적으로 적용되는 원칙들을 주목한다고 하였다. ICJ가 특수한 상황에서 형평에 맞는 결과를 추구하면서도 보다 보편타당하고 일반적 용어로 표시되는 방법들을 형평의 원칙이라 불러온 것도 바로 그러한 이유에서 이었으니, 형평은 직접 법으로 적용되는 법일반원칙인 것이다.[42] 그리고 일반국제법으로 적용되는 형평원칙의 규범적 성격이 중요한 것은, 이러한 원칙들이 사법판결이나 중재에 의한 경계획정을 지배할 뿐만 아니라 합의에 의한 경계획정을 추구해야 할 당사국들의 의무에도 적용되기 때문이라고 하였다. ICJ는 형평의 원칙의 예로서, 지리의 재구성이나 자연의 불평등의 보상은 없다는 원칙, 한 국가가 다른 국가의 자연적연장을 침해할 수 없다는 원칙, 모든 관련상황 존중의 원칙, 형평이 항상 평등을 의미하지는 않으며 자연이 불평등하게 만든 것을 평등하게 하지 않는다는 원칙, 분배적 정의의 문제는 없다는 원칙을 들었다.[43]

2. 관련상황

　해양경계획정이 관련상황들을 고려하여 형평에 의해 이루어져야 한다는 것은 법일반원칙이 되었으며 리비아와 몰타 간 대륙붕사건에도 적용되었다. 그러나 경계획정시 형평의 구체적 역할에 대해서는 두

41　*North Sea Case, op. cit.*, para.85.
42　*Tunisia/Libya Case, op. cit.*, para.71.
43　*Libya/Malta Case, op. cit.*, para.46.

가지 견해가 대립되어 왔다. 하나는 결과보다는 방식을 중시하여 경계 획정을 위해 분명하고 형평에 맞는 법규칙을 만들어내자는 주장이며, 다른 하나는 방식보다 결과를 중시하여 형평에 맞는 결과를 위한 방식 의 자유를 주장하는 것인데, 첫 번째 것은 판단의 경직성이 두 번째 것 은 예측불능이 단점이다.[44] 보다 구체적으로 말하면 첫 번째 것은 등거 리선(중간선)에 의해 일단 경계선을 긋고 형평적 고려사항들을 참작하 여 이를 교정하자는 입장이며, 두 번째 것은 소위 특수성 이론(unicum theory)에 입각하여 중간선이란 중간단계를 거치지 아니하고 관련상황 들을 종합적으로 고려하여 단번에 경계선에 도달해야 한다는 주장이 다.[45] 리비아와 몰타 간 대륙붕 사건에서 ICJ는 전자의 입장을 취하여, 먼저 양국 간에 중간선을 긋고 여러 가지 관련사항들을 고려하여 이를 조정하는 방법을 취하였다.

ICJ는 형평의 원칙을 적용하기 위해 관련상황에 부여될 무게를 평 가해야 하는데, 이에 관하여 ICJ는 1969년 북해대륙붕사건에 대한 판 결에서 다음과 같이 말하였다.[46]

> 사실 국가들이 형평에 맞는 절차를 적용하기 위해 고려할 수 있는 사항 에는 아무런 법적인 제한이 없으며, 다른 것들은 배제한 채 한 가지 요 소에 의존하는 것보다는 모든 고려사항들 간에 균형을 맞출 때에 보다 형평에 맞는 결과가 나오는 경우가 많다. 상이한 고려사항들에 부여될 상대적인 무게는 사건의 상황에 따라 자연스럽게 달라진다.

---

44 L. Legault & B. Hankey, "Method, Oppositeness and Adjacency, and Proportionality," in J. Charney and L. Alexander(eds), *International Maritime Boundaries,* vol. 1, Martinus Nijhoff, 1993. pp.203-205.

45 L. D. M. Nelson, "The Roles of Equity in the Delimitation of Marine Boundaries," *American Journal of International Law*, vol. 84, 1990, pp. 840-841.

46 *North Sea Case, op. cit.*, para.93.

ICJ는 국가들이 고려할 수 있는 고려사항에는 아무런 한계가 없지만, 이것이 형평에 맞는 절차를 적용해야 하는 ICJ에게도 적용되는 것은 아니라고 하였다. 비록 폐쇄된 고려사항 목록이 존재하는 것은 아니지만, ICJ로서는 대륙붕 제도에 적합하고 형평에 따른 경계획정 원칙의 적용에 적합한 사항들만을 그 목록에 포함시킬 것이라고 하였다.[47]

대륙붕 경계획정의 대상이 되는 수역들은 동일한 상황이 존재할 수 없을 정도로 다양하여 고려할 사항들을 미리 결정해 둔다는 것은 어려울 뿐 아니라 그 실효성도 의심스럽다. 리비아와 몰타 간 사건에서 당사국들이 제기하고 ICJ가 고려한 사항은 배후지, 경제상황, 섬, 해안선의 길이, 비례성 등이었다.

(1) 배후지

해양경계획정에 있어서 가장 중요한 고려사항은 지리적 상황이다. Weil 교수는 연안국들이 해양에 대한 권리를 취득하게 된 근거를 설명하면서, 육지는 한 국가가 해양으로 자신의 주권을 확대해가는 근거라 하였으며 그 과정에서 해변(coastal front)이 매개자의 역할을 한다고 하였다.[48] 그러나 리비아와 몰타 간 사건에서 ICJ는 해변의 매개자 역할에 주목하여 배후지의 관련성을 인정해 달라는 리비아의 주장을 기각하였다.

---

47 *Libya/Malta Case, op. cit.*, para. 48.
48 Weil 교수는 국가가 해양에 대한 권리를 취득하는 데 관한 두개의 원칙을 제시하였다. 하나는 육지가 바다를 지배한다는 원칙으로, 해양에 대한 연안국의 권리는 독립해 존재하는 자동적 권리가 아니며, 육지는 한 국가가 영해와 그 너머로 주권을 확장해 가는 법적인 힘의 근원이라 하였다. 또 하나의 원칙은 육지는 해변(coastal front)을 통해 바다를 지배한다는 것으로, 해양에 대한 연안국의 권리는 해변을 통해 인정되는 권리라는 것이다. Prosper Weil(M. Macglashan trans.), *The Law of Maritime Delimitation: Reflections*, Grotius Publication, 1989, p.162.

리비아와 몰타 간 대륙붕사건에서 리비아는 해안배후의 대륙괴 (landmass behind the coast)는 국가의 대륙붕에 대한 권리에 법적인 정 당성을 부여한다고 하였다. 이러한 주장에 의하면 보다 광대한 영토를 가진 국가는 대륙붕에 대해서도 보다 강력한 자연적 연장을 주장할 수 있게 되므로 배후지는 당연히 지리적 관련상황에 포함되어야 한다고 본다. 리비아의 이러한 주장에 대해 ICJ는 이제까지의 국가관행과 법 학자들의 학설, 제3차 유엔해양법회의 작업문서를 검토해 보건대, 해 안의 배후지를 대륙붕에 대한 권리창출을 위한 기초로 인정하는 곳은 없다고 하였다. ICJ는 해안을 가진 국가와는 달리 무해안국(landlocked state)이 대륙붕을 가질 수 없는 현실을 예로 들면서, 대륙붕을 창설하 는 권리는 대륙괴가 아니라 대륙괴에 대한 주권으로부터 나오며 대륙 괴가 해양과 만나는 선을 통하여 대륙붕은 창출된다고 하였다.[49]

(2) 경제적 · 안보적 요인

몰타는 양국 간 대륙붕 경계획정 시 형평적 고려사항에 경제적 요 소와 안보도 포함시킬 것을 주장하였다. 몰타는 리비아와의 경계획정 이 형평성을 갖추려면 ICJ는 자국의 부족한 에너지 자원과 개발도상에 있는 도서국가로서의 상황, 자국의 기존의 어업활동 범위를 고려해야 한다고 하였다.

생각건대 형평에 맞는 경계획정을 위해서는 경제적 · 환경적 · 안

---

49 *Libya/Malta Case, op. cit.*, para. 49. Weil 교수는 배후지의 해양경계획정에 대 한 영향을 배제하는 ICJ와 같은 국제사법기관들의 입장이 양자 간 교섭에 의해 해양경계선을 긋는 경우에는 그대로 적용되지는 않을 것이라고 하였다. 국가들 에게도 일종의 계약의 자유가 인정되는 상황에서 광대한 영토를 가진 국가는 자신의 막강한 협상력을 동원하여 경계선 획정에 자국해안 배후의 영토를 고려 해 주도록 요구할 수도 있기 때문이다. Prosper Weil, "Geographic Considera-tions in Maritime Delimitation," in Charney and Lewis(eds.), *op. cit.*, pp. 116-117, 120-122.

보적 요소들을 미리 고려대상에서 제외할 필요는 없다. 그렇지만 외교적 방법이나 양자협상을 통해 경계획정이 이루어지는 경우에는 이러한 요소들에 대해서도 적절한 고려가 가능하겠지만, ICJ나 중재재판소 같은 곳에서 법적해결이 시도되는 경우 이들을 고려대상에 포함시키기는 어렵다.[50] 그리하여 1982년 튀니지와 리비아 간 대륙붕사건에서 튀니지는 자국의 상대적 빈곤을 경계획정에 고려해 주도록 요청하였으나, ICJ는 경제적 요소란 가변적인 것이라고 하면서 이를 받아들이지 않았었다.

본 리비아/몰타 사건에서 경제적·안보적 요소를 관련상황에 포함시켜 달라는 몰타의 요청에 대해, ICJ는 해양경계획정이 양국의 상대적인 경제적 상황에 영향을 받아서는 안 된다고 하면서, 상대적으로 가난한 국가의 부족한 경제자원 보충을 위하여 그 국가의 대륙붕을 확장해 줄 수는 없다고 하였다. ICJ의 견해에 의하면, 배타적 경제수역 제도는 처음부터 개발도상국의 이익을 위해 특별한 규정들을 가지고 있기는 하지만, 그러한 규정들은 그러한 수역의 범위나 인접국 간 경계획정에 관한 것이 아닌 자원개발에 관한 것이라고 하였다.[51] 결국 ICJ는 경계획정 시 자국의 경제적 특수성을 고려해 달라는 몰타의 주장을 받아들이지 않았다.[52]

---

50 아이슬란드와 노르웨이가 아이슬란드와 노르웨이 얀마옌(Jan Mayen)섬 사이에 해양경계선을 획정할 때, 양국은 아이슬란드의 어업의존도를 감안하여 아이슬란드에 우선적으로 200해리 경제수역을 부여하였다. 이어서 대륙붕 경계획정을 위해 구성된 조정위원회는 석유자원의 부존가능성이 있는 얀마옌해령(Jan Mayen Ridge)에 공동개발구역을 설치하도록 권고하였다. Mark Valencia, "Taming Troubled Waters: Joint Development of Oil and Mineral Resources in Overlapping Claim Areas," *San Deigo L. Rev.*, vol. 23, 1986, pp.683-684.

51 *Libya/Malta Case*, *op.cit.*, para.50.

52 1969년 북해대륙붕사건에 대한 판결에서, ICJ는 경계획정의 대상인 대륙붕에 '이미 알려져 있고 확인가능한' 천연자원이 있는 경우에는 그 자원은 경계획정에서 관련상황으로 고려될 수 있다고 하였다. *North Sea Case*, *op.cit.*,

몰타는 안전보장과 국가방어 이익에 대한 "형평에 맞는 고려"는 각국에게 해안으로부터 상당한 통제범위를 허용함으로써 등거리선 방법에 의한 경계획정을 정당화해 준다고 주장하였었다. 그러나 ICJ는 안보적 고려사항들도 대륙붕 개념과는 관련이 없다고 하였다.[53]

(3) 도서문제

해양경계획정 문제가 ICJ나 국제중재에 맡겨지는 것은 주로 지리적으로 복잡한 수역에서이며, 그 대부분은 섬의 해양수역 문제를 안고 있다. 리비아와 몰타 간 사건에서는 몰타의 암석 Filfla를 기점으로 인정할 것인가 하는 것과 몰타가 독립된 도서국가란 점이 해양경계획정에서 가지는 의미가 검토되었다.

몰타의 Filfla는 암석(rock)에 불과하지만, 몰타는 자국의 직선기선을 이곳까지 연결하였다. 그런데 해양법협약은 "인간의 거주나 독자적인 경제생활을 유지할 수 없는 암석"(rocks which cannot sustain human habitation or economic life)은 자체의 대륙붕을 가지지 못한다고 규정하였으며,[54] ICJ 역시 연안국이 획정한 기준선과 대륙붕 경계획정을 위한 기준선이 동일해야 하는 것은 아니라면서 암석인 Filfla를 중간선 획정을 위한 기점으로 인정하지 않았다.[55]

이 사건의 한쪽 당사국인 몰타가 도서국가(island state)란 사실로

---

para. 101.

53 *Libya/Malta Case, op. cit.*, para. 51.

54 해양법협약, 제121조.

55 *Libya/Malta Case, op. cit.*, para. 64. 해양경계획정이 사법적 해결이나 중재와 같은 법적인 방법이 아닌 외교적 방법이나 당사국 간 협상을 통해 이루어지는 때에는, 문제의 섬에 완전한 효과를 부여하거나 이를 완전히 무시하는 all-or-nothing 방법보다는 섬의 위치, 크기, 경제적 중요성을 감안하여 부여될 효과의 크기를 결정하는 것이 일반적이다. Jon M. Van Dyke, "The Role of Islands in Delimiting Maritime Zones: The Case of the Agean Sea," *Ocean Yearbook*, vol. 8, 1989, pp. 44-45, 65.

인하여 대륙붕 경계획정에 있어서 섬의 지위와 관련하여 양국 간에 논란이 있었다. 대륙붕에 대한 권원이란 점에서 섬이 대륙과 동등한 자격을 갖는다는 데 대해 양국은 같은 의견이었으나, 섬의 해양경계선에 대한 효과에 관해서는 의견이 대립되었다. 리비아는 도서국가의 섬과 대륙국가 섬의 동등한 대우를 주장한 데 비해, 몰타는 도서국가의 섬이 가지는 효과와 대륙국가의 섬이 가지는 효과는 달라져야 한다고 하였다. ICJ는 이 문제는 대륙붕에 대한 권리와의 관계에서 특별한 지위를 가지는 '도서국가'에 관한 문제는 아니라고 하였으며, 몰타가 주장하는 주권평등에 근거한 등거리선 주장도 받아들이지 않았다.[56]

(4) 비례성

리비아는 비례성(proportionality)에 근거한 주장을 매우 중요시하였다. ICJ도 비례성은 형평의 원칙과 밀접히 관련되어 있으며, 대륙붕에 대한 권리창출에 있어서 해안의 중요성과도 관련이 있다고 보았다. 따라서 본 사건에서 ICJ는 비례성 문제를 매우 세심하게 다루었다. 리비아는 1982년 튀니지와 자국 간 대륙붕사건에서 ICJ가 거리(distance)와 비율(ratio)에 관한 수치를 제시하면서 그러한 수치에 입각하여 경계획정을 한다면 형평의 한 측면인 비례성이란 조건에 적합한 것이라고 한 말을 인용하였다. ICJ 역시 이 사건에서 각국의 해안선 길이와 각국에 속하게 될 대륙붕 면적 간 비율이 형평에 맞는 해결과 관련이 있음을 인정하여 이를 고려하기로 하였던 것이다.

ICJ는 이미 1969년 북해대륙붕사건에 대한 판결에서 경계획정에서 마지막 고려사항인 비례성의 중요성에 대하여 언급한 바 있다. ICJ

---

56 *Libya/Malta Case*, *op. cit.*, paras. 52-54. 몰타는 해양경계획정 시 섬의 크기와 지리적 위치, 인구, 경제에 따라 섬들에게 상이한 효과가 부여되는 것은 오직 대륙국가에 부속된 섬의 경우이며, 도서국가의 섬들에는 그러한 기준은 적용되지 않는다고 하였다.

는 다음과 같이 말하였다.[57]

마지막으로 고려할 요소는 형평의 원칙에 따른 경계획정은 각국에 속하
게 될 대륙붕 면적과 각국의 해안선 길이의 비교에 의하여 이루어지는
합리적인 정도의 비례성(reasonable degree of proportionality)이다.
이러한 비례성은 직선인 해안선을 가진 국가와 볼록하거나 오목한 해안
선을 가진 국가 간에 균형을 맞추고, 불규칙한 해안선을 조정하여 진정
한 비례성에 접근하게 하기 위하여, 해안선의 일반적 방향을 따라 측정
된다.

북해대륙붕 사건에서 ICJ가 비례성을 언급한 것은 해안의 어떤 예
외적인 형상으로 인하여 해양경계선에 커다란 왜곡이나 불비가 초래
되는 것을 방지하려는 데 목적이 있었다. ICJ는 비례성이란 요소는 자
연은 최대한 존중되어야 한다는 형평의 원칙으로부터 나온다고 보았
다. 전체적으로 유사한 모습의 해안들은 경계선의 방향을 긋는 특수한
방법의 기술적 문제점으로 인하여 크게 달라져서는 아니 된다는 것이
다.[58]
해양경계획정 시 비례성을 고려하는 목적은 1977년 영불대륙붕
사건에 대한 중재재판소 판결에 잘 나타나 있다. 당시 중재재판소는
"비례성이란 개념은 왜곡으로 인하여 관련 연안국 간에 형평에 어긋나
는 대륙붕 경계획정이 이루어졌는지의 여부를 판단하는 기준이며 요
소"라고 하였다.[59] 또한 중재재판소는 비례성의 기능에 대하여 다음과
같이 말하였다.[60]

---

57 *North Sea Case, op. cit.*, para.98.
58 *Libya/Malta Case, op. cit.*, para.56.
59 *Delimitation of Continental Shelf (U.K. v. France)*, Arbitral Award, 1977, para.100.

여기서는 매우 긴 해안선을 가진 국가의 상황을 제한된 해안을 가진 국가의 상황과 동일시하는 등 자연을 완전히 재구성(completely refashioning nature) 하는 것이 아니라 특수한 지리적 형상에 의해 초래된 불비례(disproportionality)와 형평에 어긋나는 효과를 치유하는 것이 문제이다. 따라서 비례성이란 대륙붕 지역에 독자적으로 권원을 제공하는 일반원칙(general principle)이 아니라, 일정한 지리적 상황의 형평을 측정하는 기준이나 요소로 활용된다.

리비아/몰타 사건에서 비례성을 고려사항으로 포함시켜야 한다고 적극적으로 주장한 것은 리비아지만, 몰타도 반대하지 않았다. ICJ는 비례성을 경계획정을 위한 형평적 고려사항으로 인정하면서도, 이를 적극적으로 활용하려고 하지는 않았다. ICJ는 리비아의 비례성 주장은 해저와 지하에 근본적 단절이 있을 때에는 자연적 연장에 따라 경계선을 획정해야 한다는 주장과 마찬가지로 이를 전적으로 수용할 수는 없다고 하였다. 해안선 길이의 비율을 각국의 대륙붕이 미치는 해안으로부터의 거리와 그 면적을 결정하는 데 사용한다면, 비례성은 형평을 판단하기 위한 수단이나 부당한 차이에 대한 교정이란 차원을 넘어 다른 고려사항들의 적용여지를 지나치게 잠식할 수 있다는 우려 때문이었다. ICJ는 경계획정에 관한 비례성 주장의 또 다른 약점으로 제3차 유엔해양법회의에서 보듯이 각국의 관행이 이를 지지하지 않으며, 법학자들의 지지도 미약한 것이라고 하였다. 이러한 상황에서 ICJ가 비례성에 관한 주장을 전폭적으로 지지할 수는 없는데, 이것은 각국의 해안선 길이의 심각한 차이를 경계획정에서 고려할 요소로 인정하지 않겠다는 의미는 아니며 사건을 심리해 가면서 적절한 단계에서 고려하게 될 것이라고 하였다.[61]

---

60 *Ibid.*, para.101.
61 *Libya/Malta Case, op. cit.*, para.58.

V. 대륙붕 경계획정과정

1. 경계획정과정

해양법상 형평의 역할에 대한 상이한 인식은 해양경계획정 절차에도 영향을 미친다. 형평의 재판상 재량으로의 역할에 주목하여 형평에 교정적 역할을 부여하자는 주장에 의하면 해양경계획정은 두 단계로 나뉘어진다. 첫 단계에서는 등거리선 방법에 따라 잠정경계선을 긋고, 다음 단계에서 형평적 관련상황들을 고려하여 경계선을 확정하는 것이다. 반면에 형평에 맞는 결과를 중시하여 형평에 일종의 분배적 정의의 기능을 부여하자는 입장에서는 해양수역마다의 특수성을 강조하여 중간단계를 거치지 아니하고 단번에 형평에 맞는 경계선에 도달해야 한다고 주장한다.[62]

ICJ는 리비아와 몰타 간 대륙붕 사건에서 전자의 입장인 형평에 교정적 역할을 인정하는 입장에서 경계획정에 임하였다. ICJ는 관련상황을 고려하여 형평의 원칙에 따라 단계적으로 경계획정 절차를 밟아나갔다. 먼저 최종적인 결과를 도출하는 데 있어서 중요한 역할을 하게 될 기준과 방법을 사용하여 잠정적인 경계획정선을 도출하고 그러한 잠정적인 결과를 잠정경계선에 대한 교정을 요구하는 다른 기준들로부터 나오는 요구들을 고려하여 검토하기로 한 것이다.[63]

ICJ는 본 사건에서 잠정경계선에 도달하기 위해 사용할 기준(criterion)과 방법(method)을 결정하는 데 별 어려움이 없었다. 이러한 기준과 방법은 연안국의 대륙붕에 대한 권원과 관련되어 있는바, ICJ는 이미 당사국 해안에서 200해리 이내에 위치한 대륙붕에 대한 본 사

---

62 Weil, *op. cit.*, pp.162-168.
63 *Libya/Malta Case, op. cit.*, para.60.

건에서 적용할 법은 지질학적·지형학적 기준이 아니라 인접성 원칙 (principle of adjacency)에 따라 해안으로부터의 거리기준을 따라야 한 다고 밝힌바 있다. 따라서 ICJ는 먼저 잠정적인 결과에 도달하기 위하 여 사용하게 되는 기준과 방법의 선택은 법적인 권원의 속성에 내재해 있는 개념에 적합한 방법으로 이루어지는 것이 논리적이라고 보았 다.[64]

잠정적인 경계선을 그음에 있어서 우선 제기되는 문제는 거리기 준에 따른 고려사항들이 실제 경계획정에 미치는 영향에 관한 것이었 다. 경계획정에 관한 법의 근본규범에 따르면, 형평에 맞는 결과는 형 평에 맞는 원칙들을 관련상황에 적용함으로써 달성되는 것이므로, ICJ 는 거리기준의 형평성과 그 적용의 결과를 검토하였다. 이와 관련하여 ICJ는 마주보고 있는 국가 간에 경계선을 획정해야 하는 사건에서는 중간선 방법의 형평성은 이미 공인되어 왔다는 사실에 주목하였다. 따 라서 ICJ는 먼저 잠정적인 성격의 중간선을 획정하기로 하였다. 그러 나 등거리선·중간선이 본 사건에 적용가능한 유일한 방법은 아니므 로, ICJ는 등거리선 방법의 적용이 형평에 맞는 결과를 가져오는지 확 인해야 했다.[65]

ICJ는 양국 간 대륙붕 경계획정을 하는 데 있어 일단 중간선을 그 어 이를 잠정경계선으로 삼게 되는데, ICJ는 먼저 중간선의 출발점인 기점(base point)에 관한 문제를 고려하였다. 몰타는 리비아 해안에는 저조선(low-water line)을 긋고 자국 해안에는 암석 Filfla도 기점으로

---

64 *Ibid.*, para.60. ICJ도 이미 1969년 북해대륙붕사건에 대한 판결에서 대안국 간 경계획정에는 중간선 방법을 따르는 것이 적절하다고 하였었다. 그러나 ICJ는 해양경계획정에 관한 근본규범(fundamental norm)에 의하면 형평에 맞는 결 과는 관련상황에 형평에 맞는 원칙들을 적용함으로써 달성된다고 하며, 중간선 은 잠정경계선일 뿐이며 중간선 적용이 가져올 결과의 형평성에 대한 별도의 검토가 필요하다고 하였다.

65 *Ibid.*, paras.62-63.

포함하는 직선기선을 그어 중간선 획정을 위한 기준선으로 사용할 것을 주장 하였다. 그러나 ICJ는 연안국의 해양수역 설정을 위한 기준선과 대륙붕 경계획정을 위한 기준선이 꼭 같아야 하는 것은 아니라고 하면서, 일부 섬과 암석, 해안의 돌출부들로 인한 왜곡을 제거하지 않고는 중간선·등거리선은 형평의 요구에 부응할 수 없다고 하였다. 결국 ICJ는 리비아와 몰타 간 잠정중간선 획정에 있어서 Filfla를 고려하지 않기로 하였다.[66] 리비아와 몰타 간 대륙붕사건에서 ICJ는 일단 중간선을 긋기로 하였으나, 이것은 어디까지나 잠정적인 경계선일 뿐이므로 여러 가지 관련상황들을 고려하여 수정되어야 했다. 1958년 대륙붕협약이 '특별상황'(special circumstances)이 없는 경우에만 중간선 – 등거리선을 경계선으로 한다고 한 것과, 제3차 유엔해양법회의 당시 협약문 초안에 중간선 – 등거리선이 등장하였을 때에도 필요한 경우 이 방식의 적용을 제한하도록 한 것은 경직적이지 아니한 수정된 등거리선 사용의 필요성을 인정한 때문이다. 따라서 ICJ는 중간선을 긋는 것이 잠정경계선 설정을 위해 가장 적절한 방법인 경우에도, 사건의 형평성에 관련된 모든 상황들을 고려하여 이를 적절히 수정해야 형평에 맞는 해결에 도달할 수 있다고 하였다.[67]

　　ICJ는 본 리비아/몰타 사건에서 양측이 제기한 수많은 고려사항들을 검토하였으나, 그 대부분을 기각하였다. 리비아는 지리적·지질학적 자료들을 제시하면서 몇 가지 상황들을 고려해 줄 것을 요청하였다. 리비아는 자국의 광대한 배후지와 몰타와 자국 영토의 상대적 크기(comparative size)를 경계획정에 고려해 주도록 요청하였으나, 모두 ICJ에 의해 기각되었다. 양국 간의 지리적 상황과 관련하여 리비아가 제기한 또 하나의 고려사항은 양국의 해안선 길이의 현격한 차이인데, 재판부는 결과의 형평성을 체크하기 위해 비례성을 적용하는 것과 경

66　*Ibid.*, para.64.

67　*Ibid.*, para.65.

계획정과정에서 해안선의 상대적 길이와 해안선 간의 관계에 적절한 의미를 부여하는 것은 별개의 문제라고 하였다.[68]

양국 간 잠정경계선으로 중간선을 획정하기로 하였다면 경계획정에 고려될 '관련해안'(relevant coast)과 '관련수역'(relevant area)을 결정해야 한다. 양국의 해안선 길이 간 비율은 고려의 대상이 되는 해안을 먼저 결정해야 알 수 있기 때문이다. 양국의 어떤 해안들을 고려 대상으로 삼을 것인가 하는 것은 궁극적으로 결과의 형평성 평가와도 밀접한 관계를 가지는 것으로, 그러한 평가를 위해서는 이미 튀니지와 리비아 간 사건에서 ICJ가 하였듯이 '관련해안'(relevant coasts)과 '관련수역'(relevant area)이 결정되어야 하는 것이다.[69]

ICJ는 양국 간 대륙붕 경계획정에 고려될 관련해안으로 리비아 해안의 서쪽 끝은 리비아와 튀니지 간 국경과 해양이 만나는 접점인 Ras Ajdir로 그리고 그 동쪽 끝은 리비아가 관련해안의 동쪽 한계로 간주한 Ras Zarruq에 가까운 동경 15도 10분으로 결정하였다. 몰타는 암석 Filfla를 기점으로 포함하는 직선기선을 주장하였으나 ICJ에 의해 받아들여지지 않았기 때문에, 몰타의 경우에는 Ras il-Wardija에서 Delimara Point에 이르는 24해리만 관련해안으로 인정받았다.[70]

몰타는 자국과 리비아 간의 이 사건이 중간선 방식이 적용되어야 할 전형적인 사례라고 주장하였지만 ICJ는 이에 동의하지 않았다. 그렇지만 ICJ도 이 사건이 대안국 간 문제인 만큼 일단 중간선 방식에 의해 잠정경계선을 긋고 이를 조정하기로 하였다. ICJ는 관련해안과 관

---

68 *Ibid.*, para.66.

69 *Ibid.*, para.67.

70 *Ibid.*, para.68. ICJ는 잠정경계선으로 중간선을 그으면서 경계획정의 대상수역의 일반적인 지리적 상황도 고려하였다. 이 사건은 리비아와 몰타 양국 간 대륙붕 경계선에 관한 것이지만 크게 보면 지중해 중앙부의 남쪽부분과 북쪽부분 간의 경계선에 관한 것이고, 몰타의 섬들은 북쪽부분의 일부라는 것이다. *Ibid.*, para.69.

련수역의 여러 가지 상황들을 고려하여, 일단 양국 간에 중간선을 긋지만, 그 선은 형평에 맞는 해결을 위하여 몰타 쪽으로 이동되어야 한다고 보았다. 이 사건에서 ICJ의 관심 수역은 당사국들의 해안선이 남북으로 마주보고 있는 상태에서 획정된 중간선은 동서로 걸쳐있었으므로, 획정된 중간선의 이동 방향은 정북 방향이 되었다.[71]

리비아와 몰타 간에 획정된 중간선의 이동 방향을 정북으로 정한 후 ICJ는 그 이동의 한계를 정하였다. ICJ는 우선 잠정경계선인 중간선의 이동을 보다 광범위한 지리적 맥락에서 구상하게 되는데, 우선 몰타의 섬들을 이탈리아 영토의 일부라고 가정하여 리비아와 이탈리아 간에 중간선을 그었다. 또한 독립국 몰타의 지위를 감안하여 리비아와 몰타 간 형평에 맞는 경계선은 리비아와 이탈리아의 시실리 섬 간의 중간선 보다는 남쪽에 위치해야 한다고 하였다. 따라서 ICJ는 리비아와 몰타 간 대륙붕 경계선은 리비아와 이탈리아 시실리 섬 사이의 중간선과 리비아와 몰타 간 중간선 사이에 위치하여야 한다고 보았다. 구체적으로 리비아와 이탈리아 정부가 설정한 기준선에 따른 중간선은 동경 15도 10분에서 북위 34도 36분과 만나고, 리비아와 몰타 간 중간선은 동경 15도 10분 지점에서 북위 34도 12분을 지나는 선을 만나게 되는바, 양국 간 대륙붕 경계선은 그 두개의 선 사이에 위치하게 되었다. ICJ는 이러한 두개의 중간선 중에서 일단 리비아와 몰타 간 중간선을 잠정적인 경계선으로 잡았기 때문에, 그 선의 북방 이동한계는 24분이 되었다.[72]

양국 간 중간선이 설정되었고, 중간선의 북방으로의 이동한계도 결정되었다. 이제 남은 것은 획정된 양국 간 중간선을 관련상황들을 감안하여 얼마나 북쪽으로 이동시켜 형평에 맞는 해결을 이루도록 하는가 하는 것이었다. 여기서 고려된 관련상황은 일반적인 지리적 맥락

---

71 *Ibid.*, paras.70-71.

72 *Ibid.*, para.71.

에서 몰타의 섬들은 반폐쇄해(semi-enclosed sea)에 위치한 상대적으로
미미한 지형에 불과하다는 사실과 양국 해안선 길이 간에 존재하는 심
각한 불비례였다. 당연히 경계선의 북쪽으로의 이동 한계는 24분 이내
가 되어야 한다는 점과 몰타의 Benghisa Point로부터 정남방 리비아
해안 간의 195분에 달하는 거리도 고려되었다. 재판부는 이 사건이 형
평에 맞는 결과에 도달하려면 잠정경계선인 중간선에 대한 상당한 조
정이 필요하다고 하였으나, 위의 고려사항들을 숫자로 계산해낼 공식
은 없었다. 그럼에도 불구하고 그러한 계산은 불가피하였으므로, ICJ
는 두 가지 수치 즉 중간선을 그 북방 24분이란 수치의 4분의 3 만큼
경계선을 북쪽으로 이동시키는 것이 모든 상황을 고려할 때 형평에 맞
는다고 결론을 내렸다. 결국 형평에 맞는 경계선은 중간선을 북쪽으로
18분만큼 이동시킨 선으로 결정되었다.[73]

2. 비례성에 의한 평가

ICJ는 1969년 북해대륙붕 사건에 대한 판결에서 각 연안국에 속하
는 대륙붕의 범위와 그 해안선 길이 간의 합리적 비례성(proportionality)
에 대해 언급하였다. ICJ는 해양경계획정에 '관련있는 해안'과 '관련있
는 대륙붕'을 확인하여 해안선의 길이와 주어질 대륙붕 간의 비례성을
계산하여 비교하는 것은 인접국 사이에서는 물론 대안국 간 경계획정
의 형평을 확인하는 데에도 활용된다고 하였다. 그러나 거기에는 현실
적 어려움이 있었으니, 지리적 상황을 고려할 때 어떻게 관련해안과
관련 대륙붕을 정하고, 제3국과의 관계를 감안하여 판결의 효력범위
를 정하는가 하는 것이다. 광범위한 수역에서 그러한 비례성을 계산하
는 경우에는 더욱 복잡한데, 앞으로 있게 될 한쪽 당사국과 제3국의 경

---

73 *Ibid.*, para.73.

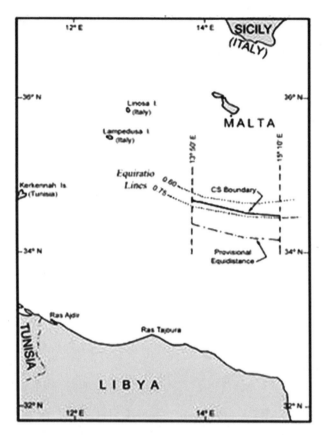

〈지도1-1〉 리비아와 몰타 간 대륙붕경계선

계획정에 따라 비례성은 달라질 수 있기 때문이다. 여하튼 이 사건에서 ICJ는 양국 간 대륙붕 경계선이 형평에 맞는가 하는 것을 테스트하는 데 있어서, 양국의 관련있는 해안선의 길이와 동경 13도 50분에서 동경 15도 10분 사이의 수역을 고려하기로 하였다.[74]

　　Filfla를 제외한 몰타 해안선과 Ras Ajdir에서 Ras Zarruq에 이르는 리비아 해안선의 길이를 비교해 보면 거기에는 상당한 불균형이 존재한다. 해안의 일반적 방향에 따라 Ras Ajdir에서 Ras Zarruq까지의 리

74　*Ibid.*, para.74.

비아의 해안선을 측정해보면 그 길이가 192마일에 달하는 데 비해, 암석 Filfla를 기점에서 제외한 상태에서 Ras il-Wardija에서 Delimara Point에 이르는 몰타의 해안선은 24마일에 불과하기 때문이다. 재판부는 이러한 심각한 불비는 리비아에게 보다 많은 대륙붕을 주는 방향으로 중간선을 조정하는 것을 정당화 한다고 하면서, 그러한 조정은 수학적 정확성을 요구하는 것은 아니지만 고려되어야 한다고 하였다.[75]

ICJ는 당사국들의 해안선 길이에 이어 경계선 양측의 양국에 속하게 될 대륙붕 면적을 비교하였는데, 산술적 형평보다는 결과의 형평성에 대한 광범위한 평가를 중시하였다. 그 결과 ICJ는 당사국 각자에게 귀속되는 대륙붕 면적에 현저한 불비(disproportion)는 존재하지 않는다고 판단하였으며, 비례성이란 관점에서의 형평성 테스트에도 별 문제가 없다고 결론지었다.[76]

VI. 판결과 평가

1. 판결주문

국제사법재판소(ICJ)는 판결문의 마지막 부분에서 다음과 같이 판결하였다.

재판소는, 이러한 이유에서, 14대 3으로, 본 판결에 정해진 한계 즉 동경 13도 50분과 15도 10분 한계 내에서 당사국 연안 사이 대륙붕에 대하여 다음과 같이 판시한다:

A. 본 판결의 이행에 있어서 합의로 이루어질 리비아공화국과 몰타공

---

75 *Ibid.*, para.68.
76 *Ibid.*, para.75.

화국에 속하는 대륙붕 지역의 경계획정에 적용할 국제법 원칙과 규칙은 다음과 같다:

(1) 경계획정은, 형평의 원칙에 따라 모든 관련상황을 고려하여, 형평에 맞는 결과에 도달하도록 이루어져야 한다.

(2) 당사국 해안으로부터 200해리를 초과하지 않으면서 어떤 당사국에 속하는 것으로 결정되어야 하는 대륙붕 지역에 있어서는, 대륙붕 경계획정을 위한 그 어떠한 기준도 물리적인 의미에서의 자연적 연장 원칙으로부터 나오지 않는다.

B. 본 사건에서 형평에 맞는 경계획정에 도달하기 위해 고려되어야 하는 상황과 요소는 다음과 같다:

(1) 당사국 해안들의 일반적 형상, 대안국 형상, 그리고 일반적 지리적 맥락에서의 상호관계;

(2) 당사국 관련해안들의 길이에 있어서의 불비례와 해안 간 거리;

(3) 경계획정에서 각 연안국에 속하는 대륙붕 범위와 해안선의 일반적 방향에서 측정되는 관련 해안부분 길이 간의 과도한 불비례를 회피할 필요

C. 결국 형평에 맞는 결과는, 그 과정의 첫 단계로 우선 몰타(소도 Filla 제외)의 관련해안의 저조점과 리비아 관련해안의 저조점에서 등거리에 있는 점을 연결한 중간선을 긋고, 위에서 언급한 상황과 요소들에 비추어 그 최초의 선(중간선)을 조정하면 도달할 수 있다.

D. 위의 C항에 언급된 중간선의 조정은 그 선을 18도 북쪽으로 이동하며(그리하면 그 선은 북위 34도 30분 근처에서 동경 15도 10분 위선을 만나게 됨), 그 이동한 선이 리비아공화국과 몰타공화국 각자에게 속하는 대륙붕의 경계선이다.

이러한 판결에 대하여 재판소장 Elias와 부재판소장 Sette-Camara, 재판관 Lachs, Morozov, Nagendra Singh, Ruda, Ago, El-Khani, Sir

Robert Jennings, de Lacharrière, Mbaye, Bedjaoui와 임시재판관 Valticos, Jiménez de Aréchaga가 찬성하였으며, 재판관 Mosler와 Oda, Schwebel은 반대하였다. 재판관 Mosler, Oda, Schwebel은 판결에 반대의견을 제시하였으며, 재판관 El-Khani와 Sette-Camara, Ruda, Bedjaoui, Arechaga, Mbaye, Valticos는 개별의견(separate opinion)을 발표하였다.

2. 평 가

해양경계획정에 관한 국제사법재판소(ICJ)와 중재재판소의 판결들을 보면 그 판결들이 흔들림 없이 일직선으로 발달해 왔다고 느끼기 쉽다. 그것은 ICJ와 같은 국제법원과 재판소들이 재판에서 매우 자주 이전의 판례들을 그대로 인용하고 있기 때문이다. 그러나 해양경계획정에 관한 이제까지의 판결들은 시대에 따라 시계추처럼 두 가지 입장 사이에서 움직여 왔다. 여기서 말하는 두 가지 입장이란 해양경계획정에 있어서 당해수역의 특수성보다는 객관적 규범을 강조하여 먼저 중간선(등거리선)을 긋고 관련상황들을 고려하여 이를 수정하자는 입장과, 객관적 규범보다는 당해수역의 특수성을 강조하여 경계획정 시 중간선과 같은 중간단계를 거치지 아니하고 갖가지 관련상황들을 고려하여 단번에 경계선에 도달하게 하자는 주장이다.[77] Weil 교수에 의하면 북해대륙붕 사건과 영불대륙붕 사건에서 ICJ와 중재재판소는 각각 중간적인 입장을 취하였으나, 리비아와 튀니지 간 사건과 메인만 사건 그리고 기니와 기니비소 간 사건에서는 사건의 특수성을 강조하는 후자의 입장으로 기울어졌고, 리비아와 몰타 간 사건을 통해 규범성을 강조하는 교정적 형평의 개념으로 복귀하였다고 하였다.[78] 본 리비아/

---

77 Nelson, *op. cit.* pp.840-841.
78 Weil, *op. cit.*, pp.9-10, 169.

몰타 사건에 대한 판결에서 ICJ가 해양경계획정의 원칙으로 형평의 원칙을 옹호하면서도 실제로는 등거리선(중간선) 방식에 의해 경계선을 획정함으로써, 본 판결은 해양경계획정에 관한 국제법 발달에 있어서 새로운 이정표가 된 것이다.

리비아와 몰타 간 사건에서 ICJ는 이전의 판결들과 마찬가지로 형평이 대륙붕 경계획정의 원칙임을 재확인하였다. 사건의 당사자인 리비아와 몰타 모두 형평의 원칙에 따른 경계획정을 지지하였고, ICJ 역시 경계획정은 형평의 원칙에 따라 모든 관련상황을 고려하여 형평에 맞는 결과에 도달하도록 이루어져야 한다고 하였다. 그렇지만 형평의 법적인 의미와 기능에 대해서는 상당한 견해차가 있었으며, 형평에 맞는 결과를 위하여 고려되어야 할 사항에 대해서도 커다란 인식차이가 있었다. 예를 들어 리비아는 자연적 연장을 지구물리학적 의미에서 파악하였으나, 몰타는 이를 거리란 측면에서 접근하였다. 당사국 해안선 길이 간의 차이를 형평의 입장에서 고려해 달라는 리비아의 주장에 맞서 몰타는 도서국가인 자국의 특수성을 고려해 달라고 하였다. 형평의 이름 아래 전개되는 이러한 주장 사이에서 ICJ는 나름대로의 형평에 대한 인식을 잣대로 삼아 어떤 때는 한 국가의 주장을 지지하고 어떤 때는 양측의 주장을 모두 기각하였다. 그러나 형평이란 원래 모호한 개념이어서 형평에 따른 재판을 하는 경우에 재판소는 자신이 결정에 도달하게 된 배경과 과정을 자세히 밝힐 필요가 있다. 그러한 점에서 ICJ는 본 사건에 대한 판결과 관련해서도 결정에 대한 배경설명이 약하였다는 비판을 면할 수는 없었다.[79]

---

79 국제재판소들이 형평에 따라 재판을 하는 것과 관련하여 제기되는 불만들은 대부분 형평을 적용하는 재판부의 태도 때문이라고 한다. 즉 재판부가 형평에 따라 재판을 한다고 하면서 당사국이 제기한 형평에 관한 주장을 무시한다든가, 당사자들의 법적 주장을 무시하고 형평에 따른 재판을 하면서도 그에 대한 적절한 설명이 없었다는 것이다. 손(Sohn) 교수의 이러한 비판에 대해서는 American Society of International Law, *Proceedings of the 82nd Annual*

본 사건에서 리비아는 자연적 연장론을 주장하면서, 한 국가에 인접한 대륙붕과 다른 국가에 인접한 대륙붕 사이에 근본적 단절이 있는 경우에는 대륙붕 경계획정 시 이를 기준으로 삼아야 한다고 하였다. 이에 대해 ICJ는 리비아가 제출한 증거들을 면밀하게 검토하였지만, 리비아가 주장하는 "근본적 단절"의 존재여부에 대해 충분하고 일관된 결론을 내리기는 어렵다고 하면서, 리비아의 소위 단층지대(rift-zone) 주장을 기각하였다. 한편, 몰타는 본 사건에서 '거리원칙'(distance principle)에 따른 경계획정을 주장하였다. 특히 리비아와 몰타 해안의 거리는 그리 멀지 않아 양국 모두 국제법이 인정하는 대륙붕을 가질 수는 없기 때문에, 경계획정은 양국 해안 사이의 등거리선으로 잠정경계선을 긋는 데에서 시작되어야 한다고 하였다. 관련하여 ICJ는 등거리선 주장은 단호하게 거부하였으나, 실제로는 등거리선과 유사한 결과를 가져올 거리기준에 따라 잠정경계선을 획정하였다. ICJ의 이러한 태도는 오늘날 해양경계획정에서의 일반적인 경향을 보여준다는 평가이다. 등거리선이 국제법상 해양경계획정의 원칙은 아니지만, 등거리선의 형평성을 감안하여 잠정경계선으로 많이 활용되고 있는 것이다.

1985년 ICJ의 「리비아와 몰타 간 대륙붕 사건」에 관한 판결은 형평의 원칙 구현에 필요한 관련상황들을 평가하는 데 있어서도 긍정적인 평가와 부정적인 평가를 동시에 받았다. 첫째, 대륙붕의 권원에 있어서 자연적 연장을 거리기준에 따라 평가하자는 몰타의 주장을 받아들였으나, 대륙붕의 역사적 발달과정에 비추어 해저지형의 특수성을 무시하는 ICJ의 입장이 국제법상 확고한 것인지 의문이다. 둘째, ICJ는 몰타의 등거리선(중간선) 주장은 기각하면서 실제로 등거리선과 유사한 결과를 가져올 거리기준에 따라 추후 수정을 조건으로 잠정경계선을 획정하였는데 이는 다소 모순된 것이다. 셋째, 당사국들의 해안선

Meeting, 1988, p.821 참조.

과 대륙붕 면적 사이의 비례성은 경계획정 결과의 형평성을 가늠하는 잣대로 긍정적 평가를 받았으나, 구체적으로 어떤 상황에서 비례성이 경계선 조정에 사용되는가 하는 데 대해서는 아무런 객관적 기준도 제시되지 않았다.

그린란드와 얀마이엔 사이의 해양경계획정 사건*

I. 서 론

덴마크는 자국 영토인 그린란드와 노르웨이의 섬인 얀마이엔(Jan Mayen) 사이에 발생한 해양경계 분쟁을 국제사법재판소에 회부했다. 덴마크가 200해리선을 양측의 경계선으로 주장한 데 비해 노르웨이는 중간선을 주장했다. 구체적으로, 덴마크는 상주인구와 광활한 해안선을 갖는 그린란드는 상주인구가 없는 얀마이엔에 대하여 완전한 200해리의 어업수역과 대륙붕을 향유할 권리가 부여되었다고 주장했다. 이에 대하여 노르웨이는 얀마이엔이 상당한 규모의 섬이며 대륙붕과 각각의 어업수역에 대한 경계는 중간선이어야 한다고 주장했다. 분쟁지역은 그린란드와 얀마이엔으로부터 각각 측정된 200해리 호의 교차부분과, 남쪽으로는 아이슬란드가 주장하는 200해리 한계선 및 북쪽의 특정한 지점으로 둘러싸여 있다.

국제사법재판소는 각각의 어업수역 사이의 경계를 획정하기 위하여 국제관습법의 규칙을 적용했고, 대륙붕의 경계를 획정하기 위하여 양국에게 효력이 있는 1958년 대륙붕협약 제6조를 적용했다. 국제사법재판소는 양국의 입장을 절충하여 두 선으로 구성되는 중복청구구

---

* 이 연구는 2005년에 발간된 『국제법사례연구』 제3권에 게재된 판례평석 및 저자가 기존 발표한 연구를 수정·보완한 것이다.

역을 세 해역으로 나누어 어업수역과 대륙붕에 대한 단일 경계선을 획정하였다. 즉, 국제사법재판소는 형평스러운 결과를 달성해야 한다는 입장을 취하여, 200해리선은 얀마이엔의 권리 및 형평의 원칙에 위배된다고 했으며, 중간선도 덴마크에게 해양자원에의 공평한 접근을 보장하지 않는다고 밝혔다.

특히 이 사건은 한일양국의 배타적 경제수역 경계획정에 있어서 독도의 처리와 관련하여 우리의 주목을 끈다. 독도에 대한 일본의 영유권 주장을 차치하고 우리나라의 영유권을 완전히 인정하더라도, 독도에 대한 경계획정 기점의 인정 효과는 상당히 복잡할 것으로 예상되기 때문이다. 즉, 이 사건에서 보듯이, 국제법상 경계획정은 형평한 결과를 달성하기 위하여 여러 가지 관련사정을 고려하여 당사국들이 합의해야 하는 성격을 본질적으로 갖는다. 따라서 독도와 같은 섬의 처리는 쉽게 합의되지 않을 수밖에 없을 것이다. 이와 관련하여, 특히 지리적 요소뿐만 아니라 어업자원에의 접근까지도 형평에 맞게 처리되어야 한다는 재판소의 입장은 우리에게 시사하는 바가 크다.

이하에서는 그린란드 · 얀마이엔 경계획정사건에 대한 국제사법재판소의 보고서(ICJ Reports 1993, pp.38-314)를 중심으로 하여 이를 살펴보기로 한다.

II. 사건의 개요

덴마크는 1988년 8월 16일 자국의 영토인 그린란드와 노르웨이의 섬인 얀마이엔 사이의 해양경계에 대한 분쟁과 관련하여 노르웨이를 상대로 소송절차를 개시한다는 청구를 국제사법재판소에 제기했다. 재판소의 관할권을 확정시키기 위해 이 청구는 국제사법재판소 규정 제36조 2항에 정해져 있는 국제사법재판소의 강제관할권을 수락한 양

당사국의 선언에 입각했다.[1]

덴마크는 우선 국제사법재판소에 대해 다음과 같이 요청했다. 즉, 「얀마이엔 섬과 마주보고 있는 200해리 어업수역 및 대륙붕구역 전체에 그린란드가 권리를 갖는다는 것을 인정해주고, 그에 의해 그린란드와 얀마이엔 사이의 수역에 있는 그린란드의 어업수역 및 대륙붕구역의 단일 경계획정선(지도의 AIJB선)을 양국의 경계선, 즉 그린란드의 기선으로부터 측정한 200해리의 거리에 있는 선으로 인정해야 한다는 것」을 요청했다. 덴마크는 상주인구와 광활한 해안선을 갖는 그린란드가 상주인구가 없는 얀마이엔에 대하여, 비록 기상대원들이 교대로 배치되어 있지만, 완전한 200해리의 어업수역과 대륙붕을 향유할 권리가 부여되었다고 주장했다. 이는 그 영역을 약 6.1:1의 비율로 그린란드와 얀마이엔에 배분한 것이었다.[2]

이에 대하여, 노르웨이는 재판소에 대해 다음과 같이 주장했다. 즉, 「양측의 중간선(지도의 AKLD선)이 얀마이엔과 그린란드 사이 수역에 있어서 노르웨이 · 덴마크 간 대륙붕 및 어업수역의 관련 구역 경계획정을 위한 경계선을 구성하기 때문에 덴마크의 청구가 근거 없는 것임을 판결해 줄 것」을 요청했다.[3] 노르웨이는 얀마이엔이 상당한 규모의 섬이며 대륙붕과 각각의 어업수역에 대한 경계는 중간선이어야 한다고 주장한 것이다.[4]

그린란드와 얀마이엔에 대한 주권은 각각 덴마크 및 노르웨이에 귀속된다. 원래 덴마크의 식민지였던 그린란드는 1953년 이후 덴마크왕국의 일부가 되었다. 1973년의 덴마크 의회제정법과 1979년 그린란드에서

---

1 *ICJ Reports 1993*, para.1.
2 Jonathan Charney and Lewis Alexander, *International Maritime Boundaries Vol. III*, pp.2507-2520.
3 *ICJ Reports 1993*, para.9.
4 Jonathan Charney and Lewis Alexander, *op. cit.*, pp.2507-2520.

실시된 주민투표에 의해 그린란드에는 내정자치(home rule)가 도입되었다. 한편, 1922년부터 노르웨이 기상연구소(Norwegian Meteorological Institute)에 의해 관측지로 이용되어 오던 얀마이엔은 1929년 노르웨이에 병합되어 노르웨이가 그에 대한 주권을 행사하게 되었다. 1930년 이 섬은 정식으로 노르웨이왕국의 일부가 되었다.

그린란드의 인구는 약 55,000명 정도이며 그중 6% 가량이 동부 그린란드에서 생활하고 있다. 전체 주민 중 약 25%가 어업부문에 종사하고 있으며 수출액의 80% 이상이 어업부문과 관련되어 있다. 재판소가 특히 중시하고 있는 해역은 부근에서 유일하게 상업적 가치가 있는 어종으로 개발된 유엽어(柳葉魚)의 중요한 어업기지를 포함하고 있다.[5] 얀마이엔에 생업을 위해 정주하고 있는 사람은 없다. 기상대, 관측장치 및 연안통신국 등과 관련된 25명가량의 종사자들이 거주하고 있을 뿐이다. 이 섬에 비행장은 있지만 항구나 큰 부두시설은 없다. 이 섬과 그린란드 사이의 해역에 있어서 노르웨이인의 활동은 고래, 바다표범, 유엽어 기타 어류와 관련된 조업이 주를 이루었는데, 이러한 어업은 얀마이엔이 아닌 노르웨이 본토에 기지를 둔 선박에 의해 행해졌다.[6]

노르웨이는 현직 재판관으로 에벤센이 있다. 따라서 덴마크는 특임 재판관으로서 주 서독 대사인 피셔를 선임했다.[7] 재판소는 1993년 6월 14일 14 대 1로 다음과 같은 판결을 내렸다.

---

5 *ICJ Reports 1993*, para.14.
6 *ICJ Reports 1993*, para.15.
7 小田 滋, "新時代を迎えた國際司法裁判所", 『ジュリスト』第952號, 1990, p.141.

III. 판 결

1. 1965년 협정

덴마크와 노르웨이는 1965년 12월 8일 대륙붕 경계획정에 관한 협정을 체결했다. 동 협정 제1조는 다음과 같이 규정하고 있다. 즉, "노르웨이 및 덴마크가 각각 주권적 권리를 행사할 수 있는 대륙붕지역의 경계획정은 어떠한 점을 취하더라도 각 체약국의 영해의 폭을 측정하기 위한 기선상의 가장 가까운 점으로부터 동등한 거리에 있는 중간선으로 한다"고 규정하고 있다. 단, 제2조는 "제1조에서 정하고 있는 원칙을 적절하게 적용하기 위해 경계는 직선에 의해 구성된다"라고 규정하고 있다. 이는 경계가 관련된 지리학적 좌표에 의해 나타나는 것을 의미하는데, 부속해도에 표기된 바와 같이 8개의 점으로 확정되었다. 즉, 그렇게 해서 확정된 선은 덴마크 본토와 노르웨이 본토 사이의 스카게라크(Skagerrak) 해협 및 북해의 일부에 존재한다.[8] 그런데 이 협정이 그린란드와 얀마이엔 사이의 중간선의 위치 확정을 위한 규정을 포함하고 있지 않다는 것은 분명하다.[9]

노르웨이는 제1조의 규정은 무조건적이고 일반적인 범위의 내용을 기술하고 있기 때문에 보편성을 가질 수밖에 없으며, 이에 의해 당사국들은 "최종적으로 획정되는 모든 경계를 위한 명시적인 근거가 확립되었다"라고 주장했다. 따라서 양국 육지의 대륙붕 경계획정과 관련된 제2조도 이 경우의 경계획정에 적용된다고 주장한 것이다. 즉, 노르웨이는 1965년 협정의 중간선원칙에 구속되는 양 당사국의 입장은 변함이 없다고 한 것이다. 이에 대해 덴마크는 중간선에 입각한 동 협

---

8 *ICJ Reports 1993*, para. 23.
9 *ICJ Reports 1993*, para. 24.

정의 목적은 스카게라크해협 및 북해의 일부에서의 경계획정에만 국한된다고 반박했다. 재판소는 1965년 협정에 대해서는 덴마크의 입장을 지지했다. 즉, 동 협정은 그린란드와 얀마이엔 사이의 대륙붕을 중간선에 의해 경계획정하는 내용을 담은 것으로 볼 수는 없다고 인정한 것이다.[10]

2. 당사자의 행동

1963년 6월 7일 덴마크는 대륙붕에 대한 덴마크 주권의 행사에 관한 칙령(Royal Decree)을 선포했는데 그 제2조 2항은 다음과 같이 규정하고 있다. "대륙붕의 경계는 덴마크왕국 해안과 마주보고 있거나 덴마크와 인접한 해안을 갖고 있는 외국과는 대륙붕협약 제6조에 의하여 결정한다. 즉, 특별한 합의가 없을 경우, 경계는 어떠한 점을 취하더라도 각국 영해의 폭을 측정하기 위한 기선상의 가장 가까운 점으로부터 동일한 거리에 있는 중간선으로 한다."[11]

노르웨이는 이러한 덴마크의 칙령에서 대륙붕협약 제6조의 "특별한 사정에 의해 다른 경계선이 정당하다고 인정되지 않는 한"이라는 구절을 인용하지 않은 점을 주목했다. 그리고 덴마크의 입법과정을 볼 때 덴마크가 자국의 지리적 상황을 검토한 결과 경계획정에 있어서 중간선 원칙 외의 다른 근거를 내세울 수가 없었다고 추론했다. 그러나 위 칙령은 그 전문에서 칙령이 대륙붕협약에 입각하여 선포되고, 동 조약이 인정하는 한 덴마크의 청구권을 대륙붕에 명시적으로 확대했다고 밝힌 점을 유념할 필요가 있다. 즉, 덴마크는 특별한 사정이 1963년에 사실상 충분히 성립된 개념이라고 주장한 것이다. 재판소는 덴마크의 칙령이 노르웨이의 주장을 지지하는 것이 아니라는 점을 분명히

---

10 *ICJ Reports 1993*, para.32.
11 *ICJ Reports 1993*, para.34.

했다.[12]

대륙붕 경계획정과 관련해서는 마주보고 있는 해안의 경우, 우선 영해 기선 사이의 중간선을 잠정적으로 적용한 후 '특별한 사정'(special circumstances)이 별도의 경계선을 필요로 하는지를 조사하는 것이 적절한 방법일 것이다. 이러한 절차는 "합의가 없을 때는 특별한 사정에 의해 다른 경계선이 정당하다고 인정되지 않는 한" 그 경계선은 중간선으로 한다고 규정한 대륙붕협약 제6조와도 일치하는 것이다. 서로 마주보고 있는 해안에서의 대륙붕 경계획정을 규율하는 관습법에 입각한 리비아 · 몰타 간 대륙붕사건의 판결도 마찬가지로 공평한 결과를 확보하기 위해 조정되거나 이동될 수 있는 잠정적인 선으로서 중간선을 인정했다. 따라서 본 건에서도 어업수역에 대해서는 중간선을 잠정으로 긋고 그에 의해 경계획정 절차를 시작하는 것이 합리적이라고 했다.[13]

3. 특별한 사정 및 관련사정

재판소는 잠정적으로 그어진 중간선의 조정이나 이동을 시사하는 모든 특정 요인을 검토했다. 모든 상황 아래서의 목표는 '공평한 결과'를 달성하는 것이어야만 할 것이다. 이러한 관점에서 볼 때 대륙붕협약의 '특별한 사정'은 면밀하게 검토되어야 한다. 한편, 형평의 원칙에 입각하는 관습법은 '관련사정'(relevant circumstances)을 세밀히 조사하도록 요구하고 있다.[14]

'특별한 사정'이라는 개념은 제1차 유엔해양법회의에서 충분히 논의되었으며 그에 의해 영해협약 제12조 1항 및 대륙붕협약 제6조 1항

---

12 *ICJ Reports 1993*, para.34.
13 *ICJ Reports 1993*, para.53.
14 *ICJ Reports 1993*, para.54.

과 2항에 규정되기에 이르렀다. 이는 등거리원칙을 보충하기 위한 연결된 개념이라고 할 수 있다. 즉, 특별한 사정이란 등거리원칙을 무조건 적용함으로써 생길 수 있는 불공평한 결과를 수정하기 위해 도입된 것이다. 또한 국제사법재판소 및 중재재판소의 판례법, 그리고 제3차 유엔해양법회의의 작업을 통해 발전해 온 일반국제법은 '관련사정'이라는 개념을 사용했다. 이는 경계획정절차에 있어서 고려되어야 할 필요한 사실이라고 할 수 있다.

따라서 그 기원이나 명칭에 있어서는 다른 개념으로 발전해 왔지만 대륙붕협약 제6조의 '특별한 사정'과 관습법 하의 '관련사정'이라는 양자는 서로 동화되는 경향을 필연적으로 보여 주고 있다. 궁극적으로 양자는 공평한 결과의 달성을 가능하게 하도록 의도되었기 때문이다. 이는 제6조와 마찬가지로 관습법의 경향이 우선 공평한 결과를 가져오게 하려고 중간선을 규정해야만 했던 마주보고 있는 해안의 경우 특히 그러하다고 하겠다. 다음, 재판소는 본건의 사정이 잠정적으로 그어진 중간선의 조정이나 이동을 요구하는지의 여부와 관련하여, 중간선을 정당화시키려는 노르웨이의 주장과 200해리 선을 정당화시키려는 덴마크의 주장을 검토했다.[15]

4. 해안길이의 불균형

지리적 특징의 제일차적 요인으로서 대륙붕 및 어업수역에 관한 덴마크의 주장 중 가장 눈에 띄는 부분은 '관련된 해안'(relevant coast)의 길이의 불균등(disparity) 또는 불균형(disproportion)이라고 하겠다.

덴마크는, 국제사법재판소 및 중재재판소 판례의 독자적 분석에 따라 해안의 길이의 비율은 첫째로 다음과 같다고 생각했다. 형평한

---

15 *ICJ Reports 1993*, para.59.

획정선에 의해 적당한 방법을 채택하기 위하여 다른 기준(criteria)도 함께 고려해야 할 관련사정 또는 요인. 둘째로, 이러한 균형은 산술적 비율의 형식에 의해, 도달한 획정선의 형평을 판정하기 위한 결정적 요인의 하나라고 주장한다. 덴마크의 입장으로는, 이들 두 균형 요인의 개념은 동시에 적용된다. 이들과 관련한 해안의 길이 사이의 불균형은 명백한 것이고, 다른 관련사정을 고려할 필요도 없이, 이러한 종류의 불균형은 그린란드의 200해리의 수역에 대한 권리를 존중하는 획정선으로 할 것을 논했다. 덴마크는 이 국면에서 그린란드와 얀마이엔이 관련한 해안선의 길이 사이의 관계를 고려하고, 동시에 비율로 해역을 분배하는 지리적 비율선은 그린란드 해안에서 200해리보다도 먼저 인정해야 할 것이라는 소견을 표명했다. 그러나 덴마크는 '결과에 있어서의 형평'이라고 하는 그러한 선을 채용하는 것이 가능하다고 주장하지 않았다. 왜냐하면 그것은 국가가 그 근해의 해역을 요구할 권리를 규율하는 국제법제도에 합치하지 않으며, 덴마크의 허용된 권리주장은 그린란드의 기선에서 200해리의 획정선이기 때문이었다. 덴마크의 견해로는 1958년 협약 제6조의 적용도 같은 결과를 이끌어 낸다.[16]

한편, 노르웨이의 주장은 해안의 비교는 본건에 있어서, 형평한 해결을 하는 과정의 일부를 이루는 관련사정에 완전한 무게를 주는 것을 자의적으로 거부하는 결과가 생기는 점, 그리고 이러한 비교는 획정에서 당사자의 평등한 대우의 달성에 관련이 없다는 점으로 요약된다. 노르웨이는 재판소의 판결을 인용하여, (각 해안의 길이에 비율에 입각한 형식에서의) 균형은 독립된 획정의 원칙이 아니라, 다른 수단에 의해 도달한 결과의 형평성에 대한 판단기준(test)이라고 주장했다. 특히 노르웨이의 견해에 따르면, 해안의 길이의 비율은, 관련되는 결정적

---

16 *ICJ Reports 1993*, para. 62.

사정으로나 또는 단순한 관련사정으로조차도 획정에서 고려될 이유는 없다. 노르웨이는 최종적으로 해안의 길이의 차이는 1958년 협약 제6조의 적용상, 특별사정으로서 인정된 적은 없다는 견해를 취했다.[17]

만약 마주보고 있는 해안에 평행한 경우라면 중간선에 의한 경계획정은 일반적으로 형평스러운 방법이라고 할 수 있을 것이다. 대륙붕 협약 제6조가 보증하는 등거리 방식이 국가실행상 중요한 역할을 담당해 온 이유는 이러한 형평스러운 성격 때문이다. 마주보고 있는 해안의 경우 대부분의 지리적 사정 하에서는 중간선 방식이 형평스러운 결과와 가장 밀접하다. 그러나 관련된 해안의 길이와 등거리 방식의 적용에 의해 확정된 해역의 관계가 매우 불균형할 때 형평스러운 해결을 확보하기 위해 이러한 사정을 고려해야 할 필요가 있으며 본건도 바로 그러한 경우라고 할 수 있다.[18]

양측 해안 길이의 불균형은 대륙붕협약 제6조에서 말하는 특별한 사정의 내용을 구성한다. 마찬가지로 어업수역에 있어서도 양 해안이 매우 불균형할 경우 중간선의 적용은 명백하게 불균형한 결과를 초래한다.[19] 따라서 동 해역에 있어서 양측 해안 길이의 불균형을 고려한다면 얀마이엔 섬의 해안에 보다 가깝게 경계획정을 실시하기 위해 중간선은 조정되거나 이동되어야 하는 것이다.[20]

또한 경계선은 동부 그린란드 해안의 기선으로부터 200해리의 거리에 그어져야 한다는 덴마크의 청구, 즉 대륙붕 및 어업수역에 대한 최대범위의 주장을 덴마크 측에 인정해야 하는 경계획정 방식을 위한 어떠한 사정도 존재한다고 볼 수 없다. 그러한 경계획정의 결과는 덴마크에 의해 확정된 '경계획정분쟁과 관련된 구역'의 잔여부분(지도에서

---

17 *ICJ Reports 1993*, para.63.
18 *ICJ Reports 1993*, para.65.
19 *ICJ Reports 1993*, para.68.
20 *ICJ Reports 1993*, para.69.

ABFEA에 의해 둘러싸인 부분)만을 노르웨이에 부여하는 것이 된다. 동부 그린란드 해안으로부터 측정된 200해리선에 의한 경계획정은 수학적 입장에서 본다면 해안 길이의 불균형을 고려한 것으로서 중간선에 의한 경계획정보다는 형평스러워 보인다. 그러나 이는 그 결과가 본질적으로 형평스럽다는 것을 의미하지는 않는다.

얀마이엔의 해안은 동부 그린란드 해안과 마찬가지로 관습법에 의해 승인된 해역, 즉 원칙적으로 그 기선으로부터 200해리 한계까지 잠재적인 권원을 갖는다. 그린란드의 동해안에 완전한 효과를 부여한 후 남겨진 구역만을 노르웨이에게 귀속시키는 것은 얀마이엔의 권리 및 형평의 입장에서 봐도 불합리한 것이다. 이러한 사정을 고려하여, 재판소는 중간선과 동부 그린란드 해안으로부터 측정된 200해리선 양자 모두 대륙붕이나 어업수역의 경계로 채택되어서는 안 된다고 판단한다. 따라서 경계선은 이러한 두 선의 사이에 위치해야 하며, 또 대륙붕협약에서 정하는 특별한 사정에 의해 정당화되고 관습국제법의 원칙 및 규칙에 입각한 형평스러운 해결 방법에 의해 정해져야 한다.[21]

5. 자원에 대한 접근

중복청구구역(area of overlapping claims)의 자원에 대한 접근이 경계획정에 있어서 중요한 요인이 되는지를 둘러싸고, 양 당사국은 당해구역의 해양자원에 대한 각국의 이해의 중요성을 역설했다. 그린란드와 얀마이엔 사이의 해역에서 주로 개발된 어업자원은 유엽어(柳葉魚)이다.

유엽어는 회유성어종으로 그 회유 패턴은 기상조건에 의하여 변화한다. 대체로 유엽어는 3월 내지 4월에 아이슬란드 남해안 앞바다에

---

21 *ICJ Reports 1993*, para.71.

서 부화하고, 치어는 주로 아이슬란드 수역에서 머물지만, 어령 2년 또는 3년의 유엽어는 하기 또는 추기에는 그 회유범위를 그린란드와 얀마이엔 사이의 수역으로 확대하고, 10월에 아이슬란드 수역에 회귀한다. 1980년, 1981년 및 1984년에서 1989년까지의 노르웨이의 유엽어 어획의 기록은 때로는 얀마이엔 주변 수역과 같이 훨씬 동쪽으로 미치는 경우도 있으나, 일반적으로 중복청구 구역의 남부에서의 자원군(stock)의 집중을 나타내고 있다. 중간선의 서쪽 구역(이곳에서는 노르웨이 어선은 조업하고 있지 않다)에서의 어획에 대한 지리적 데이터는 제출되어 있지 않으나, 유엽어 자원군은 일반적으로 중복청구 구역의 남부의 서측까지로 넓히는 것이 합의되었다.[22]

1989년 6월 12일에 그린란드(덴마크), 아이슬란드 및 노르웨이 간에, 그린란드, 아이슬란드 및 얀마이엔의 전 수역에서 유엽어 자원군의 보존 및 관리에 관하여 세 당사국이 협력하고(제1조), 각 계절의 총어획량을 합의에 의해 결정할 것을 규정하는(제2조) 협정이 체결되었다. 이때 어획가능량은 그린란드, 아이슬란드 및 노르웨이 사이에 각각 11%, 78% 및 11%의 비율로 배분되었다.

그러나 지금까지의 많은 해역의 경계획정 분쟁에서 나타난 바와 같이, 본건에 있어서 당사자는 본질적으로 어업자원에의 접근에 관하여 대립 상태에 있다. 이는 각각의 경제에 대한 어업활동의 중요성 및 관련 주민이 실시한 다양한 형태의 어업의 전통적인 성격을 역설적으로 설명하고 있다. 대륙붕과 어업수역을 위한 단일의 해양경계에 관한 메인만 사건에서, 사건을 처리한 재판부는 당사자 개개의 어획활동에 대한 획정의 효과를 획정이 "관련 국가의 주민의 생활과 경제적 안녕에 괴멸적 타격"을 미치지 않도록 확보할 수 있는 고려의 필요성을 승인했다.[23] 이러한 판례에 비추어 재판소가 고찰하지 않으면 안 되는 것

---

22 *ICJ Reports 1993*, para.73.
23 *ICJ Reports 1984*, para.237.

은, 중간선은 어업수역경계로서, 관련되는 취약한 어업사회를 위하여 유엽어 자원에 대한 형평한 접근을 확보하기 위하여 어떠한 조정 또는 이동이 필요한 것인지에 대한 것이었다.[24]

재판소의 견해에 따르면, 유엽어의 계절적 회유는 아이슬란드가 주장한 200해리선 이북에서, 대체로 이 선과 북위 72도선 간의 중복청구 구역의 남부를 중심으로 하고 있어서, 어업수역의 획정은 이 사실을 반영해야 한다. 이 구역에서의 획정이 그 선에 의해 할당된 구역에 어획가능한 양(量)의 유엽어가 매년 존재하는 것을 각 당사자에게 보증할 수 없는 것이 명확하다.

따라서 재판소는 어업수역의 경계로서 중간선의 이동이나 조정이 유엽어와 같은 어종에의 공평한 접근을 확보하기 위해 요구되는지를 고려하지 않으면 안 된다. 그러한 의미에서, 중간선은 서쪽으로 너무 치우쳐 있기 때문에 덴마크에게 유엽어에 대한 공평한 접근을 보증할 수 없다고 할 것이다. 왜냐하면 그것은 중복청구구역 전체를 노르웨이에게 귀속시키기 때문이다. 따라서 중간선은 동쪽으로 조정되거나 이동되어야 할 필요가 있다.[25]

6. 인구와 경제

덴마크는 인구 및 사회경제적 요인에 관한 덴마크와 얀마이엔의 커다란 격차가 경계획정에 고려되어야 한다고 주장했다. 덴마크는 얀마이엔에는 정주 인구가 없고, 25인이 일시적으로 그 직업을 위하여 거주한 데에 지나지 않는다는 것을 지적했다.[26] 덴마크의 견해에 따르면, 실제로 얀마이엔은 인구의 거주 또는 독자적 경제생활의 유지가

---

24 *ICJ Reports 1993*, para.75.
25 *ICJ Reports 1993*, para.76.
26 *ICJ Reports 1993*, para.15.

불가능하고 유지하고 있지도 않다. 전술한 바와 같이, 그린란드의 총 인구는 55,000명으로 그중 6%가 동부그린란드에 거주하고 있다.[27] 사회·경제적 요인과 관련하여, 덴마크는 그린란드 경제의 지주인 어업 및 어업 관련활동이 그린란드에 있어서 갖는 중요성을 강조했다. 그러나 얀마이엔 주변 해역에서의 노르웨이의 어업 이익은 어업자가 없는 얀마이엔 자체의 것이 아니고 노르웨이 본토의 이익이라고 한다. 또한 덴마크는 '문화적 요인'이라고 불렀던 그린란드의 사람들이 그 육지와 주변해역에서 갖는 애착에도 의거하여, 그에 비추어 보면 그린란드인에게 그 해안에서 200해리 내의 해양지역이 원격지의 고도로 발달한 공업국 사람들의 이익을 존중하여 줄이는 것을 인정하는 것은 불가능한 것은 아니나, 극히 곤란한 것이라고 주장했다.[28]

덴마크는 1982년 유엔해양법협약 제121조 3항 규정(인간의 거주 또는 독자적 경제생활을 유지할 수 없는 바위는 배타적 경제수역 또는 대륙붕을 갖지 않는다)의 문언을 사용했으나, 얀마이엔에 대륙붕이나 어업 수역에 대한 권리가 없다고는 주장하지 않고, 얀마이엔 섬은 그 해양 경계가 동 섬과 아이슬란드 및 그린란드의 영토와의 사이에 설정될 때 완전한 효과가 아닌 부분적인 효과를 인정할 수 있는 데 지나지 않는다고 주장하고 있다. 이것은 재판소가 이미 인정할 수 없다고 한 바가 있다.[29] 또한 재판소의 견해로는 '문화적 요인'이 다른 결론을 시사하지도 않는다. 문제는 얀마이엔의 인구의 규모와 특수성 및 그것을 근거지로 하는 어업의 결여가 획정에 영향을 미칠 만한 사정인지의 여부이다. 재판소는 원래 영속적인 것으로 여겨지는 국가 영역에 해역을 귀속시키는 것은 특정 영역과 관련된 해안선의 소유에만 입각한 법적 과정이라고 간주한다. 리비아·몰타 대륙붕사건에 있어서 재판소는

---

27 *ICJ Reports 1993*, para.14.
28 *ICJ Reports 1993*, para.79.
29 *ICJ Reports 1993*, para.70.

경계획정은 문제가 된 양국의 상대적인 경제적 지위에 의해 영향을 받아서는 안 된다고 판결했다.

"그러나 재판소는, 문제가 된 양국의 상대적인 경제적 지위가, 양국 중약한 쪽의 국가에 속한다고 간주되는 대륙붕구역을, 경제적 자원의 열세를 보강하기 위하여 증대시키는 방법으로 획정에 영향을 미쳐야할 것이라고는 생각하지 않는다. 이러한 고려는 국제법이 적용되는 규칙의 근저에 있는 의도와는 전혀 무관하다. 대륙붕에 대한 법적 권리 부여의 유효성을 결정하는 규칙 또는 주변국 간의 획정에 관한 규칙의 어느 것도 문제의 국가들의 경제적 발전을 고려할 여지가 없다는 것은 명확한 것이다. 배타적 경제수역의 개념은 당초부터 개발도상국의 이익을 위한 특별한 규정을 몇 개씩 포함하고 있었으나, 그들은 그 구역의 범위나 주변국 간의 획정에 관계되는 것은 아니고, 그 자원의 개발에 관련되는 것에 지나지 않는다."(ICJ Reports 1985, p.41, para.50)[30]

따라서 재판소는 본건에 있어서의 경계획정에서도 얀마이엔 섬의 한정된 인구나 기타 사회경제적 요인을 고려할 필요가 없다는 결론을 내렸다.[31]

7. 안전보장

노르웨이는 덴마크에 의한 그린란드 앞바다 200해리 수역의 주장과 관련하여, 다음과 같이 주장했다.

"경계를 한쪽의 국가보다도 다른 쪽의 국가의 가까이에 인정하는 것은,

---

30 *ICJ Reports 1993*, para.80.
31 *ICJ Reports 1993*, para.80.

경계에 가까운 국가가 보호를 구하는 이익을 보호할 가능성을 불형평하게 제거하는 것을 의미한다."

노르웨이의 견해는, 이러한 안전보장의 고려는 지리적인 기준에 따라 주요한 경계를 설정한다고 하는 임무에 그것이 끼어드는 것을 각 재판소가 희망하지 않았겠지만, 불균형이 생기는 것을 회피하는 것에는 관련된다는 것이다. 재판소는, 리비아 · 몰타 대륙붕사건 재판(ICJ Reports 1985, p.42, para.51)에서 "안전보장의 고려는, 물론 대륙붕 개념과 관계가 없는 것은 아니다"라는 소견은 재판소가 그때 취급하고 있던 대륙붕에 대하여 이미 해양구역에 관한 일반적인 소견을 특히 적용한 것이었다고 생각한다. 본건에서 재판소는 이미 200해리선을 부정했다. 리비아 · 몰타 대륙붕사건에서 재판소는 다음과 같은 점을 밝혔다.[32]

"본 판결의 적용의 결과 생긴 경계획정은, 안전보장의 문제를 본건에서 특단의 고려를 할 만큼 어느 쪽의 해안에 가까이 있지 않다."[33]

재판소는 경계획정의 제일단계로서 잠정적으로 채택된 중간선은 덴마크 측에 더 넓은 해역을 귀속시키기 때문에 이를 조정하거나 이동시킬 필요가 있다고 본다. 그러나 동부 그린란드의 기선으로부터 200해리에 덴마크가 그은 선은 지나치게 조정된 것이어서 공평한 효과를 주지 못하고 있다. 따라서 경계획정선은 각 당사국에 의해 제안된 선 사이 중복청구구역 내에서 그어져야 할 것이다.

---

32 *ICJ Reports 1993*, para.81.
33 *ICJ Reports 1985*, para.51.

8. 주 문

경계획정선은 북쪽의 A점, 즉 중간선과 동부 그린란드의 기선으로부터의 200해리선과의 교차점으로부터 D점과 B점 사이에 있으면서 아이슬랜드에 의해 청구된 기선으로부터 그어진 200해리 선상의 점까지이다. 경계획정의 가장 중요한 목적의 하나인 어업자원에의 형평한 접근을 위해 중복청구구역은 다음과 같이 세 구역으로 나누어진다. A점과 B점 사이에 있는 그린란드의 200해리선은 I점과 J점에 의해 나타나는 바와 같이 두 개의 현저한 방향변화를 보여 준다. 또한 중간선도 두개의 대응되는 방향의 변화를 나타내는데, 이는 K점 및 L점으로 표시된다. I점과 K점 사이 및 J점과 L점 사이에 그어진 직선은 이렇게 중복청구구역을 세 개의 수역으로 나누어, 남쪽으로부터 북쪽에 연속하여 제1수역, 제2수역 및 제3수역으로 인용된다.

가장 남쪽의 수역인 제1수역이 본질적으로 주요 어업수역에 해당된다. 재판소의 견해로는 양 당사국은 그 수역의 어업자원에 공평한 접근을 향유해야 한다. 그 때문에 M점으로 표시된 점은 B점과 D점의 양점에서 등거리에 있고, 아이슬란드가 요구하는 200해리 선상에 있다는 것이 확인되었다. 또 제1수역을 두개의 평등한 구역으로 구분하기 위해 J점과 L점 사이의 중간인 N점과 교차하도록 M점에서 선을 그을 수 있다.

제2수역 및 제3수역에 관한 한 이미 논의되었던 해안 길이의 현저한 불균등이라는 관점으로부터 형평의 원칙을 적용해 적절한 결론을 내려야 하는 문제가 있다. 재판소는 중복청구구역 전체의 평등한 구분은 이러한 사정에 있어 상당히 부담스럽게 생각한다. 제1수역의 평등한 구분을 고려하여, 재판소는 중복청구구역의 잔여구역을 다음과 같이 구분함으로써 어느 정도 형평의 원칙이 충족될 것이라 생각한다. 즉 IO 간의 거리가 OK 간의 거리의 2배가 되면 I와 K 사이의 선상에 O

점이 결정된다. 그리고 제2수역 및 제3수역의 경계획정은 N점에서 O 점까지의 직선 및 O점에서 A점으로의 직선에 의해 실시한다.[34]

IV. 평 석

1. 형평의 원칙

판결은 대륙붕협약 제6조에 규정된 '특별한 사정'이란 등거리원칙을 무조건적으로 적용함으로써 발생하는 결과를 수정할 수 있는 사정을 말하는 것으로, 양측 해안 길이의 불균등은 '특별한 사정'에 적합하기 때문에 중간선을 얀마이엔 근처로 이동시켜야 할 것이라고 진술하고 있다. 또 판결은 이러한 특별한 사정이 관습법상 '관련사정'과 동화하려고 하는 경향이 있다고 지적했다. 왜냐하면 양자는 동시에 형평한 결과를 달성하려고 의도하고 있기 때문이다.

그러나 유일하게 반대의견을 낸 덴마크의 특임재판관 피셔는 대륙붕협약이 '특별한 사정'의 정확한 성질을 지시하지 않고 관습법 또한 '형평'을 정의하고 있지 않다고 한다. 피셔는 지리적 요인뿐만 아니라 인구 및 사회경제적 요인이 해역경계획정의 형평성을 평가할 때 그 역할을 다할 것이라고 생각하여, 그린란드와 같은 지역에 관한 한, 어업에의 커다란 의존이 국제법상 관련되는 요인이라는 것이 일반적으로 승인되어 있다고 본다. 그래서 제1수역을 두개의 평등한 부분으로 구분하는 것은 관련된 사회경제적 요인을 무시하기 때문에 공평하다고 볼 수 없다고 서술한 뒤, "판결은 가장 형평스러운 해결이 아니라" 동부 그린란드의 200해리선에 의한 경계획정이 "가장 형평스러운 해결

---

34 *ICJ Reports 1993*, para.94.

이라는 결과에 도달했다"라고 반론한다.[35]

이와 같이 무엇이 형평스러운 것인가에 대해서는 의견대립을 피할 수가 없다. 대륙붕의 경계획정 기준을 둘러싸고 제3차 유엔해양법회의에서 등거리 기준파와 형평 원칙파가 심각하게 대립했었다. 양측의 합의가 이루어지지 않고, 유엔해양법협약 제83조 1항은 '형평한 해결'이라는 말을 채택했다. 경제수역의 경계획정을 규정한 제76조 1항도 마찬가지이며, 상황은 형평의 원칙에 유리하게 전개되었던 것으로 보이기도 한다. 그러나 그것이 구체적으로 무엇을 의미하는지 반드시 명확한 것은 아니다.

2. 사회경제적 요인

전술한 바와 같이 피셔는 사회경제적 요인을 고집했지만 판결은 해안선이라는 지리적 요인을 기초로 하여 경계선을 그었다. 그러나 제1수역을 양 당사국에게 고르게 나누었을 때 '이 수역의 어업자원에의 형평한 접근'을 이유로 한 것은 사회경제적인 면을 고려한 것으로 간주할 수도 있을 것이다. 여기서 말하는 어업자원에의 고려는 유엽어에 대한 전통적인 어획을 고려한 것이다.

3. 시사점

이 사건은 우리나라가 일본이나 중국과 해양경계획정을 해야 하는 경우에 여러 가지로 참고가 될 수 있는 실례이다. 동해에 있어서 독도에 대한 영유권을 우리가 확보하더라도 독도의 기점효과는 일본과의 합의에 따라 여러 가지 경우로 나누어질 수 있을 것이다. 일본과는

---

35 *ICJ Reports 1993*, pp.308-314.

동해에서 적용해야 할 원칙을 둘러싸고 대립하지는 않기 때문에 기점 효과를 독도에 어느 정도 부여할 것인지가 관건이 될 것이다.

형평한 결과를 위하여 관련국들의 경계획정을 완성한다는 유엔해양법협약의 취지는 적용할 관련사정을 합의한다는 것이다. 따라서 상대국과 협상에 있어서 우리가 주장할 수 있는 관련사정의 내용을 검토하여 분석하는 것이 중요하다. 만약 독도 주변의 어업 문제가 과거처럼 한일 양국에게 심각한 대립을 반영하는 것이 아니라면, 사회경제적 요인으로서 어업자원에의 접근은 중요한 사항이 아닐 수도 있다. 그러나 황해에서의 해양경계는 어업 문제가 중요한 이슈로 관련사정의 대상이 될 가능성이 높다. 특히 중국은 산동성 어민들이 이곳에서 불법 조업을 많이 할 정도이므로 어업 문제를 관련사정으로 주장할 것이다. 본 사건에서 노르웨이와 덴마크가 주장한 내용과 재판소의 판결을 분석하여, 일본과 중국이 주장할 관련사정에 대한 정책적 대응을 할 필요가 있다.

3 카타르 대 바레인 해양경계획정 및 영토문제

I. 서 론

국제사법재판소(International Court of Justice: ICJ)는 2001년 3월 16일 「카타르 대 바레인 해양경계획정 및 영토문제 사건」(The Qatar v. Bahrain Maritime Delimitation and Territorial Questions Case: 이하 카타르 대 바레인사건)에 대하여 판결하였다.[1] 이 사건은 본래 1991년 7월 8일 카타르가 "하와르(Hawar) 섬에 대한 주권, 모래톱 디발(Dibal)과 자라다(Jaradah)에 대한 주권적 권리, 양국의 해양수역 경계획정"에 관한 분쟁과 관련하여 ICJ에 바레인을 상대로 재판절차를 개시하는 신청서를 제출하면서 시작되었다. 본 사건은 1993년 덴마크와 네덜란드 간 그린란드와 얀마엔 해양경획정 사건에 대한 판결 이후 ICJ가 다룬 최초의 대형 해양분쟁사건인 것으로 평가되었다.[2]

카타르 대 바레인 사건은 1991년 처음으로 ICJ에 제소되었으며, 이 글의 주요 분석대상인 본안에 대한 재판은 2001년 3월 16일에 종결

---

1 *Maritime Delimitation and Territorial Questions between Qatar and Bahrain (Qatar v. Bahrain)*, Judgement, ICJ Reports, 2001.

2 Barbara Kwiatkowska, "The Qatar v. Bahrain Maritime Delimitation and Territorial Questions Case," *Ocean Development and International Law*, vol. 33, p. 227.

되었다. 그러나 실제로 이 사건은 관할권과 수리가능성에 관한 첫 번째 단계와 본안에 관한 두 번째 단계로 구성되어 있었다. 관할권과 수리가능성에 대한 첫 번째 단계에서는 조약해석에 관한 쟁점들이 주로 검토되었는데, 재판소는 이와 관련하여 1994년과 1995년 두 개의 판결을 통해 그 관할권을 확인하였다. 본안단계에서 재판소는 주바라(Zubarah) 지역과 하와르(Hawar) 섬, 자난(Janan) 섬에 대한 양국 간 영유권 분쟁을 검토하였으며, 해양경계획정의 방법, 일부 섬과 간출지의 지위, 기준선, 일부 관련상황을 검토하면서 양국 간에 영해경계선과 대륙붕·경제수역 단일경계선을 획정하였다.

ICJ나 국제중재재판소에서는 도서영유권 문제와 해양경계획정 문제를 동시에 다루는 경우가 종종 있는데, 본 카타르 대 바레인 간 사건도 그러한 혼합사건(mixed case)에 속한다. 혼합사건 중에서 에리트리아와 예멘 간의 분쟁은 중재재판에 의해 해결되었으며, 카메룬과 나이지리아 간의 분쟁은 ICJ에서 해결되었다. 최근의 사례로는 ICJ에서 다루어진 니카라과 대 온두라스 사건이 있다.[3]

카타르 대 바레인 사건을 다루면서 ICJ는 도서영유권과 해양경계획정에 관한 기존의 국제법 원칙을 검토하고 관련 국제판례들을 세밀히 분석하였는바, 그 판결내용과 취지는 다른 해양분쟁해결에도 많은 참고가 될 것이다. 따라서 ICJ의 본 카타르 대 바레인 사건에 대한 판

---

3 *Territorial and Maritime Dispute between Nicaragua and Honduras in the Caribbean Sea (Nicaragua v. Honduras)*, Judgment, ICJ Reports, 2007, paras.104-114. 당초 니카라과는 양국 간 단일해양경계선 획정만을 요청하였으나, 구두절차가 끝난 후 최종제안(final submission)에서 분쟁수역 내 섬(islands)과 암초(cays)에 대한 영유권 문제를 결정해 달라고 요청하였는데, 재판소는 "비록 형식적으로는 새로운 주장일지라도 문제의 주장이 본래의 주장에 포함되어 있는 것으로 볼 수 있는지 고려"하였으며, 결국 재판소는 분쟁수역의 도서영유권에 관한 니카라과의 주장은 카리브 해에서의 니카라과 대 온두라스 간 해양경계획정에 관한 본래의 주장에 내재해 있는 것이므로 수리가능하다고 하였다.

결은 아직 주변국가과의 사이에 도서영유권 문제와 배타적 경제수역
(Exclusive Economic Zone: EEZ)과 대륙붕 해양경계획정 문제를 가지고
있는 우리나라에게도 많은 시사점을 제공하였다.

여기에서는 본 사건의 배경과 관할권 문제에 대한 재판소의 입장
을 살펴본 후, 하와르섬 등 도서영유권 문제에 대한 판결내용과 해양
경계획정에 대한 재판소의 결정을 분석·검토하고 우리나라에 대한
함의도 살펴보고자 한다.

II. 사건의 배경과 관할권 문제

1. 사건의 배경

카타르와 바레인은 중동지역 페르시아 만의 남쪽, 보다 정확하게
는 북서쪽으로는 '샤트알아랍'(Shatt al'Arab) 수로 입구와 만의 동쪽 끝
인 호르무즈(Hormuz) 해협 중간에 위치하고 있다. 사우디아라비아에
서 페르시아 만으로 솟아 있는 반도에 위치한 카타르는 11,437㎢ 면적
에, 2001년 현재 77만의 인구를 가지고 있는 전통적인 왕국이다. 1971
년 영국에서 독립하였으며, 그 수도는 동쪽 해안 중간에 위치해 있는
도하(Doha)이다. 바레인은 사우디아라비아 동쪽 페르시아 만에 위치한
도서국가이며, 그 면적은 620㎢이고 2001년 현재 64만 5천 명의 인구
를 가지고 있다. 카타르와 마찬가지로 1971년 영국에서 독립한 입헌군
주국으로 그 수도는 본섬 북쪽 해안에 위치한 마나마(Manama)이다.

본 사건에서 영유권 문제가 제기되었던 주바라(Zubarah)는 카타
르 반도 동북해안 바레인 맞은편에 위치해 있으며, 하와르(Hawar) 제
도는 카타르 반도 서쪽 해안 중간부분 근처에 있다. 자난(Janan) 섬은
하와르 섬의 남서쪽 끝에 있고, 모래톱인 디발(Fasht ad Dibal)과 자라

다(Qit'at Jarada)는 카타르 반도 북서쪽 그리고 바레인 북동쪽에 위치해 있다.[4]

국제사법재판소(ICJ)는 카타르와 바레인 간 해양영토분쟁의 원인인 복잡한 역사를 검토하였다. 역사적으로 중요한 페르시아 만에서의 통항은 전통적으로 이 지역의 주민들에 의하여 좌지우지되었다. 그러나 16세기 초부터 서구 열강들이 이곳에 대하여 관심을 갖기 시작하였으며, 호르무즈를 장악하여 이곳에 가장 먼저 진출한 포르투갈의 독점은 17세기 초까지 이어졌다.[5]

영국은 1797년부터 1819년 사이 Qawasim이 이끄는 부족들에 의한 선박약탈과 해적행위를 억제하기 위하여 여러 차례 이곳에 원정하였다. 1819년 드디어 영국은 Qawasim의 본거지인 Ras al Khaimah를 장악한 후, 이 지역의 여러 부족장들과 개별적으로 협정을 체결하였다. 이들 부족장들은 이어서 「일반평화조약」(General Treaty of Peace)을 체결하게 되는데, 영국정부와 각 부족장들은 1820년 1월 이 조약에 서명하였다. 1861년 영국정부는 부족장 Mahomed bin Khalifah와 「항구적 평화우호조약」(Perpetual Treaty of Peace and Friendship)을 체결하는데, 이 조약에서 부족장 Mahomed bin Khalifah는 "독립적인 바레인 통치자"(independent Ruler of Bahrain)라 언급되었다.[6]

1867년 카타르 반도에서 적대행위가 있은 후, 도하(Doha)와 와크라(Wakrah)가 바레인과 아부다비 부족장 연합군에 의하여 파괴되는 일이 발생하였다. 이러한 사건은 결국 영국의 개입을 초래하여, 영국은 바레인 부족장 Ali bin Khalifah 및 카타르 부족장 Mohamed Al-Thani와 1868년 9월 6일과 12일 각각 협정에 서명하게 하였다. 이어서 1868년 영국의 중개로 "카타르 지방에 거주하는"(residing in the

---

4 *Qatar v. Bahrain Case*, *op. cit.*, para.35.

5 *Ibid.*, para.37.

6 *Ibid.*, paras.38-39.

province of Qatar) 부족장들은 바레인 부족장들에게 바치던 공물을 바레인 부족장 Ali bin Khalifah에게 바치는 데 동의하게 되었다.[7] 바레인은 1867년부터 1868년 사이 발생한 이 일련의 사건은 당시 카타르가 바레인으로부터 독립해 있는 상태가 아니었음을 보여 주는 것이라고 보았다. 반면에 카타르는 1868년 협정을 계기로 카타르는 처음으로 독립된 주체로 인정받게 되었다고 해석하였다.[8]

그 후 영국은 걸프지역의 지배적인 해양세력이 되었지만, 오토만제국 역시 페르시아 만 남쪽의 광대한 지역에 다시 지배권을 구축하였다. 오토만제국이 카타르반도에 들어오자 영국은 바레인과 1892년 3월 13일 「배타적 보호협정」(Exclusive Protection Agreement)을 체결하는 등 바레인에 대한 영향력을 강화하였다.[9] 그렇지만 양국은 1913년 7월 29일 「페르시아 만과 주변 영토에 관한 협약」(Convention Relating to Persian Gulf and Surrounding Territories)을 체결하였다. 이 협약은 비준되지는 못하였으나, 카타르 문제를 다룬 협약 제2부 제11조는 오토만의 Sanjak of Nejd를 카타르 반도로부터 분리하는 경계선에 관한 것이었다.[10] 카타르는 이 협약이 비준되지 못한 것은 제1차 세계대전 때문이었다고 하면서 협약의 의미를 강조한 데 반하여, 바레인은 1913년 협약이 비준되지 못한 것은 복잡한 독립적인 제안들 때문이라고 하였다.[11]

1925년 바레인 통치자 사이에 첫 번째 석유양허계약이 체결된 이

---

7 보다 구체적으로는, 부족장들이 도하(Doha)의 Mohamed Al-Thani에게 공물을 바치면, 그는 자기의 공물과 함께 이를 영국 정치고문(Political Resident)에게 전달하고, 영국 정치고문은 이를 바레인 추장 대리인에게 전달하는 방식이었다. *Ibid.*, para. 40.

8 *Ibid.*, paras. 41-42.

9 *Ibid.*, paras. 43-44.

10 *Ibid.*, para. 45.

11 *Ibid.*, paras. 46-47.

후, 석유양허계약 문제를 둘러싸고 하와르(Hawar) 섬 등에 대한 영유권 문제가 제기되었다. 이와 관련하여, 1936년 4월 28일 바레인정부의 고문관 Charles Belgrave는 영국 정치고문에게 하와르 도서군이 바레인의 일부임은 의문의 여지가 없다고 말하였다.[12] 이어서 1936년 4월 29일 Petroleum Concessions 회사의 대표는 걸프지역 피보호국과 관계를 맡고 있는 영국령 인도당국에 서신을 보내, 하와르 섬이 바레인과 카타르 중 어느 왕국에 속하는 것인지를 문의하였다. 1936년 5월 6일 그 회사는 인도당국으로부터, 영국정부가 보기에 하와르는 바레인에 속하는 것 같다는 통보를 받았다. 이어서 1936년 5월 25일 바레인 주재 정치고문은 런던의 인도담당 국무장관(Secretary of State for India)에게 서신을 보내어 하와르는 바레인에 속하는 것으로 간주되어야 한다는 것이 자신의 견해이며, 바레인왕의 영유권을 거부하는 데 따른 거증책임은 카타르 왕이 부담해야 한다고 하였다.[13] 카타르 통치자는 서신을 통해 바레인의 카타르에 대한 조치에 대하여 영국정부에 항의하였다. 이에 대하여 영국정부는 1938년 5월 23일자 서신을 통해 카타르 통치자에게 가능한 빨리 하와르에 대한 자신의 주장을 진술하도록 요청하였으며, 카타르 통치자는 1938년 5월 27일자 서신으로 응답하였다. 몇 달 후인 1939년 1월 3일 바레인은 1938년 12월 22일자로 된 반대주장(counter-claim)을 제출하였고, 카타르 통치자는 1939년 3월 30일자 서신에서 바레인 주재 영국 Political Agent에게 바레인의 반대주장에 대해 논평하였다. 그리고 카타르와 바레인 통치자들은 1939년 7월 11일 영국정부는 하와르 섬이 바레인에 속한다고 결정하였음을 통보받았다.[14]

1946년 5월 '바레인석유회사'(Bahrain Petroleum Company Ltd.)는

---

12 *Ibid.*, para.52.
13 *Ibid.*, paras.53-54.
14 *Ibid.*, para.55.

영국이 그 일부가 카타르에 속하는 것으로 간주해 온 대륙붕 지역에 대한 시추허가를 받고자 하였다. 그러나 영국정부는 바레인과 카타르 양국 간에 해저분할이 이루어지기 이전에는 그러한 허가는 줄 수 없다고 하였다. 영국은 이 문제를 검토하였으며, 바레인 주재 영국 정치고문은 1947년 12월 23일 카타르와 바레인 통치자에게 서신을 보냈는데, 그것은 영국정부가 "형평의 원칙에 따라 상기 해저를" 나누는 선을 보여 주었다. 이 서신은 바레인 왕이 하와르 섬은 물론이고 디발(Dibal)과 자라다(Jaradah) 모래톱에 대하여 주권적 권리를 가진다고 하였으니, 디발과 자라다는 자체의 영해를 가질 수 없으며, 하와르 제도에 자난(Janan) 섬은 포함되지 않는 것으로 간주된다고 하였다.[15]

1971년 카타르와 바레인은 영국의 보호령으로부터 독립하였으며, 양국 모두 동년 9월 21일 유엔에 가입하였다. 1976년부터 바레인과 카타르 왕의 동의를 얻어 사우디아라비아 왕에 의한 중재(또는 주선)가 시작되었으나 소기의 성과를 거두지 못하였고, 1991년 7월 8일 카타르는 ICJ에 바레인을 상대로 소송을 제기하였다.[16]

2. 관할권 문제

역사적으로 카타르와 바레인 간의 해양 및 영토분쟁은 양국 간 분쟁을 중재에 의하여 해결하려던 카타르의 시도가 좌절되었던 1965년으로 거슬러 올라간다. 그러나 1971년 영국으로부터 바레인과 카타르가 독립한 후, 1976년부터 사우디아라비아 파드(Fahd) 왕의 중개가 시도되어, 1983년에는 3국 간 회의에서 「분쟁해결기본원칙」(Principles for the Framework for Reaching a Settlement)에 합의하였다.

사우디 왕에 의한 중개는 실패하였고, 1991년 7월 8일 카타르는

---

15 *Ibid.*, para.61.
16 *Ibid.*, paras.65-69.

ICJ 사무국에 재판소 규정 제36조 1항을 근거로 재판을 신청하였다. 그런데 카타르는 신청서에서 재판소의 관할권을 1987년 12월과 1990년 12월 양국 간 합의에 근거하도록 하였다. 그러나 바레인은 1990년 12월 25일 도하(Doha)에서 3개국 외무장관들이 서명한 각서(minute)는, 카타르가 주장하듯이 협정이 아니며, 따라서 법적으로 구속력이 있는 것은 아니라고 하여 관할권 문제를 제기하였다. 1988년 10월 26일 바레인에 의하여 제안되어 1990년 도하각서(Doha Minutes)에 「바레인합의」(Bahraini Formula)라고 언급된 원문은 "당사국들은 재판소에, 그들 간에 분쟁사유가 될 수 있는 모든 영토적 권리, 기타 권원 및 이익에 관한 문제를 결정하고, 해저와 지하 및 상부수역에 각국의 해양수역에 단일경계선을 그어주도록, 재판소에 청구한다"는 것이었다.

1994년 7월 1일의 관할권 및 수리가능성에 관한 판결에서 재판관들은 15 대 1로 카타르와 바레인은 그들 간의 모든 분쟁을 재판소에 부탁하기로 서약하는 국제적인 합의를 한 것이라고 판시하였다. 재판소는 15 대 1로 1987년 12월 19일과 21일자 사우디아라비아 왕과 카타르 Amir 간의 서신교환, 1987년 12월 19일과 26일자 사우디아라비아 왕과 바레인 Amir 간의 서신교환, "각서"(Minutes)라는 표제의 1990년 12월 25일 도하에서 바레인, 카타르 및 사우디아라비아 외무장관에 의해 서명된 문서는 당사국들의 권리와 의무를 창설하는 국제적인 합의(international agreement)라고 판시하였으며, 역시 15 대 1로 1988년 10월 26일 바레인이 카타르에 제안한 문서와 함께 회람되어 1990년 12월 카타르에 의하여 수락되었으며 1990년 도하각서에 "바레인합의"라 언급된 바대로, 그러한 합의문에 의하여 당사국들은 그들 간의 모든 분쟁을 재판소에 회부하기로 서약하였음을 확인하였다.[17]

---

17 이 판결에서 유일하게 반대의견을 제시한 사람은 오다시게루 재판관이었다. 그는 이 사건에서 ICJ가 조정자(conciliator)의 역할을 선택하였다고 비난하였으나, 로젠느(Rosenne) 대사는 재판소의 그러한 결정이 재판소 규정상 재판소

1994년 카타르와 바레인 사건에 대한 ICJ의 판결에 따라 카타르는
재판소 사무국에 「1994년 판결의 적용조항 제41항의 (3)과 (4)의 준수
를 위한 조치」(Act to Comply with Paragraphs (3) and (4) of the 1994
Judgment's Operative Paragraph 41)라는 제목의 문서를 등록하였다. 이
문서에서 카타르는 당사국들이 공동으로 행동하는 데 관한 합의가 이
루어지지 않은 것을 언급하면서, 자국은 "분쟁전체"(the whole of the
dispute)를 재판소에 회부할 것이라고 선언하였다.[18] 이에 대하여 바레
인은 1994년 11월 30일 재판소에 양 당사국의 1994년 판결이행을 위
한 노력에 관한 보고서를 제출하였으며, 동년 12월 5일에는 카타르의
조치에 대한 의견서를 제출하였다. 여기에서 바레인은 1994년 판결에
비추어 보아도, 바레인의 동의가 없이는, 카타르의 조치로 인하여 관
할권이 창설될 수는 없다고 하였다.[19]

ICJ는 1995년 2월 15일에 있은 카타르 대 바레인 사건의 관할권과
수리가능성에 관한 두 번째 판결에서, 10 대 5로 1990년 도하각서에
근거하여 재판소는 제기된 양국 간 사건에 대하여 관할권을 갖는다고
하였으며, 1994년 11월 30일 제출된 카타르의 재판신청 역시 수리가
능하다고 판시하였다.[20]

1995년 2월 15일의 판결과 관련하여 재판소에서 논의된 가장 커

의 권한을 벗어난 것은 아니라고 하였다. S. Rosenne, "The Qatar v. Bahrain
Case: What is the Treaty? A Framework Agreement and the Seising of the
Court," *Leiden Journal of International Law*, vol. 8, 1995, pp.178-182.

18 여기에서 카타르는 쟈난(Janan) 섬을 포함하는 하와르(Hawar) 섬, 파시트 알 디
발(Pasht al Dibal)과 키타트자라다(Qit'at Jarada), 군도기선, 주바라(Zubarah),
진주조개와 유영어류 조업구역과 해양경계선과 관련이 있는 기타 문제들이 재
판소의 관할권에 속한다고 하였다.

19 *ICJ Reports*, Judgement of 15 February 1995, paras.21-22.

20 재판소는 10 대 5로 "재판소는 재판소에 부탁된 카타르국과 바레인국 간의 분
쟁을 심판할 관할권을 가진다"고 판시하였으며, 역시 10 대 5로 "1994년 11월
30일 작성된 카타르국의 재판신청은 수리가능하다"고 판시하였다.

다란 이슈는 1990년 도하각서를 어떻게 해석할 것인가 하는 것이었다. 바레인은 도하각서는 본래 "양 당사국 중 일방이" 재판소에 제소할 수 있게 되어 있었으나 나중에 "양 당사국이" 함께 제소하도록 바꾸었다고 주장하였으며, 로젠느 대사 역시 1994년 판결이 함축하는 것은 적절한 재판소에의 제소는 그것이 공동제소는 아닐지라도 최소한 양국에 의한 조치를 요구하는 것이라고 하였다.[21] 이러한 주장에도 불구하고 재판소는 도하각서가 재판소에 관할권을 부여하는 것으로 결정하였던 것이다.

III. 당사국의 주장

국제사법재판소(ICJ)는 1996년 2월 1일자 재판소 명령에 의하여 그 기한을 연기하여 카타르와 바레인 양국에게 1996년 9월 30일까지 진술서(memorial)를 제출하도록 하였으며, 1996년 10월 30일 재판소장은 각 당사국에게 1997년 12월 31일까지 답변서(Counter-Memorial)를 제출하도록 통보하였다.[22]

카타르는 1991년 7월 8일과 1994년 11월 30일 재판소에 제출한 신청서(application), 서면절차에서 제출한 제안서(submission), 2000년 6월 22일 구두절차에서 일부 도서에 대한 영유권과 해양경계획정에 관한 자신의 주장을 제기하였다. 구두절차 중 2000년 6월 22일의 심리에서 제시된 카타르의 주장은 다음에 잘 나타나 있다.

카타르는 재판소가, 모든 반대되는 주장과 제안을 기각하고, 다음과 같이 해 줄 것을 정중히 청구한다.

---

21 Rosenne, *op. cit.*, pp.167-168.
22 *Qatar v. Bahrain Case*, *op. cit.*, para.13.

Ⅰ. 국제법에 따라 다음과 같이 재판하고 선언한다.

A. (1) 카타르는 하와르(Hawar) 섬에 대해 주권을 갖는다.

(2) 디발(Dibal)과 키타트 자라다(Qit'at Jarada) 모래톱은 카타르 주권에 속하는 간출지(low-tide elevation)이다.

B. (1) 바레인은 자난(Janan) 섬에 대하여 주권을 가지지 아니한다.

(2) 바레인은 주바라(Zubarah)에 대하여 주권을 가지지 아니한다.

(3) 군도기준선과 진주조개 및 유영어류 조업구역에 대한 바레인의 모든 주장은 본 사건에서의 해양경계획정 목적상 관련이 없다.

Ⅱ. 카타르와 바레인 각국에게 속하는 해저와 지하 및 상부수역의 해양수역 간에 단일경계선을 긋되, 주바라와 하와르 군도 및 자난 섬이 바레인이 아닌 카타르에 속한다는 것을 기초로 하며, 경계선은 1971년 바레인과 이란 간에 체결된 경계획정 협정의 기점 2(51°05'54"E와 27°02'47"N)에서 시작하여, 남쪽방향으로 BLV(50°57'30"E와 26°33'35"N)까지 나아가며, 이어서 1947년 12월 23일 영국이 결정한 선을 따라 NSLB(50°49'48"E와 26°21'24"N)와 기점 L(50°43'00"E와 25°47'27"N)을 거쳐, 1958년 바레인과 사우디아라비아 간에 체결된 경계획정 협정의 기점 S1(50°31'45"E와 25°35'38"N')까지 긋는다.

바레인의 주장은 구두절차 중 2000년 6월 29일의 심리에서 제시된 다음에 잘 나타나 있다.

재판소는, 모든 반대주장과 제안을 기각하고, 다음과 같이 재판하고 선언하여 주셨으면 합니다.

1. 바레인은 주바라(Zubarah)에 대하여 주권을 갖는다.

2. 바레인은 자난(Janan)과 하드자난(Hadd Janan)을 포함한 하와르(Hawar) 제도에 대하여 주권을 갖는다.

3. 디발(Fasht ad Dibal)과 자라다(Qit'at Jaradah)를 포함하고 바레인

군도를 포괄하는 모든 섬과 기타 지형에 대해 바레인이 주권을 갖는다
는 관점에서 볼 때, 바레인과 카타르 간의 해양경계선은 바레인의 진술
서(Memorial) 제2부에 서술되어 있는 바와 같다.

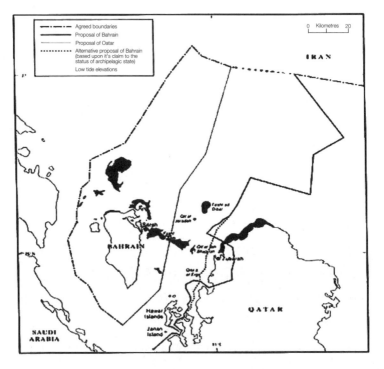

〈지도 3-1〉 카타르와 바레인이 제안한 해양경계선

IV. 영토문제

1. 주바라

카타르 대 바레인 사건에서 국제사법재판소(ICJ)가 다룬 첫 번째

영토문제는 카타르반도 북서쪽의 주바라(Zubarah) 영유권에 관한 것이었다. 재판소는 양국 모두 오늘날의 쿠웨이트 출신 Al-Khalifah가 1760년대에 주바라를 점령하였고, 몇 년 후에는 바레인에 정착하였다는 데 대해서는 의견이 일치하고 있으나, 그 후에 전개된 법적인 상황에 대해서는 주장이 다른 것에 주목하였다.[23]

재판소는 1868년 협정문은 바레인이 해상에서의 군사활동을 통하여 주바라에 대한 영유권 주장을 추구하더라도 그것이 영국에 의하여 저지될 것임을 보여 준다고 보았다. 바레인은 Al-Khalifah가 18세기 말 그 정부의 소재지를 바레인 섬으로 이전한 이후에도 그에게 충성하는 나임이 영도하는 부족연합체를 통하여 주바라에 대한 통제권을 계속 행사하였다고 주장하였다. 그러나 재판소는 이러한 바레인의 주장을 받아들이지 않았다. 재판소는 비록 일부 나임 부족과 바레인 통치자 간에 개인적인 충성관계가 있었다고 할지라도, 일부 나임 부족이 Al-Khalifah와 Al-Thani 양쪽 모두에게 충성하였다는 증거도 있다고 하였다. 어떤 경우이든 나임 부족이 바레인 추장을 대신하여 주바라에서 주권적 권한을 행사하였다는 증거는 없다는 것이 재판소의 견해이었다.[24]

당시 이 지역에 대한 영국과 오토만제국의 영향력을 감안할 때, 1913년 7월 29일 서명된 영국과 오토만제국 간 협약이 중요한데, 양국은 협약 제11조에서 Sanjak of Nejd를 카타르 반도로부터 분리하도록 하였다. 재판소는 서명은 되었으나 비준에는 이르지는 못한 이 조약은 서명 당시 당사국들이 이해하고 있는 것을 정확히 표현한 것일 수 있다고 보았다. 결국 재판소는 영국과 오토만제국 간 협약은 카타르의 통치자이었던 Al-Thani의 실제 세력범위에 대한 영국과 오토만제국의 견해에 관한 증거라는 결론에 도달하였다.[25]

---

23 *Ibid.*, para.82.
24 *Ibid.*, paras.84-86.

재판소는 카타르 부족장이 주바라 지역에 거주하는 나임(Naim) 부족에게 과세하려 하였던 일이 발생한 후, 1937년 주바라에서 있었던 사건들을 검토하였다. 재판소는 특히 1937년 5월 5일 영국의 걸프지역 정치고문이 인도담당 국무장관에게 일련의 사건에 대하여 보고하면서, "개인적으로는 법적으로 바레인의 주바라에 대한 주장은 좌절되어야 한다고 본다"고 한 것에 주목하였다.[26] 재판소는 영국이 항상 주바라를 바레인에 속하는 것으로 간주하였다는 바레인의 주장을 받아들일 수 없었다. 1868년 영국과 바레인 부족장 간의 협정문, 1913년과 1914년의 협약문, 1937년 영국 정치고문이 인도담당 국무장관에게 보낸 서신과 인도담당 국무장관이 정치고문에게 보낸 서신은 모두 그와는 다르다는 것이다. 재판소의 판단은 1937년 당시 영국은 바레인이 실제로 주바라에 대하여 주권을 가지고 있는 것으로 보지 않았다는 것이다.[27]

재판소는 카타르의 주바라에 대한 권한은 1868년 이후 점차 견고해졌으며, 1913년 영국과 오토만제국 간 협약에 의해 인정되었고, 1937년에는 확고하게 수립되었다고 본 것이다. 따라서 1937년 카타르 왕이 주바라에 대하여 취한 조치는, 바레인의 주장대로 불법적인 무력행사가 아니라, 자기 영토에 대한 권한의 행사라고 보았다.[28]

이러한 이유에서 당시 재판부를 구성하고 있던 17명의 재판관들은 만장일치로 주바라(Zubarah)에 대한 영유권은 카타르에 있다고 판시하였다. 그러나 재판관 Peter H. Kooijmans는 그의 개별의견(Separate Opinion)에서 재판소가 영토획득에 관한 실질법적인 고려보다 영국과 오토만제국 등 제3국의 입장에 보다 무게를 두었다고 하였다. 그는

---

25 *Ibid.*, paras.87-89.
26 *Ibid.*, para.92.
27 *Ibid.*, para.95.
28 *Ibid.*, para.96.

1974년 서사하라 사건에서의 재판소의 입장을 고려하여, 바레인의 통치자와 나임과 같은 일부 부족 간의 관계는 영토주권을 입증하기에는 불충분한 것이었다고 하였다.[29] 한편 바레인이 선임한 임시재판관 L. Yves Fortier는 1937년까지 나임부족이 바레인과 Al-Khalifah에게 충성한 것은 주바라에 대한 바레인의 권원을 확인해 주었다고 하였다. 그러나 이러한 권원은 1937년 카타르에 의한 점령의 결과 상실되었다고 하였다.[30]

2. 하와르 섬

하와르(Hawar) 섬에 대한 영유권 분쟁은 카타르가 1930년대 페르시아 만에서의 석유시추와 관련하여 1939년 7월 11일 영국의 결정이 타당성이 없다고 주장하면서 시작되었다. 당시 바레인 주재 영국 정치고문(Political Agent)은 서신을 통해 하와르 섬이 바레인에 속한다는 것을 카타르와 바레인 통치자들에게 통보하였었다.

하와르 섬에 대한 분쟁은 1978년 카타르 당국이 하와르 섬 부근에서 조업을 하고 있던 바레인 어부들을 체포하는 사건이 발생하면서 재연되었으며, 바레인은 하와르 근처에서 군사연습에 돌입하였었다. 카타르는, 1998년 예멘과 에리트리아 간 사건을 인용하여, 자난(Janan) 섬을 포함하는 하와르 제도는 자국본토 해안의 불가분의 일부라고 주장하였다. 하와르 제도는 자국 해안으로부터의 3해리 영해한계 안에 전체적 또는 부분적으로 위치해 있고, 그 모든 섬들이 12해리 영해한계선 내에 위치해 있기 때문이라는 것이다. 또한 자국의 이들 섬에 대한 주권은 국제관습법과 적용가능한 현지의 관행 및 관습에 기초해 있다고 하였다.[31]

---

29 *Ibid.*, Separate Opinion of Judge Kooijmans, paras.33-43.
30 *Ibid.*, Separate Opinion of Judge ad hoc Fortier.

하와르 제도에 대한 영유권 문제에 관한 당사국들의 주장은 몇 가지 법적인 문제를 제기하였다. 즉 영국의 1939년 결정의 성격과 타당성, 영토에 대한 시원적 권원의 존재, 사용과 실재 그리고 정부권한의 표시 및 기타 실효성(effectivités), uti possidetis 원칙의 적용가능성에 관한 문제가 제기된 것이다.[32]

바레인은 영국에 의한 1939년 결정은 중재판정으로 간주되어야 하므로, 재판소는 이러한 기존의 결정을 재검토할 수 없다고 하였다. 이와 관련하여 재판소는 중재를 "분쟁당사국들이 선정한 재판관에 의한 법에 기초한 분쟁해결"이라 정의하고, 하와르 섬이 바레인에 속한다는 영국의 1939년 결정은 국제적인 중재판정이 아니라고 하였다. 따라서 재판소로서는 중재판정의 타당성을 검토하기 위한 재판소의 관할권에 대한 바레인의 주장을 검토할 필요는 없다고 하였다.[33] 재판소는 1939년 영국의 결정의 법적인 효과를 결정하기 위하여 그 이전과 직후의 상황을 면밀히 분석하였으며, 특히 1939년 결정의 타당성을 문제삼은 카타르의 주장을 검토하였다. 그러나 여러 가지 증거들이 바레인과 카타르 양국이 영국정부가 하와르 도서 분쟁을 해결하는 데 대해 동의하였음을 보여 주었으므로, 1939년 결정은 처음부터 양국에게 구속력이 있었으며, 양국이 영국의 보호령에서 벗어난 이후에도 구속력을 가지고 있었던 것으로 보아야 한다고 하였다.[34]

결국 재판소는 12 대 5로 하와르 섬에 대한 영유권은 바레인에게 있다고 하였다. 히긴스(Rosalyn Higgins) 재판관은 선언(Declaraton)을 통해 영토획득에 관한 국제법에 비추어 보아도 바레인의 영유권이 인정

---

31 양국의 하와르 섬에 대한 주장에 대해서는 다음을 볼 것. *Qatar v. Bahrain Case, op. cit.*, paras. 98-109.

32 *Ibid.*, para. 110.

33 *Ibid.*, paras. 111-115.

34 *Ibid.*, para. 139.

된다고 하였으며,[35] 재판관 Kooijmans와 Awn Shawkat Al-Khasawneh는 개별의견에서 재판부가 1939년 영국의 결정을 지나치게 중시한 점을 비판하였다.[36] 한편 재판관 Mohamed Bedjaoui, Raymond Ranjeva, 그리고 Abdul Koroma는 공동 반대의견(Dissenting Opinion)에서 1939년 영국의 결정은 정치적 결정이었다고 하면서, 이러한 결정이 하와르를 바레인에게 귀속시키는 법적인 근거가 될 수는 없다고 하였다. 그들은 또한 uti possidetis 원칙과 effectivités 원칙에 비추어 보아도 그러한 권원을 지지할 수 없다고 하면서, 카타르가 하와르에 대하여 가지고 있는 역사적 권원이 재판소에 의하여 무시된 것을 아쉬워하였다.[37]

3. 자난 섬

ICJ는 이어서 자난(Janan) 섬 문제를 다루었는데, 재판소가 제일 먼저 한 일은 "자난 섬"(Janan Island)의 법적 성격을 밝히는 것이었다. 카타르는 자난 섬을 하와르 섬 남서쪽 1.6해리 지점에 위치한 길이 700미터 너비 175미터의 섬이라고 하였으나, 바레인은 자난 섬이란 하와르 남쪽 해안 1, 2 마일 떨어진 곳에 위치한 자난(Janan)과 하드자난(Hadd Janan) 2개의 섬으로 썰물 때는 하나의 섬으로 합쳐지는 총면적 0.1km²의 섬이라고 하였다. 카타르는 바레인 지도에 하드자난이라 표기된 곳에는 저조시에도 수면 아래에 위치하는 조그만 모래톱이 있을 뿐이라고 하면서 바레인의 주장 자체에 문제가 있음을 지적하였으나, 재판소는 스스로 자난과 하드자난을 하나로 다룰 수 있는 권한이 있다고

---

35 *Ibid.*, Declaration of Judge Higgins.

36 *Ibid.*, Separate Opinion of Judge Kooijmans; Separate Opinion of Judge Awn Shawkat Al-Khasawneh.

37 *Ibid.*, Joint Dissenting Opinion of Judges Bedjaoui, Ranjeva, and Koroma.

하였다.[38]

카타르는 하와르 섬에 대한 자신의 주장에 의거하여 자난 섬에 대한 영유권을 주장하였다. 카타르는 "하와르 섬이 카타르에 속한다는 것을 보여주기 위하여 자신이 제기한 근거 특히 근접성(Proximity)에 관한 원칙과 영해내 도서 영유권에 관한 원칙은 자난 섬에도 마찬가지로 적용된다"고 하였다. 이에 대해 바레인은 근접성은 국제법상 권원이 아니라고 하면서, 사실 자난 섬은 바레인이 주권을 가지고 있는 하와르 섬에 근접해 있다고 하였다.[39] 카타르는 1939년 영국정부가 하와르 섬이 바레인에 속한다는 잘못된 결정을 할 때에 페르시아 만 주재 영국 정치고문은 카타르와 바레인 양국 지도자에게 보낸 서신에서 '하와르제도'(Hawar Islands)라는 표현의 의미에 대하여 아무것도 시사하지 않았다고 하였다. 그렇지만 카타르는 1947년 해저경계획정시 영국은 자난 섬은 제외한 채 하와르 군도 주변에 위요지(enclave)를 설치하였으며, 1947년 12월 23일 서신에서도 영국정부는 "자난 섬이 하와르 군도에 포함되는 것으로 간주되지 아니함을 유의하여야 한다"고 하였다고 주장하였다.[40]

반면에 바레인은 1939년 결정에 따라 하와르 군도의 일부인 자난 섬에 대해서도 바레인의 주권이 인정되었다고 하였다. 아울러 바레인은 바레인 사람들의 섬 사용과 바레인 통치자의 섬에 대한 권한행사에 의하여 자난 섬에 대한 주권을 확립하였다고 주장하기도 하였다. 바레인 어민들은 이 섬을 정기적으로 사용하였으며, 이들이 섬에 오두막을 지으려면 사전에 바레인 통치자의 인허가가 필요하였다고 한다. 바레

---

38 *Qatar v. Bahrain Case*, *op. cit.*, paras.149-150.
39 *Ibid.*, paras.151-152. 카타르는 본토 연안의 저조선으로부터 그은 3해리 한계 내에 부분적으로 위치하는 섬은 완전히 3해리 한계 내에 위치하는 섬에 적용되는 제도의 이익을 누린다고 하였다.
40 *Ibid.*, para.153.

인은 영국이 하와르 군도가 바레인에 속한다고 결정한 이후인 1939년 바레인이 이곳에 등대를 설치한 사실도 원용하였다.[41]

ICJ는 1939년 영국의 결정이 자난 섬에 대한 주권문제에 미치는 효과를 고려하였다. 이 결정에서 영국은 하와르 섬은 바레인에 속한다고 하였으나, 자난 섬에 대해서는 아무런 언급이 없었다. 카타르와 바레인 양국은 1939년 영국의 결정을 전후한 문서들을 인용하면서 이 섬에 대한 자국의 영유권을 주장하였다. 재판소는 바레인 주재 영국 정치고문이 카타르와 바레인 통치자에게 보낸 1947년 12월 23일자 서신들을 검토하였다. 그러한 서신들에 의하여 영국정부를 대신하여 정치고문은 양국에게 영국정부가 결정한 각국의 해저의 경계획정을 통고하였다. 1939년 하와르 제도에 대한 결정을 내린 바 있는 영국은 그 서신에서 "자난 섬은 하와르 그룹의 섬에 포함되는 것으로 간주되지 아니한다"고 하였다. 따라서 영국정부는 바레인 왕이 이 섬에 대하여 주권적 권한을 가지는 것으로 승인하지 아니하였으며, 기점을 정하고 서신에 첨부된 지도를 그리는 데 있어서 자난 섬을 카타르에 속하는 것으로 간주하였다. 재판소는 영국정부가 1939년 결정과 그에 따른 상황을 해석하는 데 관해 유권해석을 한 것으로 보았다.[42]

결국 재판소는 1939년 영국정부가 하와르 제도의 일부로서 자난 섬에 대한 바레인의 주권을 인정하였다는 바레인 정부의 주장은 받아들일 수 없다고 하였다. 재판소는, 영국정부의 1939년 결정과 1947년 이에 대한 해석을 기초로, 카타르가 하드자난을 포함하는 자난 섬에 대한 주권을 갖는다고 판결하였다.[43]

---

41 Ibid., paras.154-155. 카타르는 자난 섬 주변에서의 어업활동이 주권의 표시라는 바레인의 주장을 반박하는 한편, 바레인의 등대설치도 그 자체로는 주권의 표시라 볼 수 없다고 하였다.

42 Ibid., para.164.

43 Ibid., para.165. 판결에 대해 히긴스(Higgins) 재판관은 선언을 통해서 그리고 오다(Oda) 재판관은 개별의견을 통해서 그들은 Kooijmans 재판관과 바레인 측

V. 해양경계획정

1. 단일경계선

해양경계획정과 관련하여 분쟁당사국들은 국제사법재판소(ICJ)가 국제법에 따라 해양경계획정에 관한 결정을 해 주기를 원하였다. 바레인과 카타르 양국 모두 1958년 협약의 당사국은 아니었다. 바레인은 1982년 유엔해양법협약을 비준하였으나, 카타르는 서명만 한 상태였다. 따라서 해양경계획정에서는 국제관습법이 적용되게 되었는데, 양국은 본 사건에 관련된 해양법협약의 대부분의 규정이 관습법을 반영하고 있는 것으로 보았다.[44]

ICJ는 1990년 12월 채택된 「바레인합의」(Bahraini Formula)에서 양국이 재판소에 "각국의 해저와 지하 및 상부수역 간에 단일해양경계선을 긋도록" 요청한 것을 주목하였다. 그리고 양국은 최종 제안에서도 직접 또는 간접적으로 단일경계선 획정을 요구하였다.[45] 재판소는 "단일해양경계선"(single maritime boundary)이란 개념은 여러 가지 기능을 포함할 수 있다고 하면서, 본 사건에서 단일해양경계선은 여러 가지 해양관할권 경계획정의 결과일 수 있다고 하였다. 당사국들의 해안이 서로 마주보고 있는 경계획정수역 남부수역에는 해안 사이의 거리가 24해리 이상이 되는 곳이 없었으므로, 재판소는 당사국들이 당해

임시재판관 Fortier의 주장에 찬동하여 다수의견을 따르지 않았다고 하였다. Kooijmans 재판관은 이 섬에 대한 분쟁이 발생하였을 때, 자난 섬은 양 당사국은 물론이고 보호국들에 의해서도 하와르 제도의 일부로 간주되었었다고 하였고, 임시재판관 Fortier는 1939년 결정은 자난 섬을 포함하는 것으로 해석되어야 한다고 하였다. Kwiatkowska, *op. cit.*, pp.236-237.

44 *Qatar v. Bahrain Case*, *op. cit.*, para.167.

45 *Ibid.*, para.168.

수역에 대하여 영토주권을 행사하는 영해에 대한 경계획정을 하고자 하였다. 그러나 북부수역에서는 양국의 해안은 더 이상 마주보고 있지 않으므로, 그곳에서의 경계획정은 각국에게 속하는 대륙붕과 경제수역의 경계획정이 되는바, 그 수역에서 양국은 주권적 권리(sovereign rights)를 가지고 기능적 관할권(functional jurisdiction)을 행사한다.[46]

재판소는 단일해양경계선이란 다자간 조약법이 아닌 국가관행에서 나오는 것이라고 보았으며, 각국에게 귀속되는 다양하고 부분적으로는 겹처지는 해양관할수역을 경계획정하는 경계선을 수립하고자 하는 국가들의 희망에서 그 근거를 찾았다. 관할권주장이 중복되는 수역의 경우, 상이한 경계획정 목적을 위한 단일경계선 결정은, 메인만 사건에서 ICJ 특별재판부가 말한 바와 같이, "어떤 하나의 기준 또는 여러 가지 기준들을 적용하되, 목적을 훼손하면서 이러한 목적의 하나를 우대하지 아니하고, 동시에 그 어떠한 수역의 분할에도 동등하게 적합한 것이어야" 하였다.[47]

2. 영해경계획정

(1) 국제법원칙과 방법

재판소는 영해에서의 연안국의 권리는 기능적인 것이 아니라 영토적인 것이며, 해저와 상부수역 및 상공에 대한 주권에 관한 것이므

---

46 Ibid., paras.169-170. ICJ에서 본 사건의 재판절차가 시작되던 1991년 카타르와 바레인 양국은 모두 3해리 너비의 영해를 가지고 있었다. 그러나 카타르는 1992년 4월 16일 법령에 의하여, 그리고 바레인은 1993년 4월 20일 법령에 의하여 영해를 12해리로 확대하였다. 그 결과 남쪽수역에서는 영해 경계획정만이 필요해졌다. Ibid., paras.171-172.

47 Delimitation of the Maritime Boundary in the Gulf of Maine Area (Canada/United States of America), ICJ Reports, 1984, para.194; Ibid., para.173. 참고로 메인만 사건에서도 ICJ 특별재판부는 대륙붕과 상부수역 경계선에 단일경계선을 그어달라는 신청을 받았었다.

로, 영해 경계획정은 어려운 문제들을 제기하지는 않는다고 하였다. 따라서 이러한 임무를 수행함에 있어서, 재판소는 그 궁극적인 임무는 다른 목적에도 기여하는 단일해양경계선을 긋는 것임을 고려하여, 우선적으로 영해 경계획정에 관한 국제관습법 원칙과 규칙들을 적용해야 한다고 하였다.[48] 양국은 "대향국간 또는 인접국간의 영해의 경계획정"이란 표제의 1982년 유엔해양법협약 제15조의 다음 규정이 국제관습법이라는 데 의견의 일치를 보았다.

두 국가의 해안이 서로 마주보고 있거나 인접하고 있는 경우, 양국 간 달리 합의하지 않는 한 양국의 각각의 영해 기선상의 가장 가까운 점으로부터 같은 거리에 있는 모든 점을 연결한 중간선 밖으로 영해를 확장할 수 없다. 다만, 위의 규정은 역사적 권원이나 그 밖의 특별한 사정에 의하여 이와 다른 방법으로 양국의 영해의 경계를 획정할 필요가 있는 경우에는 적용하지 아니한다.

그런데 1982년 유엔해양법협약 제15조와 1958년 영해 및 접속수역에 관한 협약 제12조 1항은 실제로 같은 내용의 것으로, 관습적인 성격을 가지는 것으로 간주되었다. "등거리선/특별상황"(equidistance/special circumstances) 규칙이라 불리는 이 접근방법은 먼저 잠정적으로 등거리선을 긋고, 특별상황의 존재에 비추어 그 선을 조정할 것인지를 고려하는 것이다. 재판소는, 먼저 당사국들에게 속하는 영해를 경계획정하고 나면, 이어서 당사국들의 대륙붕과 배타적 경제수역 및 어업수역 경계획정에 적용할 관습법 규칙과 원칙들을 결정하게 될 것이라고 하였다.[49]

---

48 *Qatar v. Bahrain Case*, *op. cit.*, para. 174.
49 *Ibid.*, para. 176.

(2) 등거리선

등거리선이란 양국의 영해너비를 측정하는 기준선에서 가장 가까운 지점으로부터 같은 거리에 위치하는 점들을 연결한 선이다. 따라서 등거리선은 기준선이 알려져 있는 경우에만 획정될 수 있는데, 본 사건의 당사국들은 영해 너비를 측정하는 데 사용할 기준선을 명시하지 않았으며, 그러한 기준선을 반영한 공식지도나 해도를 제작한 바도 없었다. 그러나 당사국들은 본 절차가 진행되는 동안 적절한 기점을 제시하였는바, 당사국들은 이러한 기점들을 재판소가 해양경계획정 하는 데 사용할 수 있다고 보았다.[50]

(3) 관련해안과 간출지

재판소는 먼저 연안국의 관련해안(relevant coast)을 결정하기로 하였는바, 이는 기준선과 적절한 기점의 위치를 결정하는 데 활용함으로써 등거리선을 측정하는 데 필요하기 때문이다.[51] 카타르는 경계획정을 위한 목적에서 등거리선을 구축하는 데 적용해야 하는 것은 본토 대 본토 간의 방법(mainland-to-mainland method)이라고 하였다. 카타르는 여기에서 본토란 카타르의 경우에는 하와르 섬을 포함하는 카타르 반도이며, 바레인의 경우에는 바레인 섬이라 불리는 al-Awar 섬과 al-Muharraq와 Sitrah를 의미한다고 하였다. 카타르는 이렇게 본토 대 본토 간의 방법을 사용하게 되면, 주요 섬을 제외한 관련수역에 존재하는 조그만 섬들과 암석(rock), 간출지(low-tide elevation)는 고려대상에서 제외되며, 등거리선은 고조선(high-water line)을 참조하여 그어진다고 하였다.[52]

---

50 *Ibid.*, para.177.

51 *Ibid.*, para.178.

52 *Ibid.*, para.179. 카타르는 한 국가의 영해의 외측한계 결정과 대안국 간 해양경계선 획정은 분명히 다르다고 하였다. 저조선(low-water line)은 영해의 외측

바레인은 자국은 사실상의 군도국가(de facto archipelago state) 또는 다수도서국가(multiple-island state)라고 하였다. 바레인은 자국은 다양한 성격과 규모의 섬들로 구성되어 있고, 이러한 지형들은 밀접히 관련되어 있는바, 자국을 몇 개의 '주요'(principal) 섬으로 이루어졌다고 하는 것은 사실의 왜곡이며 지리를 재구성하는 것이라고 하였다.[53] 바레인은 자국은 사실상 군도국가이므로 1982년 해양법협약 제4부에 따라 자국을 군도국가로 선언할 수 있으며, 협약 제47조 규정에 따라 직선군도기선(straight archipelagic baseline)을 그을 수도 있다고 하였다. 바레인은 군도수역 면적과 육지면적의 비율이 1:1에서 9:1 사이에 있어야 한다는 해양법협약 제47조의 조건을 자국이 충족하고 있으며, 자국은 다른 국가와의 외교통신문과 다자 간 협상과정에서도 군도국가로서의 권리주장을 해 왔다고 하였다.[54]

카타르는 바레인이 이제까지 다른 국가와의 관계에서 자신을 군도국가라고 주장한 적이 없다고 하면서 바레인의 주장에 이의를 제기하였으며, 재판소는 바레인이 공식제안에서 그러한 주장을 제기한 적이 없으며 재판소가 어떤 입장을 밝히도록 요청받은 바도 없다고 하였다. 재판소가 요구받은 것은 국제법에 따라 단일해양경계선을 긋는 것이므로, 재판소는 상황에 따라 적절한 관습법 규칙이나 원칙을 적용하여 경계획정을 할 수 있다고 하였다. 재판소의 판결은 재판소규정 제

한계 결정을 위한 '통상기선'(normal baseline)이 되지만, 저조선이 동시에 등거리선 측정을 위한 기준선이 되는 것은 아니라는 것이다. 카타르는 저조선에 관한 규칙은 일반적으로 적용되는 의무적인 규칙이 아니며, 형평에 맞는 경계획정을 달성하는 데에는 고조선(high-water line)의 사용이 기술적·법적인 근거에서 정당하다고 하였다. 특히 카타르는 저조선은 시간에 따라 변하므로 불안정하고 주관적인 데 반하여, 고조선은 상대적으로 덜 가변적이어서 확실하고 객관적이라고 하였다.

53 *Ibid.*, para.180.

54 *Ibid.*, para.181. 바레인은 스스로를 군도국가라 선언할 준비가 되어 있다고 하면서, 제3국에 의한 승인이 필요하지도 않다고 하였다.

59조에 따라 당사국 사이에서 구속력이 있으므로, 당사국 중 일방의 일방행위 특히 바레인이 자국을 군도국가로 선언하는 결정과 같은 일방행위에 의하여 제기될 수는 없다고 하였다.[55]

재판소는 무엇이 바레인의 관련해안을 구성하고 있으며 바레인의 관련기선은 어떠한지 알아보기 위하여 우선 바레인 주권에 속하는 섬들을 확인하기로 하였다. 재판소는 하와르 섬은 바레인에 속하며, 자난 섬은 카타르에 속한다고 이미 판시한 바 있다. 그 외에 남부수역에서의 경계획정과 관련이 있는 섬으로는 Jazirat Mashtan과 Umm Jalid가 있는데, 이들은 고조시에는 드러나는 면적이 작지만 저조시에는 그 면적이 상당히 커진다. 바레인은 이들 섬에 대한 영유권을 주장하였으며, 카타르는 이를 다투지 않았다.[56]

해양경계획정에서 양국 간에 논란이 있던 섬으로는 Fasht al Azm이 있다. 카타르는 Fasht al Azm은 바레인 영토인 Sitrah 섬과는 천연수로에 의하여 분리되어 있는 간출지라고 하면서, 이 수로는 1982년 매립되었다고 하였다. 바레인은 두개 섬 사이에 가항수로가 있었다는 카타르 주장을 부인하면서 영국과 바레인에서 만든 해도와 도면들을 제시하였다. 양국은 각각 전문가보고서를 제출하였으나, 가항수로의 존재여부에 대한 결론은 서로 달랐다. 재판소는 당사국들이 제출한 각종 보고서와 문서, 해도 등을 세밀히 분석하였으나, 1982년 간척사업이 시작되기 이전에 Fasht al Azm과 Sitrah 사이에 항구적인 수로가 있었는지 여부는 확인할 수 없었다. 따라서 재판소는 Fasht al Azm이 Sitrah 섬의 일부인지 아니면 간출지인지 여부를 결정하지 아니하고 경계획정을 하기로 하였다.[57]

카타르와 바레인은 Fasht al Azm의 북동쪽에 위치한 Jaradah가

---

55 *Ibid.*, paras. 182-183.

56 *Ibid.*, paras. 186-187.

57 *Ibid.*, paras. 188-190.

섬인가 아니면 간출지인가 하는 데 대해서도 상이한 견해를 가지고 있었다. 석유회사들의 활동을 염두에 두고 1947년 바레인과 카타르 간에 해저경계선을 그을 때 영국정부는 1947년 12월 23일 양국정부에 보낸 서신에서 Dibal과 Jaradah가 경계선의 카타르 쪽에 위치해 있음에도 불구하고 이들에 대해 바레인의 주권적 권리를 인정하였었다. 1947년 당시 영국정부는 이들을 섬으로 인정하지는 않았지만, 바레인은 1947년 이전에도 Jaradah가 섬이었음을 보여 주는 표시들이 있다고 주장하였다. 반면에 카타르는 Jaradah는 해도에 섬이 아닌 간출지로 표시되어 있을 뿐이라고 하면서, 그것이 그 본래의 특성에도 부합한다고 하였다.[58] 바레인은 1998년 한 전문가로 하여금 그 지리적 상황을 조사하게 하였으며, 그는 Jaradah가 면적은 작지만 항상 수면 위에 존재하는 섬임을 입증하였다. 한편 카타르는 2명의 전문가로 하여금 이러한 결론을 평가하도록 하였는바, 그들은 1998년 바레인 전문가에 의한 조사는 Jaradah가 소도인지 아니면 간출지인지 분명히 결정할 수 있는 기초를 제공하지 못하였다고 하였다.[59]

ICJ는 "섬이란 만조시 수면 위에 존재하는 물로 둘러싸인 육지지역"이란 섬의 법적인 정의를 참조하고, 당사국들이 제출한 증거들을 분석하였으며, 전문가들의 결론 특히 카타르가 임명한 전문가들이 Jaradah가 간출지란 것이 과학적으로 확인되었다고 주장하지 아니한 사실을 고려하였다. 그리고 이러한 근거에서 재판소는 Jaradah는 국제법상 섬의 기준들을 충족하였으며, 등거리선 획정 시 고려되어야 하는 섬이라고 결론지었다.[60]

---

58 *Ibid.*, paras.191-193.

59 *Ibid.*, para.194.

60 *Ibid.*, para.195. 1958년 영해 및 접속수역에 관한 협약 제10조 1항과 1982년 유엔해양법협약 제121조 1항은 "섬이라 함은 바닷물로 둘러싸여 있으며, 밀물일 때에도 수면 위에 있는, 자연적으로 형성된 육지지역을 말한다"고 하였다.

바레인은 자국이 여러 가지 방법으로 이 섬에 대한 권한을 표시해왔기 때문에 Jaradah는 바레인 주권에 속하게 되었으며, 1947년 영국도 이를 승인하였다고 주장하였다. 이와 관련하여 바레인은 등대건립, 자분정(artesian well) 굴착명령, 석유양허 허가, 어구설치 등 여러 가지 활동들을 언급하였다. 반면에 카타르는 Qit'at Jaradah는 간출지로서 전유의 대상이 되지 못하며, 카타르의 영해부분에 위치하므로, 카타르가 이 섬에 대하여 주권을 갖는다고 주장하였다.[61]

재판소는 Jaradah가 양국의 12해리 수역 안에 위치한 매우 작은 섬이라는 사실에 유념하였다. 바레인이 임명한 전문가의 보고서에 의하면, 만조 시 그 섬의 길이와 너비는 각각 12미터와 4미터이었으며, 저조시에는 600미터와 75미터이었다. 하지만 만조시에도 그 높이는 0.4미터에 불과하였다. 재판소는 자분정 굴착과 같이 바레인이 인용한 일정한 형태의 활동 그 자체가 주권적 권원에 따른 활동인가 하는 데 대해서는 논란이 있다고 하였다. 그러나 재판소는, 조그만 섬의 경우에 항해보조시설의 건설은 법적으로 관련이 있다고 보았다. 재판소는 본 사건에서, Jaradah의 면적을 고려할 때, 바레인이 그 섬에서 수행한 활동들은 그 섬에 대한 바레인의 주권 주장을 지지하기에 충분한 것으로 고려되어야 한다고 하였다.[62] 이와 관련하여 재판소는 과거에 상설국제사법재판소(PCIJ)가 동부그린란드 사건에 대한 판결에서 한 말을 인용하였다.[63]

영토주권에 관한 사건에 있어서, 많은 경우 재판소는, 다른 국가가 보다 우월한 주장을 하지 않는 한, 재판소는 실제 주권행사에 있어서 매우 작은 것에도 만족해 왔다.

---

61 *Ibid.*, para.196.

62 *Ibid.*, para.197.

63 PCIJ, Series A/B, No. 53, p.46.

Fasht ad Dibal이 국제법상 섬이 아닌 간출지라는 데 대해서는 양국 모두 동의하였다. 그러나 카타르는 Jarada와 마찬가지로 Fasht ad Dibal 역시 간출지로서 전유의 대상이 될 수 없다고 주장하였던 데 비해, 바레인은 간출지도 본래 영토이므로 영토획득에 관한 기준에 따라 전유의 대상이 될 수 있다고 하였다.[64]

1958년 영해협약과 1982년 해양법협약은, 본토나 섬으로부터 영해너비를 초과하지 아니하는 거리에 전체적으로 또는 부분적으로 위치한 간출지는 영해너비 측정을 위한 기준선으로 사용될 수 있다고 하였다. 또한 위의 협약들은 항상 수면 위에 존재하는 등대나 유사시설이 그 위에 건설되어 있는 간출지는 직선기선 설정에 활용될 수 있다고 하였다.[65]

간출지의 지위와 관련하여 재판소는, 간출지가 양국의 영해주장이 중복되는 부분에 위치하는 경우에는, 원칙적으로 양국 모두 그 저조선을 영해너비 측정에 사용할 수 있다고 하였다. 재판소는 이것은 간출지가 그 어느 곳에 위치하든 마찬가지라고 하였다. 그러나 재판소는, 경계획정의 목적상, 해양법의 관련 규정에서 나오는 양 연안국에 의한 경합적 권리주장은 필연적으로 서로를 중립화한다고 하였다.[66]

바레인은 양국 중에서 어떤 국가가 문제의 간출지에 대해 우월한 권원을 갖는가 하는 것은 양국이 주장하는 실효성을 근거로 판단해야 한다고 하면서, 자국은 자국과 카타르 간 해역에 있는 간출지들에 대한 주권행사에 관한 증거들을 이미 제출하였다고 하였다. 재판소는 바레인의 이러한 주장이 충분한 근거를 가지고 있는가 하는 것은 간출지가 영토이며 영토획득에 관한 규칙과 원칙에 따라 취득될 수 있는가

---

64 *Qatar v. Bahrain Case*, *op. cit.*, paras. 199-200.
65 1958년 영해 및 접속수역에 관한 협약, 제4조 3항; 1982년 해양법협약, 제7조 4항.
66 *Qatar v. Bahrain Case*, *op. cit.*, para. 202.

하는 질문에 대한 대답에 따라 달라진다고 보았다. 재판소는 본 사건에 있어서 결정적으로 중요한 질문은, 어떤 한 국가가 자국의 영해너비 안에 위치한 간출지에 대하여 전유에 의하여 영유권을 획득하듯이, 그 간출지가 상대방 국가의 영해너비 안에 위치한 경우에도 영유권을 획득할 수 있는가 하는 것이라고 하였다.[67]

재판소는 간출지가 영토로 간주될 수 있는가 하는 데 대해 국제조약법은 침묵하고 있으며, 간출지의 전유를 허용하거나 배제하는 관습법규를 창설할 만한 일관되고 보편화된 국가관행도 존재하지 않는다고 하였다. 오직 해양법적인 맥락에서만 상대적으로 해안에 가까이 위치한 간출지에 대해 일부 수용적인 규칙들이 수립되었을 뿐이라는 것이 재판소의 견해이었다.[68]

재판소는 기존의 규칙들도 간출지가 섬과 같은 의미에서 영토라는 일반적인 가정을 정당화하지 않는다고 하였다. 섬은 영토를 구성하고 영토획득에 관한 규칙과 원칙에 종속된다는 데에는 의문에 여지가 없으며, 해양법이 섬과 간출지에 부여하는 효과에 있어서의 차이는 매우 크다는 것이다. 재판소는, 다른 규칙이나 법원칙이 존재하지 않는 한, 간출지는 영토획득에 관한 관점에서 섬이나 기타 육지영토와 동일시될 수 없다고 하였다.[69] 이러한 입장은 해양법협약이 영해 한계 내에 위치한 간출지만이 영해너비 설정에 활용될 수 있게 한 것과 소위 "leap-frogging"을 허용하지 않는 데에서 알 수 있다는 것이다. 재판소는 1958년 영해협약과 1982년 해양법협약이 그 위에 항상 수면 위에 존재하는 등대와 기타 유사시설이 없는 경우에는 간출지까지 직선기선을 설정하지 못하도록 규정한 것도 간출지와 섬이 다르다는 것을 보여 준다고 하였다.[70]

---

67 *Ibid.*, paras. 203-205.
68 *Ibid.*, para. 205.
69 *Ibid.*, para. 206.

결론적으로 본 사건에서 관할권 주장이 중복되는 수역에 위치한 간출지의 저조선을 기준선으로 사용하려는 바레인의 권리주장을 승인할 근거는 없다는 것이 재판소의 견해이었다. 따라서 재판소는 등거리선 설정의 목적상 그러한 간출지는 무시되어야 한다고 결론지었다.[71]

(4) 직선기선

바레인은 자국은 다수도서국가(Multiple-island State)로서 그 해안은 외곽의 섬들과 그 영해 내에 위치한 간출지들을 연결하는 선들로 구성된다고 하였으며, 재판소에 제출한 지도에서도 직선기선을 사용하였다. 바레인은 자국의 주요 섬들 연안에는 많은 섬들이 존재하므로, 외곽의 섬들과 간출지를 직선으로 연결할 권한이 있다고 하였다.[72]

그렇지만 재판소는 직선기선의 사용은 기준선 설정을 위한 통상적인 규칙에 대한 예외로서 허용되는 것이며, 이를 위해서는 해안이 만곡이 심하거나 그 주변에 일련의 섬들이 존재하는 등 몇 가지 조건을 충족해야 한다고 하였다. 재판소는 바레인의 주요 섬들의 해안이 만곡이 심하거나 그 주변에 일련의 섬들이 존재한다고 보지 않았다. 재판소는 바레인 주요 섬들의 동쪽에 있는 해양지형들은 너무 멀리 떨어져 있어서 해안의 일련의 섬들로 볼 수는 없다고 하였다. 또한 재판소는 스스로를 다수도서국가 또는 사실상의 군도국가라고 주장하는 국가도, 관련조건이 충족되지 않는 한, 기준선 설정을 위한 통상규칙으로부터 이탈할 수 없다고 하였다. 이러한 상황에서 직선기선 방법은 바레인이 스스로를 1982년 해양법협약 제4부에 따른 군도국가로 선언한 경우에만 사용이 가능한데, 바레인은 그렇게 하지 않았다는 것이다.[73]

---

70 *Ibid.*, paras. 207-208.

71 *Ibid.*, para. 209.

72 *Ibid.*, paras. 210-211.

결국 재판소는 바레인은 해양경계획정의 목적상 직선기선 방법을 사용할 수 없다고 결론지었다. 따라서 재판소는, 해양지형들은 기준선 결정에 있어서 그 자체의 효과만을 가지며, 관할권이 중복되는 영해에 위치한 간출지들은 무시되는 것을 기초로, 등거리선을 획정해야 한다고 하였다.[74] 그런데 Fasht al Azm은, 그것이 Sitrah 섬의 일부로 간주되는 경우에는 그 동쪽 저조선에 기점이 위치하게 되는 데 반해, 그것이 Sitrah의 일부로 간주되지 아니하는 경우에는 Fasht al Azm은 기점으로 사용될 수 없어, 특별한 고려가 필요하였다. 재판소는 Fasht al Azm이 Sitrah 섬의 일부를 구성하는지 결정하지 않았으므로, 이러한 두 가지 가설에 따라 두 개의 등거리선을 획정하였다.[75]

(5) 특별상황과 영해경계선

재판소는 형평에 맞는 결과를 얻기 위하여 잠정적으로 획정된 등거리선의 조정을 요구하는 특별상황(special circumstances)이 존재하는가 하는 문제를 검토하였는데, 일부 섬과 간출지의 처리와 통항문제가 주요 이슈였다.

첫 번째 문제는 Fasht al Azm에 관한 것이었다. 재판소는 Fasht al Azm을 Sitrah 섬의 일부로 간주하는 경우, 등거리선을 해양경계선으로 삼는 것은 적절하지 못할 것이라고 하였다. 그 섬의 표면적의 20퍼센트도 안 되는 부분만이 항상 수면 위에 존재하는 것을 감안할 때, 그 경계선이 지나치게(disproportionately) 카타르 본토 해안에 접근할 수 있기 때문이다. 한편 Fasht al Azm을 간출지로 간주한다면, 등거리선이 Fasht al Azm을 스치게 되어 역시 부적절한 경계획정이 될 것이라고 하였다. 재판소는, 그 어떠한 가설에 의하든, 이러한 특별상황은

---

74 *Ibid.*, paras. 212-214.

75 *Ibid.*, para. 215.

75 *Ibid.*, para. 216.

Fasht al Azm과 Qit'at ash Shajarah 사이를 지나는 경계획정선을 선택하는 것을 정당화한다고 하였다.[76]

두 번째 고려사항은 Qit'at Jaradah 문제이었다. 재판소가 바레인 소유라고 본 이 매우 작은 무인도는 바레인 본섬과 카타르반도 중간에 위치하고 있는바, 만일 그 저조선을 등거리선 설정을 위한 기점으로 활용한다면 보잘것없는 지형에 비율에 어긋나는 커다란 효과를 부여하게 된다는 것이 재판소의 판단이었다. 따라서 재판소는 Jaradah 섬의 동쪽을 스쳐 지나가는 경계획정선의 선택을 요구하는 특별상황이 존재한다고 보았다.[77]

재판소는 Fasht al Azm의 Sitrah 섬과의 관계는 결정되지 않았으므로 잠정적으로 두 개의 등거리선을 긋기로 하였었다. Jaradah에 아무런 효과를 부여하지 않은 상태에서 Fasht al Azm을 Sitrah의 일부로 간주한다면 그 등거리선은 Fasht ad Dibal을 지나게 되며, Fasht al Azm을 간출지로 보게 되면 등거리선은 Fasht ad Dibal의 서쪽을 지나게 된다. 이러한 가설들은 Fasht ad Dibal은 그 대부분이 또는 그 전체가 등거리선의 카타르 쪽에 위치함을 보여주고 있는바, 재판소는 Jaradah와 Fasht ad Dibal 사이에 경계선을 긋는 것이 타당하다고 보았다. 이러한 경계획정의 결과 Fasht ad Dibal은 카타르 영해 내에 위치하게 되었으므로, 재판소는 그러한 이유에서 Fasht ad Dibal은 카타르 주권에 속하게 되었다고 하였다.[78]

재판소는 당사국들의 모든 상황들을 고려하여 영해를 경계획정하는 단일해양경계선을 긋게 되었다. 재판소에 의하면 그 경계선은 양국과 사우디아라비아 해양한계선이 교차하는 지점에서 시작하여 동북방향으로 진행하다가 이내 동쪽으로 방향을 잡은 후, 하와르(Hawar) 섬

---

76 *Ibid.*, para.218.
77 *Ibid.*, para.219.
78 *Ibid.*, para.220.

과 자난(Janan) 섬 사이를 지나며, 북쪽으로 방향을 틀어 하와르 섬과 카타르 반도 사이를 지나고, 간출지 Fasht Bu Thur와 Fasht al Azm은 바레인 쪽에 그리고 간출지 Qit'at el Erge와 Qit'at ash Shajarah는 카타르 쪽에 위치하게 한 채 북쪽으로 계속 진행하며, 이어서 Qit'at Jaradah는 바레인 쪽에 그리고 Fasht ad Dibal은 카타르 쪽에 위치하게 하면서 그 사이를 지나게 된다고 하였다.[79]

이러한 경계획정의 결과 하와르 섬 남쪽과 북쪽의 카타르 해양수역들은 하와르 섬과 카타르 반도 간의 수로에 의해서만 연결되게 되었다. 그런데 이 수로는 좁고 얕아서 항해에 적합하지 않았다. 따라서 재판소는 바레인은 이곳에서 직선기선 방법을 사용할 수 없으며, 하와르 섬과 기타 바레인 섬들 사이의 수역은 내수가 아닌 영해가 된다고 하였다. 결국 카타르 선박들은 모든 다른 국가의 선박과 함께 그 수역에서 국제관습법이 부여하는 무해통항권을 누리게 된 것이다.[80]

3. 대륙붕과 경제수역 경계획정

(1) 국제법원칙과 방법

국제사법재판소(ICJ)는 대륙붕과 경제수역 단일해양경계선을 획정하는 문제를 다루는 데 있어서 이전의 판결들을 검토하였다. ICJ 특별재판부(Chamber)는 1984년 메인만 사건에 대한 판결에서 복수인 상이한 경계획정이 존재하는 데 따른 불이익을 회피하기 위하여 단일경계획정에 대한 수요가 증가할 것이라고 언급한 것에 대하여 주목하였다.[81] 국제사법재판소(ICJ)는 리비아/몰타 대륙붕사건에 대한 판결에서는 대륙붕과 경제수역 간의 밀접한 관계에 대하여 언급하였다. 재판

---

79 *Ibid.*, para. 221.
80 *Ibid.*, para. 223.
81 *Gulf of Maine Case, op. cit.*, para. 194.

소는 이 사건은 오직 대륙붕 경계획정에 관한 것이지만, 경제수역 개념에 내재해 있는 원칙과 규칙을 무시할 수는 없다고 하였다.[82] ICJ는 단일해양경계선 획정을 요구받았던 얀마엔(Jan Mayen) 사건에 대한 1993년 판결에서도 비슷한 입장을 취하였다. 재판소는 기존의 판결에서 발전되어 온 대륙붕에 관한 관습법을 적용하는 것이 적절하기는 하나, 임시경계선인 중간선에서 시작하여 특별상황이 그 선의 조정이나 이동을 요구하는가를 묻는 것은 선례에 부합한다고 하면서, 임시로 그어진 중간선으로부터 경계획정 절차를 시작하는 것이 적당하다고 하였다.[83] 이어서 재판소는 "형평에 맞는 결과"(equitable result)를 달성하기 위하여 중간선을 조정하거나 이동시키는 문제를 검토하였다. 그리하여 재판소는 다음과 같이 말하였다.

특별상황(special circumstances)이란 등거리선 원칙의 무제한한 적용을 통하여 생성된 결과를 수정할 수 있는 상황이다. ICJ의 판례법과 중재법학 및 제3차 유엔해양법회의 작업을 통해 발전해 온 일반국제법은 "관련상황"(relevant circumstances)이란 개념을 사용해 왔다. 이 개념은 경계획정 과정에서 고려되어야 할 사실이라 할 수 있다.

재판소는 단일해양경계선 설정에 관한 이전의 판례법에 대해 언급하면서, 본 카타르 대 바레인 사건에서도 동일한 접근방법을 사용하겠다고 하였다. 따라서 재판소는 12해리 수역 너머의 해양수역 경계획정을 위해 우선 임시로 등거리선을 그은 후, 그 선을 조정하도록 요구하는 상황이 존재하는지 고려하기로 하였다. 나아가 재판소는 영해 경계획정에

---

82 *Continental Shelf (Libyan Arab Jamahiriya/Malta)*, Judgment, ICJ Reports, 1985, para.33.

83 *Maritime Delimitation in the Area between Greenland and Jan Mayen (Denmark v. Norway)*, Judgment, ICJ Reports, 1993, para.51.

적용되는 등거리선/특별상황 규칙(equidistance/special circumstances rule)
과 대륙붕과 경제수역 경계획정에 관한 1958년 이후의 판례법과 국가
실행 가운데 발전해 온 형평의 원칙/관련상황 규칙(equitable principles/
relevant circumstances rule)은 상호 밀접히 연관되어 있다고 하였다.[84]

(2) 특별상황
1) 진주조개잡이

재판소는 이어서 잠정적인 등거리선의 조정을 요구하게 하는 특
별상황이 존재하는가를 검토하였다. 재판소는 먼저 바레인의 경제활
동 관련 주장을 검토하였다. 바레인은 문제의 수역 특히 카타르 반도
북쪽에는 상당한 숫자의 진주조개잡이 모래톱(pearling banks)이 있는
데, 이들은 오래전부터 바레인에 속하는 것이므로 경계획정시 고려해
야 하는 특별상황이라고 하였다. 이에 대해 카타르는 과거에 바레인
통치자가 그곳에서 어업에 종사한 바레인 어부들과 그 선박에 대하여
인적 관할권을 행사한 것은 사실이지만, 당시 그러한 어업은 페르시아
만 연안에 사는 모든 부족들에게 공통된 것이었다고 하였다. 더구나
이미 반세기 이전에 진주조개 어업은 사라졌으므로 바레인의 주장은
타당하지 않다고 하였다.[85]

재판소는 우선 진주조개 채취 산업이 상당히 오래전에 소멸된 사
실에 주목하였다. 또한 재판소는, 여러 가지 제출된 증거들을 고려하
여, 페르시아 만에서의 진주조개 채취는 만 연안 주민들의 공유에 속
하는 권리라고 보았다. 특히 재판소는 어떤 프랑스 기업가가 진주조개
채취를 위하여 바레인 통치자에게 인허가 가능성을 문의한 데 대하여,
1903년 3월 걸프지역의 영국 정치고문이 보낸 답신에 주목하였다. 정
치고문은 프랑스 기업가에게 "진주조개 모래톱은 연안 아랍인들의 공

---

84 *Qatar v. Bahrain Case, op. cit.*, paras. 230-231.

85 *Ibid.*, para. 235.

유재산이며, 바레인 추장은 잠수작업에 참여하도록 허가할 권리가 없다"고 하였던 것이다. 나아가 재판소는 진주조개 채취가 어떤 한 국가 출신의 일단의 어민들에 의하여 수행되었다는 것이 확인된다고 하드라도, 이러한 활동으로 인하여 어장 자체와 상부수역에 배타적이고 준영토적인 권리(quasi-territorial right)를 승인해 줄 수는 없다고 하였다. 따라서 재판소는 진주조개 채취 모래톱의 존재를, 비록 그것이 과거에 주로 바레인 어민들에 의하여 수행되었다고 할지라도, 바레인이 요구하듯이 등거리선의 동쪽 이동을 정당화하는 상황으로 고려할 수는 없다고 하였다.[86]

2) 1947년 영국의 결정

카타르는 1991년의 신청서에서 "1947년 12월 23일 영국정부 결정에 나타난 양국 간 해저경계선을 적절히 고려하여" 재판소에 단일해양경계선을 그어 주도록 요청하였었다. 카타르는 1947년 경계선으로부터 어떤 역사적 권리(historic right)가 나온다고 할 수는 없더라도, 그로 인하여 창설된 상황은 그에 상당한 것이었다고 주장하였다. 구두절차에서 카타르는 1947년 경계선과 관련하여 중요한 것은 경계선 그 자체보다는 이 선이 주요해안(principal coasts)에서 시작하여 그어졌으며, 몇 개 주요 기점을 기초로 단순화된 방법으로 설정되었다는 점이라고 하였다. 반면에 바레인은 1947년 경계선과 본 사건에서의 경계획정 간의 관련성을 부인하면서, 1947년 경계선은 그 방향이 오늘날 법의 요구조건들을 충족하지 못하고 있다고 하였다.[87]

재판소는 해저분할과 관련하여 1947년 12월 23일 바레인과 카타르 통치자에게 전달된 서신의 성격을 꼭 규명해야 하는 것으로 보지는

---

86 *Ibid.*, para. 236.

87 *Ibid.*, paras. 237-238. 바레인은 1947년 경계선은 석유회사들의 활동을 규제하는 데 그 목적이 있었으며, 그 작성자와 수령자 모두 이를 법적인 효력을 가지는 것으로 의도하지 아니하였다고 하였다.

않았다. 재판소로서는 양국 모두 이것을 구속력이 있는 결정으로 받아들이지 않았으며, 각자 자신의 주장을 옹호하는 데 그 일부분을 인용하였다는 사실에 주목하는 것으로 충분하다고 보았다.[88] 나아가 재판소는 영국의 결정은 오직 양국 간 해저 분할에 관한 것이었다고 보았다. 그런데 재판소에 의한 경계획정은 부분적으로는 영해 경계획정이며 부분적으로는 대륙붕과 경제수역 단일경계획정이므로, 1947년 경계선은 본 경계획정 절차에 대하여 직접적인 관련성을 가지는 것으로 볼 수 없다고 하였다.[89]

3) 해안선의 길이

카타르는 자국의 본토해안선과 바레인의 주요 섬들의 해안선 길이 간의 비율은 1.59 대 1로, 양국 간 해안선 길이 간에는 상당한 불균형이 존재한다고 주장하였다. 카타르는 해안선 길이 간의 중대한 불균형을 임시로 이루어진 경계획정선의 적절한 수정을 요구하는 특별상황 또는 관련상황으로 인정하였던 ICJ의 이전 판결들을 인용하였다. 그러나 바레인에 의하면 카타르가 주장하는 불균형이란 하와르 섬이 카타르에 속한다는 가정 아래 이루어진 것으로, 하와르가 바레인에 속하는 경우 관련해안의 길이는 거의 같아진다고 하였다.[90] 재판소는 재판소가 바레인이 하와르 섬에 대해 주권을 갖는다고 결정한 사실을 고려하여, 당사국들의 해변길이의 불균형이 등거리선의 조정을 필요로 할 정도라고 생각되지는 않는다고 하였다.[91]

(3) 형평에 맞는 해결

ICJ는 관련상황에 대한 검토를 끝낸 후 형평에 맞는 해결(equitable

---

88 *Ibid.*, para.239.
89 *Ibid.*, para.240.
90 *Ibid.*, paras.241-242.
91 *Ibid.*, para.243.

solution)을 위하여 등거리선 방향의 조정을 요구하는 다른 사유가 존재하는지 검토하였다. 양국 간 대륙붕 및 경제수역 경계획정선을 긋는 데 있어 재판소는 부분적으로 바레인 영해에 위치한 상당한 규모의 해양지형인 Fasht al Jarim의 위치를 무시할 수 없었다. 양국은 이 해양지형의 법적인 성격에 대하여 상이한 견해를 표명하였으나, 그 지형의 위치를 감안할 때, 그 저조선은 영해는 물론이고 대륙붕과 경제수역 경계획정 너비를 측정하기 위한 기준선으로 사용될 수 있었다.[92]

재판소는 1985년 리비아/몰타 사건에서 재판소가 "등거리선의 형평성은, 1969년 판결에서 재판소가 사용한 용어를 사용하면, 일부 소도(islets), 암석(rocks), 조그만 해안돌출부(minor coastal projections)의 비율에 어긋나는 효과(disproportionate)를 제거하기 위해 세심한 조치가 취해졌는가 하는 데 달려 있다"고 밝힌 것을 상기하였다.[93]

재판소는 북쪽 부분에서 당사국들의 해안은 인접한 해안에 대하여 유사한 모습을 보이고 있다고 하였다. 당사국들에 속하는 영토의 북쪽 해안은 그 성격과 범위에 있어서 큰 차이가 없었으니, 양쪽 해안 모두 평평하고 매우 완만한 경사를 이루고 있었다. 하나 두드러진 요소가 있다면 그것은 바레인의 해안선을 페르시아 만 먼 곳까지 돌출시키는 Fasht al Jarim이었으니, 재판소는 이 섬에 완전한 효과를 부여하는 경우에는 경계선을 왜곡시키고 비율에 어긋나는 효과가 초래될 것이라고 하였다.[94]

재판소는 그러한 왜곡, 즉 바다 멀리 위치해 있고 아주 작은 부분만이 항상 수면위에 존재하는 해양지형으로 인해 초래될 그러한 왜곡은 형평에 맞는 해결을 가져올 수 없다고 하였다. 재판소는 본 사건의 상황에 비추어 볼 때, 형평에 대한 고려는 북쪽 부분에서의 경계선 획

---

92 *Ibid.*, para.245.

93 *Libya/Malta Case*, para.64.

94 *Qatar v. Bahrain Case, op. cit.*, para.247.

정에서 Fasht al Jarim이 아무런 효과도 가지지 아니할 것을 요구한다
고 하였다.[95] 따라서 재판소는 이 부분에서의 단일해양경계선은 우선
Fasht al Dibal의 북서쪽에 위치한 점에서 출발하여, Fasht al Jarim에
는 아무런 효과가 부여되지 아니하는 것을 고려하여 설정된 등거리선
을 만나는 것이어야 한다고 하였다. 그리고 경계선은 이 조정된 등거
리선을 따라 이란의 해양수역과 바레인과 카타르의 해양수역 간의 경
계획정선까지 연결된다고 하였다.[96] 재판소는 카타르와 바레인의 다
양한 수역을 나누는 단일해양경계선은 판결문 para.250에 제시된 좌
표를 연결하는 선이라고 하였다.

〈지도 3-2〉 카타르와 바레인 해양경계선

95 *Ibid.*, para.248.
96 *Ibid.*, para.249.

VI. 판결과 평가

1. 판결주문

국제사법재판소(ICJ)는 다음과 같이 판결하였다.[97]

(1) 만장일치로

카타르국이 주바라(Zubarah)에 대한 주권을 가짐을 판시한다.

(2) (a) 12 대 7로

바레인국이 하와르 제도(Hawar Islands)에 대한 주권을 가짐을 판
시한다.

(b) 만장일치로

카타르국 선박들은 하와르 제도를 바레인 제도로부터 분리하는
바레인 영해에서 국제관습법이 부여하는 무해통항권을 향유함을 상기
시킨다.

(3) 13 대 4로

카타르국이 하드자난(Hadd Janan)을 포함하는 자난(Janan) 섬에
대하여 주권을 가짐을 판시한다.

(4) 12 대 5로

바레인국이 자라다(Qit'at Jaradah) 섬에 대하여 주권을 가짐을 판
시한다.

---

97 *Ibid.*, para.252.

(5) 만장일치로

간출지 디발(Fasht ad Dibal)은 카타르국의 주권에 속함을 판시한다.

(6) 13 대 4로

카타르국과 바레인국의 갖가지 해양수역을 나누는 단일해양경계선은 본 판결 paragraph 250에 제시된 대로 획정되어야 함을 결정한다.

재판소의 판결에 대하여 재판관 오다(Oda)는 개별의견(separate opinion)을 첨부하였으며, 재판관 Bedjaoui, Ranjeva, Koroma는 공동으로 반대의견(dissenting opinion)을 첨부하였다. 재판관 Herczegh와 Vereshchetin, Higgins는 선언(declaration)을 첨부하였고, 재판관 Parra-Aranguren, Kooijmans, Al-Khasawneh는 개별의견을 첨부하였다. 임시재판관 Torre Bernardez는 판결에 대하여 반대의견을 첨부하였으며, 임시재판관 Fortier는 개별의견을 첨부하였다.

2. 평 가

국제사법재판소(ICJ)의 「카타르 대 바레인 해양경계획정 및 영토문제 사건」에 대한 판결에서 발견되는 특징 및 고려사항은 다음과 같다.

첫째는 도서에 대한 영유권에 대한 결정에서 제3국의 과거의 결정을 중시한 것이다. 본 사건에서 ICJ는 하와르(Hawar) 섬 영유권 분쟁과 관련하여 1939년 7월 11일 당시 바레인 주재 영국 정치고문이 서신을 통해 하와르 섬이 바레인에 속한다고 카타르와 바레인 통치자들에게 통보하였던 사실을 중요하게 다루었다. 바레인은 영국의 그러한 결정이 존중되어야 한다고 하였으나, 카타르는 그 결정의 타당성에 의문을 제기하였다. 이런 상황에서 재판소는 양국이 영국정부가 하와르 도서 분쟁의 해결에 개입하도록 동의하였다는 사실을 중시하여 1939년 결정에 구속력을 인정한 것이다. 유사한 논의는 독도영유권 문제와 관련해서도 제기될 수 있다.

둘째는 해양경계획정의 원칙과 방법에 관한 것이다. ICJ는 본 사건의 남부수역에서의 영해경계선 획정은 1982년 해양법협약 제15조와 1958년 영해협약 제12조의 등거리선·중간선 원칙을 따르도록 하였으며, 양국 간 북부수역에서의 대륙붕과 경제수역 경계획정에는 단일해양경계선을 설정하되 잠정적으로 등거리선을 그은 후 관련상황을 고려하여 그 선을 조정하는 방식을 취하였다. 재판소의 이러한 결정은 중국과의 해양경계선 획정을 위한 협상에서 우리나라의 입장을 강화해 주는 효과를 가진다. 중국은 형평에 따른 해양경계획정을 주장하면서 잠정적인 경계선으로 중간선을 획정하는 것 자체를 거부하고 있으나, 오늘날 추세는 중간선이나 등거리선을 먼저 긋고 이를 조정하는 방법으로 형평을 추구해가기 때문이다. 반면에 일본과의 동중국해 경계획정에서는 부담이 되는 부분인바, 오키나와해구가 대륙붕의 단절에 해당하는 것임을 입증하기 위한 노력이 필요하다.

셋째는 해양경계획정 시 섬과 간출지의 효과에 관한 것이다. 본 사건에서 해양경계획정과 관련하여 논란이 있었던 지형에는 Fasht al Azm, Qit'at Jaradah, Fasht ad Dibal, Fasht al Jarim이 있었다. 재판소는 Fasht al Azm의 경우에는 이것이 Sitrah 섬의 일부인지 아니면 간출지인지 여부를 결정하지 아니하고 경계획정하기로 하였으며, Qit'at Jaradah는 국제법상 섬의 지위를 가지나 해양경계선의 왜곡가능성을 고려하여 경계획정에서는 이를 무시하였다. 재판소는 간출지 Fasht ad Dibal은 그 간출지가 위치한 영해를 따라 카타르의 주권에 속한다고 하였으며, Fasht al Jarim은 해양경계획정을 위한 기선설정에 활용될 수도 있지만 해양경계선에 대한 왜곡과 비율에 어긋나는 효과를 우려하여 무시하기로 하였다. 해양경계획정 시 쟁점으로 등장하는 지형의 상당 부분은 섬과 같은 해양지형과 관련이 있으며, 섬들에게 부여할 효과를 결정하는 것은 해양경계획정에서 주요하고도 어려운 문제이다. 본 사건에서 ICJ는 매우 다양한 크기의 해양지형들에게 부여될 효과를 그 위치와 해양경계선에 대한 왜곡가능성 등을 고려하여 검토하였는바, 우리나라가 중국 및 일본과 해양경계획정 시 독도(한국), 동도(중국), 조도(일본), 남녀군도(일본)에 부여할 구체적인 효과를 결정하는 데 참고가 될 것이다.

넷째는 해양경계획정 시 직선기선의 활용에 관한 것이다. 본 사건에서 바레인은 자국을 다수도서국가(Multiple-island State)라고 하면서 해안 외곽의 섬들과 간출지들을 연결하는 직선기선을 설정하였었다. 그렇지만 재판소는 직선기선은 기선 설정을 위한 통상적인 규칙에 대한 예외로서 허용되는 것이며, 직선기선을 설정하려면 해안의 만곡이 심하거나 그 주변에 일련의 섬들이 존재하는 등의 조건을 갖추어야 한다고 하였다. 물론 영해, 대륙붕, EEZ 등 해양수역을 설정하기 위하여 기선을 설정하는 것과 경계획정을 위한 목적에서 잠정적으로 등거리선이나 중간선을 긋기 위하여 기점을 정하는 것은 별개의 문제이다. 그러나 해양경계획정 시 잠정적인 경계선으로 등거리선이나 중간선을 설정하여 사용하는 경우 기존의 기선의 영향력을 무시할 수는 없으므로, 국제법원칙과 국제판례, 각국의 관행을 분석하여 주변국가들의 과도한 직선기선 사용에 대항하기 위한 논리를 개발해 두어야 할 것이다.

4 카메룬과 나이지리아 간 육지 및 해양경계획정사건
－ Bakassi반도의 주권 및 해양경계획정을 중심으로 －

I. 서 론

카메룬과 나이지리아 간에는 1993년과 1994년 Bakassi반도에서 무력충돌로 인해 국경에서의 전투에서 수십 명의 군인이 사망하였으며, 이로 인해 양국 간의 관계가 악화되었다. 양국은 Bakassi반도의 주권에 관한 분쟁을 처음에는 양자 간 협상에 의해 해결하기 위하여 몇 년간 노력하였으나 이에 대해 진전이 없게 되자 카메룬은 실망하였다. 게다가 나이지리아가 Bakassi반도의 대부분을 군사점령하게 되자 카메룬은 1994년 3월 29일 나이지리아를 ICJ(International Court of Justice: 국제사법재판소)에 제소하였다.

이 분쟁사건은 처음에는 Bakassi반도의 주권에 관한 분쟁으로 시작되었으나, 이후 기니만 해역의 해양경계획정문제가 추가되었으며, 그리고 Chad호수지역에 대한 주권문제와 Chad 호수부터 해안까지 양국 간의 육지영토의 구체적인 국경선 획정문제로 확대되었다. 그래서 양국 간 국경선 전체에 대한 분쟁이 ICJ에 제소된 것이다. 즉, Chad호수의 국경선, 육지의 국경선과 해양경계선의 획정에 관한 법적 기준을 정하는 문제를 넘어서서 양국의 국경선의 문제가 민족과 국적의 문제로 뒤얽혀 있으며, 역사적 상황, 사회학적 문제들을 고려해야 하는 다차원적인 분쟁으로 발전된 것이다. 특히 이 분쟁은 Bakassi반도와 기니만 해역의 해양경계선 지역에서 석유자원의 존재가 알려지면서 경제적 측면도 내포되었다.

1999년 6월 30일 적도기니는 ICJ규약 제62조에 따라 동 소송에 참가하는 것을 허락하여 주도록 ICJ의 서기에게 요청하였다. 동 요청에 의하면 참가의 목적은 기니만에서 적도기니의 법적 권리를 모든 법적 수단에 의하여 보호하려는 것이며, ICJ에게 분쟁당사국들의 해양경계 소송에 비추어 보아 ICJ의 결정에 의해 영향을 받을 수 있는 적도기니의 법적 권리와 이익의 성격을 알리는 것이었다. 또한 적도기니는 동 소송에 대한 당사국이 되려는 것은 아니라고 지적하였다.

ICJ는 1999년 10월 21일 명령에서 적도기니가 카메룬과 나이지리아 간의 해양경계를 결정하기 위한 ICJ의 판결에 의해 영향을 받을 수 있는 법적 성격의 이해관계를 갖고 있다는 것을 충분히 입증하였다고 판단하여 동 소송에 참가하는 것을 허가하였다.

2002년 10월 10일 ICJ는 동 분쟁사건에 대한 판결을 하였는데, 이 판결에서 양국 간의 분쟁의 중요한 쟁점이었던 Bakassi반도에 대하여 그 주권이 카메룬에 있다고 판결하였다. 2002년 10월 10일 ICJ는 이 사건에 대한 151쪽에 달하는 장문의 판결을 내렸는데, 이 판결은 ICJ에서 8년반 간의 소송절차를 종결시켰다. 판결문은 6개의 사안에 관하여서는 만장일치로 채택되었고, 2개의 사안에 관하여는 15 대 1로, 3개의 사안에 관하여는 14 대 2로, 5개의 사안에 관하여는 13 대 3으로 채택되었는데, 카메룬이 승소하였다.

이 판결에 대하여 나이지리아는 자국의 주장들이 배척된 데 대하여 격렬한 반응을 나타내었다. 카메룬과 나이지리아 간 국경분쟁사건에서 보면 Chad호수지역에서의 국경선 및 기니만 해역의 해양경계선 획정은 양국을 배려하는 해결책이 마련될 수가 있지만, Bakassi반도의 주권에 관한 문제는 어느 일방에게 주권을 인정하는 판결이 나올 수밖에 없는 것이다. 그런데 ICJ에서 재판이 진행되는 과정에서 Bakassi반도 문제는 점점 국경선 분쟁의 핵심문제로 되었으며, 양국의 심리적인 모든 감정들이 결집되어 격하게 대립되어 버렸다.

그래서 UN사무총장은 ICJ가 판결을 내리기 일 개월 전에 양국 대통령 간의 회합을 주선하였는데, 이러한 회합에 따라 양국의 대통령은 Bakassi반도에 대한 ICJ의 판결을 존중하고 이행할 것을 합의하였으며, UN의 도움으로 판결내용의 이행메커니즘을 마련하고, 상호 간의 신뢰를 강화할 수 있는 조치를 취하며 Bakassi반도 문제에 대한 도발적인 선언들을 하지 않기로 합의하였다. ICJ의 판결이 선언된 일 개월 후에 UN사무총장은 양국 대통령 간의 두 번째 회합을 마련하였는데, 양국의 대통령은 UN헌장상의 의무를 준수해야 하는 중요성을 인식하였으며, ICJ의 판결을 이행할 방법을 강구할 공동위원회의 설립에 합의하였다.[1]

본고에서는 카메룬과 나이지리아 간 분쟁에서 특히 첨예한 대립이 되었던 Bakassi반도의 주권에 관련한 ICJ에서의 소송개요 및 판결을 쟁점사항별로 분석하며, 기니만 해역의 해양경계선에 대한 ICJ의 판결을 살펴본다. 또한 판결의 이행을 원활히 하기 위하여 마련된 이행메커니즘으로서 공동위원회의 활동과 양국 간의 협의 내용을 검토한다.

II. 역사적 배경

카메룬과 나이지리아 간의 육지경계에 관한 분쟁은 19세기와 20세기 초에 아프리카를 분할하기 위한 유럽강대국의 행위에 의한 역사

---

1 M. Mahmoud MAHAMED SALAH, "La commission mixte Caméroun/Nigéria, Un mécanisme original de règlement des différends interétatiques", *Annuaire Français de Droit International*, 2005, pp. 164-165.

적 상황과 관련되어 있는데, 이 지역의 지위는 국제연맹의 위임통치제도, 국제연합의 신탁통치제도 및 이후의 독립에 의해 변화되었다. 이러한 역사는 분쟁당사국들에 의해 ICJ에 제출된 많은 협정과 조약, 행정문서에 반영되어 있다.

분쟁당사국의 해양경계의 획정문제는 좀 더 최근에 나타난 것인데, 이러한 해양경계획정문제도 다양한 국제협정에 관련되어 있다.

19세기 말과 20세기 초에 독일, 프랑스와 영국에 의하여 식민지영토의 경계획정을 위하여 여러 개의 협약이 체결되었다. 프랑스와 영국 간의 경계는 1906년 5월 29일 런던에서 체결된 니제르 동쪽지역에 대한 영국과 프랑스 간의 국경선의 획정에 관한 협정(이하에서는 1906년 Franco-British Convention이라 함)에 의해 확정되었고, 1910년 2월 19일 동일한 명칭의 의정서(이하에서는 1910년 Franco-British Protocol이라 함)에 의해 보완되었다. 프랑스와 독일의 경계는 1894년 3월 15일 베를린에서 체결된 프랑스령 콩고와 프랑스령 카메룬 및 Chad호수지역의 프랑스령과 독일령의 경계획정을 위한 프랑스와 독일 간의 협정에 의해 확정되었고, 프랑스령 콩고와 카메룬 간의 경계에 관한 1908년 4월 9일의 의정서를 확인하는 1908년 4월 18일 베를린에서 체결된 프랑스와 독일 간 협정(이하에서는 1908년 Franco-German Convention이라 함)에 의해 확정되었다. 영국과 독일 간의 경계는 1893년 11월 15일 베를린에서 체결된 아프리카에서의 경계에 관한 영국과 독일 간의 협약에 의해 처음 확정되었고, Yola에서 Chad호수까지 영국영토와 독일영토 간의 경계에 관한 1906년 3월 19일의 협약(이하에서는 1906년 Anglo-German Agreement라 함)에 의해 보완되었다. 경계의 남쪽 부분은 1913년에 영국과 독일 간에 체결된 두 개의 협약에 의해 확정되었다. 첫 번째 협약(이하에서는 1913년 3월 11일 Anglo-German Agreement라 함)은 1913년 3월 11일 런던에서 체결되었는데, Yola에서 바다까지 나이지리아와 카메룬 간의 국경선의 해결과 Cross River에서의 항해규제에 관한 것으로, 약 1100㎞의 경계선에 관한 것이다. 두 번째 협약 (이하에서는 1913년 4월 12일 Anglo-German Agreement라 함)은 1913년 4월 12일 독일과 영국 간에 Obokum에서 체결되었는데, Yola에서 Cross River까지 나이지리아와 카메룬 간의 영국과 독일의 경계획정에 관한 것이다.[2]

제1차 세계대전 말에 Chad호수에서 바다까지의 지역에서 독일에 속하는 모든 영토는 베르사유조약(Treaty of Versailles)에 의해 프랑스와 영국으로 분배되었으며, 국제연맹과의 협약에 의해 영국과 프랑스의 위임통치를 받게 되었다. 따라서 위임받은 영토를 분할하는 경계선을 확정할 필요가 있었다. 이러한 목적으로 작성된 첫 번째 문서가 1919년 7월 10일 영국의 식민지담당장관 Viscount Milner와 프랑스의 식민지담당장관 Henry Simon에 의해 서명된 프랑스와 영국 간 선언(이하에서는 Milner-Simon Declaration이라 함)이었다. 이 첫 번째 문서를 명확히 하기 위하여 1929년 12월 29일과 1930년 1월 31일 영국의 나이지리아총독 Sir Graeme Thomson과 프랑스의 카메룬총독 Paul Marchand이 좀 더 상세한 협약(이하에서는 Thomson-Marchand Declaration이라 함)에 서명하였다. 이 선언은 런던주재 프랑스대사 A. de Fleuriau와 영국외무장관 Arthur Henderson 간의 1931년 1월 9일의 교환각서(이하에서는 Henderson-Fleuriau 교환각서라 함)에 첨부되었다.

제2차 세계대전 후 카메룬에 대한 영국과 프랑스의 위임통치는 국제연합의 신탁통치로 바뀌었다. 영국령 카메룬과 프랑스령 카메룬에 대한 신탁통치협약은 1946년 12월 13일 국제연합 총회에서 승인되었다. 이 신탁통치협약은 양 강대국의 신탁통치하에 있는 각각의 영토를 기술하기 위하여 Milner-Simon Declaration에 의해 확정된 경계선을 인용하였다.

---

2 *Case Concerning the Land and Maritime Boundary between Cameroon and Nigeria, ICJ Judgment, 10 October 2002*, paras. 31-38.

영국의 통치하에 있는 지역에 관한 1946년 8월 2일 영국의 결정 즉, 나이지리아와 카메룬의 행정을 규정한 1946년 국무원 명령(이하에서는 1946년 국무원 명령, Order in Council이라 함)에 따라, 영국의 통치하에 있던 지역은 행정적 목적으로 두 지역으로 나뉘어져, 북카메룬(Northern Cameroons)과 남카메룬(Southern Cameroons)이 만들어졌다. 1946년 국무원 명령은 이 두 지역을 분할하는 경계를 확정하는 규정을 갖고 있었고 이 두 지역은 나이지리아에 의해 통치된다고 규정하였다.

1960년 1월 1일 프랑스령 카메룬은 과거 시대로부터 물려받은 국경선에 근거하여 독립하였다. 나이지리아는 1960년 10월 1일 마찬가지로 독립하였다.

국제연합의 지침에 따라 영국정부는 북카메룬과 남카메룬에서 주민들의 장래에 관하여 주민들의 희망을 확인하기 위하여 별도의 주민투표를 실시하였다(1959년 3월 13일 국제연합 총회 결의 1350). 1961년 2월 11일과 12일 실시된 주민투표에서 북카메룬의 주민은 나이지리아 연합에 통합하여 독립하기로 결정하였고, 남카메룬의 주민은 카메룬 공화국에 통합하여 독립하기로 결정하였다(1961년 4월 21일 국제연합 총회 결의 1608).

Chad호수에서의 국경선에 관하여 호수에 인접한 4개국은 1964년 5월 22일 Chad호수위원회를 설립하는 협정을 체결하였다. Chad호수위원회의 기능은 Chad호수위원회의 규약 제9조에 규정되어 있는데, 이 규약은 1964년 협정에 부속되어 있다. 이 규약에 의하면 Chad호수위원회는 이 협정과 부속된 규약에 규정된 원칙의 완전한 적용을 위한 일반적 규칙을 마련하고 효과적 적용을 보장하는 것이다. 이 위원회는 호수유역의 물의 사용에 관하여 회원국들에 의한 협력활동을 위하여 다양한 권한을 행사한다. 제9조 g항에 의하면 위원회의 기능 중의 하나는 불만을 검토하고 분쟁해결을 촉진하는 것이다. 세월이 지나서 이 위원회의 회원국들은 위원회에 추가적인 권한을 부여하였다. 그리하여 1983년 Chad호수지역에서 연안국 간의 분쟁이 발생함에 따라 이 위원회의 특별회의가 나이지리아의 Lagos에서 1983년 7월 21일 개최되었는데, 관련국가의 국가원수들의 제의에 따라 특정한 국경문제와 안보문제를 다루는 임무가 부여되었다. 그 이후 이 위원회는 이러한 문제를 다루기 위하여 정기적으로 회합하였다.

Bakassi에서의 경계선과 Bakassi반도에서의 주권문제에도 특별한 협약이 관련되어 있다.

1884년 9월 10일 영국과 Old Calabar의 왕들 간에 보호조약(이하에서는 1884년 보호조약이라 함)을 체결하였다. 이 조약에 의하면 영국은 이러한 왕들에 대한 보호를 확대하며, 이 왕들은 영국정부의 사전동의 없이 외국과 협약을 체결하는 것을 삼가기로 합의하였다.

제1차 세계대전 직전에 영국은 독일과 2개의 협약(각각 1913년 3월 11일과 4월 12일 체결)을 체결하였는데, 이러한 협약은 Yola에서 바다까지 나이지리아와 카메룬 간의 국경선의 해결을 위한 것이었고 Bakassi 반도를 독일영토로 확정하였다.

카메룬과 나이지리아 간의 해양경계는 비교적 최근에 협상의 대상이 되었다. 실제, 해안에서 육지의 국경선이 끝나는 점을 규정하고 있는 1913년 3월 11일과 4월 12일 영국과 독일 간의 협약들을 제외하면, 카메룬과 나이지리아 간의 해양경계에 관한 모든 법적 문서는 양국의 독립 이후에 작성된 것이다.

이러한 점에서 양국은 1970년 8월 14일 카메룬의 야운데에서 개최된 회의에서 국경선위원회(Joint Boundary Commission)를 설립할 것을 합의하였고 선언(이하에서는 야운데 I 선언이라 함)을 채택하였는데, 이 선언에 의하면 카메룬과 나이지리아는 양국 간의 국경선의 획정은 3단계로 이루어질 것인데, 첫 단계가 해양경계의 획정이 될 것이라고 결정하였다. 국경선위원회의 작업에 따라 1971년 4월 4일 야운데에서 2번째 선언(이하에서는 야운데 II 선언이라 함)이 이루어 졌고, 이 선언에 의하면 양국의 국가원수는 이 선언에 부속되어 있는 영국해군지도 (British Admiralty Chart) No. 3433에 표시한 point 1에서 point 12까지의 선을 3해리까지 해양경계선으로 간주하도록 합의하였다.

4년 후 1975년 6월 1일 카메룬과 나이지리아의 국가수반은 카메룬의 Maroua에서 양국 간의 해양경계의 부분적 획정을 위한 협약(이하에서는 Maroua 선언이라 함)을 서명하였다. 이 선언에 의해 양국은 해양경계선을 확장하기로 합의하였으며, 위에서 언급된 point 12에서 point G까지의 해양경계선을 채택하였다. British Admiralty Chart No. 3433는 이 선언에 부속되어 있는데, 이러한 점(point)들을 표시하였다.

III. ICJ에서의 소송개요 및 분쟁당사국의 주장

1. 소송개요

카메룬과 나이지리아 간의 국경선분쟁은 기니만 지역에 있는 Bakassi반도[3]에 대한 주권을 대상으로 하고 있는데, 기니만 지역은 특히 석유와 가스가 풍부하고 어족자원이 많은 지역이다. 나이지리아의 군대가 자국민을 보호하기 위하여 Bakassi반도에 진입하여 Bakassi에

---

3 Bakassi반도는 북위 4°와 5° 사이, 동경 8°와 9° 사이에 카메룬과 나이지리아 간의 국경에 위치해 있으며, 기니만의 동쪽 끝이며, 그 면적은 약 1,000㎢이다. 이 지역은 늪이 많고 망그로브나무가 많으며, 나이지리아의 Calabar항구의 출입을 통제할 수 있는 전략적인 곳에 위치해 있다. Bakassi반도의 인구는 15만 명에서 30만 명 이내로 유지되어 왔으며, 주변해역에는 좋은 어장들이 있어서 대다수의 주민은 어업에 종사하고 있다. Bakassi반도에서는 상업적으로 활용가능한 석유자원은 아직 발견되지 않았지만, 이 지역은 나이지리아의 곳곳에서 고품질의 석유가 발견된 것에 비추어 보아 석유회사들이 상당한 관심을 보이는 지역이다. http://www.answers.com/ topic/bakassi, 2009년 10월 1일 검색.

주둔하고 있는 카메룬군대를 공격한 1993년 말부터 양국 간의 국경선의 긴장상태는 무력충돌로 변하게 되었다.[4] 이에 따라 카메룬은 1994년 2월 28일 UN안전보장이사회의 긴급소집을 요청하였고, 아프리카 통일기구(OAU)의 분쟁해결기관[5]의 회의를 요청하였다.

1994년 3월 29일 카메룬은 나이지리아를 상대로 Bakassi반도의 주권에 관한 분쟁을 ICJ에 제소하였다. 게다가 카메룬은 양국 간의 해양경계획정은 불완전하게 되어 있고, 해양경계획정을 완료하려는 여러 번의 시도에도 불구하고 양국은 합의를 볼 수 없었다고 주장하였다. 따라서 ICJ에게 양국 간의 향후 사고를 피하기 위하여, 1975년에 확정된 해양경계선을 넘어서는 기니만 해역에서 양국 간의 해양경계선을 결정해 주도록 요청하였다. 1994년 6월 6일 카메룬은 분쟁의 대상을 확대할 목적으로, Chad호수 지역의 영토주권분쟁에 대하여 추가적 제소를 하였다. 또한 카메룬은 ICJ에 Chad호수로부터 바다까지의 국경선을 최종적으로 결정해 줄 것을 요청하였으며 두 개의 제소를 합쳐서 하나의 사건으로 전체를 심리해 달라고 요청하였다.

당사국들의 대표와 ICJ의 소장이 미팅을 한 이후, 나이지리아 정부는 추가적 제소가 원래 제소에 대한 수정으로 다루어지는 데 반대하지 않는다고 선언하였으며, 이에 따라 ICJ는 하나의 사건으로 전체를 심리힐 수 있게 되었다. 양 당사국은 ICJ규약 제31조 3항[6]에 따라 이

---

4 Thierry GARCIA, "Les mesures conservatoires rendues par la Cour Internationale de Justice, le 15 mars 1996, dans le différend frontalier entre le Caméroun et le Nigeria", *Annuaire Français de Droit International*, 1996, pp.409-427.

5 OAU의 분쟁해결기관은 1994년 3월 11일 대사급차원에서 회의가 개최되었으며, 1994년 3월 24일에는 장관급차원에서 회의가 개최되었다. 그러나 이 기관은 이 분쟁사건에서 비효과적이었다.

6 ICJ규약 제31조 3항: ICJ가 그 재판관석에 당사자의 국적재판관이 포함되지 아니하는 경우에는 각 당사자는 제2항에 규정된 바에 따라 재판관을 선정할 수 있다. 제31조 2항: ICJ가 그 재판관석에 당사자 중 1국의 국적재판관을 포함시키는 경우에는 다른 어느 당사자도 재판관으로서 출석할 1인을 선정할 수 있

분쟁사건에 참석할 특별재판관(judge ad hoc)을 선정할 권리를 행사하였다. 카메룬은 Kéba Mbaye를 선정하였고 나이지리아는 Bola Ajibola를 선정하였다.

이후 나이지리아는 ICJ의 관할권과 제소의 허용성(admissibility)에 대한 선결적 항변을 제출하였다. 나이지리아에 의해 제기된 선결적 항변에 대하여 ICJ는 1998년 6월 11일의 판결에서 ICJ가 이 분쟁에 대한 재판관할권을 갖고 있으며 카메룬의 제소는 허용된다고 판단하였다. ICJ는 나이지리아가 제출한 7번의 선결적 항변을 배척하였으며, 8번째의 선결적 항변은 선결적 성격을 갖지 못한다고 선언[7]하였다.

또한 1996년 2월 10일 카메룬은 ICJ규약 제41조에 따라 ICJ에 잠정조치의 지시를 요청하였는데, 즉, 당사국들의 군대가 1996년 2월 3일 나이지리아의 무력공격 전에 당사국들이 점령하고 있던 위치에서 철수하며, 당사국들은 ICJ의 판결 때까지 국경선에서의 모든 군사행동을 삼가고, 이 분쟁사건에서 증거의 수집을 방해할 수 있는 모든 행위를 삼가하여 달라는 잠정조치를 요청하였다. ICJ는 1996년 3월 15일 명령[8]에서 카메룬의 요청을 받아들인 잠정조치를 지시하였다.

이 사건에 관한 ICJ의 소송에서 카메룬은 2명의 소송대리인을 지명하고 38명의 공동대리인 및 변호사를 지명하였으며, 나이지리아는 2명의 소송대리인을 지명하고 42명의 공동대리인 및 변호사를 지명하였다.

다. 다만, 그러한 자는 되도록 제4조 및 제5조에 규정된 바에 따라 후보자로 지명된 자 중에서 선정된다.

7 *Case Concerning the Land and Maritime Boundary between Cameroon and Nigeria, ICJ Judgment, 11 June 1998.*

8 *Case Concerning the Land and Maritime Boundary between Cameroon and Nigeria, ICJ Order, 15 March 1996.*

2. Bakassi반도의 주권에 관한 분쟁당사국의 주장

Bakassi반도는 1994년 이후 나이지리아가 점령하고 있으며, 경제적·정치적 이유로 양국 간에 중요한 쟁점이 되었으며, ICJ에 부탁된 분쟁의 주된 측면은 Bakassi반도의 주권에 관한 것이었다.

Bakassi반도에 관한 카메룬의 주장에 의하면, 1913년 3월 11일 영국과 독일 간 조약이 Bakassi반도에 대한 양 당사국의 국경선을 획정하였으며, Bakassi반도를 독일쪽에 귀속시켰다는 것이다. 카메룬과 나이지리아가 독립할 당시에 이 국경선이 양국 간의 국경선이 되었으며, 식민지국가를 승계한 두 국가는 Uti Possidetis 원칙을 따르게 되었다는 것이다.[9] 그래서 ICJ의 공개심리에서 카메룬은 Bakassi반도의 주권에 대하여 다음과 같이 주장하였다. 즉, Bakassi반도에서 나이지리아에 의해 점령된 지역에 대한 주권은 카메룬에 속하며, 나이지리아는 카메룬에 대하여 무력을 행사하여 Bakassi반도에서 카메룬의 영토를 군사적으로 점령하였으므로 국제조약법과 국제관습법상의 의무를 위반하였다고 주장하였다. 그리하여 나이지리아는 카메룬영토에서 행정적 군사적 배치를 종결시키고, Bakassi반도에서 군대를 즉각적 무조건적으로 철수시켜야 한다고 주장하였다.[10]

나이지리아의 주장에 의하면, Bakassi반도에 대한 권원은 1913년 Old Calabar의 왕 및 족장에게 속하여 있었는데, 나이지리아의 독립시에 나이지리아에게 넘겨질 때까지 Old Calabar의 왕 및 족장이 이 영토에 대한 권원을 보유하고 있었다고 주장하였다. 그래서 영국은 Bakassi반도에 대한 권원을 갖지 않았기 때문에 Bakassi반도에 대한 권원을 타국에게 양도할 수 없었다고 주장하였다. 그 결과 1913년 3월

---

9 *Case Concerning the Land and Maritime Boundary between Cameroon and Nigeria, ICJ Judgment, 10 October 2002*, para.194.

10 *Ibid.*, para.25.

11일 영국과 독일 간 조약의 관련규정은 효력이 없는 것으로 간주되어야 한다고 주장하였다. 게다가 나이지리아는 1913년의 조약이 1885년 2월 26일 베를린회의 일반의정서의 前文에 저촉되기 때문에 결함이 있으며, 독일 의회에서 동의를 받지 못하였고, 1919년 6월 28일 베르사이유 평화조약 제289조에 따라 폐지되었다고 주장하였다.[11] 그래서 나이지리아는 1960년 독립한 이후 Bakassi반도를 계속하여 통치하였으며, Bakassi반도에 대한 시원적 권원(original title)이 권원의 역사적 강화와 묵인 및 승인에 의해 확인되었으므로, Bakassi반도에 대한 주권은 나이지리아에 귀속된다고 주장하였다.

IV. Bakassi반도의 주권에 관한 판결의 분석

　　Bakassi반도의 주권에 관련된 역사적 상황과 과거에 체결된 국제조약을 살펴보고, 기 체결된 조약에 대한 양 당사국의 주장과 ICJ의 판결논리를 분석한다.

1. Bakassi반도의 역사적 상황 및 관련된 국제조약

　　카메룬과 나이지리아 간의 국경선에 관한 분쟁은 19세기와 20세기 초에 아프리카를 분할하기 위한 유럽강대국들의 행위에 의한 역사적 상황과 관련되어 있으며, 이 지역은 국제연맹의 위임통치제도, 국제연합의 신탁통치제도 및 이후 1960년 양국의 독립에 의해 그 지위가 변화되었다. 이러한 역사적 상황은 분쟁당사국들이 ICJ에 제출한 많은 조약과 행정문서에 반영되어 있다.

---

11 *Ibid.*, para.194.

제1차 세계대전 말에 Chad호수에서 해안까지 독일에 속하였던 모든 영토는 베르사유 평화조약에 의해 프랑스와 영국으로 배분되었으며, 국제연맹과의 협약에 의해 영국과 프랑스의 위임통치를 받게 되었다. 제2차 세계대전 후 카메룬에 대한 영국과 프랑스의 위임통치는 국제연합의 신탁통치로 바뀌었다. 영국령 카메룬과 프랑스령 카메룬에 대한 신탁통치협약은 1946년 12월 13일 국제연합 총회에서 승인되었다. 이 신탁통치협약은 양 강대국의 신탁통치하에 있는 각각의 영토를 규정하기 위하여 1919년 7월 10일 영국과 프랑스 간 선언(Milner-Simon Declaration)에 의해 확정된 경계선을 적용하였다. 영국의 통치하에 있던 지역은 행정적 목적으로 두 지역으로 나뉘어져 북카메룬과 남카메룬이 만들어졌다. 영국의 통치하에 있는 지역에 관한 1946년 8월 2일 영국의 국무원 명령은 이 두 지역을 분할하는 경계를 확정하는 규정을 갖고 있었고, 이 두 지역은 나이지리아로부터 통치된다고 규정하였다.[12]

1960년 1월 1일 프랑스령 카메룬은 과거 시대로부터 물려받은 국경선에 근거하여 독립하였으며, 나이지리아도 1960년 10월 1일 마찬가지로 독립하였다. 1959년 3월 13일 국제연합 총회 결의 1350에 따라, 영국정부는 1961년 2월 북카메룬과 남카메룬에서 주민들의 장래에 관한 별도의 주민투표를 실시하였다. 이 주민투표에서 북카메룬의 주민은 나이지리아연합에 통합하여 독립하기로 결정하였고, 남카메룬의 주민은 카메룬공화국에 통합하여 독립하기로 결정하였다.

Bakassi반도의 주권에 대하여는 별도의 협정이 관련되어 있다. 1884년 9월 10일 영국과 Old Calabar의 왕 및 족장들 간에 보호조약을 체결하였다. 이 조약에 의하면 영국은 이러한 왕 및 족장들에 대한 보호를 확대하며, 이 왕 및 족장들은 영국정부의 사전 동의 없이 외국과

---

12 *Case Concerning the Land and Maritime Boundary between Cameroon and Nigeria, ICJ Judgment, 10 October 2002*, paras.31-38.

협정을 체결하는 것을 삼가기로 합의하였다. 제1차 세계대전 직전인 1913년에 영국은 독일과 2개의 협정[13]을 체결하였는데, 이러한 협정은 나이지리아와 카메룬 간의 국경선의 해결을 위한 것이었고 Bakassi반도를 독일에 속하게 하는 것으로 확정하였다.

2. 1913년 3월 11일 영국과 독일 간의 조약

ICJ는 영국이 1913년 3월 11일 영국과 독일 간의 조약에 의해 Bakassi반도에 대한 권원을 독일에 양도할 자격이 있는가를 심리하기에 앞서서, 나이지리아가 주장하는 이 조약의 흠결에 대한 3가지 주장을 검토하였다.

첫째, 베를린회의 일반의정서에 근거하여 1913년 3월 11일 조약에 흠결이 있다고 나이지리아는 ICJ에서 계속하여 주장하지 않았기 때문에 ICJ는 이러한 점은 검토하지 않기로 하였다. 둘째, ICJ는 1913년 조약이 독일 의회에서 동의를 받지 못하여 문제가 있다는 나이지리아의 주장을 배척하였다. 마지막으로 나이지리아의 주장에 의하면, 영국이 베르사유 평화조약의 규정에 따라 1913년 조약을 회복시킬 의사를 명백히 통보하지 않았으므로, 1913년 조약은 양자조약으로서 베르사유 평화조약 제289조의 효과에 의해 폐지되었어야 하기 때문에 카메룬이 1913년 조약을 승계할 수 없다고 하였다. 이하에서는 두 번째와 세 번째 문제에 대한 ICJ의 논리를 구체적으로 살펴본다.

ICJ는 두 번째 문제인 1913년 조약을 독일 의회에서 동의하지 않

---

13 첫 번째 협정은 1913년 3월 11일 런던에서 체결하였으며 Yola에서 바다까지 나이지리아와 카메룬 간의 국경선의 해결과 Cross River에서의 항해규제에 관한 것인데, 약 1100km의 경계선에 관한 것이다. 두 번째 협정은 1913년 4월 12일 Obokum에서 체결하였는데, Yola에서 Cross River까지 영국과 독일 간 경계획정에 관한 것이다.

았다는 나이지리아의 주장을 검토하였다. 즉, 1913년 3월 11일 영국과 독일 간 조약은 Bakassi반도에 대한 영토취득을 포함하고 있으므로 독일 의회에서 동의를 받아야 하는데, 이 조약이 독일 의회의 동의를 받지 않았다는 것이다. 이에 대해 카메룬의 입장은, Bakassi반도는 이미 사실상 과거부터 독일에 귀속되어 있었고 단순히 국경선의 수정문제라는 입장을 독일정부가 취하고 있었기 때문에 의회의 동의는 필요하지 않았다는 것이다. 이러한 문제에 대하여 ICJ는 독일 자체가 국내법에 규정된 절차를 이행하였다고 생각하고 있고 영국도 이에 대해 문제를 제기하지 않았으며, 이 조약이 양국에서 공식적으로 공표되었다는 점에 주목하였다. 그리하여 1913년 영국과 독일 간 조약이 독일 의회에서 동의를 받지 못하였다는 나이지리아의 주장을 ICJ는 받아들이지 않았다.

세 번째 문제인 1919년 베르사유 평화조약에 관한 나이지리아의 주장에 의하면, 베르사유조약의 제289조가 독일에 의해 체결된 제1차 세계대전 이전의 양자조약의 회복을 규정하고 있는데, 영국은 1913년 조약을 회복시키기 위하여 제289조에 따를 조치를 취하지 않았기 때문에 1913년 조약은 폐지되어야 하며, 이에 따라 카메룬은 1913년 조약을 영국으로부터 승계할 수 없었다고 주장하였다. 이에 대한 카메룬의 주장에 의하면, 베르사유조약 제289조의 적용범위는 경제적 성격의 조약에만 적용되기 때문에 제289조는 1913년 3월 11일 영국과 독일 간 조약에 대하여 법적 효과를 갖지 못한다는 것인데, 이러한 카메룬의 입장은 베르사유조약의 연혁, 목적 및 대상에 비추어 보아 올바른 것으로 확인되었다. ICJ는 독일이 1916년 이후에 카메룬에서 영토적 권한을 실제 행사하지 않은 것으로 판단하였는데, 베르사유조약 제118조와 제119조에 따라 독일은 해외식민지에 대한 권한을 포기하였던 것이다. 그 결과 영국은 독일에 관련하여 회복시켜야 할 양자조약에 1913년 3월 11일 영국과 독일 간 조약을 포함시킬 이유가 없었다고

ICJ는 판단하였으며, 이에 따라 나이지리아의 주장을 배척하였다.[14]

3. 영국과 족장 간에 체결한 1884년 9월 10일 조약

상기에 언급한 1913년 3월 11일 조약에 의하여 ICJ는 영국이 독일에게 Bakassi반도의 주권을 양도하였다고 판단하였는데, 그 논리를 살펴본다. 우선적으로 양 당사국의 주장을 보면, 카메룬의 입장에서는 Bakassi반도에 대하여 영국이 독일에게 주권양도를 한 것은 의심의 여지가 없으며, 카메룬은 국가승계에 의해 주권을 갖게 된 것이라고 주장하였다. 나이지리아에 의하면, 이러한 주권양도는 일어날 수가 없는데, 영국이 Bakassi반도에 대한 주권을 보유하지 않았었기 때문에 1913년 조약이 주권양도를 법적으로 실현할 수 없었다고 주장하였다. 즉, 영국은 Bakassi반도에 대한 주권이 없었기 때문에 독일에게 협정에 의해 어떠한 주권도 양도할 수 없었다고 주장하였다. 또한 나이지리아의 주장에 의하면, 1884년 9월 10일 영국과 Old Calabar의 왕 및 족장과 체결한 조약에 영국이 Bakassi반도에 대한 주권을 갖고 있지 않았다는 근거가 나타나는데, 이 조약은 Bakassi반도에 대한 영국의 보호령(Protectorate: 보호관계)의 창설은 포함하고 있지만 이 조약에 의해 제3자에게 영토주권을 양도할 수는 없다고 주장하였다.

그래서 ICJ는 1884년 조약의 법적 성격, 특히 이 조약이 국제법의 일반적 의미에서 보호령이 되느냐의 문제, 환언하면 보호받는 주체인 족장이 주권을 보유하고 있었느냐의 문제를 분석하였다. 이러한 점에 관하여 ICJ의 논리는 다음과 같다. 즉, 그 당시 발효중인 법에 따라 체결된 보호조약(treaty of protection)의 국제법적 지위는 제목 그 자체에서 추론될 수 없다고 지적하였다. 또한 일부의 보호조약은 국제법상

---

14 *Case Concerning the Land and Maritime Boundary between Cameroon and Nigeria*, ICJ Judgment, 10 October 2002, paras. 195-199.

주권을 보유했던 주체와 체결되었으며, 이런 경우에 보호받는 당사자는 보호령(protectorate) 혹은 피보호국(protected state)으로 불린다고 지적하였다.

그러나 사하라 이남 아프리카에서 보호조약(treaty of protection)으로 명명된 조약들은 국가와 체결되었다기보다는 상당한 규모의 영토에 대해 권한을 행사하는 지역의 족장과 체결한 것이라고 ICJ는 지적하였다.[15] 따라서 Old Calabar의 왕 및 족장과 체결한 1884년 조약은 중앙정부권력의 증거조차도 없기 때문에, 국제적 보호령을 설정한 조약이 아니었다고 ICJ는 판단한 것이다. 영국은 처음부터 1884년 조약에 의해 포함되는 이 영토를 식민지지배형태로서 통치하려는 것이었지 이 영토를 보호하려는 것이 아니었다.

그래서 ICJ는 영국과 Old Calabar의 왕 및 족장 간에 체결된 1884년 조약을 족장의 주권이 보존되는 전형적인 보호령으로 보지 않았다. ICJ는 Old Calabar의 왕 및 족장을 영국의 상대체약자인 인격체로 판단하고 있지만, 이러한 왕 및 족장을 국가의 진실한 대표자로 보지는 않았다. ICJ는 사하라 이남 아프리카에서 체결된 보호조약은 국가와 체결한 것이 아니라, 상당한 규모의 영토에 대해 권한을 행사하는 지역의 족장과 체결한 것이라고 강조하고 있는데, 이는 지역의 족장은 국가와 유사한 것이 아니라는 것을 강조하고 있다. 처음부터 1884년 조약은 Bakassi반도의 주권을 영국으로 양도한 것이 될 수는 없었다. 그래서 ICJ에 의하면 1884년 조약이 용어의 전형적 의미에서 보호령을 설정한 것은 아니라는 것이다.

그렇지만 ICJ는 Bakassi반도에 대한 영국의 주권이 무주지에 대한 단순한 점령으로 취득되어 1913년 조약에 의해 독일에게 양도되었다고 판단한 것은 아니다. ICJ는 Bakassi반도가 1884년에 무주지는 아니

---

15 *Ibid.*, paras.205-206.

었다고 강조하였다. 1884년 조약에는 영토취득에 관한 시원적 권원 (original title)은 없었던 것이다. 지역의 족장은 국가기관이 되지 못하고 엄격한 의미에서 주권을 보유하고 있지 않았기 때문에, 1884년 조약에서는 주권의 권원을 양도하지 않았던 것이다. 이에 따라 엄격한 의미에서 영토의 파생적 취득방식[16]도 없었던 것이다. 실제, 1884년 조약은 엄격한 의미에서 파생적 권원이 되지 못하였으며, 영국의 실효적 지배에 의해 형성된 권원의 뿌리이었고, 그 합법성은 지역의 족장의 동의에 의해 강화된 것이다.[17]

그리하여 1884년 조약 자체는 영토취득의 근거가 되지 못한다. 1884년 조약의 법적 결과는 Bakassi반도에 대하여 영국이 실효적 지배에 의하여 주권을 취득한 것인데, 영국은 이러한 권원을 협정에 의해 양도할 수 있으며, 이에 따라 독일이 Bakassi반도에 대한 주권을 취득한 것이다. 즉, Bakassi반도에 대한 영국의 권원은 주권이 없는 지역의 족장으로부터 할양받은 것이 아닌 것이다. 따라서 ICJ는 1913년 영국과 독일 간 조약이 Bakassi반도에 대한 주권을 독일에게 양도한 것으로 판단하였다.

4. 1913년 조약 이후의 상황

독일이 1913년 조약에 의해 Bakassi반도에 대한 주권을 갖게 되었다면, 1960년 분쟁당사국들이 독립할 때까지 Bakassi반도의 영토지

---

16 영토를 취득하는 방식에는 시원적 방식과 파생적 방식으로 구별할 수가 있는데, 선점과 자연적 증가는 시원적 방식이며, 시효와 할양은 파생적 방식으로 분류하는 것이 일반적이다. 김채형, "영토취득과 실효적 지배기준에 대한 연구", 「국제법학회논총」 제54권 제2호.(2009.8), 63쪽.

17 Pierre D'ARGENT, "Des frontières et des peuples: l'affaire de la frontières terrestre et maritime entre le Caméroun et le Nigéria(Arrêt sur le fond)", *Annuaire Français de Droit International*, 2002, pp.305-307.

위가 확정되어야 한다. 그런데 제1차 세계대전 말에 Chad호수에서 해안까지 독일에 속하였던 모든 식민지 영토는 베르사유 평화조약에 의해 빼앗겨서 영국과 프랑스로 배분되었다. 영국은 1919년 7월 10일 "Milner-Simon Declaration에 규정된 국경선의 서쪽부분"에 있는 카메룬의 독일 식민지의 일부분에 대하여 1922년 국제연맹의 위임통치를 수락하였으며, Bakassi반도는 이러한 위임통치에 당연히 포함되었다. 제2차 세계대전 후 국제연합이 설립되고 나서 위임통치제도는 신탁통치제도로 변화되었고 영토적 상황도 동일하게 남게 되었다. 따라서 1922년부터 1961년까지 신탁통치가 종료되었을 때 Bakassi반도는 영국령 카메룬으로 계속 존속하게 되었으며, Bakassi반도와 나이지리아 간의 경계선은 국제적 국경선으로 남게 되었다.

나이지리아가 1961년 독립할 때까지 1913년 3월 11일 영국과 독일 간의 협정에도 불구하고 Bakassi반도가 Old Calabar의 왕 및 족장의 주권하에 남아 있었다는 나이지리아의 주장을 ICJ는 받아들이지 않았다. 또한 ICJ는 1961년 국제연합의 감독하에 남부카메룬에서 실시된 주민투표가 Bakassi반도를 포함한 것이 확실하다고 지적하였으며, 그 당시에 Bakassi반도는 영국의 신탁통치하에 남카메룬의 일부분이었다고 지적하였다.[18] 신탁통치를 종결하고 주민투표의 결과를 승인하는 국제연합 총회의 결의 1608에 대해 나이지리아가 찬성하였을 때, 나이지리아에 의해 이러한 국경선은 인정된 것이라고 ICJ는 지적하였다.

그 후 나이지리아는 카메룬에 전달한 1962년 3월 27일의 구상서(Note Verbale)에서 석유양허계약의 구역에 대하여 언급하였는데, 이 구상서에 부속된 지도에서 보면 N블록이 Bakassi반도의 남쪽에 있으며, 이 블록이 카메룬의 것으로 기술되어 있다. 이러한 공동의 양해는 양국이 해양경계선에 관하여 회의를 시작하였을 때인 1970년대 후반까지

---

18 *Case Concerning the Land and Maritime Boundary between Cameroon and Nigeria*, ICJ Judgment, 10 October 2002, para. 212-213.

지속되었다. 이러한 문서로부터 양국은 Bakassi반도가 카메룬에 속한 다는 것을 인정하고 있다고 ICJ는 지적하였다. 나이지리아는 전문가들과 고위정치인들의 견해에 근거하여 Bakassi가 카메룬의 주권에 속하는 것으로 이해하고 있었다는 것이다. 따라서 나이지리아는 그 당시에 1913년 3월 11일 영국과 독일 간의 협정에 의해 구속되는 것을 받아들였으며, Bakassi반도에 대한 카메룬의 주권을 인정하였다고 ICJ는 판단하였다. ICJ의 견해에 의하면 양국의 공동의 양해는 1991년까지 양국에 의한 석유양허계약의 지리적 배분에도 반영되어 있다는 것이다.

5. 나이지리아의 실효적 지배 주장과 카메룬의 동의 여부

나이지리아는 Bakassi반도에 대한 권원을 3가지 근거로 주장하였다. 첫째, 나이지리아와 나이지리아 국민에 의한 오랜 기간 동안의 점령은 권원의 역사적 강화가 되며, Old Calabar의 왕 및 족장의 시원적 권원이 1960년 독립 시에 나이지리아에게 부여되었다는 것을 확인하고 있다. 둘째, 주권을 행사한 나이지리아에 의한 평화적 점유와 카메룬의 항의가 없었다는 점, 셋째, Bakassi반도에 대한 나이지리아의 주권선언과 나이지리아의 주권에 대한 카메룬의 동의를 근거로 내세웠다.[19]

특히 나이지리아는 나이지리아가 독립한 이후의 시기 동안 역사적 강화에 근거한 권원과 카메룬의 동의가 Bakassi반도에 대한 충분한 권원을 구성한다고 주장하였다. 나이지리아는 권원의 역사적 강화에 관련된 요소와 다양한 국가활동의 증거를 제시하였다. 그중에서도 나이지리아는 지속적인 활동의 형태로서 세금을 징수한 것과 Bakassi반도에서 지역공동체의 도움을 받아 보건센터를 설립한 것 등을 주장하

---

19 *Ibid.*, para.218.

였다. 또한 독립 이후의 다양한 국가활동으로서, Bakassi반도의 주민이 상업적 목적으로 나이지리아 화폐를 사용한 것과 나이지리아 여권을 사용한 것 등을 제시하였다.

카메룬은 합법적인 조약상의 권원이 소위 실효성의 권원에 의해 대체될 수 없다고 주장하였다. 게다가 법적 권원의 별개의 근거로서 역사적 강화의 존재를 부인하였다. 카메룬의 견해에 의하면, 나이지리아가 주장하는 것은 "반대의 점유(adverse possession)에 의하여 권원을 확립하는 취득시효"인데, 시효에 의하여 권원을 확립하기 위해서는 권원을 갖지 않은 국가의 행위가 주권적 권한에서 상대편 국가의 항의나 경합되는 활동이 없이 평화스럽게 충분히 장기간 동안 수행되어야 한다고 주장하였다.[20]

이러한 양측의 주장에 대하여, ICJ는 나이지리아의 독립 시에 오랜 점령에 의해 확인될 수 있는 나이지리아의 권원은 존재하지 않는다고 판단하였다. 반대로 독립 시에 카메룬은 1913년 3월 11일 영국과 독일 간의 협정에 의해 확립된 Bakassi반도에 대한 권원을 승계하였다고 판단하였다. Bakassi반도에 대한 나이지리아의 점유가 카메룬이 보유한 기존의 협정상의 권원에 저촉되고 이러한 점유가 제한된 기간 동안이었던 상황에서, 역사적 강화의 주장에 의하여 Bakassi반도에 대한 권원이 나이지리아에게 부여되지는 못한다고 ICJ는 판단하였다.[21]

그리고 ICJ는 나이지리아가 주장하는 권원의 두 번째 근거와 세 번째 근거에 대하여 검토하였는데, 이 분쟁사건에서 제기되는 법적 문제는 권원을 보유하고 있는 카메룬의 행동이 카메룬의 독립 당시에 물려받은 협정상의 권원상실에 대한 동의의 형태로 고려될 수 있느냐의 문제인 것이다. 1961년에서 1962년까지 나이지리아는 Bakassi반도에 대한 카메룬의 권원을 분명히 공개적으로 인정하였다고 ICJ는 지적하

---

20 *Ibid.*, para.219.

21 *Ibid.*, para.220.

였다. 이러한 나이지리아의 입장은 Maroua선언[22]을 나이지리아가 서명한 연도인 1975년까지 지속되었다. 1975년 이전에 Bakassi반도에 대한 나이지리아의 실효성은 나이지리아의 권원을 나타내기 위한 법적 의미를 가진다고 볼 수는 없으며, 이러한 것은 보건, 교육, 조세분야에서 나이지리아의 활동에 대하여 카메룬의 항의가 없었다는 것을 부분적으로 설명할 수 있는 것이다. 카메룬은 독립이후 Bakassi반도에 대한 자국의 권원을 결코 포기하지 않았다는 것을 명백히 하는 활동을 하였다고 ICJ는 지적하였다. 나이지리아는 1970년대 말 이전에 주권의 권한으로 행동할 수는 없었으며, 이후의 시기에 카메룬이 Bakassi반도에 대한 권원포기에 동의했다고 나타내는 증거는 없다고 ICJ는 판단하였다. 이러한 이유로 나이지리아가 주장하는 Bakassi반도에 대한 권원의 두 번째와 세 번째의 근거를 ICJ는 배척하였다.

따라서 ICJ는 Bakassi반도에서 카메룬과 나이지리아 간의 국경선은 1913년 3월 11일 영국과 독일 간의 협정에 의해 경계획정이 되어있으며, Bakassi반도에 대한 주권은 카메룬에 있다고 판결하였다.[23]

V. 카메룬과 나이지리아 간의 해양경계선

1. 양국의 주장

카메룬은 1994년 3월 29일 ICJ에 제소하면서 "양국 간의 추가적인

---

22 1975년 6월 1일 카메룬과 나이지리아의 대통령은 카메룬의 Maroua에서 양국 간의 해양경계의 부분적 획정을 위한 협약을 서명하였는데, 이 협약을 Maroua 선언이라고 하였다.

23 *Case Concerning the Land and Maritime Boundary between Cameroon and Nigeria, ICJ Judgment, 10 October 2002*, para.225.

분쟁을 피하기 위하여 1975년에 확정된 양국 간의 해양경계선을 결정해 주도록" ICJ에 요청하였다. 카메룬은 2002년 3월 21일 구두절차에서 제출한 청구서에서 ICJ가 "카메룬과 나이지리아에 각각 속하는 해역의 경계는 다음의 경계선을 따른다"라고 확인해 줄 것을 요청하였는데, 이 청구서의 제(c)항에서 카메룬은 상세히 기술하였다. 청구서의 제(c)항은 다음과 같다.

"(c) 카메룬과 나이지리아에 각각 속하는 해역의 경계는 다음의 경계선을 따른다.

: Bakassi Point에서 King Point까지의 직선과 Akwayafe강의 항해수로와의 교차점부터 point 12까지, 경계선은 1971년 4월 4일 양국의 국가수반에 의해 영국해군지도(British Admiralty Chart) No.3433에 표시한 타협선(compromise line)에 의해 확인되었으며(야운데 II 선언), point 12에서 point G까지는 1975년 Maroua에서 서명된 선언에 의해 확인되었다(Maroua 선언).

: point G에서부터, 형평적 선은 point G, H(동경 8도 21분 16초와 북위 4도 17분의 좌표), I(동경 7도 55분 40초와 북위 3도 46분), J(동경 7도 12분 08초와 북위 3도 12분 35초), K(동경 6도 45분 22초와 북위 3도 01분 05초)에 의해 지시된 방향을 따라가며, point K부터는 국제법이 양국의 개별적 관할권하에 두는 해역의 외측한계까지 따라간다."

나이지리아는 카메룬이 요청한 경계획정이 제3국이 주장하는 해역에 영향을 미치고 사전적인 협상요건이 충족되지 않았기 때문에, ICJ가 이러한 경계획정을 하는 것을 전체적으로 혹은 부분적으로 삼가야 한다고 주장하였다. ICJ는 나이지리아의 주장을 먼저 검토하였다.

나이지리아의 주장에 의하면 point G를 넘어서서 바다쪽으로 당사국 간의 해양경계가 연장이 되면 이러한 해양경계는 카메룬과 나이지리아의 권리와 이익이 제3국의 권리 및 이익과 중복되는 해역으로 들어가기 때문에 ICJ는 카메룬이 요청한 경계획정을 행할 수 없다고 주장하였다.

특히 카메룬이 요청한 경계획정선은 적도기니가 주장하는 해역을 침해한다고 주장하였다. 따라서 ICJ가 카메룬이 주장한 경계선을 지지하게 되면 이 해역에 대한 적도기니의 주장을 배척하게 되는 것이라고 나이지리아는 입장을 표명하였다. ICJ는 적도기니의 주장이 법적 가능성의 기준을 충족시킨다면, 이 사건에 대한 판결의 범위에서 적도기니의 주장을 침해하는 모든 해역을 배제해야 한다고 나이지리아는 주장하였다. 등거리선 내에 있는 적도기니의 모든 주장은 이러한 기준을 충족하며, 그리하여 ICJ는 카메룬, 나이지리아, 적도기니의 해안에서 등거리의 지점(tripoint)을 넘어서는 경계획정선을 확정할 수 없다고 나이지리아는 판단하였다.

게다가 적도기니는 분쟁의 당사국으로 참가하지 않았기 때문에, ICJ는 ICJ규약 제62조에 의한 참가를 이유로 적도기니에 대한 실제적 관할권을 갖지 못한다고 나이지리아는 주장하였다. 그리고 ICJ의 결정이 일종의 추정으로써 작용할 수 있는 종국성의 인상을 줄 수 있기 때문에, 이러한 결정이 적도기니나 상토메프린시페를 구속하지 않는다고 표명하는 것으로 충분하지 않다고 나이지리아는 입장을 표명하였다. 이 사건에서 분쟁의 비당사국인 참가자로써의 역할은 ICJ가 판결에서 제3국의 주장을 침해하는 것을 삼가도록 하기 위하여, ICJ에 자국의 입장을 통보하는 것이라고 나이지리아는 입장을 표명하였다.

그래서 카메룬이 요청한 해양경계획정선이 적도기니나 상토메프린시페에 의해 주장되는 해역을 침해하는 한, ICJ가 카메룬이 요청한 해양경계획정선을 선언할 관할권을 갖지 못하며, 부수적으로 카메룬이 요청한 해양경계획정선은 받아들일 수 없다고 나이지리아는 주장하였다.

카메룬은 이 사건에서의 경계획정은, ICJ의 판결이 카메룬과 나이지리아를 제외한 모든 국가에 있어서 타인들 간에 행해진 사항(*res inter alios acta*)이기 때문에, 적도기니와 상토메프린시페에 대하여는 영향을 미칠 수 없다고 주장하였다. 이 사건에서 ICJ가 적도기니와 상토메프린시페의 권리를 미리 판단하지 않으므로, 카메룬과 나이지리아의 개별적 권리를 결정하지 않아야 할 이유는 없다고 카메룬은 주장하였다.

카메룬은 ICJ에게 적도기니나 상토메프린시페와의 해양경계선을 판정해 달라거나, 혹은 분쟁당사국들과 적도기니나 상토메프린시페의 국경선이 만나는 교차점(tripoint)의 위치를 지적해 달라고 요청하는 것은 아니라고 표명하였다. 카메룬은 이 소송절차에서 국제법이 양 당사국의 개별적 관할권을 인정하는 해역의 외측한계까지 분쟁당사국인 양국 간의 해양경계선을 정해달라고 ICJ에 요청하였다. ICJ의 판결의 효과는 양자 간 해양경계획정조약과 동일할 수가 있으며, 이러한 조약은 제3국에 대하여 대항할 수 없으나, 이러한 조약에 의해 조약의 양 당사국은 양국 간에 결정된 제3국과의 교차점(tripoint)까지 관련된 제3국의 참가없이 해양경계를 획정할 수 있다고 카메룬은 주장하였다.

카메룬에 의하면, 적도기니가 이 소송에 참가하는 목적은 기본적으로 관련된 지역에서의 전반적인 법적 이익에 대하여 ICJ에 알리려는 것이며, 사실에 대한 충분한 지식을 가지고 ICJ가 최종적인 경계획정을 수행하도록 하게 하는 것이라고 주장하였다. 게다가 참가국이 지나친 요청을 하여 이러한 요청이 관련된 지역에 대하여 ICJ가 판결을 내리지 못하도록 방해할 수는 없다고 카메룬은 주장하였다.[24]

ICJ가 필요하다고 판단한다면, 적도기니의 권리가 보호될 수 있는 여러 가지 방식이 있다고 카메룬은 첨언하였다. 그래서 카메룬은 ICJ의 임무는 분쟁당사국 간의 분쟁에 가능한 한 완전한 해결책을 제공하는 것이라고 강조하였다. ICJ는 나이지리아의 주장을 먼저 검토하였다.

---

24 *Case Concerning the Land and Maritime Boundary between Cameroon and Nigeria, ICJ Judgment*, 10 October 2002, paras. 226-236.

2. 사전적 협의(prior negociations)에 대한 조건이 충족되지 않았다 는 나이지리아의 주장

UN해양법협약 제74조 1항과 제83조 1항에 따라 해양경계획정에 관한 분쟁의 당사국들은 협의에 의해 분쟁을 우선적으로 해결하도록 노력해야 한다고 나이지리아는 주장하였다. 이러한 규정은 절차적 전 제조건이 아니라 근본적 규칙을 규정한 것이라고 나이지리아는 주장 하였다. 협의는 형평적 해양경계획정에 도달하기 위한 적절한 방법으 로써 규정된 것이며, ICJ는 협의를 위한 포럼이 아니라는 것이다.

해양경계의 분쟁이 point G 주위의 해역과 석유양허계약이 중첩 되는 해역에 관한 한, 이러한 조건이 충족되었다는 것을 나이지리아는 인정하였다. 반면에 북위 4도와 3도의 남쪽에 위치한 해역은 나이지리 아나 영향을 받는 다른 국가와의 협의의 대상이 결코 아니었다고 나이 지리아는 주장하였다. 나이지리아에 의하면 카메룬의 진술서를 접수 하면서, 카메룬이 point G의 바깥에서 형평적 선을 주장한다는 것을 알게 되었다는 것이다. 카메룬은 외교적 차원에서 사전적으로 자신의 주장을 나타내려는 시도조차 하지 않았다고 나이지리아는 주장하였 다. 나이지리아는 ICJ가 1998년 판결에서 확인한 바와 같이 카메룬과 나이지리아가 해양경계 전체를 결정하기 위한 협의를 시작하였다는 것을 인정하였지만,[25] 이러한 협의는 카메룬에 의해 현재 주장되는 경 계선에 관한 것이 결코 아니었다고 주장하였다. 이러한 협의의 목적은 사실상의 해양경계선이 이 지역에서 합의되어야 한다는 사실에서 출 발하여, 카메룬, 나이지리아, 적도기니 간의 교차점(tripoint)의 위치를 정하려는 것이었다고 나이지리아는 주장하였다. 나이지리아는 양허계 약이 중첩되는 해역을 넘어서는 카메룬의 주장을 받아들일 수 없으며, 이러한 주장이 Bioko의 서쪽과 남서쪽에 있는 지역을 대상으로 하는

25 *ICJ Reports 1998*, p.322, para.110.

한 받아들일 수 없다고 주장하였다.

카메룬은 협의가 해양경계획정을 하기 위한 첫 번째 시도이고, 첫 번째가 실패하면 그 다음은 사법기관이나 중재기관에 의한 경계획정이라고 주장하였다. 그러한 것은 UN해양법협약 제74조 2항과 제83조 2항에서 인정되어 있다는 것이다. 카메룬의 주장에 의하면 협상이 무익하게 되었지만, 집중적인 협상이 양국 간에 실제 있었고 처음부터 해양경계의 전체에 관한 것이었는데, 이러한 것은 ICJ가 카메룬과 나이지리아가 해양경계 전체를 결정하기 위한 협의를 시작하였다는 것을 확인한 1998년 6월 11일 판결(*ICJ Reports 1998*, p.322, para.110)에서 인정하였다는 것이다. 해양경계의 전체에 대하여 협의에 의해 합의에 도달하는 것이 불가능하였기 때문에 ICJ에 이 사건을 제소한 것이라고 카메룬은 주장하였다. 카메룬의 주장에 의하면 나이지리아의 행위가 이러한 난관으로 이끌었기 때문에, 카메룬이 이 문제를 ICJ에 제소하여 양국 간의 분쟁을 최종적으로 해결하려는 것을 막기 위하여 나이지리아가 자신의 잘못된 행위를 이제는 활용할 수 없다는 것이다. 당사국들은 합의에 도달할 수 없기 때문에, ICJ가 point G를 넘어서서 합의를 할 수 없는 해역에 대한 해양경계획정을 해야 한다고 카메룬은 주장하였다. ICJ가 point G를 넘어서서 경계획정을 삼가게 되면 양국 간의 분생의 주요 원인을 남기게 된다고 카메룬은 주장하였다. ICJ가 이러한 역할을 삼가게 되면 2000년 9월 23일 조약에서 나이지리아와 적도기니 간에 실시된 해양분할을 묵시적으로 지지하게 되는 것이며, 이것은 카메룬의 권리를 완전히 무시하게 되는 것이라고 카메룬은 주장하였다.

ICJ는 1998년 6월 11일 판결(*ICJ Reports 1998*, p.321, para.107 and para.322, para.110)에서, point G와 그 지점을 넘어서서 전체적인 해양경계획정에 관하여 카메룬과 나이지리아 간에 협상이 1970년대부터 실시되었으나 합의에 도달하지 못했다는 점을 지적하였다. 그러나 ICJ

의 입장에 의하면 UN해양법협약 제74조와 제83조는 경계획정의 협의가 성공적이어야 한다고 요구하는 것은 아니며, 국제법에서 협의할 모든 의무와 같이 협의가 선의로 수행되어야 한다는 것이다. 그래서 ICJ는 사전적 항변에 관하여 결정하였던 바와 같이 협의가 실제 실시되었다는 결론을 재확인하였다. 게다가 협의의 실패에 따라 사법적 소송이 개시되었고 한쪽 당사자가 자신의 청구를 수정한다 하더라도, UN해양법협약 제74조와 제83조는 새로운 협의를 시작하기 위하여 소송이 중단될 것을 요구하지는 않는다는 것이다. ICJ가 협의를 위한 포럼이 아니라는 것은 사실이라는 것이다. 그렇지만 새로운 청구는 단지 사법적 관점에서 고려될 수 있는 것이라고 하였다. 또 다른 해결방법은 대륙붕과 배타적 경제수역의 경계획정을 지연시키게 하고 복잡하게 할 뿐이라는 것이다. UN해양법협약은 개시된 소송절차의 중지를 규정하고 있지 않다고 ICJ는 결론을 내렸다.

적도기니와 상토메프린시페와의 협의에 관하여, ICJ는 UN해양법협약 제74조와 제83조가 관련 4개국이 참석하는 사전적 협의가 없다고 해서 카메룬과 나이지리아 간의 해양경계선을 긋는 것을 방해하지 않는다는 결론을 내렸다.

그리하여 ICJ는 적도기니와 상토메프린시페의 권리가 영향을 받지 않는 범위 내에서, 카메룬과 나이지리아 간의 해양경계획정을 할 수 있다는 결론을 내렸다.[26]

3. point G까지의 해양경계

ICJ는 해양경계의 구체적 선에 대한 카메룬의 청구를 심사하였는데, point G까지의 해양경계부분을 우선적으로 검토하였다.

---

26 *Case Concerning the Land and Maritime Boundary between Cameroon and Nigeria, ICJ Judgment*, 10 October 2002, paras. 239-245.

카메룬과 나이지리아 간의 해양경계는 2개의 부분으로 나누어져 있다는 카메룬의 주장에 ICJ는 주목하였다. 첫 번째 부분은 1975년 6월 1일 Maroua 선언에 의해 확정된 Akwayafe강의 입구에서 point G 까지인데, 당사국들에 의해 체결된 유효한 국제협정에 의해 경계획정이 되었다는 것이다. 이 부분에 관하여 카메룬은 ICJ가 이러한 경계획정을 단순히 확인해 달라고 요청하였으며, 나이지리아는 이에 대해 문제를 제기한 것이다. point G의 바깥부분은 경계획정이 되어야 하며, 카메룬은 ICJ에 이에 대해 분쟁을 완전히 종결시키도록 당사국의 개별적 해역의 한계를 확정해 달라고 요청하였다.

Akwayafe강의 입구에서 point G까지의 첫 번째 부분의 경계획정은 카메룬에 의하면 3개의 국제법률문서, 즉, 1913년 3월 11일 Anglo-German Agreement, 야운데 II선언 및 이에 부속된 British Admirality Chart No. 3433을 포함한 1971년 4월 4일 Cameroon-Nigeria Agreement, 1975년 6월 1일 Maroua 선언에 근거하고 있다고 카메룬은 주장하였다.

그리고 ICJ는 나이지리아가 point G까지의 해역과 point G 바깥의 해역을 구별하지 않고 있다고 지적하였다. 나이지리아는 point G까지의 해양경계획정의 존재를 부인하고 전체적인 해양경계획정이 새롭게 실시되어야 한다고 주장하였다. 그리고 나이지리아는 point G까지의 해역에 관한 구체적 주장을 전개하였다.

Bakassi반도에 대하여 나이지리아가 주권을 갖는다는 주장에 근거하여, 나이지리아는 양국 간의 해양경계선은 Rio del Rey만에서 시작하여 대양쪽으로 등거리선을 따라가야 한다고 주장하였다. ICJ는 Bakassi반도에 대한 주권은 나이지리아가 아니라 카메룬에 있다고 확정하였기 때문에 나이지리아의 이러한 주장을 더 이상 검토할 필요가 없었다.

게다가 나이지리아는 Bakassi반도에 대한 카메룬의 주장이 합법적이었다 하더라도 카메룬측이 주장하는 해양경계는 석유시추관행상의 경계선에 놓여 있는 유정(wells)과 기타시설을 고려해야 하며, 이 점에 관하여 현상을 변화시키지 않아야 한다고 주장하였다.

야운데 II선언에 관하여, 나이지리아는 이것이 구속력 있는 협약이 아니었으며, 해양경계에 관한 향후의 회의 프로그램의 일부분을 구성한 회의록을 단순히 나타낸 것이라고 주장하고, 해양경계획정문제는 향후의 회의에서 추가적인 논의가 되어야 하였던 것이라고 주장하였다.

마찬가지로 나이지리아는 Maroua 선언이 법적 효력이 부족한 것으로 간주하였다. 나이지리아는 이 선언이 나이지리아의 국가수반에 의해 서명된 후 최고군사이사회에 의해 비준되지 않았다고 주장하였으며, 1975년 6월 당시에 발효중인 나이지리아헌법에 의하면 행정부의 행위는 최고군사이사회에 의해 일반적으로 수행되거나 그 승인에 따르도록 되어 있다고 주장하였다. 또한 Maroua 선언의 9개월 전인 1974년 8월 23일, 나이지리아의 국가수반은 카메룬의 국가수반에게 1972년 8월 Garoua에서의 회합을 언급하면서 "1971년 4월 4일 전문가들이 준비한 문서에 근거한 전문가들의 제안을 나이지리아 정부가 받아들일 수 없으며, 공동위원회의 견해와 권고는 양국정부의 합의에 따라야 한다"고 설명하는 서신을 보냈다고 주장하였다. 나이지리아는 이러한 것은 양국수반 간에 합의된 협정이 나이지리아 정부의 별도의 승인에 따르도록 되어 있다는 것을 보여 준다고 주장하였다.

나이지리아의 주장에 의하면 카메룬이 조약법에 관한 비엔나협약의 규정에서 나오는 객관적 기준에 따라 나이지리아의 국가수반은 나이지리아 정부(이 경우 최고군사이사회)에게 결정을 맡기지 않고서 법적으로 구속력 있는 약속을 할 권한을 갖지 못한다는 것을 알았어야 하며, 조약법에 관한 비엔나협약 제46조 2항에 따라 나이지리아의 국가수반에 의해 행사된 권한은 무제한이지 않다는 것을 카메룬의 입장에서는 객관적으로 명백하였을 것이라는 점이다. 나이지리아의 견해에 의하면, 조약법에 관한 비엔나협약 제7조 2항은 국가수반과 정부수반이 그들의 직무상 또한 전권위임장을 제시하지 않아도 자국을 대표하는 것으로 간주된다라고 규정하고 있는데, 이 조항은 단지 국가의 대표로써 개인의 기능을 확립하는 방식에 관한 것이지, 개인이 이러한 대표의 기능을 행사할 때 개인의 권한범위를 다루는 것은 아니라는 것이다.

1977년 이후 양국 간의 정상회의와 국경선 전문가회의에서, Maroua 선언이 비준되지 않았으며, 따라서 나이지리아를 구속하지 못한다는 것을 확인하였다고 나이지리아는 주장하였다. 나이지리아가 Maroua 선언에 의해 구속되는 것을 결코 받아들이지 않았다는 것은 1991년과 1993년 야운데에서 개최된 회의의사록에 분명히 나타난다고 나이지리아는 주장하였다.

카메룬은 Maroua 선언이 나이지리아의 최고군사이사회에 의해 비준되지 않았다는 이유로 나이지리아에 의해 무효로 간주될 수 있다는 나이지리아의 주장을 거부하였다. 카메룬은 1977년 양국수반 간의 회의 시에 나이지리아 측이 Maroua 선언이 구속력 있는 성격을 갖지 못한다고 지적하였다는 것을 부인하였으며, 이 선언의 서명후 약 3년빈이 시나서 나이지리아가 이 선언에 대해 이의를 제기하는 의사를 공표하였다고 주장하였다. 나이지리아는 나이지리아의 헌법이 최고군사이사회에 의한 협약의 비준을 요구한다는 점을 보여 주지 못하였다고 카메룬은 주장하였다. 카메룬은 조약법에 관한 비엔나협약 제7조 2항에 근거하여 국제법상에서 국가수반은 조약에 의해 구속된다는 국가의 동의를 표현하기 위하여 자국을 항상 대표하는 것으로 간주된다고 주장하였다. 게다가 카메룬의 입장에 의하면, 나이지리아의 국내법의 위반이 있다 할지라도, 조약법에 관한 비엔나협약 제46조 1항이 의미하는 바와는 달리, 제시된 위반이 명백하지 않았고 근본적으로 중요한 국내법의 규칙에 관련된 것이 아니었다는 것이다.

ICJ는 1913년 3월 11일 Anglo-German Agreement가 유효하고 전반적으로 적용되며, 따라서 Bakassi반도에 대한 영토적 권한은 카메룬에 속한다는 것을 이미 확정하였다는 점을 강조하였다. 그래서 카메룬과 나이지리아 간의 해양경계는 동쪽인 Rio del Rey만이 아니라 Bakassi반도의 서쪽에 있다는 결론이 나왔다. 따라서 당사국 간의 해양경계는 Anglo-German Agreement의 제18조와 제21조에 따라 Bakassi Point와 King Point를 연결하는 직선과 Akwayafe강의 항해수로의 중앙과의 교차점에서 시작한다는 결론이 나온다.

당사국들에 의하여 ICJ에 제출된 문서에 의하면, 원래 서명자의 의도와는 관계없이 야운데 II선언은 서명 후와 1971년 6월의 국경선공동위원회의 회의 이후에 특히 1972년 5월의 위원회 회의와 1972년 8월 Garoua에서 양국수반의 회의(이 회의에서 나이지리아 국가수반은 야운데 II선언을 수락할 수 없다고 하였다)에서 나이지리아에 의하여 여러 번 문제가 제기되었다고 ICJ는 지적하였다. 게다가 나이지리아 국가수반은 1974년 8월 23일 서신에서 자신의 입장을 카메룬 측에 확인시켰던 것이다.

그렇지만 야운데 II선언에 기술된 국경선은 Maroua 선언의 제3항에서 "Point 12는 1971년 4월 4일 양국의 수반에 의해 채택된 해양경계선의 끝에 있다"라고 언급하고 있는 1975년 Maroua 선언의 규정에 의해 확인되기 때문에, 1971년 야운데 II선언의 지위를 별개로 결정할 필요는 없다고 ICJ는 판단하였다.

Maroua 선언은 서면형식으로 된 국경선을 긋는 양국 간에 체결된 국제협정이므로 국제법에 의해 규율되며, 조약법에 관한 비엔나협약 제2조 1항의 의미에서 조약이 되는 것이며, 비엔나협약에 나이지리아는 1969년, 카메룬은 1991년부터 당사국이며 비엔나협약은 이러한 점에 관하여 국제관습법을 반영한다고 ICJ는 판단하였다.

Maroua 선언이 그 당시의 나이지리아의 국가수반에 의해 서명되었지만 결코 비준되지 않았기 때문에 국제법상 효력이 없다는 주장을 ICJ는 받아들일 수 없었다. 국제관행에 있어서 서명과 비준으로 구성되는 2단계 절차가 조약의 효력발생에 관한 규정에서 규정되어 있지만, 조약이 서명 후 발효되는 경우도 있다는 것이다. 국제관습법과 조약법에 관한 비엔나협약은 국가들의 선택에 따라 그러한 절차를 채택하는 것을 국가들에게 맡겨 두고 있다. 그런데, Maroua 선언에 의하면, 나이지리아와 카메룬의 국가수반들은 이 선언에 부속된 지도 No. 3433에 Point 12부터 Point G까지 양국 간의 해양경계선을 연장하기로 합의하였다. ICJ의 의견에 의하면 이러한 선언은 서명 후 즉시 발효된다는 것이다.

그리고 ICJ는 조약체결에 관한 헌법상의 규정이 준수되지 않았다는 나이지리아의 주장을 검토하였다. 이 점에 관하여 ICJ는 조약체결권에 관한 국내법규정인 조약법에 관한 비엔나협약 제46조 1항과 2항[27]을 언급하였다. 국가가 조약을 체결하는 권한에 관한 규칙은 근본적으로 중요한 헌법의 규칙이 있다. 그러나 이러한 점에 있어서 국가수반의 능력에 관한 제한은, 적절한 방식으로 공표되지 않았다면, 제46조 2항에 따라 명백한 것이 아니라고 ICJ는 판단하였다. 국가의 수반은 "그 직무상에 의하여 또한 전권위임장을 제시함이 없이"라는 조약법에 관한 비엔나협약 제7조 2항에 따라, 자국을 대표하는 것으로 간주되는 사람에 속하기 때문에 그러한 것이 더욱 필요하다는 것이다.

그래서 ICJ는 조약법에 관한 비엔나협약 제7조 2항이 단지 국가의

---

27 제46조 1항: 조약체결권에 관한 국내법 규정의 위반이 명백하며 또한 근본적으로 중요한 국내법 규칙에 관련되지 아니하는 한, 국가는 조약에 대한 그 기속적 동의를 무효화시키기 위한 것으로 그 동의가 그 국내법 규정에 위반하여 표시되었다는 사실을 원용할 수 없다.
제46조 2항: 통상의 관행에 의거하고 또한 신의성실하게 행동하는 어느 국가에 대해서도 위반이 객관적으로 분명한 경우에는 그 위반은 명백한 것이 된다.

대표로써 사람의 직무가 확립되는 방식에 관한 것이지, 그러한 대표의 직무를 수행할 때 사람의 권한의 범위를 다루는 것이 아니라는 나이지리아의 주장을 받아들이지 않았다. ICJ는 상기의 2항에 대한 국제법위원회의 해석에서, 국제법위원회는 "국가의 수반은 조약체결에 관한 모든 행위를 수행할 목적에서 자국을 대표하는 것으로 간주된다"[28]라고 명백히 표명하고 있다고 지적하였다.

나이지리아는 나이지리아의 국가수반이 나이지리아 정부에 문의하지 않고서 나이지리아를 법적으로 구속할 권한을 갖지 못한다는 것을 카메룬은 알고 있었고 알고 있었어야 한다고 주장하였다. 이러한 점에 관하여 ICJ는 한 국가가 국제관계에 있어서 중요할 수 있는 타국의 입법적 헌법적 조치를 조회해야 하는 일반적 법적 의무는 없다고 지적하였다.

특히 나이지리아의 국가수반은 1974년 8월 카메룬의 국가수반에게 보낸 서한에서 공동위원회의 의견은 "양국정부의 승인을 받아야 한다"고 표명하였다. 그렇지만 동일한 서한에서 나이지리아의 국가수반은 "우리는 함께 상황을 재검토할 수 있고 이 문제에 관한 적절한 결정에 도달할 수 있다는 것이 나의 신념이다"라고 표명하였다. 나이지리아의 주장과는 반대로, ICJ는 이러한 두 개의 선언이 나이지리아정부가 국가수반에 의한 약속에 구속되지 않을 것이라는 구체적인 통보를 카메룬에 하는 것으로 간주될 수 없다고 판단하였다.

게다가 1975년 7월 양 당사국은 Maroua 선언에 교정문구를 삽입하였으며, 그렇게 하여 이 선언을 유효하고 적용될 수 있는 것으로 간주하였으며, 나이지리아는 1977년 이전에 이 선언의 효력과 적용가능성에 이의제기하는 주장을 하지 않았다고 ICJ는 지적하였다.

이러한 상황에서 Maroua 선언과 야운데 II선언은 나이지리아에

---

28 ILC Commentary, Art.6(그 당시 초안에서는 제6조이었음), para.4, *Yearbook of the International Law Commission*, 1966, Vol.II, p.193.

법적 의무를 부과하는 구속력있는 협정으로 간주되어야 한다고 ICJ는 판단하였다. 그래서 ICJ는 point G까지의 해역에서 석유시추관행에 관한 나이지리아의 주장을 검토할 필요가 없었다. 따라서 point G까지 카메룬과 나이지리아 간의 해양경계는 1913년 3월 11일 Anglo-German Agreement, 1971년 4월 4일 야운데 II선언과 1975년 6월 1일 Maroua 선언에 의한 협정에 근거하여 확립된 것이라고 ICJ는 판단하였으며 이후에는 다음의 선을 따라간다고 판단하였다: Bakassi Point 와 King Point를 연결하는 직선에서부터, 경계선은 야운데 II선언에 부속된 영국해군지도 No. 3433에 양국의 국가수반이 1971년 4월 4일 야운데에서 공동으로 그은 타협선(comprise line)을 따라가며, 번호가 붙은 12개의 지점을 통과하는데 그 지점들의 좌표는 1971년 6월 Lagos에서 개최된 양국의 공동위원회에 의해 결정되었다; 이러한 타협선의 point 12에서부터, 경계선은 1975년 6월 1일 Maroua 선언에서 규정되었고 1975년 6월 12일과 7월 15일 카메룬과 나이지리아의 국가수반 간의 교환각서에 의해 수정된 point G까지 따라간다.[29]

4. point G 바깥의 해양경계

(1) 카메룬과 나이지리아의 주장

ICJ는 해양경계획정이 합의되지 않은 point G 바깥의 해양경계를 검토하였다. 카메룬은 해안이 인접한 국가 간의 해양경계획정의 전형적인 사건이라고 지적하고, 배타적 경제수역 간의 경계획정과 대륙붕 간의 경계획정에 대하여 합의할 수 없었다고 지적하였으며, 이 사건에서 지리적인 특수한 상황이 나타나지만 ICJ는 제3국의 이익을 또한 고려해야 한다고 지적하였다.

---

[29] *Case Concerning the Land and Maritime Boundary between Cameroon and Nigeria, ICJ Judgment*, 10 October 2002, paras. 247-268.

경계획정에 관하여 카메룬은 해양경계획정에 관한 법은 모든 경계획정이 형평적 해결에 도달하여야 한다는 근본원칙에 의해 지배된다고 주장하였다. 이러한 주장을 위하여 카메룬은 UN해양법협약 제74조 1항 및 제83조 1항과 ICJ의 판결 및 중재재판의 판정들을 제시하였다.

그리하여 카메룬은 해양경계획정에 관한 단일의 방법은 존재하지 않으며, 방법의 선택은 각 사건에 적절한 상황을 고려해야 한다고 결론을 내렸다. 카메룬은 등거리선이 엄격하게 적용된다면 카메룬이 나이지리아보다 보다 긴 관련된 해안선을 가지고 있음에도 불구하고 배타적 경제수역과 대륙붕에 대한 권한을 실제적으로 받지 못하게 된다는 점을 지적하면서, 등거리선 원칙은 국가 간의 해양경계획정에서 자동적으로 부과되는 관습법의 원칙이 아니라는 사실을 주장하였다.

이러한 주장에 근거하여 카메룬은 point G 바깥에서 카메룬과 나이지리아 간의 해역을 다음과 같이 경계획정을 해달라고 ICJ에 요청하였다: point G에서부터 형평적 선은 point G와 H(동경 8도 21분 16초, 북위 4도 17분), I(동경 7도 55분 40초, 북위 3도 46분), J(동경 7도 12분 8초, 북위 3도 12분 35초), K(동경 6도 45분 22초, 북위 3도 1분 5초)의 지점에 의해 지적된 방향을 따라가며, point K부터는 국제법이 양국의 관할권에 두는 해역의 외측한계까지 따라간다.

나이지리아는 이 분쟁에서 단일의 해양경계선을 결정하는 것이 적절하다고 인정하였지만, 카메룬이 주장하는 경계선을 거부하였다. 나이지리아는 이러한 경계선은 국제법의 근본적 규칙과 개념을 무시하여 그려진 것이며 공상적인 것으로 판단하였다. 나이지리아는 국제판례에 비추어 보아 이러한 경계선을 긋는 것과 이러한 경계선의 형평성에 대하여 비판하였다. 나이지리아는 이러한 경계선을 긋는 데 대하여 5가지 점에서 비판하였다: 경계선의 실제적 성격, 이러한 선을 긋는 데 사용된 관련해안, 이러한 선을 긋는 데 있어서 섬의 대우, 경계획정

에 관련된 해역의 정의, 이러한 선을 긋는 데 사용된 방법.[30]

게다가 나이지리아는 사실상의 경계선에 따른 석유양허계약(석유사업권: oil concessions)의 부여와 이용에 관한 당사국들의 행동은 해양경계선의 확립에서 중요한 역할을 한다고 주장하였다. 나이지리아에 의하면 ICJ는 경계획정을 할 해역에서 나이지리아, 적도기니와 카메룬에 의한 행위에 의해 확립된 석유양허계약을 재분배할 수 없으며, 해양경계선의 결정에 있어서 양허계약상의 지형을 존중해야 한다고 주장하였다. 나이지리아의 주장에 의하면 국제판례는 그러한 행위를 결코 무시하지 않았으며, 석유양허계약을 결코 재분배하지 않았다고 주장하였다. 오래된 권리의 변화와 그러한 재분배에서 나타나는 석유양허계약의 변화는 더 많은 어려움을 낳을 수 있고 경계획정에서 고려되어야 하는 형평적 고려가 유지되지 못할 수 있기 때문에, 이러한 제한적 접근방식이 훨씬 잘 이해가 된다고 나이지리아는 주장하였다.

나이지리아에 의하면 카메룬의 경계획정선은 대륙붕에서의 석유탐사와 이용에 관하여 나이지리아와 카메룬에 의한 실제적이고 장기적인 행위를 완전히 무시하고 있으며, 기반시설에 수십억 달러가 투자된 나이지리아와 적도기니에 속한 수많은 양허계약을 카메룬에 이전하게 되는 결과가 된다는 것이다. 나이지리아에 의하면 석유양허계약의 실행은 오래전에 확립되었으며, 카메룬이 주장하는 것과는 달리 이러한 석유양허계약의 실행은 나이지리아와 해양경계획정분쟁이 발생한 때인 1970년 이전으로 거슬러 올라간다는 것이다. 나이지리아는 카메룬이 주장하는 해역에서의 석유탐사활동은 특히 중요하였고 모든 사람이 알고 있었다고 지적하였다. 카메룬은 이러한 활동에 결코 이의를 제기하지 않았고 현재의 소송이 제기되는 날까지 최소한의 항의도 하지 않았다고 주장하였다. 이 해역에서의 석유탐사활동은 오래되었

---

30 *Ibid.*, paras. 276-281.

으며 공개적이었으므로, 이에 따라 동의와 기득권이 존재한다는 결론을 내릴 수 있다고 주장하였다. 이러한 행위에 대하여 카메룬에 통보할 의무를 빠트렸다는 것을 나이지리아는 부인하였으며, 이러한 정보는 공개적으로 입수할 수 있었다고 주장하였다.

석유양허계약에 관한 나이지리아의 주장에 대하여, 카메룬은 해양경계획정에 관한 국제판례는 석유양허계약의 존재와 범위에 단지 제한적인 중요성만을 인정하였다고 주장하였다. 카메룬은 석유양허계약의 부여는 일방적으로 완료된 행위이며, 타국에 대하여 대항할 수 있는 법적 사실이 아니라고 주장하였다.

point G의 바로 남쪽지역에는 카메룬, 적도기니와 나이지리아에 의해 인정된 석유양허계약이 중첩된 지역이 있으며, 이 때문에 경계획정의 기준으로 사용할 수 있는 석유탐사상의 사실상 합의된 경계선이 있는 것으로 말할 수는 없다고 카메룬은 주장하였다. 카메룬의 주장에 의하면 point G의 훨씬 남쪽지역에는 사실상의 경계선의 문제는 있을 수가 없는데, 카메룬이 분쟁당사국 간의 협상과 이 소송으로 인하여 그 해역에 양허계약을 부여하지 않았기 때문이라고 하였다.

게다가 석유양허계약에 관한 국가들의 관행에 대한 나이지리아의 설명과 이에 대한 결론은 잘못된 것이라고 카메룬은 주장하였다. 나이지리아의 주장과는 반대로 나이지리아에 의해 언급된 양허계약(양허계약 OML 67은 제외하고)은 모두 1970년대 말 해양경계획정분쟁이 발생한 후인 1990년부터 승인되었고, 양허계약 중에서 3개의 계약은 이 소송에 대한 제소가 시작된 후에 승인되었으며, 따라서 현재의 분쟁을 해결하기 위해서는 관련이 없다고 카메룬은 주장하였다.

또한 나이지리아 당국은 새로운 양허계약에 대하여 카메룬에게 결코 통보하지 않았고, 카메룬이 양허계약한 해역이 나이지리아가 자신의 해역이라고 주장하는 해역을 침해하였을 때에도 카메룬의 양허계약에 대하여 나이지리아가 침묵하였기 때문에, 나이지리아의 양허

계약에 관하여 카메룬이 침묵하였다는 데서 어떠한 것도 추정할 수가 없다고 카메룬은 주장하였다.[31]

(2) 적도기니의 입장

그런데 적도기니는 ICJ에게 적도기니에 인접한 해역에서 나이지리아와 카메룬 간의 해양경계선을 획정하는 것과 적도기니의 인접국들과 해양경계선을 협상하는 상황에서 적도기니의 이익을 침해할 수 있는 어떠한 의견을 표명하는 것을 삼가하여 달라고 요청하였다. ICJ에 의해 확정되는 해양경계선은 적도기니의 해안과 카메룬 및 나이지리아의 해안과의 등거리선을 침해하지 않아야 한다고 적도기니는 요청하였다. 이 소송사건에서 ICJ의 결정이 그러한 침해를 포함한다면, ICJ규약 제59조[32]에 의한 보호에도 불구하고, 이러한 결정은 치유할 수 없는 피해를 야기하게 될 것이며 많은 혼란을 일으키게 될 것이라고 적도기니는 강조하였다.

적도기니는 카메룬이 제안한 형평적 경계선에 반대하는 구체적 비판을 하였는데, 적도기니는 카메룬이 주장하는 경계선을 1998년 12월에 알게 되었다고 주장하였다. 적도기니의 주장에 의하면, 과거의 협상 시에 카메룬은 중간선이 분쟁당사국 해역 간의 경계선을 나타낸다고 항상 인정하였으며, 이러한 것은 두 국가 간의 석유탐사관행에 의해 확인되었다는 것이다. 그런데 적도기니에 의하면 카메룬이 제안한 형평적 경계선은 두 국가 간의 등거리선을 침해할 뿐만 아니라 적도기니와 나이지리아 간의 등거리선을 침해한다는 것이다. 게다가 이러한 경계선은 3개국의 실제적인 석유탐사관행을 고려하지 않는다는 것이다. ICJ가 카메룬이 제안한 경계선을 받아들인다면 적도기니와 나

---

31 *Ibid.*, paras. 282-283.
32 ICJ규약 제59조: ICJ의 결정은 당사자 사이와 그 특정사건에 관하여서만 구속력을 가진다.

이지리아 간의 해양경계선은 더 이상 존재하지 않을 것이며, 카메룬이 적도기니와의 과거의 협상과 자국의 입법에서 그러한 교차점(tripoint) 이 존재한다고 항상 인정한 사실에도 불구하고, 3개국 간의 교차점 (tripoint)도 존재하지 않을 것이라고 적도기니는 주장하였다.

카메룬이 제안한 경계선을 인정하게 되면 Bioko섬이 완전히 갇혀 버리는 결과를 낳게 된다고 적도기니는 주장하였다. 마지막으로 적도 기니는 나이지리아와 해양경계를 획정하는 2000년 9월 23일의 조약을 언급하였다. 적도기니는 이 조약이 카메룬을 구속할 수는 없다고 인정 하였지만, 카메룬이 이 조약에서 혜택을 보려고 할 수도 없다고 주장 하였다. 따라서 이 조약에 의해 나이지리아에 속하는 해역이 중간선에 의해 적도기니 측에 있는 해역까지 확대된다는 것은 사실이지만, 카메 룬이 나이지리아에 반대되는 자국의 주장을 위하여 근거로 삼을 수 있 는 상황이 되지 못한다고 적도기니는 주장하였다.[33]

(3) ICJ의 판단

ICJ는 이 판결에서 확정해야 하는 경계획정의 해역이 양국의 영해 의 외측한계 바깥에 있다는 점을 지적하였다. 또한 당사국들은 국제법 에 따라 해양경계획정을 확정하는 데 합의하였다는 점을 지적하였다. 카메룬과 나이지리아는 1982년 UN해양법협약의 당사국이며, 1985년 11월 19일과 1986년 8월 14일 각각 이 협약을 비준하였다. 따라서 이 협약의 관련규정인 제74조와 제83조가 적용되며, 이 규정들은 마주보 는 국가들과 인접한 국가들 간의 대륙붕과 배타적 경제수역의 경계획 정에 관한 것이라고 ICJ는 지적하였다. 이 두 개의 조문의 1항은 그러 한 경계획정이 형평적 해결에 도달하도록 실시되어야 한다고 규정하 고 있다는 점을 ICJ는 지적하였다. 또한 당사국들은 서면변론에서 양

---

33 *Case Concerning the Land and Maritime Boundary between Cameroon and Nigeria, ICJ Judgment*, 10 October 2002, para. 284.

국해역 간의 경계획정은 단일의 경계선(single line)으로 실시되어야 한다고 합의하였다는 점을 ICJ는 지적하였다.

ICJ는 관할권이 중첩되는 해역에 대한 단일의 경계선의 결정에 적용되는 경계획정의 기준, 원칙 및 규칙이 무엇이냐에 대하여 여러 번 명확히 하였다고 지적하였다. 이러한 것은 형평적 원칙/적절한 상황의 방법으로 표현된다고 지적하였다. 이러한 방법은 영해의 경계획정에 관하여 적용되는 등거리방법/특수한 상황의 방법과 아주 유사한데, 우선적으로 등거리선을 긋는 것이며, 다음으로 "형평적 결과"에 도달하기 위하여 이러한 선을 조정하거나 이동해야할 요소가 있는지 검토하는 것이라고 ICJ는 지적하였다.

ICJ는 이 분쟁사건에서 동일한 방법을 적용할 것이라고 밝혔다. ICJ는 등거리선을 긋고 이러한 등거리선을 조정할 필요가 있는 관련상황이 존재하는가를 검토하기 전에, 당사국들의 관련된 해안선을 결정해야 하는데, 관련된 해안선에 따라 등거리선을 확정하는 데 사용되는 기준점들이 결정된다. ICJ는 Qatar와 Bahrain 간의 해양경계와 영해문제에 관한 사건에서 "등거리선은 양국의 영해기준선에서 가장 가까운 지점에서 등거리가 되는 각각의 지점의 선이다"라고 판결하였다.[34]

나이지리아와 카메룬의 해양경계를 획정하기 위하여, 나이지리아의 Akasso에서 가봉의 Lopez곶까지 기니만의 해안선을 고려하는 것이 적절하며 Bioko섬의 해안선의 대부분을 고려하지 않는 것이 적절하다는 카메룬의 주장을 ICJ는 받아들일 수가 없었다. 첫째, 카메룬과 나이지리아 간의 해양경계는 제3국의 해안선이 아니라 양국의 해안선에 있는 지점들에서부터 결정될 수 있다. 둘째, Bioko섬의 존재는 카메룬의 해안이 남남서쪽으로 향하는 지점인 Debundsha에서부터 영향력을 미치게 된다. Bioko는 양국의 한쪽에 속하는 섬이 아니다. 이

---

34 *ICJ Reports* 2001, para. 177.

섬은 제3국인 적도기니의 일부분이다. Bioko섬의 북쪽과 동쪽에서 카메룬과 적도기니의 해양관할권은 아직 결정되지 않았다. Debundsha의 위쪽에 있는 카메룬 해안선의 대부분은 Bioko섬과 마주보고 있다. 그러므로 이러한 해안선이 양국 간의 해양경계획정에서 관련되기 위하여 나이지리아와 마주보고 있는 것으로 간주될 수 없다고 ICJ는 판단하였다. Qatar와 Bahrain 간의 해양경계와 영해문제에 관한 사건에서 ICJ에 의해 표명된 상기의 원칙에 따라 기준지점이 정하여졌기 때문에 양국의 관련된 해안선 사이의 등거리선을 결정하는 것이 가능해진다. 그렇지만 이러한 등거리선은 ICJ가 이미 표명한 바와 같이 적도기니의 권리에 영향을 미칠 수 있는 지점을 넘어서서 연장될 수는 없다.

ICJ는 형평적 결과에 도달하기 위하여 이러한 등거리선을 조정할 필요가 있는 상황이 존재하는가를 검토하게 되었다. 이에 관하여 형평적 결과를 달성하기 위하여 경계획정을 하는 것은 현재의 국제법이 요구하는 바에 의하면 형평으로 경계획정하는 것과 동일한 것이 아니라고 ICJ는 강조하게 되었다. ICJ의 판례는 해양경계획정에 관한 분쟁에서 형평이 경계획정의 방법이 아니며, 경계획정을 실시하는 데 있어서 명심해야 할 단지 목표라는 것을 나타낸다는 것이다.

ICJ가 경계획정을 하려는 해역의 지형은 주어진 것이며, ICJ가 수정할 수 있는 요소가 아니라 사실(fact)인 것이며, 이 사실에 근거하여 ICJ는 경계획정을 하여야 한다는 것이다. ICJ가 북해대륙붕사건에서 표명한 바와 같이, "형평은 반드시 평등을 내포하지 않으며, 경계획정을 할 때 자연을 완전히 개조하는 문제는 결코 아니다"는 것이다.[35] 경계획정을 하려는 해역의 지리적 특색이 ICJ에 의하여 고려될 수 있지만, 이러한 특색은 필요하다면 잠정적인 경계획정선을 조정하거나 이동시키기 위한 목적에서 단지 관련된 상황으로써 고려될 수 있다는 것

---

35 *ICJ Reports 1969*, p.49, para.91.

이다. ICJ가 북해대륙붕사건에서 판결한 바와 같이, 모든 지리적 특색이 잠정적인 경계획정선을 조정하거나 이동시키기 위하여 ICJ에 의하여 반드시 고려되어야 하는 것은 아니다.

카메룬은 일반적으로 기니만의 오목한 형태와 특히 카메룬의 해안선의 오목한 형태는 카메룬이 둘러싸이는 효과를 낳는데, 이러한 것이 해양경계획정에서 고려되는 특수한 상황을 구성한다고 주장하였다. 나이지리아는 해역의 자연적 상황의 직접적 결과로써 받게 되는 불이익을 ICJ가 카메룬에게 보상하지 않아야 한다고 주장하였으며, 국제법의 목적이 지리를 개조하는 것이 아니라고 강조하였다.

ICJ는 해안선의 오목한 형태는 경계획정에 관련된 상황이 될 수 있다는 것을 부인하지는 않았지만, 현재의 경계획정에 관련된 해안선의 부분이 특별히 오목한 형태를 나타내지 않는다고 지적하였다. 따라서 ICJ는 경계획정에 관련된 해안선의 지형이 카메룬이 요구하는 바와 같이 등거리선의 이동을 정당화하는 상황을 구성한다고 판단하지 않았다.

게다가 카메룬은 Bioko섬의 존재는 경계획정을 위하여 ICJ에 의하여 고려되어야 하는 관련된 상황을 구성한다고 주장하였으며, 나이지리아는 해역의 자연적 상황의 직접적 결과로써 받게되는 불이익을 ICJ가 카메룬에게 보상하지 않아야 한다는 입장을 나타내었다.

ICJ는 섬이 경계획정을 할 해역 내에 있고 분쟁당사국들의 한쪽의 주권에 속하게 되는 경우, 이러한 섬은 경계획정에서 자주 관련된 상황으로 고려되었다는 점을 인정하였다. 이것은 카메룬이 주장하는 바와 같이 영국, 북아일랜드 및 프랑스 간의 대륙붕경계획정에 관한 사건에서 그러하였다.[36] 그러나 이 사건에서 카메룬이 주장하는 것과는 반대로 중재재판소는 경계획정선을 그었고 자연적 불평등에 대하여

---

36 *RIAA*, Vol.XVIII, p.3.

형평적 보상을 제공하지 않았다.

　카메룬과 나이지리아 간의 사건에서 Bioko섬은 적도기니의 주권에 속하며, 이 국가는 소송의 당사국이 아니다. 따라서 카메룬해안의 바다쪽 방향에 있는 Bioko섬의 효과는 카메룬과 적도기니 간의 문제이지 카메룬과 나이지리아 간의 문제가 아니며, ICJ에서 해양경계획정문제에 관련된 것이 아니라고 ICJ는 판단하였다. 그리하여 ICJ는 Bioko섬의 존재를 카메룬이 주장하는 바와 같이 등거리선의 이동을 정당화하는 상황으로 간주하지 않았다.

　또한 카메룬은 기니만에서 카메룬의 해안선의 길이와 나이지리아의 해안선의 길이 간의 차이를 관련된 상황으로 내세웠는데, 이러한 상황이 경계획정선을 북서쪽으로 이동시키는 것을 정당화한다는 것이다. 나이지리아는 카메룬이 나이지리아에게 보다 유리하게 작용할 수 있는 해안선길이의 비례성의 기준을 준수하지 않는다고 판단하였다.

　ICJ는 캐나다와 미국 간 Maine만의 해양경계획정에 관한 사건[37]과 덴마크와 노르웨이 간의 Greenland와 Jan Mayen에서 해양경계획정에 관한 사건[38]에서 지적한 바와 같이, 당사국들의 해안선길이의 실제적 차이는 잠정적인 경계획정선을 조정하거나 이동시키기 위하여 고려되는 요소가 될 수 있다고 인정하였다. ICJ는 현재의 분쟁사건에서, 카메룬의 관련된 해안선은 나이지리아의 것보다 길지 않다고 지적하였다. 따라서 카메룬 측을 위하여 등거리선을 이동시킬 필요가 없다고 ICJ는 판단하였다.

　또한 ICJ는 당사국들의 석유탐사관행이 해역의 경계획정을 위한 유익한 지표를 제공하는가의 문제를 검토하였다. 나이지리아는 석유양허계약에 관한 국가들의 관행이 해양경계의 확립에서 결정적 역할을 한다고 주장하였으며, 특히 ICJ가 해양경계획정에 의해 경계획정의

---

37 *ICJ Reports 1984*, p.336, paras.221-222.
38 *ICJ Reports 1993*, p.34, para.68.

당사국들 간의 석유양허계약의 재분배를 할 수 없다는 입장을 나타내었다. 카메룬은 석유양허계약의 존재에 대하여 국제법상 해양경계획정에 관하여 특유의 중요성이 결코 인정되지 않았다고 지적하였다.

ICJ와 중재재판소는 해양경계획정에 관한 분쟁에서 석유계약관행의 역할을 여러 번 검토하였다. 튀니지와 리비아 간의 대륙붕사건[39]에서, ICJ는 해양경계획정을 위하여 처음으로 석유양허계약의 중요성을 검토하였다. 이 사건에서 ICJ는 리비아의 석유해역의 경계로 사용하는 북쪽방향의 경계선을 고려하지 않았는데,[40] 북쪽방향의 경계선이 타당사국에 대항할 수 있는 조건을 충족시키지 못하였기 때문이다; 그렇지만 ICJ는 해안 가까이에서 당사국들의 양허계약들은 잠정협정(*modus vivendi*)의 존재를 나타내며 확인하고 있다고 판단하였다. 리비아와 몰타 간의 대륙붕사건[41]에서 당사국들이 제시한 자료는 동의의 증거로써 간주될 수 없다고 판단하였다. 기니와 기니비소 간의 사건에서 중재재판소는 포르투갈에 의해 승인된 석유양허계약을 고려하지 않기로 결정하였다.[42] 캐나다와 프랑스 간의 St. Peirre et Miquelon의 해양경계획정사건에서 중재재판소는 당사국들에 의해 승인된 석유양허계약에 중요성을 부여하지 않았다.[43] 전반적으로 이러한 국제판례에서 자국의 석유양허계약의 위치에 대하여 당사국들 간의 명시적·묵시적 합의가 각국이 권리를 갖는 해역에 대한 콘센서스를 나타낼 수 있지만, 석유양허계약과 유정(oil wells)이 잠정적인 경계획정선을 조정하거나 이동시키는 것을 정당화할 수 있는 관련된 상황으로 간주되는 것은 아니라고 ICJ는 판단하였다. 이러한 것들이 당사국들 간의 명

---

39 *ICJ Reports 1982*, p.18.
40 *ICJ Reports 1982*, p.83, para.117.
41 *ICJ Reports 1985*, p.13.
42 *ILM*, Vol.25, 1986, p.281, para.63.
43 *ILM*, Vol.31, 1992, pp.1174-1175, paras.89-91.

시적 · 묵시적 합의에 근거하고 있다면 이러한 것들이 고려될 수는 있다고 ICJ는 판단하였다. 따라서 ICJ는 당사국들의 석유관행이 이 분쟁사건의 경우 해양경계획정에서 고려되어야 할 요소는 아니라고 판단하였다.

게다가 ICJ는 형평적 결과에 도달하기 위하여 등거리선을 조정할 필요가 있는 다른 이유가 존재하는가를 검토하였는데, 이 사건에서는 그러한 이유가 없다는 결론에 도달하였다. 따라서 ICJ는 등거리선이 문제된 해역의 경계획정을 위한 형평적 결과를 나타낸다고 결정하였다.

그렇지만 ICJ는 1975년 6월 1일 Maroua 선언에서 양국에 의해 결정된 point G가 카메룬과 나이지리아 간의 등거리선상에 있는 것이 아니라 등거리선의 동쪽에 있다고 확인하였다. 그래서 카메룬은 point G에서부터 당사국들의 해역의 경계선은 등거리선으로 돌아가야 한다고 요구할 권한을 갖게 되었다. 카메룬은 point G에서부터 동경 8도 21분 16초 북위 4도 17분 00초의 지점까지 270도 방위각으로 경계획정선을 그으려고 하였으나, ICJ는 여러 개의 지도를 면밀히 검토한 후 카메룬이 주장하는 것과는 약간 다르다고 판단하였다. 따라서 ICJ는 point G에서부터 경계획정선은 point X라고 불리는 동경 8도 21분 20초 북위 4도 17분 00초의 좌표지점에서 등거리선을 따라가야 한다고 판단하였다. 그래서 카메룬과 나이지리아 간의 해역의 경계선은 point G에서부터 서쪽방향을 따라가며, point X에 도달하게 된다. point X 에서 경계선은 방향을 바꾸어서 남쪽으로 등거리선을 따라간다. 그러나 ICJ가 채택한 등거리선은 아주 멀리 확대될 수가 없는데, 적도기니의 권리에 영향을 미칠 수 있는 결정을 할 수 없다고 ICJ는 이미 선언하였다. 이러한 상황에서 ICJ는 point X에서부터 당사국들의 해역 간의 경계선의 일반적 방향을 더 이상 표시할 수 없다고 판단하였다. 그래서 경계선은 187도 52분 27초의 방위각으로 등사항법의 선을 따라간다고 판결하였다.[44]

VI. 판결 주문

상기의 이유로, ICJ는 다음과 같이 판결하였다.

1. (A) 14 대 2로,
Chad호수지역에서 카메룬과 나이지리아 간의 국경선은 1931년 Henderson-Fleuriau 교환각서에 첨부된 1929-1930년 Thomson-Marchand Declaration에 의해 경계획정된다고 판결한다;

(B) 14 대 2로,
Chad호수지역에서 카메룬과 나이지리아 간의 국경선은 다음과 같이 판결한다:

동경 14도 04분 59초의 9999 북위 13도 05분에 있는 Chad호수에서의 교차점(tripoint)에서부터, 국경선은 Ebeji강의 입구(동경 14도 12분 12초 북위 12도 32분 17초)까지 직선을 따라가며, 거기에서부터 Ebeji강이 나누어지는 지점(동경 14도 12분 03초 북위 12도 30분 14초)까지 직선을 따라간다;

2. (A) 15 대 1로,
Chad호수에서부터 Bakassi반도까지, 카메룬과 나이지리아 간의 국경선은 다음의 협정들에 의해 경계획정이 된다고 판결한다:

(i) Ebeji강이 나누어지는 지점에서부터 Tamnyar Peak까지는, 1931년 Henderson-Fleuriau 교환각서에 첨부된 1929-1930년 Thomson-Marchand Declaration 제2항부터 제60항까지에 의해;

(ii) Tamnyar Peak에서부터 1913년 4월 12일 Anglo-German

---

44 *Case Concerning the Land and Maritime Boundary between Cameroon and Nigeria, ICJ Judgment*, 10 October 2002, paras. 285-307.

Agreement 제12조에 언급된 pillar 64까지는 1946년 8월 2일 영국 국무원 명령에 의해;

(iii) pillar 64부터 Bakassi반도까지는 1913년 3월 11일과 4월 12일의 Anglo-German Agreement에 의해;

(B) 만장일치로,

상기의 협정들은 이 판결의 제91항, 96항, 102항, 114항, 119항, 124항, 129항, 134항, 139항, 146항, 152항, 155항, 160항, 168항, 179항, 184항과 189항에 표현된 방식에 따라 해석되어야 한다;

3. (A) 13 대 3으로,

Bakassi에서 카메룬과 나이지리아 간의 국경선은 1913년 3월 11일 Anglo-German Agreement의 제18항에서 제20항에 의해 경계획정된다고 판결한다;

(B) 13 대 3으로,

Bakassi반도에 대한 주권은 카메룬에게 있다고 판결한다;

(C) 13 대 3으로,

Bakassi에서 Bakassi Point와 King Point를 연결하는 직선까지 카메룬과 나이지리아 간의 국경선은 Akwayafe강의 항해수로(thalweg)를 따라간다고 판결한다;

4. (A) 13 대 3으로,

ICJ가 1998년 6월 11일의 판결에서 이 분쟁사건의 상황에서 배타적으로 선결적 성격을 갖지 않는다고 선언한 나이지리아의 8번째 선결적 항변을 검토한 후, ICJ는 카메룬과 나이지리아에 각각 속하는 해역의 경계획정에 관하여 카메룬이 청구한 제소에 대하여 관할권을 가지며, 이러한 제소는 허용된다고 판단한다;

(B) 13 대 3으로,

아래에서 언급된 point G까지, 카메룬과 나이지리아에 각각 속하는 해역의 경계선은 다음과 같이 판결한다:

- Akwayafe강의 항해수로와 Bakassi Point와 King Point를 연결하는 직선의 교차점에서부터, 경계선은 카메룬과 나이지리아의 국가수반에 의해 1971년 4월 4일 야운데에서 공동으로 영국해군지도(British Admiralty Chart) 3433에 그은 "타협선"을 따라가는데, 다음의 12개 지점을 통과하며, 각 지점의 좌표는 아래와 같다:

	동경	북위
point 1	8도 30분 44초	4도 40분 28초
point 2	8도 30분 00초	4도 40분 00초
point 3	8도 28분 50초	4도 39분 00초
point 4	8도 27분 52초	4도 38분 00초
point 5	8도 27분 09초	4도 37분 00초
point 6	8도 26분 36초	4도 36분 00초
point 7	8도 26분 03초	4도 35분 00초
point 8	8도 25분 42초	4도 34분 18초
point 9	8도 25분 35초	4도 34분 00초
point 10	8도 25분 08초	4도 33분 00초
point 11	8도 24분 47초	4도 32분 00초
point 12	8도 24분 38초	4도 31분 26초

- point 12에서부터, 경계선은 1975년 6월 1일 Maroua에서 양국수반에 의해 서명된 선언(이 선언은 1975년 6월 12일과 7월 17일 양국수반 간의 각서교환에 의해 수정됨)에서 채택된 선을 따라가며; 이 선은 point A에서 point G까지 통과하며 각 지점의 좌표는 아래와 같다:

	동경	북위
point A	8도 24분 24초	4도 31분 30초
point A1	8도 24분 24초	4도 31분 20초
point B	8도 24분 10초	4도 26분 32초
point C	8도 23분 42초	4도 23분 28초
point D	8도 22분 41초	4도 20분 00초
point E	8도 22분 17초	4도 19분 32초
point F	8도 22분 19초	4도 18분 46초
point G	8도 22분 19초	4도 17분 00초

(C) 만장일치로,

point G에서부터 West Point와 East Point를 연결하는 선의 중간
지점을 통과하는 등거리선까지, 카메룬과 나이지리아에 각각 속하는
해역의 경계선은 270도 방위각으로 등사항법의 선을 따라간다; 경계
선은 동경 8도 21분 20초 북위 4도 17분 00초의 point X에서 이 등거
리선을 만난다고 판결한다;

(D) 만장일치로,

point X에서부터 카메룬과 나이지리아에 각각 속하는 해역의 경
계선은 187도 52분 27초의 방위각으로 등사항법의 선을 따라간다고
판결한다;

5. (A) 14 대 2로,

나이지리아는 이 판결의 I과 III에 따라 카메룬의 주권에 속하는
영토에서 나이지리아의 행정조직과 군대 및 경찰력을 신속하고 조건
없이 철수시킬 의무가 있다고 판결한다;

(B) 만장일치로,

카메룬은 이 판결의 II에 따라 나이지리아의 주권에 속하는 영토
에 있는 모든 행정조직과 군대 및 경찰력을 신속하고 조건없이 철수시

킬 의무가 있다고 판결한다. 나이지리아는 이 판결의 II에 따라 카메룬의 주권에 속하는 영토에 관하여 동일한 의무를 갖는다;

(C) 15 대 1로,

"환대와 관용의 전통적 정책에 충실하게, 카메룬은 Bakassi반도와 Chad호수지역에 살고 있는 나이지리아인들에게 보호를 계속적으로 제공할 것이다"라고 재판과정에서 카메룬이 한 약속을 확인한다;

(D) 만장일치로,

나이지리아의 국가책임에 대한 카메룬의 모든 항변을 배척한다;

(E) 만장일치로,

나이지리아의 반소를 배척한다;

판결문은 2002년 10월 10일 영어와 프랑스어로 작성되었으며, 프랑스어본이 진본이며, 1부는 ICJ에 보관되며, 나머지 3부는 각각 카메룬, 나이지리아와 적도기니에 전달되었다.

재판소 소장 Gibert GUILLAUME

VII. 판결의 이행을 위한 노력[45]

나이지리아는 2002년 10월 10일 ICJ의 판결에서 자국의 주요한 주장들이 배척된 것에 대하여 처음에는 격렬한 반응을 보였다.[46] UN

---

45 이 부분은 김채형, "카메룬과 나이지리아 간 Bakassi반도의 주권에 관한 분쟁 해결의 분석 및 평가", 「국제법학회논총」 제54권 제3호, 2009년 12월, 392-397 쪽에 서술되어 있으며, 본고에서는 동 논문을 참고하였음.

46 2002년 10월 25일 나이지리아의 선언은 특히 ICJ의 재판소장과 과거 식민제국 의 국적을 가진 재판관들에 대하여 불신을 나타내었는데, 선언의 내용은 다음 과 같다: "이 분쟁사건에서 오로지 정치적인 이유로 프랑스국적의 재판소장으

사무총장은 ICJ가 판결을 내리기 1달 전에 양국의 대통령 간의 회합을 주선하였다. 이러한 회합 이후 UN사무총장의 대변인에 의하여 발표된 선언에 의하면, 양국의 대통령은 Bakassi반도에 대한 ICJ의 판결을 존중하고 이행[47]할 것을 합의하였으며, UN의 도움으로 이행메커니즘

로 구성된 ICJ는 익히 알려진 법과 협정들에 저촉되는 법적 입장을 지지하였으며, 과거 식민지강대국의 이익을 정당화하고 촉진시키고 있다. ICJ의 프랑스 재판소장과 영국 및 독일의 재판관들은 그들이 대표하는 국가들이 소송의 당사자이고 실제적인 이해관계가 있기 때문에 자격이 박탈되어야 한다. 식민지제국의 시민으로서 이 재판관들은 자신들의 주장을 위하여 재판을 하였고 그래서 그들의 판결을 실제적으로 무효로 하여야 한다. 나이지리아는 보호조약이 아주 오래전부터 존재한 권원과 소유권보다 우선하여야 한다는 것을 받아들이지 않는다. 영국은 자신이 갖지 않았던 것을 독일에게 줄 수 없었다. 독일이 갖지 않았던 것이 카메룬에게 이양될 수 없었다." Statement of the Federal Government of Nigeria on Cameroon vs. Nigeria with Equatorial Guinea Intervening, October 25, 2002, (http://www.nopa.net/)

47 ICJ판결의 구속력 및 그 이행에 대하여는 UN헌장의 제94조와 ICJ규약 제59조에서 규정하고 있다. UN헌장의 제94조의 규정은 다음과 같다. "제94조 1항: UN의 각 회원국은 자국이 당사자가 되는 어떤 사건에 있어서도 ICJ의 결정에 따를 것을 약속한다. 제94조 2항: 사건의 당사자가 ICJ가 내린 판결에 따라 자국이 부담하는 의무를 이행하지 아니하는 경우에는 타방의 당사자는 안전보장이사회에 제소할 수 있다. 안전보장이사회는 필요하다고 인정하는 경우 판결을 집행하기 위하여 권고하거나 취하여야 할 조치를 결정할 수 있다." 또한 ICJ규약 제59조는 "ICJ의 결정은 당사자 사이와 그 특정사건에 대해서만 구속력을 갖는다."고 규정하였다.
이러한 규정에 비추어 보면 ICJ의 판결에 대하여 당사국들이 공동의 합의로 판결주문과 다르게 합의하는 것에 대하여 금지되어 있지는 않다. 그런 경우 분쟁의 평화적 해결에 대한 ICJ의 기여는 승소한 당사자만큼 패소한 당사자에 의해서도 부분적으로 부적합한 것으로 간주되기 때문에, ICJ의 권위가 약화될 수 있다. Pierre D'ARGENT, op.cit., p.282. 국가들의 관행에 의하면 ICJ판결의 이행은 UN헌장 제94조 1항의 규정을 충족시키면서 일반적으로 이행되었는데, 제94조 2항에 근거하여 안보이사회에 문제제기를 하지는 않았다. 실제에 있어서 ICJ판결의 이행은 천천히 이루어진 적도 있었고 힘들게 이루어진 것도 있으며 피해배상액을 확정한 코르푸해협사건 판결은 숙고 끝에 이행이 되지 않았다. Alain PILLEPICH, in La Charte des Nations Unies-Commentaire article par article(sous la direction de Cot et Pellet), paris, 1985, pp.1276-1277.

을 창설하고 상호 간의 신뢰를 강화할 수 있는 조치를 취하며 Bakassi 반도문제에 대한 도발적인 선언을 하지 않기로 합의하였다. 이 회합은 ICJ판결의 권위에 대하여 양국이 재확인하고 있으며, 판결을 평화적으로 이행하려는 약속이어서 ICJ의 판결이 내려지기 전에 양국 간의 긴장을 완화시켰다.

ICJ의 판결이 내려진 1달 후에 UN사무총장은 2002년 11월 15일 제네바에서 양국 대통령 간의 두 번째 회합을 마련하였는데, 양국의 대통령은 UN헌장상의 의무를 준수해야 하는 중요성을 인식하였으며, ICJ의 판결을 이행할 방법을 강구할 공동위원회의 설립에 합의하였다. 공동위원회는 UN사무총장의 특별대표인 Ahmedou Ould-Abdhalla가 주관하기로 하였으며, 아부자(Abuja)와 야운데(Yaoundé)에서 순서대로 개최되며 첫 회의는 2002년 12월 1일 야운데에서 개최하기로 하였다. 이후 양국 간의 국경분쟁에 관련된 문제는 공동위원회가 담당하게 되었으며, 이 위원회는 경계획정문제와 군대의 철수나 관련주민들의 보호에 관하여 ICJ판결문의 구체적 의미를 검토하게 되었다.[48]

1. 공동위원회의 설립과 활동

공동위원회의 설립에 관한 양국의 공동선언 이후 양국은 ICJ의 판결에 대하여 유보를 표명하지 않았다. 공동위원회는 2002년 10월 10일 ICJ의 판결, ICJ의 판결이 선언된 1달 후 UN사무총장이 주선한 2002년 11월 15일 제네바에서의 양국 대통령 간 정상회의에서 채택된 공동선언에 근거하여 운영하게 되었다. 이러한 문서들은 공동위원회의 활동근거가 되는 문서들이었다.

---

48 M. Mahmoud MOHAMED SALAH, "La commission mixte Caméroun/ Nigéria, un mécanisme original de règlement des différends interétatiques", *Annuaire Français de Droit International*, 2005, pp.164-165.

ICJ는 판결주문에서 나이지리아가 카메룬의 주권에 속하는 영토에서 신속하게 조건없이 행정기관과 군대 및 경찰을 철수할 의무가 있다고 명시하였다.[49] 그래서 나이지리아는 두 가지 사항을 강조하면서 ICJ 판결의 이행을 기원하였다. 첫째, ICJ의 판결의 이행은 당사국들에게 관련된 주민들이 현재 누리고 있는 교육 및 보건서비스와 동등하게 지속적으로 혜택을 받을 수 있도록 하기 위하여 협력할 기회를 제공하게 된다는 점을 강조하였다.[50] 둘째, 재판과정에서 카메룬은 "전통적으로 환대와 관용의 정책에 충실하게, 카메룬은 Chad호수지역과 Bakassi반도에 살고 있는 나이지리아인들에게 계속하여 보호를 제공한다"라는 약속을 하였다는 점을 강조하였다. 게다가 나이지리아는 2002년 11월 15일 제네바 공동선언에서 공동위원회는 ICJ판결의 영향과 특히 양국의 관련된 주민들의 권리를 보호할 필요성에 관심을 가져야 한다는 자국의 요구사항을 상기시켰다.

이에 따라 관련지역에 조사단을 파견하게 되었고, 2002년 12월 1일 야운데에서 개최된 공동위원회의 선언에서는 관련지역에서 상대국가의 국민의 권리를 준수하고 그들에게 국제인권법에 규정된 보호를 제공할 약속을 재확인하게 되었다.[51] 공동위원회는 관련지역에서 군대의 철수와 행정적 권한의 이양을 담당할 작업반을 설치하였다. 작업반은 행정조직의 철수, 군대의 철수, 경찰의 철수 등 모든 실제적 측면을 검토하였다. 그런데 이 작업반의 활동은 2004년 7월 16일 공동위원회의 제11차 회의 직전에 갑자기 중단되었다.

그런데 나이지리아는 관련된 주민의 보호에 관하여 Chad호수지역에서 권한의 이양과 군대철수 이후 나이지리아주민들의 운명에 우

---

49 *Case Concerning the Land and Maritime Boundary between Cameroon and Nigeria, ICJ Judgment, 10 October 2002*, para.325-V(A).

50 *Ibid.*, para.316.

51 2002년 12월 1일 야운데에서 개최된 첫 번째 회의의 선언 제6항과 제7항.

려를 표명한 후, 이러한 주민들의 보호에 관한 합의 의정서의 초안을 제시하였다. 카메룬은 이러한 제안에 대하여 공동위원회의 임무를 넘어서는 것이라는 이유에서 반대를 표명하였다. 이런 점에 대한 양국의 입장 차이는 순전히 정치적 고려에 의해서 나타나게 된 것이었다. 나이지리아는 자국이 관할하고 있는 영토에서 거주하고 있는 나이지리아 주민의 권리를 카메룬이 보장해 주는 약속을 담은 정식조약을 체결하여 자국민들에게 보여 주기를 원했던 것이다. 카메룬의 입장에서는 나이지리아가 카메룬의 영토라고 판결된 영토의 일부분을 되찾으려는 시도를 우려하였던 것이다. 즉, 카메룬의 입장에서 나이지리아 주민에게 특별지위를 인정하게 되면, ICJ가 카메룬의 영토라고 판결한 지역에서 나이지리아주민의 권리를 인정하게 되는 것이다. 결국, 나이지리아는 이런 문제를 카메룬과 나이지리아 간의 특별위원회(Grande Commission)에 부탁하겠다고 선언하였다. 그래서 이 문제는 순전히 정치적 협상의 대상이 되어 버린 것이다.[52]

2. 양국 간 협상과 Bakassi반도의 이양

카메룬과 나이지리아 간의 공동위원회는 계속적인 협상을 통하여 지속적인 관계의 유지 및 발전과 양립될 수 있는 사법적 판결의 적용조건을 정하여야 했다. 사법적 판결의 올바른 적용조건이란 분쟁의 심리적·정치적·경제적 차원을 고려해야 하는 것이다. 환언하면, 각 당사국이 상대편의 의견을 듣고 법을 준수함으로써 평화를 보존하고 협력과 선린의 관계를 발전시키게 되는 것이다.

그런데 ICJ의 판결은 패소한 당사국이 상대국과의 공개적인 협상을 통하여 간접적으로 보상받을 수 있는 기회를 앗아간 것이며, 패소

---

52 M. Mahmoud MOHAMED SALAH, *op. cit.*, pp.173-176.

한 당사국 내에 불화를 야기시킬 수 있었던 것이다. 나이지리아로서는 Bakassi반도에서 군대나 행정기관의 철수와 권한의 이양은 아무 조건 없이 실시할 수가 없었던 것이다. 그래서 군대의 철수는 2004년 5월 실시된다는 2003년 4월 공동위원회가 채택한 작업일정을 나이지리아가 수락한 후, 나이지리아는 2004년 4월 날짜를 연기하기 위해 작업일정의 수정을 요구하였다. 이에 따라 공동위원회는 2004년 9월 15일까지 군대의 철수와 권한이양의 이행날짜를 연기하였다. 그런데 2004년 7월 31일 나이지리아는 공동위원회의 위원장에게 Bakassi반도에서 군대의 철수와 권한이양에 관한 작업반의 활동을 중지한다고 통보하였다. 이에 대해 카메룬은 놀라움을 표하며 이미 채택된 일정표의 준수를 요구하고, Bakassi반도문제는 양국 간 국경분쟁의 중요한 문제라는 점을 상기시켰다.

Bakassi반도는 양국의 입장에서 특별한 중요성을 갖기 때문에, 점령을 하고 있는 나이지리아는 상당한 대가를 받지 않고는 군대를 철수하기를 원하지 않았던 것이다. 그래서 공동위원회는 2004년 10월 21일 Bakassi반도에서 군대의 철수와 권한 이양의 방식에 대한 입장 차이를 고려하여, 양국의 대통령과 UN사무총장에게 이 문제를 환기시키기로 결정하였다. 그래서 양국의 대통령과 UN사무총장은 2005년 5월 11일 회합을 갖고 공동위원회가 빠른 시일 내에 활동을 재개하도록 요청하였고, 양국의 대통령은 UN사무총장과 함께 군대와 행정기관의 철수프로그램을 결정하기로 하였다.

이후 공동위원회는 활동을 재개하여 Bakassi반도에서 나이지리아 군대와 행정기관의 철수에 관한 새로운 프로그램을 만들기 위한 작업반을 설치하였으며, 작업반은 회의를 한 후 양국의 대표에게 보고서를 제출하였다. 보고서에는 군대의 철수와 권한이양에 관한 일정표가 있었다. 이러한 일정표의 이행이 2005년 12월 시작되었으면, Bakassi반도에서 나이지리아 군대와 행정기관의 철수는 2006년 7월 완료되었을 것이다. 그러나 이 새로운 프로그램은 양국의 대표와 UN사무총장의 승인을 받아야 하는데, 회의가 개최되지 못하였고, 그 이후 공동위원회는 회의를 계속 개최할 수 없었다.

그래서 Bakassi반도에 관한 ICJ의 판결이행방식에 관한 공동위원회의 역할은 모호하게 되어 버렸다. 공동위원회는 국제법 이행체제상의 허약함을 완화시키고 ICJ판결의 이행이 양국 간의 새로운 긴장이 되는 것을 피하기 위하여 설립되었던 것이다. 이 위원회의 성공여부는 필연적으로 양국의 태도에 달려 있었던 것이다. 그런데 나이지리아는 협상의 전 과정에서 ICJ판결에 의해 빼앗긴 영토의 일부분을 되찾기 위해 자국의 우월한 힘을 이용하려고 시도하였다.[53]

이런 상황에서 공동위원회가 그 임무를 완수할 수 있도록 하기 위하여, UN 안보이사회의 상임이사국 특히 미국, 프랑스, 영국이 Bakassi반도에서 군대 및 행정기관의 철수일정에 대하여 협의할 필요성이 제기되었으며, 이러한 국가들이 철수를 위한 보증국가가 되어 줄 필요가 있었다. 카메룬은 이러한 방식에 찬성하였으며, 나이지리아도 이 안에 대해 거부하지 않았던 것이다. 이러한 방식이 UN헌장 제94조 2항[54]에 따라 안보이사회에 제소하는 것을 대신할 수 있게 되었다.

카메룬과 나이지리아는 2006년 6월 12일 Bakassi반도에서 군대의 철수와 권한의 이양에 관한 Green Tree조약을 체결하였는데, 이 조약의 증인으로서 UN사무총장, 독일, 미국, 프랑스, 영국의 대표들이 서명하였다.[55] 이 조약은 2002년 10월 10일 ICJ판결의 이행방식에 관한

---

53 *Ibid.*, 180-183.
54 UN헌장 제94조 2항에 의하면 사건의 당사자가 ICJ가 내린 판결에 따라 자국이 부담하는 의무를 이행하지 아니하는 경우에는 타방의 당사자는 안전보장이사회에 제소할 수 있으며, 안전보장이사회는 필요하다고 인정하는 경우 판결을 집행하기 위하여 권고하거나 취하여야 할 조치를 결정할 수 있다고 규정하고 있다.
55 이 조약은 2006년 6월 12일 미국 뉴욕의 Green Tree에서 체결되어, Green Tree

것인데, Bakassi반도에서 카메룬의 주권확인과 거기에 거주하는 나이지리아 주민의 권리를 고려하고 있다.[56] 이 조약에 의하면 Bakassi반도에서 60일 내에 나이지리아 군대를 철수하도록 규정하고 있으며 UN사무총장의 요청에 의해 30일을 연장할 수 있다. 그리고 나이지리아가 질서유지를 위하여 행정기관과 필요한 경찰력을 2년 동안 유지할 수 있도록 허용하였으며, 이러한 기간이 끝난 후에 Bakassi반도가 카메룬에게 최종적으로 양도된다. 이 기간 동안 나이지리아는 Bakassi반도를 카메룬에게 양도하는 것을 방해하거나 복잡하게 하거나 인구구성을 수정시키는 행동을 하지 않기로 약속하였다.

카메룬은 Bakassi반도에 거주하는 나이지리아 주민들에게 5년 동안 특별체제를 적용할 것을 약속하였다. 이 체제는 나이지리아 주민들이 카메룬의 관세법과 이민법에 적용받지 않도록 면제해 준다. 또한 카메룬은 Bakassi반도에 거주하는 나이지리아 주민들이 국제인권법에 의해 인정된 자유와 기본적 권리를 누리도록 약속하였다.[57] 이 조약의 해석과 적용에 관한 모든 분쟁을 해결하기 위하여 양 당사국의 대표, UN의 대표, 증인국가들(독일, 미국, 프랑스, 영국)의 대표로 구성되는 감독위원회를 설립하도록 규정하였다.[58]

2006년 6월 체결된 이 조약에 따라, 나이지리아는 2006년 8월 1일부터 약 3000명의 군인을 철수하기 시작하였다. 2008년 8월 14일 나이지리아는 Bakassi반도를 완전히 카메룬에게 이양하였다.[59]

Agreement라 부른다. 이 조약은 8개 조문으로 구성되었다. http://allafrica.com/stories/printable/200808140548.html에 조약문이 수록되어 있음.

56 Green Tree Agreement 제1조.

57 *Ibid.*, 제3조 2항.

58 *Ibid.*, 제6조.

59 *Bakassi, Http://www.answers.com/topic/bakassi*, 2009년 9월 1일 검색.

VIII. 평가 및 결론

　　Bakassi반도의 주권의 권원에 대하여 나이지리아는 Bakassi반도에 대한 오랜 기간의 점령에 의한 역사적 강화에 근거한 권원을 주장하고, 이 반도에 대한 Old Calabar의 왕 및 족장의 시원적 권원이 1960년 독립 시에 나이지리아에게 부여되었다고 주장하였으며, 권원의 역사적 강화에 관련된 요소와 실효적 지배에 관한 다양한 국가활동의 증거를 제시하였다. 그렇지만 ICJ는 Bakassi반도에 대한 나이지리아의 점유는 제한된 기간 동안이었으므로 나이지리아가 주장한 권원의 역사적 강화의 주장을 받아들이지 않았고, 나이지리아의 주장은 1913년 영국과 독일 간의 협정에 의한 Bakassi반도에 대한 카메룬의 영토의 권원과도 저촉되므로 나이지리아의 주권을 인정하지 않는다고 판결하였다. 즉, ICJ는 영토취득의 권원으로서 나이지리아가 주장하는 권원의 역사적 강화이론을 받아들이지 않은 것이며, 나이지리아의 실효적 지배의 이론보다는 영토에 관련된 국제협정상의 권원이 우월하다는 점을 밝힌 것이다.

　　ICJ는 1884년 9월 10일 영국과 Bakassi반도지역의 족장 간에 체결된 보호조약의 국제법적 성격에 대하여도 중요한 점을 지적하였다. 즉, 일반적으로는 보호조약이 강대국과 피보호국 간에 체결될 경우, 피보호국이 국제법상 주권을 보유한 자격으로 체결하지만, 19세기 당시 사하라 이남 아프리카에서 체결된 보호조약들은 국가와 체결된 것으로 보지 않았고, 영국이 식민지지배의 형태로서 이러한 보호조약을 체결한 것이며, 보호조약 본래의 의미인 피보호국을 보호하려는 목적이 아니었다는 점을 지적하였다. 환언하면, 19세기에 사하라 이남 아프리카지역에는 중앙정부를 갖춘 국가조직이 존재하였다는 것을 ICJ의 재판관들은 인정하지 않았던 것이다.

영국은 족장들과의 1884년 조약에 의해 Bakassi반도지역에 대한 영토에 대한 권원을 취득한 것이 아니라, 영국은 이 지역에 대한 실효적 지배를 통하여 이 지역의 영토에 대한 권원을 취득하게 되었고 이 지역의 족장과의 조약체결에 따른 족장들의 동의에 의해 영토에 대한 권원이 강화되었다고 ICJ의 재판관들은 판단하였다. 그래서 영국은 Bakassi반도에 대한 주권을 1913년 독일과의 조약에 의해 독일에게 양도할 수 있는 권한이 있었다고 ICJ는 판단하였다. 제1차 세계대전에서 독일이 패전한 이후 아프리카에 있던 독일의 식민지영토가 국제연맹의 위임통치와 국제연합의 신탁통치제도를 거치면서 Bakassi반도는 영국령 카메룬으로 존속하게 되었으며, 이후 영국으로부터 카메룬이 독립하면서 Bakassi반도는 카메룬의 주권에 속하게 되었다고 판결하게 된 것이다.

이러한 판결에 의해 Bakassi반도에 대한 주권을 카메룬에게 양도해야 하는 나이지리아는 아프리카를 식민지배한 국가들인 프랑스국적의 재판소장과 영국과 독일의 재판관들이 식민지시대의 사고방식으로 식민지강대국의 이익을 정당화시키는 판결을 하였다고 반발하게 되었으며, ICJ판결의 이행에는 처음부터 어려움이 나타나게 된 것이다. 아프리카지역에서 최근의 경우를 보면 에티오피아와 에리트리아 간의 육지국경선의 경계획정에 관한 에티오피아-에리트리아 공동위원회의 판정을 에티오피아가 거부하였다. 또한 기니비소가 세네갈과의 해양경계획정에 관한 분쟁에서 기니비소는 1989년 중재재판소의 판정을 거부하였는데, 이런 경우 국제질서에서 사법적 결정의 권위가 확실하게 확립되지 못한 측면이 나타났다.[60] 실제 모든 국경선 분쟁은 국가와 국민들의 심리적 측면도 내포되어 있기 때문에 아주 심각하며, 경제적 문제나 인권의 문제보다도 국가들이 훨씬 쉽게 무력을 행사할 가능성

---

60 M. Mahmoud MAHAMED SALAH, *op. cit.*, p.164.

이 높아진다. 이러한 상황에서 UN사무총장의 주선으로 나이지리아와 카메룬 간 공동위원회가 설립됨으로써 분쟁의 해결과 판결의 이행이 평화적으로 이루어질 수 있는 계기가 마련된 것이다.

카메룬과 나이지리아 간의 사건에서 ICJ는 관할권이 중첩되는 해역에서의 경계선 결정 시 적용되는 UN해양법협약 제74조와 제83조의 1항을 지적하고 있는데, 이 규정에 의하면 경계획정이 형평적 해결에 도달하도록 실시되어야 한다는 것이다.

따라서 ICJ는 관할권이 중첩되는 해역에서 단일의 경계선의 결정에 적용되는 경계획정의 기준, 원칙 및 규칙이란 우선적으로 등거리선을 긋는 것이며, 다음으로 형평적 결과에 도달하기 위하여 이러한 선을 조정하거나 이동해야 할 요소가 있는지 검토하는 것이라고 지적하였으며, 카메룬과 나이지리아 간의 해양경계획정에 있어서도 동일한 방법을 적용하였다. ICJ는 형평적 결과를 달성하기 위하여 경계획정을 하는 점에 관하여 언급하면서, 해양경계획정에 관한 분쟁에서 형평이 경계획정의 방법이 아니며, 경계획정을 실시하는 데 있어서 명심해야 할 단지 목표라는 점을 지적하였다.

또한 경계획정을 하려는 해역의 지리적 특색이 ICJ에 의해 고려될 수 있지만, 이러한 특색은 필요하다면 잠정적인 경계획정선을 조정하거나 이농시키기 위한 목적에서 단지 관련된 상황으로써 고려될 수 있다고 지적하였으며, 모든 지리적 특색이 잠정적인 경계획정선을 조정하거나 이동시키기 위하여 고려되어야 하는 것은 아니라고 지적하였다.

카메룬과 나이지리아 간의 분쟁사건에서 ICJ는 형평적 결과에 도달하기 위하여 카메룬과 나이지리아 간의 잠정적인 등거리선을 조정할 필요가 있는 상황이 존재하는가를 검토하였다. ICJ는 섬이 경계획정을 할 해역 내에 있고 분쟁당사국들의 한쪽의 주권에 속하게 되는 경우, 이러한 섬은 경계획정에서 자주 관련된 상황으로 고려되었다는 점을 인정하였다. 그러나 카메룬과 나이지리아 간의 사건에서 문제된

Bioko섬은 제3국인 적도기니에 속하기 때문에, 카메룬해안과 마주보는 Bioko섬의 효과는 카메룬과 적도기니 간의 문제이지 카메룬과 나이지리아 간의 문제가 아니기 때문에 Bioko섬의 존재를 카메룬이 주장하는 바와 같이 잠정적인 등거리선의 이동을 정당화하는 상황으로 ICJ는 간주하지 않았다.

또한 ICJ는 분쟁당사국들의 석유탐사관행이 분쟁해역의 경계획정을 위한 유익한 지표를 제공하는가의 문제를 검토하였다. ICJ에 의하면 여러 개의 국제판례에서 분쟁당사국들이 분쟁해역에서 승인한 석유양허계약의 위치에 대하여 당사국들 간의 명시적·묵시적 합의가 각국이 권리를 갖는 해역에 대한 컨센서스를 나타낼 수 있지만, 석유양허계약과 유정(oil wells)이 잠정적인 경계획정선을 조정하거나 이동시키는 것을 정당화할 수 있는 관련된 상황으로 간주되는 것은 아니라고 ICJ는 판단하였다. 이러한 것들이 당사국들 간의 명시적·묵시적 합의에 근거하고 있다면 이러한 것들이 고려될 수는 있다고 판단하였다.

그래서 분쟁해역에서 분쟁당사국들이 승인한 석유양허계약은 이러한 계약에 대하여 분쟁당사국들 간의 명시적·묵시적 합의에 근거하고 있다면 해양경계획정에서 고려될 수 있지만, 그렇지 않은 경우에는 이러한 석유양허계약은 분쟁해역에서의 잠정적인 등거리선을 조정하는데 고려되는 요소가 아니라는 점을 명확히 하였다는 점을 참고할 필요가 있다.

국제분쟁사건에서 ICJ가 내린 판결의 이행문제에 대하여 분석한 Colter Paulson의 논문[61]에 의하면, 1987년 이후 2004년까지 14개의 분쟁사건에 대하여 ICJ는 판결을 내렸다. 이러한 판결 중 5개의 판결

---

61 Colter Paulson, "Compliance with Final Judgments of the International Court of Justice since 1987", *American Journal of International Law*, Vol.98, July, 2004, pp.437-452 참조.

에서 분쟁당사국이 ICJ의 판결을 충분히 이행하지 않은 것으로 나타났는데, 이러한 경우에 어느 국가도 직접적으로 ICJ의 판결에 도전한 것은 아니었다. 카메룬과 나이지리아 간의 분쟁사건도 ICJ의 판결을 충분히 이행하지 않은 경우에 속하였다.

ICJ에 부탁된 일부 소송사건에서 ICJ의 판결이 나온 후에도 분쟁이 계속되고 있다는 것은 분쟁당사국 간에 복잡하게 얽혀 있는 정치적 문제를 해결하는 데 있어서 법적인 결정은 제한된 능력만을 나타내게 된다는 점을 뜻하는 것이다. 육지의 국경선 분쟁에 있어서 법적 요소는 국제재판에 의해 바로 해결될 수 있으며, 이런 요소는 ICJ가 해결하기에 아주 적합한 것이다. 그러나 불행히도 ICJ에 부탁된 1987년 이후 분쟁사례를 조사해 보면, 국가들은 ICJ가 판결하여 획정하는 육지의 국경선을 잘 준수하지 않으려는 경우도 자주 발생하였다.[62] ICJ의 판결은 제대로 준수되지 않은 경우들도 있지만 국경선 분쟁에 대한 최선의 해결이 될 수 있다. ICJ판결의 이행에 어려움이 예견되는 경우에는 활용가능한 다른 보조적인 절차가 도움이 될 수 있는데, 카메룬과 나이지리아 간의 분쟁사건에서 ICJ의 판결의 이행을 위하여 공동위원회를 설립한 것과 분쟁당사국들과 관련된 강대국들이 공동으로 보증하는 조약을 체결하여 ICJ판결을 이행하게 된 것은 국경분쟁사건에서 ICJ가 내린 판결의 이행과 관련하여 좋은 실례가 될 것이다.

---

62 *Ibid.*, pp.460-461.

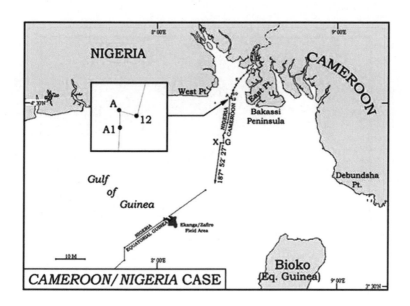

〈지도 4-1〉 카메룬 및 나이지리아와 적도기니 간의 해양경계선

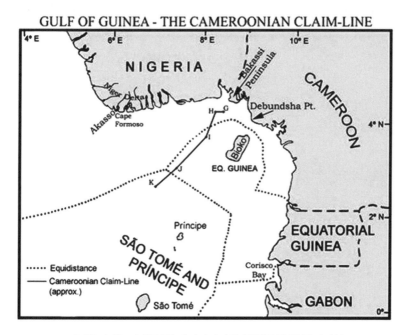

〈지도 4-2〉 카메룬 및 나이지리아와 주변국 간의 등거리선

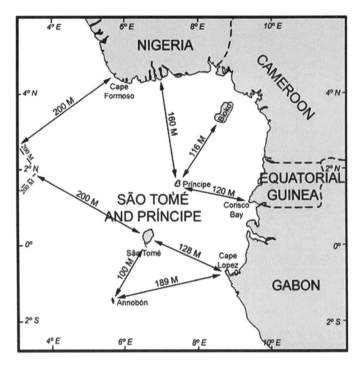

〈지도 4-3〉 기니만의 지형

Ⅰ. 서 론

리기탄 섬(Pulau Ligitan)과 시파단 섬(Pulau Sipadan) 사건과 같은 영토 문제에 관한 케이스에서 국제사법재판소(ICJ, 이하 재판소라 약술)가 내린 판결의 내용은 국제법의 발전에 중요한 영향을 미치며, 많은 국가들이 이를 주목한다. 특히 영유권 문제나 분쟁이 개재된 도서를 안고 있는 국가들은 이러한 케이스들이 갖는 법적 · 정치적 의미를 주목하지 않을 수가 없다. 무력이 아닌 외교적 방식으로 해결된 영유권 분쟁이 흔치 않다는 점을 고려하면, 어쨌든 사법적 방식에 의한 영유권 분쟁의 해결 과정에서 확립되는 국제법 원칙이나 기타 판시되는 내용은 분쟁당사국을 포함한 많은 국가들에게 중요한 의미를 갖기 때문이다.

우리나라도 독도의 영유권 갈등을 부추기는 일본에게 효율적으로 대응하기 위하여 이러한 케이스들을 중시할 수밖에 없다. 특히 리기탄 섬과 시파단 섬 사건은 동아시아에서 프레아 비이허 사건 이후 두 번째로 재판소에 회부된 영유권 케이스라는 점, 무인 도서를 둘러싼 양

---

* 이 연구는 2013년 8월에 발간된 「인권과 정의」 제435호에 게재된 판례평석을 수정 · 보완한 것이다.

국의 해양경계 갈등이 계기가 되었다는 점, 비교적 덜 중대한 국가 권한의 행사도 영유권 인정의 근거가 된다는 점 등으로 독도 문제에 시사하는 바가 적지 않다.[1]

이 사건의 당사국인 말레이시아와 인도네시아는 영유권의 근거로서 역사적인 권원, 1891년 선행국들의 행정권 배분 내지 식민지 경계에 관한 협약 및 기타 다양한 국가실행을 주장했다. 재판소는 특히 말레이시아가 주장한 국가실행을 실효적 지배의 증거로서 인정하여 양 도서의 영유권이 말레이시아에 있다는 판결을 내렸다.[2] 재판소가 양국의 여러 주장 중에서 말레이시아의 국가실행을 영유권의 근거로 인정한 점은 특히 우리가 주목해야 할 점이다.

존 반 다이크(Jon Van Dyke) 교수의 분석에 의하면, 이 사건을 비롯한 여러 국제판례로부터 변함없이 추론할 수 있는 것은 독도에 대한 한국의 영유권 주장이 더욱 강화될 수 있다는 것이다. 한국은 19세기 말부터 독도와 관련하여 적극적으로 다양한 국가실행을 축적해 왔는데, 특히 그 시기에 독도에 대한 한국의 영유권 주장을 일본이 묵인한 것이 주목된다. 한국은 20세기 전반에 일본에게 병합된 상황이었기 때문에 독도에 대한 관리를 할 수 없었지만, 독립 후 곧 독도에 대한 관리를 하고 그 후 계속 주권을 행사해 왔다는 것이다.[3]

---

1 이 사건이 동아시아에서 영토 분쟁이나 해양경계 문제에 대한 강제적 분쟁해결의 어떤 경향을 선도하는 것은 아니지만, 재판소가 면밀하게 양국의 주장을 검토하여 실질적인 만장일치로 판결을 내림으로써 아시아 각국에게 그러한 경향에 편승하게 하는 기회를 제공하게 되었다는 평가는 특히 주목해야 할 부분이다[David Colson, "Sovereignty over Pulau Ligitan and Pulau Sipadan", *American Journal of International Law* Vol.97, No.2 (2003), pp.405-406].

2 J. G. Merrills, "Sovereignty over Pulau Ligitan and Pulau Sipadan (Indonesia V Malaysia), Merits, Judgment of 17 December", *International and Comparative Law Quarterly* Vol.52, No.3(2003), pp.797-798.

3 Jon M. Van Dyke, "Legal Issues related to Sovereignty over Dokdo and Its Maritime Boundary", *Ocean Development and International Law 38* (2007),

지난해부터 부쩍 독도 문제의 사법적 해결을 강조하며 공세를 펴는 일본에게 지나친 대응은 자제해야 하겠지만, 이러한 판례의 분석을 통해 우리의 입장을 공고히 할 필요는 있다.[4] 특히 1953년 이전 일본의 독도에 대한 입장은 이 사건에 있어서 인도네시아의 항의의 결여 내지 묵인과 상당히 유사한 점이 있다는 점을 간과해서는 안 될 것이다. 다만, 본 사건의 반대의견에서 프랭크 임시 재판관이 지적한 바와 같이, 결정적이지 않은 국가실행의 비중은 깃털과 풀잎의 차이만큼 경미하기 때문에,[5] 우리의 입장을 강화할 수 있는 국가실행의 확립을 위한 노력은 게을리 하지 말아야 할 것이다. 이하, 분쟁당사국인 인도네시아와 말레이시아의 준비서면(Memorial)과 답변서(Counter-Memorial) 및 항변서(Reply)에 상대적인 중점을 두어 이 사건을 분석하기로 한다. 판결문의 내용은 가급적 중요한 부분만 정리하여 소개할 것이다.

II. 사건의 개요

리기탄 섬과 시파단 섬은 보르네오의 북쪽 셀레베스해에 있는 작은 섬들로서, 인도네시아와 말레이시아를 양분하는 위치에 있다. 시파단 섬은 숲이 우거지고 주변이 모래사장으로 이루어져서 휴양지의 조건을 어느 정도 갖추었다. 그에 비해 리기탄 섬은 잡초가 무성하며 남쪽에

---

pp.160-162.

4 Korea Herald, Sep.10, 2012.

5 To weigh, on the one hand, occasional administration of turtle egg harvesting and of a bird sanctuary ⋯ together with the establishment of a few navigational lights (by Britain/Malaysia) against, on the other hand, naval and air patrolling and piracy-control (by Indonesia) appears to me like trying to weigh precisely a handful of feathers against a handful of grass: it can be done, but not very convincingly (Dissenting Opinion of Judge Franck, para.7, available on the website of the ICJ at www.icj-cij.org).

약간의 산호초가 있는 황량한 섬이다. 무인도인 양 도서는 양국 본토 사이에서 인도네시아 쪽에 가까운 북위 4°10′의 위치에 있지만, 보르네오 쪽 말레이시아 내지 말레이시아의 유인도 쪽에 조금 더 근접해 있다.[6] 인도네시아와 말레이시아는 1945년과 1957년에 각각 독립했는데, 말레이시아 지역이었던 북부 보르네오는 1963년까지 독립된 국가가 아니었다. 두 섬의 영유권에 대한 분쟁은 양국이 대륙붕 개발 초기에 그에 대한 경계획정 협상을 개시한 1969년부터 발생했으며, 1980년대 후반에 말레이시아가 관광지로 시파단 섬의 개발을 강행하면서 본격화되었다.[7]

양국은 1997년 5월 31일 양 도서의 영유권에 관한 분쟁을 재판소에 회부한다는 특별협정을 체결하고, 그 협정에 따라 1998년 11월 2일 분쟁을 동 재판소에 부탁했다. 재판소는 과거의 조약, 지도 및 국가 승계 과정을 검토한 후, 그러한 것들이 명백한 주권 행사를 입증하지 않는다고 했다. 그래서 재판소는 그 섬에 대한 실효적 지배의 증거로서 국가실행 내지 국가권한의 행사 즉, 에펙티비테(effectivités)를 주목하여, 비록 법적 권원을 수반하지 않는 권리 내지 권한의 행사라 할지라도 그러한 사항을 중시해야 한다고 설명했다.[8]

재판소는 에펙티비테를 인정하면서, 그러한 행위가 정상적인 선행 행위의 계속으로서, 그에 의존하는 당사국의 법적 입장을 강화하기 위하여 행해진 것이 아니라면, 당사국 사이의 분쟁이 결정적으로 된 시점인 1969년 이전의 주권의 행사에만 의존했다. 즉, 실질적으로 인도네시아의 주장을 수용하여 결정적 기일(critical date)을 1969년으로 정한 것이다. 또한 재판소는 판결을 내리는 과정에 있어서 정부의 위임이나 공식적 법령에 입각하지 않은 사인의 행위는 인정되지 않는다

---

6 David Colson, *supra* note 1, pp.398-399.

7 奧脇直也, "領域支配の実効性", 『国際法判例百選』, 有斐閣(2011), pp.60-61.

8 Jon M. Van Dyke, *supra* note 3, pp.162-163.

고 했다.[9]

에펙티비테 문제와 관련하여, 인도네시아는 식민지 통치국이었던 네덜란드의 해군활동부터 자국이 독립한 후의 다양한 해군활동을 근거로 그 섬에 대한 권원을 주장했다. 특히 인도네시아는 1921년 네덜란드의 군함 Lynx의 승조원에 의한 시파단 섬에의 상륙과 탑재기의 리기탄 섬의 상공비행을 주요한 공권력 행사로 주장했다. 그에 비해 말레이시아는 역시 식민지 통치국이었던 영국 시절부터의 정부행위, 즉 등대의 건설 및 유지와 관리, 바다거북 알의 채취에 대한 규제와 관리, 조류보호구역의 설치 등을 근거로 권원을 주장했다. 재판소는 이러한 점들을 검토하여 결국 섬에 대한 영유권이 말레이시아에 있다는 판결을 내렸다.[10] 즉, 말레이시아의 에펙티비테가 영유권의 결정에 가장 결정적인 역할을 한 것이다. 에펙티비테라는 용어의 번역어에 대한 국내적 합의가 없기 때문에 본고에서는 원어 발음을 한글로 표기한 용어 그대로 사용하기로 한다.

---

9 한편, 재판소가 이 사건보다 2개월 먼저 판결을 내린 카메룬과 나이지리아 사이의 영토 및 경계획정 사건(Case concerning the Land and Maritime Boundary between Cameroon and Nigeria)에서는 과거의 조약이 권원으로서 중시되어 에펙티비테의 중요성은 거의 받아들여지지 않았다(J. G. Merrills, "Land and Maritime Boundary between Cameroon and Nigeria(Cameroon v. Nigeria), Merits, Judgment of 10 October", *International and Comparative Law Quarterly* Vol. 52, No. 3(2003), pp. 788-797).

10 *Sovereignty over Pulau Ligitan and Pulau Sipadan (Indonesia v. Malaysia)*, (2002) *ICJ Rep.* pp. 625-686, available on the website of the ICJ at www.icj-cij.org.

Ⅲ. 양국의 주장

1. 인도네시아의 주장

인도네시아는 양 도서에 대한 권원의 할양과 승계를 일차적으로 주장하고, 다음으로 실효적 지배의 증거, 그리고 1891년 영국과 네덜란드 사이의 식민지경계획정협약에 의한 권원을 주장했다. 특히 인도네시아는 1891년 협약을 자국에게 유리하게 해석하여 양 섬의 영유권이 자국에 있다는 것을 강조했다. 즉, 영국과 네덜란드 양국이 1891년 협약에 의해 보르네오 섬과 인접한 세바틱(Sebatik) 섬의 식민지 행정구역의 분할선을 북위 4°10′선으로 정했는데, 그 위도선의 해양 측 연장선보다 남쪽에 리기탄 섬과 시파단 섬이 위치하기 때문에 네덜란드에 속하던 이들 도서를 인도네시아가 승계한다는 점을 강조했다.

인도네시아는 그 식민지 통치국이었던 네덜란드로부터 이어받은 영토 권원에 의해 양 섬이 자국에게 귀속되며, 이러한 점은 1891년 협약에 의해 확인된다는 점을 주장했다. 즉, 이 협약으로 인도네시아와 네덜란드의 선행국이라 할 수 있는 불룬간(Bulungan)과 말레이시아와 영국의 선행국이라 할 수 있는 브루네이(Brunei)와 술루(Sulu)의 영역 범위가 확인되었다는 것이다.[11]

구체적으로, 1891년 협약에 의하면, 보르네오에서의 네덜란드 영토와 이 섬에서의 영국 보호령 간의 경계는 보르네오 섬 동부 해안 북위 4°10′에서 시작되고, 그 경계선은 동부 해안의 북위 4°10′으로부터 이 위선을 따라 세바틱 섬을 가로질러 계속된다. 이 위선 북쪽에 위치한 이 섬의 부분은 전적으로 영국령 북보르네오회사에 속하며, 이 위

---

11 *Memorial submitted by the Government of the Republic of Indonesia* (1999), paras.9.1-9.2.

선 남쪽의 부분은 네덜란드에 속한다.[12] 즉, 이 협약의 양 당사국은 세바틱 섬 동쪽 북위 4°10′의 남북에 위치하는 자신들의 영토를 완전하게 그리고 최종적으로 결정하도록 의도한 것인데, 이러한 부분은 협약의 체결을 전후한 시기 당사국들의 실행으로 확인된다는 것이다.[13]

인도네시아는 특히 다음과 같은 세 가지 요소가 중요하다고 했다. 즉, 첫째, 1891년 6월에 영국 선박 두 척과 네덜란드 선박 한 척이 공동으로 이곳의 해양조사를 실시하면서 양 도서를 포함하는 인근 도서를 정찰했고, 둘째, 이 협정의 비준을 위해 네덜란드 정부가 국회에 보낸 서류에 부속된 설명각서의 지도에는 북위 4°10′에 해당하는 선이 세바틱 섬을 넘어서 대양 쪽으로 연장되고 있었는데, 이 지도가 영국 정부에게도 전달되었을 당시 영국은 이에 대해 어떠한 항의도 하지 않았으며, 셋째, 이 협정에 따라 보르네오에서의 네덜란드 영유권의 범위를 구체화하기 위해 체결된 1878년 주종계약은 "Tarakan, Nanoekan 및 위 경계선 남쪽에 위치한 세바틱 섬의 부분으로서 1892년 Indisch Staatblad 제114호에 나타난 것들은 위 섬들에 속한 소도들과 함께 Boeloengan에 속한다"고 했다는 것이 그러한 요소였다. 즉, 1891년 협약에 의해 결정된 경계선의 목적은 양측에 속하는 주된 영역의 획정뿐 아니라 경계선 양측의 섬들의 할당도 의도했으며, 영국은 이 개정 협약을 수신하고 이러한 해석에 대해 이의를 제기하지 않았다는 점을 강조했다.[14]

한편, 스페인을 계승한 미국은 이 섬들에 대한 영유권 주장과 관련하여 1903년에 선박을 파견하는 등 중대한 관심을 보였으나, 1904

---

12 1891년 영국과 네덜란드 사이의 식민지경계획정협약(1891 Anglo-Dutch Convention delimiting Dutch and British possessions in Borneo) 제1조 및 제4조.
13 *Memorial submitted by the Government of the Republic of Indonesia* (1999), para.9.5.
14 *Ibid.*, para.9.6.

년부터 이 지역에 대한 영유권을 포기했으며, 1930년에는 자국의 영유권을 양 섬의 북쪽에 위치하는 지역으로 한정하는 협약을 체결했다.[15]

양 도서는 무인도이며 경제적 가치가 거의 없는데, 네덜란드와 영국은 간혹 이들 섬에 대해 관심을 보였다. 그런데 양 도서의 영유권과 관련하여 1921년부터 이루어진 군함의 파견이 주목된다. 당시 네덜란드 선박은 해적 추적의 임무 하에 시파단을 방문했는데, 북위 4°10′ 북쪽에 위치한 영국 관할권 하의 지역에는 들어가지 않았다.[16] 그 후 네덜란드와 영국을 승계한 인도네시아와 말레이시아 양국은 대체로 이 지역에서의 해양순찰활동 및 석유양허의 부여와 관련하여 각자의 영역으로 인정됐던 지역을 존중했다. 또한 양국을 포함하는 각국이 발행한 지도들은 1891년의 협약으로부터 도출되는 경계선이 보르네오 섬과 해양에서의 각 당사국의 영역을 분할한다는 것을 확인한다.[17]

또한 인도네시아는 확립된 국제법 원칙에 따라 어떠한 경우에도 양 당사자가 행하는 영토 침범으로 이미 확립된 유효하고 명확한 영토권원이 문제될 수 없으며, 이는 지도상의 증거에 대해서도 동일하게 적용된다고 했다.[18] 즉, 양국의 1969년 해양경계획정에 대한 교섭 시에 발생한 분쟁으로 확정된 결정적 기일(critical date) 이후의 지도제작 활동과 현장 활동에 대해서도 마찬가지로 적용된다고 했다. 당시 말레이시아는 현상유지를 준수해야 한다는 합의를 지키지 않았으며, 인도네시아는 이를 강력하게 항의했다.[19]

말레이시아의 1969년 영유권 주장을 부추겼던 지도제작기관이 1972년에 북위 4°10′을 세바틱 섬 밖의 대양 쪽으로 연장하는 공식지

---

15 *Ibid.*, para.9.7.
16 *Ibid.*, para.9.8.
17 *Ibid.*, para.9.9.
18 *Ibid.*, para.9.10.
19 *Ibid.*, para.9.11.

도를 발행한 것도 중요하다. 양국이 1990년대에 이 위선의 남북 해역에 항해를 지원하기 위한 부표를 설치한 사실도 주목된다. 게다가 양국은 1891년의 위선을 존중하는 현행 석유개발양허에 대해서도 이의를 제기하지 않았다.[20]

이러한 사실을 전체적으로 고려하면, 북위 4°10′의 남쪽에 위치한 모든 섬들은 인도네시아에 속하며, 따라서 리기탄과 시파단 양 도서에 대한 영유권은 인도네시아에 속한다.

2. 말레이시아의 주장

말레이시아는 인도네시아의 선행국이 양 도서에 대한 영유권을 가진 것으로 볼 수 없으며, 또한 1891년 협약을 전체적으로 볼 경우, 이는 보르네오 섬과 세바틱 섬에 대한 경계를 정한 것에 불과하므로 인도네시아의 주장이 타당하지 않다고 주장했다. 권원의 승계와 관련하여, 말레이시아는 양 도서가 오히려 술루(Sulu) 술탄의 영역하에 있다가 스페인과 미국 및 영국을 거쳐서 자국에게 승계된 것이라고 주장했다. 그리고 위에서 본 대로 바다거북 알 채취에 대한 관리, 조류보호구역의 설치 및 등대의 설치와 관리를 실효적 지배의 증거로 주장했다.

우선, 말레이시아는 북부 보르네오 동쪽 해안의 섬들을 점유하고 관리한 외에 일련의 거래의 결과 이들에 대한 영유권을 취득했다고 주장했다. 즉, 1878년에 술탄 술루가 북부 보르네오에 특정 영토와 섬을 양도하여 북부 보르네오가 리기탄 및 시파단을 관리했고, 1885년에 스페인이 영국과의 조약에 의해 술루 술탄의 주권자로서 북부 보르네오 영토 및 인접 섬들에 대한 일체의 청구권을 포기했으며, 1907년에 미국이 술루가 포함된 스페인 영토에 대한 주권을 취득한 후, 리기탄 및

---

20 *Ibid.*, para.9.12.

시파단을 포함하여 1878년 양도에 포함되지 않은 특정 섬을 북부 보르네오가 계속 관리하게 하는 협정을 체결했으며, 1930년에 미국이 1907년 협정에 따라 북부 보르네오가 관리하는 섬들을 영국에 할양했다는 것이 그러한 거래 내지 승계의 과정이다. 네덜란드는 관련도서들이 1878년 이전에 술루의 지배하에 있었다는 것을 승인했으며, 이와 관련된 스페인과 영국 사이 및 미국과 영국 사이의 거래에 어떠한 이의도 제기하지 않았다는 것이다. 뿐만 아니라, 이와 같은 거래나 승계 과정이 존재하지 않았다고 하더라도, 양 도서에 대한 말레이시아의 장기적이고 평화적인 점유와 관리는 부인할 수 없으므로 말레이시아의 영유권은 분명히 확인된다고 했다.[21]

말레이시아는 과거 네덜란드가 전혀 제기하지 않았던 인도네시아의 이 청구는 네덜란드와 영국 사이의 1891년 7월 20일 경계협약 제4조에 대한 문언 해석을 기초로 하는데, 이 조약은 지금의 말레이시아의 영토인 북부 보르네오와 지금의 인도네시아의 영토인 보르네오의 네덜란드 영토 사이의 육상 경계를 정한 것이라는 점을 밝혔다.[22] 인도네시아는 1891년 협약 제4조가 육상 경계의 획정이라는 목적 외에 네덜란드가 점유한 섬으로부터 약 40해리 이상 떨어져 있는 북부 보르네오의 양 도서를 네덜란드에게 주었다고 주장하지만, 1891년 협약에 첨부된 지도나 그 후에 발간된 이 지역의 최초의 네덜란드 공식 지도에 의하면 이는 사실이 아니다.[23]

1891년 협약 제1조에는 경계는 "보르네오 동쪽 해안의 북위 4°10′에서 시작하며" 이 경로를 따라 서쪽 방향으로 나아간다고 규정되어 있으며, 조약 제4조에는 "동쪽 해안의 북위 4°10′에서 경계선은 이 선을 따라 세바틱 섬을 거쳐 동쪽으로 계속된다. 이 선의 북쪽에 있는 섬

---

21 *Memorial submitted by the Government of Malaysia*(1999), paras. 2.2-2.3.

22 *Ibid.*, para. 2.5.

23 *Ibid.*, para. 2.6.

의 부분은 완전히 영국의 북보르네오회사에 속하며, 이 선의 남쪽에 있는 부분은 네덜란드에 속한다"고 규정되어 있다. 말레이시아는 인도네시아가 이 조약을 근거로 하여, 첫째, 제4조에 의한 북위 4°10′을 따르는 경계는 세바틱 섬의 동쪽 바다까지 확장되어야 하고, 둘째, 따라서 이 선의 남쪽에 있는 섬들은 1891년 이후 네덜란드의 소유라고 주장한다고 했다.[24] 따라서 이러한 점을 분명히 하기 위해 재판소는, 첫째, 장기적이고 실효적인 점유와 행정, 그리고 다른 이해관계국(스페인 및 미국)과의 조약에 입각한 말레이시아의 도서에 대한 영유권 확인, 둘째, 1891년 경계협약의 해석 및 네덜란드의 내부 지도에 기초한 인도네시아의 청구의 배척이라는 쟁점을 가져야 한다고 주장했다.[25]

말레이시아는 1891년 협약과 관련하여 다음과 같은 일반적 결론을 주장했다. 즉, 첫째, 영국과 네덜란드 사이의 경계분쟁은 보르네오 본토, 그중에서도 경계선이 시작되는 동쪽 해안 지점에 집중되어 있으며, 둘째, 협상을 전후하여 당사국들이 언급한 도서는 Tarakan, Nunukan, Sebatik 및 그에 속하거나 인접한 작은 섬들로서 리기탄과 시파단을 포함하지는 않았고, 셋째, 1891년 7월의 공동탐사는 Broershoek 및 Sebatik 섬 부근의 강을 대상으로 한정되었고, 시파단 및 리기탄에 대한 조사는 영국의 활동으로 분명히 제한되었으며, 넷째, 1891년 협약에 대한 자연적 내지 통상적인 의미로는 공해까지 경계가 연장된다고 볼 수 없으며, 다섯째, 네덜란드 의회의 비준과정에서 분쟁도서가 언급되지 않았고, 설명각서에 첨부된 네덜란드의 내부 지도는 토론과정에서 특별히 언급되지 않았으며, 여섯째, 1915년 9월 28일의 추후 합의에는 경계선이 동부 및 서부 해안에 표시된 북위 4°10′ 선을 따라 세바틱 섬을 횡단한다고 되어 있는데, 전문에서 언급되고 1915년 협정에 첨부된 유일한 지도는 경계선이 세바틱 섬의 동부 해안에서 출발하여

---

24 *Ibid.,* para.2.8.
25 *Ibid.,* para.2.9.

양 도서와 무관하다는 것을 확인하고 있다는 것이 그러하다.[26]

그리고 양 도서에 대한 실효적 지배의 증거로서 말레이시아는 우선 바다거북 알의 채취에 대한 규제를 다음과 같이 들었다. 시파단 섬에서 거북알을 수집하고 이를 통제할 권리는 섬에 대한 권한의 행사에 중요한 의미를 갖는데, 그러한 권리는 1878년 훨씬 이전에 술루 술탄에 의해 부여되어 거북알로 면허세를 납부하게 했다. 또한 그러한 권리는 그 지역의 Bajaus에게 부여되었고, 권리의 이전은 관습법에 의해 규율되었으며 증여 또는 상속에 의해 이전되었다.[27]

거북알의 채취에 대한 규제와 관리는 항상 영국 측이 취급한 문제로서 네덜란드나 인도네시아가 관여하지 않았다. 예컨대, 그런 점은 1910년 6월 26일자 Semporna의 지방 공무원이 시파단 섬에서의 거북알 수집권과 관련하여 동부 해안 주재관에게 보낸 편지에 기술되어 있으며, 1916년 1월 26일에 대리 주재관이 국무장관에게 보낸 편지에도 거북알 수집에 대한 독점권의 부여가 요청되어 있다. 1916년 5월 6일에는 대리 주재관이 그러한 권리의 인정에 대한 확인서를 발급했다. 1918년 8월 18일에 해군총장이 주민들의 거북알 배분을 확인했다. 그리고 1919년 7월 2일에 1917년의 거북보존령에 의해 그 수집을 위한 자연보호구가 지정되었다.[28]

한편, 1923년 북부 보르네오 정부에 의해서도 거북알과 관련하여 시파단 섬이 자국의 영역이라는 사실이 확인되었다.[29] 1954년 4월 28일 지역 관리에 의해 양 도서에서 일정한 개체 수의 거북 포획 허가가 1917년 거북보존령에 따라 부여되었다. 북부 보르네오의 관리들은 그에 수반되는 거북알 채취 분쟁도 담당했다.[30]

---

26 *Counter-Memorial submitted by the Government of Malaysia*(2000), para.2.79.

27 *Memorial submitted by the Government of Malaysia*(1999), para.6.9.

28 *Ibid.*, paras.6.10-6.16.

29 *Ibid.*, para.6.17.

이와 관련하여, 인도네시아는 말레이시아가 섬을 선점하기 이전에 인도네시아인들도 시파단 섬에서 거북알을 수집했다고 주장했지만 구체적인 증거를 제시하지 못했다. 인도네시아는 거북알의 채취가 섬에 대한 영유권 행사와 무관한 Bajau족의 문제라고 주장했지만, 이는 오히려 네덜란드와 인도네시아의 권한이 행사되지 못한 것을 말한다. 인도네시아는 1917년 거북보존령에 의해 시파단이 자연보호지구로 지정되어 영국령으로 취급된 점을 간과하고 있다.[31]

다음, 실효적 지배의 증거로서 말레이시아는 조류보호구역의 설치를 들었다. 즉, 1932년 12월 19일 Sandakan의 삼림 보호관이 1930년의 토지령 28조에 따라 정부 관리에게 시파단에서의 자연보호구역 설치를 제안했는데, 이 제안은 수용되어 1933년 2월 1일 공식 관보를 통해 시행되었다.[32]

또한 말레이시아는 등대의 건설 및 유지를 실효적 지배의 증거로 들었다. 즉, 1962년 이후 양 도서에 있어서 항해보조시설 및 등대의 건설, 통보, 유지 등을 언급했는데, 당시 인도네시아는 이를 반대하지 않았다는 것이다. 말레이시아는 인도네시아가 에리트리아 예멘 사건과 망키에 에크레오 사건을 들면서 등대나 부표의 설치가 주권의 행사나 선점의 증거가 될 수 없다고 주장한 데에 대해서도 반박했다. 에리트리아 예멘 사건에서 등대의 건설은 타국이 인지할 정도가 아니어서 관계국의 동의가 문제되지 않았지만, 이 사건의 경우 등대의 건설은 분명히 공개되었고 인도네시아가 이를 묵인했다는 것을 지적했다.[33]

말레이시아는, 이상과 같이 영국이 1891년 이전부터 그리고 말레

---

30 *Ibid.*, paras. 6.19-6.23.

31 *Reply submitted by the Government of Malaysia*(2001), paras. 5.14-5.17.

32 *Memorial submitted by the Government of Malaysia*(1999), para. 6.24; *Reply submitted by the Government of Malaysia*(2001), para. 5.21.

33 *Reply submitted by the Government of Malaysia*(2001), paras. 5.23-5.24.

5. 말레이시아와 인도네시아의 리기탄·시파단 도서 분쟁 193

이시아가 1963년 이후 계속적으로 또 평화적으로 아무런 방해를 받지 않고 양 도서에 주권을 행사해 왔기 때문에, 시효와 마찬가지로 권원의 역사적 응고에 대한 요건이 충족되었다고 주장했다. 그에 비해 과거 네덜란드와 최근의 인도네시아는 양 도서에 대하여 어떠한 주권도 행사하지 않았으므로, 양 도서에 대한 영유권은 말레이시아에 있다고 주장했다.[34]

IV. 판결의 내용

분쟁당사국들은 영유권의 근거로서 각각 원주민 수장 내지 부족국의 술탄으로부터의 승계 및 1891년 영국과 네덜란드 사이의 식민지 경계획정협약에 의한 종주국으로부터의 승계에 의한 영토 취득을 권원으로 주장했다. 그러나 이는 재판소에 의해 받아들여지지 않았다. 재판소는 권원의 승계와 관련하여, 양 도서에 대한 네덜란드의 영유의사를 확인할 수 없어서 인도네시아의 주장을 인정할 수 없다고 했으며, 스페인과 미국 및 영국으로 그 권원이 연결되었다는 증거를 찾을 수 없기 때문에 말레이시아의 주장도 인정할 수 없다고 했다.[35]

구체적으로, Bulungan 술탄이 양 도서를 통치했는지에 대한 여부가 불분명할 뿐만 아니라, 네덜란드와 Bulungan 술탄이 체결한 1878년과 1893년의 계약에는 세바틱 섬과 그 주변의 도서들만 언급되어 있어서, 재판소는 네덜란드로부터 양 도서의 권원을 승계받았다는 인도네시아의 주장을 수용할 수 없다고 했다.[36] 마찬가지로, Sulu 술탄의

---

34 *Ibid.*, paras. 5.65-5.67.

35 *Judgment of Case concerning Sovereignty over Pulau Ligitan and Pulau Sipadan*(2002), paras. 109-110.

36 *Ibid.*, para. 96.

영지에 양 도서가 포함되어 있는지 여부도 불분명하며, 1878년 7월 22일 스페인과 Sulu 술탄이 체결한 평화와 항복의 근거를 확인하는 의정서에서 Sulu 술탄이 Sulu의 군도와 그 부속도서를 스페인에게 양도했지만, 1885년 스페인, 독일, 영국이 체결한 의정서의 내용과 그에 관련된 스페인의 추후 실행을 볼 때, 스페인이 그러한 영역을 양도받아서 그에 대한 영유권을 주장할 수 있는 위치에 있었으면서도 실제로 그렇게 했다는 증거를 찾기가 힘들다고 했다.[37] 즉, 재판소가 말레이시아의 주장도 받아들이지 않은 것이다. 그리고 스페인에서 미국으로 분쟁 도서가 할양되었는지 여부에 대해서는 미국이 의문을 제기했으며,[38] 따라서 미국으로부터 영국으로 해당 도서가 양도되었다고 보기도 힘들다고 했다. 즉, 1930년 미국과 영국이 체결한 필리핀과 북부보르네오 사이의 경계에 대한 협약에서 가령 그러한 도서의 양도가 규정되었다 하더라도, 그러한 주장은 재판소에 의해 받아들여질 수 없다고 했다.[39] 다만, 스페인의 영유권의 행사가 포기된 후, 해당 지역에서의 관할권 행사는 영국의 보호 하에 있던 북부 보르네오에 이루어짐으로써 말레이시아에 유리한 근거가 확립되기 시작했다. 즉, 1907년 영국과 미국의 각서교환에 의해, 비록 주권의 행사는 아니지만, 북부 보르네오 해안으로부터 3리그 이원에 있는 도서에 대한 BNBC의 계속적인 행정권의 행사가 인정되었다.[40]

또한 재판소는 1891년 협약은, 그 기초과정과 체결 후의 영국과 네덜란드 양국의 실행을 고려하면, 분쟁도서의 영유권을 확인한 것이 아니라고 했다. 그러한 이유로 재판소는 에펙티비테를 가장 중요한 근거로 하여 영유권의 존재를 판단했다.[41] 즉, 1891년 협약을 통상적인 의

---

37 *Ibid.*, paras.111-114.
38 *Ibid.*, paras.115-117.
39 *Ibid.*, paras.119-120.
40 *Ibid.*, para.118.

미로 해석한다면, 그에 규정된 경계선(boundary)은 인도네시아가 주장하는 바와 같이 세바틱 섬을 지나서 해양에 존재하는 섬의 영유권을 할당하는 그런 기능을 갖는 선으로 보기는 힘들다고 했다. 명시적인 규정이 없으면, 경계선에 그런 추가적인 의미를 조약당사국이 부여한 것으로 해석하기는 힘들다고 했다.[42] 특히 재판소가 1891년 협약의 의미를 분쟁도서의 주변 해역으로 확장하지 않겠다고 판단한 것은 말레이시아에게 결정적으로 유리하게 작용했다.

재판소는 또한 네덜란드 정부가 조약의 비준을 위해 국회에 제출한 설명각서가 조약의 규정을 명확하게 한다고 하면서, 그 설명각서가 그에 첨부된 지도와 함께 세바틱 섬의 동쪽에 있는 섬들의 처분에 대해서 특별하게 언급하지 않고 있다는 점을 적시하여 인도네시아의 주장을 받아들이지 않았다.[43] 재판소는, 동 조약의 대상과 목적은 애매한 기술에도 불구하고 보르네오 섬과 세바틱 섬에서 양측의 경계를 정하는 것으로 보아야 한다는 점과,[44] 조약의 체결 당시 준비문서와 상황 등 해석의 보충수단,[45] 그리고 추후의 국가실행 등을 고려하여,[46] 인도네시아의 주장을 인정하기 힘들다고 했다.

재판소는, 이러한 사정을 고려하여, 권원의 승계나 조약에 의한 권원의 주장과는 별도로 또 독립적으로, 해당 도서에 대한 양국의 실효적 지배의 증거로서 다양한 국가실행 내지 활동을 분석하여 영유권의 소재를 판단했다. 우선, 재판소는 동부그린란드 사건을 실례로 분쟁 도서의 실효적 지배에 대한 기준을 정하여 양국의 국가실행을 평가했다. 재판소는 동부그린란드 사건에서 상설국제사법재판소가 할양조

---

41 *Ibid.*, paras. 126-127.

42 *Ibid.*, para. 43.

43 *Ibid.*, paras. 44-48.

44 *Ibid.*, para. 51.

45 *Ibid.*, paras. 53-58.

46 *Ibid.*, paras. 59-80.

약과 같은 특별한 행위나 권원에 의존하지 않고 계속적인 권한의 행사에 의해 영유권을 주장할 경우에는 주권국가로서 행동할 의지와 의도, 그리고 실질적인 국가권한의 행사와 표시라는 두 가지 요소가 필요하다고 한 것을 원용했다. 그리고 다른 국가가 우세한 주장을 내놓지 못한다면, 재판소가 주권적 권리의 실질적 행사방식에 거의 만족하지 못한 것을 인식하지 않고 영유권 관련 케이스의 재판기록을 읽는 경우는 거의 없는데, 특히 이는 인간이 거주하지 않거나 거주가 거의 불가능한 지역의 영유권을 주장할 경우에 사실이라는 부분을 지적했다.[47] 즉, 주권적 권리의 실질적인 행사가 다소 약하더라도 재판소가 이를 중시할 수 있다고 한 것이다. 특히 재판소는, 경제적 중요성이 거의 없고 인간이 거주하거나 상주하지 않는 리기탄이나 시파단과 같이 아주 작은 도서의 경우, 실효적 지배의 증거로서 국가실행인 에펙티비테는 희박할 수밖에 없다고 판단했다.[48]

재판소는 우선 인도네시아가 주장한 에펙티비테에 대하여 입법적 내지 규제적 성격이 없다고 판단했으며, 더구나 1960년 2월 8일 법률 4호에 의해 군도기선을 도입할 당시 인도네시아가 법령과 그 부속지도에 양 도서를 기점으로 언급하거나 나타내지 않은 점을 지적했다.[49] 또한 재판소는 양 도서의 주변 수역에서의 네덜란드와 인도네시아의 해군활동으로부터도 직접 양 도서에 대한 영유권의 행사를 추론할 수 없다고 했다. 예컨대, 1921년 네덜란드 군함 Lynx의 항해보고서나 기타 인도네시아가 제출한 해군의 정찰 및 초계활동 관련 서류는 네덜란드나 인도네시아가 양 도서와 주변 수역을 자국의 영역으로 간주했다는 내용을 담지 않고 있기 때문이다.[50] 인도네시아 어부들의 활동도 정

---

47 *PCIJ, Series A/B* No.53, pp.45-46.
48 *Judgment of Case concerning Sovereignty over Pulau Ligitan and Pulau Sipadan*(2002), para.134.
49 *Ibid.*, para.137.

부의 권한이나 공식적인 규제에 의해 행해지지 않은 사인의 활동으로서 에펙티비테의 일환으로 보기 힘들다고 했다.[51] 이러한 이유로, 재판소는 인도네시아가 주장한 활동은 양 도서에 대한 주권의 행사(a titre de souverain)의 의도와 의지를 반영하는 것이 아니라고 판단했다.[52]

그에 비해 재판소는, 말레이시아가 자신의 이름 및 영국의 승계국으로서 주장한 국가실행은 수적으로 많지는 않지만 다양한 성격을 가진 것으로, 입법적, 행정적 내지 준사법적 행위를 포함한다고 하여, 이는 상당한 기간 동안 넓은 도서지역의 행정이라는 문맥에서 양 도서에 대한 국가기능의 행사 의도와 같은 유형을 보여준다고 했다.[53] 예컨대, 말레이시아가 1930년의 토지령에 의해 1933년에 시파단에 조류보호구역을 지정하고, 1917년 거북보존령에 의해 거북알의 채취를 규제하고 조류보호구역을 지정한 것은 영토에 대한 규범적 내지 행정적 권한의 행사로 볼 수 있다고 했다.[54] 북부 보르네오 당국이 1962년과 1963년에 각각 시파단과 리기탄에 등대를 건설하고 말레이시아가 독립 후 계속 이를 유지했는데,[55] 재판소는 등대나 항해보조시설의 설치와 운영은 통상의 경우 국가권한의 행사로 간주되지 않지만, 카타르 바레인 케이스에서 작은 도서에 대한 항해보조시설의 설치가 영유권 행사의 근거로 인정된 것처럼 이번의 경우도 그러한 고려를 해야 한다고 했다.[56]

재판소는 이상과 같이 말레이시아가 주장하는 에펙티비테에 대한 관련 사항을 고려하여 양 도서에 대한 영유권이 말레이시아에 있다는

---

50 *Ibid.*, paras.138-139.
51 *Ibid.*, para.140.
52 *Ibid.*, para.141.
53 *Ibid.*, para.148.
54 *Ibid.*, paras.144-145.
55 *Ibid.*, para.146.
56 *Ibid.*, para.147.

판결을 내렸다. 즉, 말레이시아가 주장한 에펙티비테가 양 도서의 영유권을 인정하기에 충분하며, 네덜란드나 인도네시아가 말레이시아의 국가실행에 대하여 당시 항의하거나 이의를 제기하지 않았다는 점을 고려하여 그런 입장을 취했다.

V. 평 석

이 사건에서는 에펙티비테라고 하는 비교적 경미한 비중의 국가권한의 행사를 실효적 지배의 증거로 인정한 점이 가장 주목된다. 재판소가 이 사건에서 에펙티비테를 중시한 것은, 팔마스 섬 사건이나 멩끼에 에끄레호 사건의 경우에서와 같이, 계속적이고 평화적인 지배나 결정적인 역사적 증거 내지 실효적인 국가권한의 행사를 인정할만한 근거가 없었기 때문이다. 예컨대, 팔마스 섬 사건에서는, 동인도회사를 통한 네덜란드의 국가권한의 행사가 스페인의 발견보다도 더 결정적이었다고 인정되었는데, 인도네시아와 말레이시아는 그러한 구체적인 주장을 제시하지 못했다. 특히, 양국은 양 도서를 무주지라고 주장하지 않았으며, 제3국도 그에 대한 영유권을 주장하지 않았다. 양국의 식민지 지배국 내지 종주국이었던 네덜란드와 영국도 양 도서에 대한 경제적 중요성을 인식하지 못했으며, 그러한 사정은 인도네시아와 말레이시아의 독립 후에도 일정 기간 계속되었다. 따라서 재판소가, 설득력 있는 권원에 대한 대안이 없었던 이 사건에서, 영유권 분쟁을 해결하기 위한 차선책으로서 에펙티비테에 법적 타당성을 부여했다는 데에 의의가 있을 것이다. 즉, 에펙티비테의 중요성이 영유권의 판단에 결정적인 역할을 한 점이 기존의 영유권 관련 사건과 다른 점이라 할 수 있다.

국제사법재판소에 의해 에펙티비테의 개념이 처음 다루어진 케이스는 1986년 부르키나 파소와 말리 사이의 국경분쟁 사건이었다. 당시 국경선의 획정을 둘러싸고 무력분쟁까지 벌인 양국은 현상유지의 원칙(uti possidetis)을 어떻게 평가하여 적용해야 하는지에 대하여 심각하게 대립했다. 즉, 식민지 시대의 행정구역이 독립 후에 어느 정도 계승되어야 하는지가 문제된 것이다.[57] 재판소는 그 판결에서 영토 분쟁과 국경 분쟁을 구별하여 국제재판에서 형평의 본질과 함께 현상유지의 원칙의 법적 성격 및 자결권과의 관계를 잘 정리했다. 구체적으로, 재판소는 국경의 안정성을 중시하여 경계선의 법적 현상이 명시적으로 달리 확인된다면 그에 반하는 에펙티비테는 큰 의미가 없지만, 다른 법적 권원이 확인되지 않는다면 에펙티비테를 중시할 수밖에 없다고 했다. 즉, 전통적 법적 권원에 대신하여 관련된 국가실행을 영유권 판단의 근거로 인정해야 한다는 입장을 제시한 것이다. 특히 이 사건은 식민지 독립에 있어서 제3국의 관여에 의한 영역 침해를 방지하는 차원에서 현상유지 원칙과 에펙티비테의 관계를 설정한 데에 중요한 의미가 있다.[58] 그 외에 1999년 에리트리아와 예멘 사이의 도서 분쟁 사건에서도 복잡한 역사적 사정 때문에 특정한 권원보다 실효적 지배의 증거로서 경미한 에펙티비테가 중시되었다.[59]

　　재판소가 이렇게 에펙티비테를 중시한 것은 독도 문제의 연구와 관련하여 우리가 주목해야 할 부분이다. 독도는 오랫동안 육지로부터 먼 곳에 위치한 무인도였고 경제적 중요성도 크지 않아서, 리기탄과 시파단 양 도서처럼 그런 부분이 중요한 역할을 할 수 있기 때문이다. 물론 역사적 권원이 분명하다면 그에 의해 일본의 주장을 물리치는 논

57　*Judgment of Case concerning the Frontier Dispute between Burkina Faso and Republic of Mali*(1986), paras.62-63.

58　斎藤民徒, "衡平", 『国際法判例百選』, 有斐閣(2011), pp.14-15.

59　W. Michael Reisman, "Eritrea-Yemen Arbitration(Award of the Arbitral Tribunal in the First Stage of the Proceeding): Territorial Sovereignty and Scope of the Dispute", *American Journal of International Law* Vol.93, No.3(1999), pp.673-676.

리를 세울 수 있겠지만, 그렇지 못한 측면도 있을 수 있으므로 독도와 관련된 사소한 국가실행도 지속적으로 살펴보고 면밀히 검토할 필요가 있다.

구체적으로, 울릉도의 행정구역 개편에 대한 대한제국 칙령41호 관련 자료는 더 철저하게 연구하고 추가적 자료의 발굴을 위해 노력해야 한다. 마찬가지로, 일본의 시마네현 고시 관련 연구도 치밀하게 해야 한다. 시마네현 고시의 전제가 된 독도 무주지 이론을 반박할 수 있는 일본 측 자료는 적지 않기 때문이다. 예컨대 대마도종가문서, 막부와 돗토리현의 질의응답서, 조선국교제시말내탐서 및 태정관지령 등은 일본에 대한 대응논리를 개발할 수 있는 근거 자료가 될 수 있다. 본 사건에서 말레이시아가 네덜란드 측 자료를 이용하여 자국의 입장을 강화한 점은 독도 문제에 대한 중요한 포인트가 될 것이다.

샌프란시스코 평화조약의 해석과 관련해서도 이 사건은 중요한 의미를 갖는다. 인도네시아의 주장에도 불구하고 재판소는 1891년 협약이 양 도서의 영유권이나 그 주변 해역의 경계를 규정한 것으로 볼 수 없다고 했는데, 이러한 재판소의 입장은 우리에게 유리한 방향을 제시할 수 있다. 즉, 샌프란시스코 평화조약이 독도의 영유권에 대하여 침묵한 것은 조약당사국들의 합의가 이루어지지 않아서 영유권을 명시하지 않은 것이지, 일본의 주장처럼 한국의 영토가 아니라는 것을 입증하는 것은 아니기 때문이다. 단지 조약의 당사국들이 독도의 영유권 문제에 대한 판단을 유보한 것으로 보는 것이 타당한 해석이다. 조약의 기초과정이나 그 후의 국가실행을 보더라도 그렇게 해석하는 것이 합리적이다. 따라서 독도 문제와 관련해서도, 리기탄과 시파단 양 도서의 경우에서처럼 샌프란시스코 평화조약의 적용을 배제하고, 그 후의 국가실행이 중요한 에펙티비테로 간주될 수 있다는 점을 주목하여 접근할 필요가 있다.

이 사건에서 중요한 에펙티비테가 된 등대의 설치와 유지 문제도 독도와 관련하여 주목해야 할 부분이 있다. 원래 등대나 항해보조시설의 설치는 영유권 표시와 크게 관련이 있지는 않았지만, 다른 권원이 없고 작은 섬의 경우 고려할 수밖에 없다는 것이 재판소의 입장이었다. 따라서 독도에 대한 등대나 항해보조시설 기타 설비도 우리에게 중요한 에펙티비테가 될 수 있는 것이다. 다만, 이 문제와 관련해서는 일본의 묵인이 전제가 되어야 하는데, 그런 부분은 우리의 뜻대로 되지 않는다. 특히 최근에 설치 문제를 둘러싸고 논란이 되고 있는 독도 해양과학기지와 관련하여, 이 문제를 신중하게 바라볼 필요가 있다. 일본도 도서의 영유권 분쟁 케이스에서 에펙티비테의 역할을 잘 알고 있을 것이므로, 해양과학기지의 건설은 좌시하지 않을 가능성이 높다. 만약 일본이 국제해양법재판소에 그런 문제와 관련하여 본안과 함께 잠정조치를 신청할 경우, 독도의 분쟁적 성격은 국제적으로 부각되고 사태는 걷잡을 수 없이 확대될 수 있을 것이다. 해양과학기지는 등대나 항해보조시설보다 훨씬 비중이 높은 법적 의미를 갖는 것으로 해석될 것이기 때문이다. 게다가 국제해양법재판소는 일응(prima facie)의 관할권이 있는 것으로 판단하면 해당 분쟁에 대하여 적절한 잠정조치를 명령할 수 있어서 더욱 이를 주목해야 한다.[60]

이와 같이, 리기탄과 시파단 양 도서의 영유권을 둘러싼 말레이시아와 인도네시아의 분쟁은 여러 가지 측면에서 독도 문제의 접근에 중요한 의미를 부여해 준다. 구체적으로 어떤 국가실행이 독도와 관련된 에펙티비테로서 일방당사국에게 유리하게 작용할지 예단할 수는 없다. 다만, 우리의 입장에서 이 도서 분쟁 케이스가 갖는 함의를 냉정하게 분석하여 일본에 대한 대응논리를 개발하는 것이 중요하다. 본문에서는 그런 점을 염두에 두고 말레이시아가 재판소에 제출한 준비서면과 답변서에 상대적인 중점을 두고 분석했다.

---

60 유엔해양법협약 제290조.

6	니카라과 대 온두라스 간 카리브해 영토 및 해양분쟁 사건*

I. 서 론

「니카라과와 온두라스 간 카리브해 영토 및 해양분쟁 사건」(Case Concerning Territorial and Maritime Dispute between Nicaragua and Honduras in the Caribbean Sea, 이하에서는 니카라과 대 온두라스 사건)은 해양경계획정과 도서영유권 문제가 혼합된 사건으로, 1999년 12월 8일 니카라과가 온두라스를 상대로 국제사법재판소(International Court of Justice: ICJ) 사무국에 재판신청을 함으로써 시작되었다.[1] 오늘날 ICJ 와 국제중재재판소에는 해양경계획정과 도서영유권 문제가 혼합되어 있는 사건들이 자주 부탁되고 있다. 에리트리아와 예멘, 카메룬과 나이지리아, 카타르 대 바레인 사건 등이 그러한 것인데, 이런 경우 재판소에서는 일반적으로 도서영유권 분쟁을 먼저 해결하고 해양경계선을

---

* 이 글은 2012년 발간된 『안암법학』 통권 제37호에 게재된 논문을 수정·보완한 것이다.

1 *Territorial and Maritime Dispute between Nicaragua and Honduras in the Caribbean Sea (Nicaragua v. Honduras)*, Judgment, ICJ Reports, 2007, para.1. 니카라과는 「보고타협정」(Pact of Bogota) 즉 「평화적 해결에 관한 미주조약」(American Treaty on Pacific Settlement) 제31조와 「재판소규정」 제36조 2항의 분쟁당사국에 의한 재판소의 관할권 수락선언을 근거로 재판을 신청하였다.

획정하게 된다.[2] 본 니카라과 대 온두라스 사건도 그러한 일종의 혼합 사건(mixed case)의 하나이다.

재판소는 2000년 3월 21일자 명령에서 2001년 3월 21일과 2002년 3월 21일을 니카라과의 준비서면(memorial)과 온두라스의 답변서(counter-memorial)의 등록기한으로 정하였으며, 그러한 변론서는 기한 내에 제출되었다. 이어서 2002년 6월 13일자 명령에서 재판소는 니카라과의 항변서(reply)와 온두라스의 재항변서(rejoinder) 제출시한을 각각 2003년 1월 13일과 동년 8월 13일로 정하였고, 그러한 변론서 역시 기한 내에 제출되었다. 공개심리는 2007년 3월 5일부터 23일 사이에 개최되었고, 구두절차가 끝난 뒤 당사국들은 재판소에 최종진술(final submission)을 제출하였다. 본 니카라과 대 온두라스 사건에 대한 본안판결은 2007년 10월 8일에 내려졌다.[3]

ICJ의 본 사건에 대한 재판에서는 재판신청 때 청구되지 아니한 새로운 청구도 재판소가 다룰 수 있는가 하는 점과 함께 도서에 대한 실효적 지배, 해양경계획정방법, 도서의 해양수역 문제가 쟁점으로 부각되었다. 여기에서는 니카라과와 온두라스 간 영토와 해양분쟁의 사건배경, 당사국의 주장, 새로운 청구의 수리와 결정적 기일 문제에 이

---

2 Merrils, "The International Court of Justice and Adjudication of Territorial and Boundary Disputes," *Leiden Journal of International Law*, vol. 13, 2000, pp.873-874.

3 니카라과의 대리인(agent), 법률고문(counsel), 변호인(advocate)으로는 옥스퍼드대 국제법교수 Ian Brownlie, 네덜란드 유트레히트 대학교의 Alex Oude Elferink, 파리대학 교수 Pellet 등이 선임되었으며, 온두라스의 대리인과 공동대리인으로는 파리대학 국제법교수인 Piere Marie Dupuy, 런던정경대의 국제법교수 Christopher Greenwood, University College London의 국제법교수 Philippe Sands, 미국 변호사인 David Colson 등이 참가하였다. 양국은 재판소 규정 제31조 3항 규정에 따라 임시재판관을 선임하였는데, 니카라과는 Giorgio Gaja를, 온두라스는 처음에는 Julio Gonzales Campos를 선임하였다가 그가 사임한 뒤에는 Santiago Torres Bernardez를 선임하였다.

어 도서영유권 문제와 해양경계획정 문제를 살펴보고, 판결내용과 우리나라에 대한 함의를 정리해 본다.

II. 사건배경

니카라과 대 온두라스 사건에서 지리적으로 해양경계획정이 필요한 수역은 카리브해이다. 카리브해 남쪽에는 베네수엘라, 콜롬비아, 파나마, 서쪽에는 코스타리카, 니카라과, 온두라스, 과테말라, 벨리즈와 멕시코 유카탄 반도가 면해 있는데, 본 사건의 당사국인 니카라과와 온두라스는 카리브해 남서쪽 부분에 위치해 있으며 그 북동쪽에는 자메이카(Jamaica)가 있다. 양국의 해안선은 직각을 이루면서 바다 쪽으로 돌출해 있으며, 양국의 해안선이 만나는 지점인 동쪽 끝의 Cape Gracias a Dios 양쪽의 해안선은 만곡을 이루고 있다.[4]

니카라과와 온두라스 동쪽 해안에는 '니카라과 해저융기부'(Nicaraguan Rise)라고 하는 대륙변계(continental margin)가 발달해 있으며 수심은 대략 20미터 정도이다. 니카라과 해저융기부는 니카라과와 온두라스 양국 해안과 자메이카 해안의 중간지점 부근에서 사라지고 수심은 1,500미터 정도까지 급격히 내려간다. 해저융기부는 Thunder Knoll Bank, Rosalind Bank(또는 Rosalinda Bank)와 같은 몇 개의 거대한 사주(bank)들로 나누어져 있으며, 해안에서 가까운 천해지역에는 많은 모래톱들이 있으며 일부는 수면 위에 존재한다. 특히 북위 15도선 약간 북쪽에는 Bobel Cay, Savanna Cay, Port Royal Cay, South Cay와 같은 모래톱들이 존재하는데, 이들은 코코강 입구에서 동쪽으로 30 내지 40해리 거리에 있다.[5]

---

4 *Nicaragua v. Honduras Case, op. cit.*, paras. 20-26.
5 *Ibid.*, paras. 27-29.

역사적으로 1821년 스페인에서 독립하였을 때 니카라과와 온두라스 양국은 인근의 도서들을 포함하는 각자의 영토에 대해 영유권을 획득하였다. 1894년 9월 7일 양국은 Gámez-Bonilla 조약이라는 국경조약을 체결하였다. 그 조약 제2조는 *uti possidetis juris* 원칙에 따라 "각 공화국은 독립일 온두라스 주와 니카라과 주를 구성하는 영토의 소유자"라고 하였다. 동 조약 제1조는 경계선 획정을 위하여 혼합경계선위원회(Mixed Boundary Commission)를 구성하도록 하였는바, 위원회는 태평양 쪽의 Fonseca 만에서부터 Portillo de Teotecacinte까지의 경계선은 획정하였으나, 그곳부터 대서양까지의 경계선은 결정하지 못하였다.

Gámez-Bonilla 조약 제3조에 따라 니카라과와 온두라스는 나머지 국경부분에 대한 양국 간 분쟁을 단독중재자인 스페인 왕에게 부탁하였다. 스페인 왕 Alfonso 13세는 1906년 12월 23일 Cape Gracias a Dios의 코코강 입구에서 Portillo de Teotecacinte까지 경계선을 획정하는 판정을 하였다. 그 후 니카라과가 1912년 각서를 통해 판정의 타당성과 구속력에 문제를 제기한 이후 일련의 과정을 거쳐서, 1957년 미주기구(OAS) 이사회가 이 문제에 개입하였으며 거중조정을 거쳐 양국은 분쟁을 ICJ에 회부하였다.

1960년 11월 18일 ICJ는 스페인 왕의 판정은 유효하고 구속력이 있으므로 니카라과는 그것을 이행할 의무가 있다고 판시하였다. 그 후에도 양국이 1906년 중재판정의 이행방안에 합의하지 못하자, 니카라과의 요청으로 Inter-American Peace Committee가 개입하여 혼합위원회(Mixed Commission)를 설치하였다. 혼합위원회는 1962년 경계선 표석을 세워 경계선 획정을 마무리하였는데, 그 육상경계선은 코코(Coco)강 입구인 북위 14°59.8′ 서경 83°08.9′ 지점에 위치하였다.

상기한 과정을 거치면서 양국 간 육상경계선은 안정을 찾았으나, 해양경계선에 대해서는 1970년대 후반에 이르기까지 거의 논의된 바 없었다. 그러나 1970년대 후반 양국이 각각 15도선 근처에서 상대방 국가의 어선들을 나포하거나 공격하는 사건들이 발생하면서 양국 간의 관계는 악화되었고, 양국이 주장하는 해양관할수역은 중복되었는 바, 양국은 ICJ에서 해양경계획정 문제의 해결을 모색하게 되었다.[6]

III. 당사국의 주장

1. 도서영유권 관련

니카라과는 신청서와 서면변론에서는 국제사법재판소(ICJ)에 자국과 온두라스에 속하는 영해, 대륙붕, EEZ의 단일해양경계선 획정만을 요구하였었다. 그러나 구두절차에서는 재판소에 북위 15도선, 보다 정확하게는 14°59.8′를 지나가는 선의 북쪽 분쟁수역에 위치하는 도서에 대한 영유권을 결정해 달라는 청구를 새로이 제기하였다.[7]

니카라과의 Bobel Cay, South Cay, Savanna Cay, Port Royal Cay 등 분쟁수역의 도서와 해양지형에 대한 영유권 주장은 근접성 원칙(principle of adjacency)에 근거한 시원적 권원(original title) 주장이다. 니카라과는 자국과 온두라스 양국이 스페인에서 독립한 1821년 당시에 이들 도서와 모래톱, 모래톱들은 무주지(terra nullius)가 아니었으며 독립과 함께 어느 국가에 양도된 것도 아니라고 주장하였다. 니카라과는 이들 해양지형에 관하여 1921년 당시의 uti possidetis juris 상황을 확정하는 것은 불가능하므로 '다른 권원'을 찾아야 하는데, 이들 섬들은

---

6 Elizabeth A. Kirk, "Case Concerning Territorial and Maritime dispute between Nicaragua and Honduras in the Caribbean Sea," *International and Comparative Law Quarterly*, vol. 57, 2008, p.702.

7 *Nicaragua v. Honduras Case*, op.cit., para.72.

지리적으로 니카라과 해안의 섬들과 근접해 있으므로 근접성 원칙에 근거하여 자국이 이들 섬에 대해 시원적 권원을 갖는다는 것이었다.[8]

니카라과는 온두라스가 원용한 미약한 실효적 주권행사(*effectivités*)가 니카라과의 도서영유권을 대체할 수는 없으며, 온두라스가 제기한 대부분의 *effectivités*는 결정적 기일(critical date) 이후에 발생한 것이라고 하였다. 그러나 니카라과는 자국의 *effectivités*와 관련하여 모래톱을 포함한 분쟁수역에 대한 자국의 영유권 행사는 19세기에 시작되어 1960년대에도 계속되었던 영국과의 바다거북 관련 협상과 합의를 통해 증명된다고 하였다.[9]

온두라스는 Bobel Cay, South Cay, Savanna Cay, Port Royal Cay 등 분쟁수역의 도서는 물론이고 카리브해 분쟁수역의 소도와 모래톱(cay)에 대해서도 영유권을 주장하였다. 온두라스의 영유권 주장에서 가장 중요한 부분은 *uti possedetis juris* 원칙에 따라 자국이 분쟁도서들에 대해 시원적 권원(original title)을 갖는다고 한 것이다. 온두라스 역시 1821년 독립 당시에 문제의 섬과 암초 중에 무주지는 없었다고 하였다. 하지만 당시 북위 15도선 상의 Cape Gracias a Dios는 온두라스와 니카라과 지방(province)의 육상 및 해양경계선을 이루고 있었던 바, *uti possedetis juris* 원칙에 따라 15도선 북쪽의 스페인 소유의 섬들은 신생 독립국인 온두라스 공화국 소유의 섬이 되었다고 하였다.[10]

온두라스는 이러한 문제의 도서에 대한 자국의 시원적 권원은 많은 *effectivités*에 의해서 확인된다고 하였다. 이와 관련하여 온두라스는 자국의 공법과 행정법, 형사법과 민사법, 어업활동과 이민관련 규정, 석유와 가스의 탐사와 개발 관련 규정의 적용사례와 해군의 초계활동, 수색 및 구조활동, 공적인 사업과 과학조사에의 참여 등을 언급

---

8 *Ibid.*, paras. 74-75.
9 *Ibid.*, para. 76.
10 *Ibid.*, para. 79.

하였다. 온두라스는 자국은 *effectivités*에 의하더라도 자국의 입장이 니카라과보다 우월하다고 하였으며, 자국의 대부분의 *effectivités*가 결정적 기일 이후에 발생하였다는 니카라과의 주장을 반박하였다.[11]

2. 해양경계획정 관련

니카라과는 영해이원 해양수역의 경계획정과 관련하여 "각국의 해변에 기초한 선의 구성과 그러한 선의 연장선의 구축에 의해 형성된 각의 2등분선"(the bisector of the angle produced by constructing lines based upon the respective coastal frontages and producing extensions of these lines)에 의한 경계획정 방법을 제시하였다. 여기에서 2등분선은 니카라과와 온두라스 해안의 일반적 방향에 의해 도출되는데, 양국의 해변은 코코강 입구로부터 동일한 각도 즉 $52°45'21''$의 방위각을 따르는 2등분선을 만들어내며 그 선은 Rosalind Bank 부근에서 제3국의 경계선과 교차할 때까지 이어진다는 것이다.[12]

니카라과는 양국 간 육상경계선이 해안과 만나는 지역의 특성 등을 이유로 등거리선이라는 기술적 방법은 니카라과와 온두라스 간 해양경계획정에는 적합하지 않다고 하였다. 특히 니카라과는 "육상경계선이 끝나는 정확한 지점은 바늘이 튀어나온 지점"과 유사하다고 하면서, 이러한 지리적 형상으로 인하여 중간선 또는 등거리선에 따른 경계획정을 지배하는 두 개의 지점은 강의 두 개의 끝(two margins of the River)이어야 한다고 하였다.[13]

---

11 *Ibid.*, paras.80-81. 니카라과는 1977년을 결정적 기일로 주장하지만, 온두라스는 니카라과가 문제의 섬들에 대하여 처음으로 영유권을 주장하면서 그 진술서(memorial)를 제출한 2001년 3월 21일 이전이 결정적 기일이 될 수는 없다고 하였다.

12 *Ibid.*, para.83.

13 *Ibid.*, para.84.

온두라스는 재판소에 '전통해양경계선'(traditional maritime boundary)
인 15도선이 카리브 해에서의 양국 간 해양경계선임을 확인해 달라고
하였다. 온두라스에 의하면 그 전통적인 경계선은 *uti possidetis* 원칙
에 근거를 두고 있다. 1821년 스페인에서 독립하였을 때 이미 15도선
을 기준으로 Cape Gracias a Dios에서 최소한 6해리에 달하는 해양관
할권 분계선이 존재하였다는 것이 온두라스의 주장이었다.[14] 온두라
스는 15도선은 전통적인 경계선으로서 국가들의 관행에 의하여 수용
되고 확인되어 왔다고 하면서, 15도선은 등거리선에 비하여 니카라과
에게 유리하고 형평에도 맞는 경계선이라고 하였다.[15] 한편 온두라스
는 자국의 15도선 주장이 수용되지 못하는 경우에 대비하여, 재판소에
조정된 등거리선을 따른 경계획정을 요구하기도 하였다.[16]

IV. 새로운 청구의 수리와 결정적 기일

1. 새로운 청구의 수리

니카라과는 신청서에서 재판소에 자국과 온두라스에 속하는 영
해, 내륙붕, 경제수역 간에 단일해양경계선을 정해 달라고 요청하면서
신청서를 보완·수정할 권리를 유보한다고 하였었다. 진술서에서도
영유권주장을 공식적으로 제기하지 않았던 니카라과는 구두절차(oral
proceeding)에서 "구두절차가 끝난 후 최종진술(final submission)에서
도서들의 영유권문제에 대한 결정을 요청"하게 될 것이라고 하였고,
실제로 재판소에 분쟁수역 내 섬(islands)과 모래톱(cays)에 대한 영유

---

14 *Ibid.*, para.86.
15 *Ibid.*, paras.89-90.
16 *Ibid.*, para.91.

권 문제도 결정해 달라고 요청하였다.[17]

재판소는 니카라과의 최종제안에 등장한 분쟁수역의 도서영유권 관련 주장은, 청구서와 서면변론서에 나타난 주장에 비추어 볼 때, 새로운 주장이라고 하였다. 그러나 재판소는 어떤 주장이 새로운 것이라는 사실 자체가 수리가능성 판단에 결정적인 요소는 아니라고 보았다. 소송과정에서 새로이 제기된 주장이 수리가능한 것인지를 결정하려면 "비록 형식적으로는 새로운 주장일지라도 문제의 주장이 본래의 주장에 포함되어 있는 것으로 볼 수 있는지" 고려해야 한다는 것이 재판소의 판단이었기 때문이다.[18] 재판소는 실질문제로서 새로운 주장이 본래의 주장에 포함되어 있는지를 판단하는 데 있어서 그들 간의 일반적인 성격의 관련성의 존재만으로는 불충분하다고 하였으며, "추가적인 주장은 신청서에 내포된(implicit) 것이거나 재판신청서의 주제인 문제로부터 직접 제기되는 것이어야 한다"고 하였다.[19]

재판소는 니카라과의 도서영유권 주장이 검증된 기준들에 비추어 수리가 가능한 것인지 검토하였는데, 해양경계획정이 필요한 카리브해에는 영해, 대륙붕, EEZ를 창설할 수 있는 섬과 영해를 가질 수 있는 암석들이 산재해 있음에 유념하였다. ICJ는 기회가 있을 때마다 "육지가 바다를 지배한다"는 것을 강조해 왔으며,[20] 특히 카타르 대 바레인 사건에서는 "연안국의 해양에 대한 권리의 결정을 위한 시작점으로 고려되어야 할 것은 육상의 영토적 상황"이라고 하면서, "관습국제법을

---

17 *Ibid.*, paras.104-107.
18 *Certain Phosphate Lands in Nauru(Nauru v. Australia)*, Preliminary Objections, Judgment, ICJ Reports, 1992, para.65 참조.
19 *Nicaragua v. Honduras Case*, *op.cit.*, para.110.
20 *North Sea Continental Shelf Case*, Judgment, ICJ Reports, 1969, para.96; *Aegean Sea Continental Shelf (Greece v. Turkey)*, Judgment, ICJ Reports, 1978, para.86; *Maritime Delimitation and Territorial Questions between Qatar and Bahrain (Qatar v. Bahrain)*, Judgement, ICJ Reports, 2001, para. 185.

반영한 1982년 유엔해양법협약 제121조 2항에 따라서 그 크기에 관계없이 섬들은 다른 육지 영토와 동등한 지위를 향유하며 동일한 해양에 대한 권리를 창출한다"고 하였다.[21]

재판소는 니카라과의 새로운 청구의 수리가능성과 관련하여 다음과 같이 말하였다.

> 많은 섬과 암석들이 위치해 있는 카리브해 수역에 단일해양경계선을 그으려면 재판소는 이 해양지형들이 경계선의 방향에 어떤 영향을 미치는지 고려해야 한다. 그러한 선을 구상하려면 재판소는 우선 어떤 국가가 분쟁수역에 위치한 섬과 암석들에 대하여 주권을 가지는지 결정해야 한다. 이런 점에서 재판소는 공식적인 주장의 제기 여부에 관계없이 그러한 일을 하여야 한다는 것이다. 따라서 영유권에 관한 주장은 니카라과의 재판신청서의 주제인 영해, 대륙붕, EEZ 분쟁수역의 경계획정 문제에 내포되어 있는 것이며 거기에서 직접 제기되는 것이다.[22]

ICJ는 분쟁수역의 도서영유권에 대한 니카라과의 주장은 카리브해에서의 니카라과와 온두라스 간 해양경계획정에 관한 본래의 주장에 내재해 있는 것이므로 수리가능하다고 본 것이다.[23]

2. 결정적 기일

결정적 기일(critical date)이란 해양경계획정이나 육지영토에 대한 영유권을 둘러싼 분쟁에 있어서 시간적인 분계선이 되는 시점으로, 그

---

21 *Ibid.* (*Qatar v. Bahrain Case*), para.185; *Nicaragua v. Honduras Case*, *op.cit.*, para.113.

22 *Ibid.* (*Nicaragua v. Honduras Case*), para.114.

23 *Ibid.*, para.115.

이후에 이루어진 분쟁당사국의 행위는 원칙적으로 *effectivités*의 가치를 평가하고 확인하는 데 고려될 수 없다. 이와 관련하여 ICJ는 인도네시아와 말레이시아 사건에서 "당사국 간 분쟁이 구체화된 시점 이후에 이루어진 행위는, 그러한 행위가 이전 행위의 정상적인 지속이거나 당사국의 법적인 입장의 개선을 위해 취해진 것이 아니라면 고려될 수 없다"고 하였다.[24]

온두라스는 자국과 니카라과 간 분쟁은 분쟁도서에 대한 영유권 분쟁과 해양경계선에 관한 분쟁으로 나눌 수 있다고 하였으나, 니카라과는 이를 하나의 분쟁으로 보아야 한다는 입장이었다.[25] 온두라스는 분쟁수역의 해양지형에 대한 영유권 분쟁과 관련해서는 여러 개의 결정적 기일이 있을 수 있다고 하였다. 권원의 문제가 *uti possidetis*의 적용에 관한 것인 경우에 결정적 기일은 양국이 스페인에서 독립한 1821년이 되지만, 식민지시대 이후의 실효적 주권행사에 관해서는 결정적 기일은 진술서 등록일인 2001년 3월 21일 이전이 될 수는 없다고 하였다. 온두라스에 의하면 니카라과는 이때 처음으로 분쟁수역의 도서에 대한 영유권을 주장하였다는 것이다. 해양경계선 분쟁과 관련해서 온두라스는 니카라과에서 산디니스타(Sandinista)가 권력을 장악한 1979년을 결정적 기일로 주장하였다. 이때까지 니카라과는 15도선 이북의 모래톱과 도서들에 대해 최소한의 관심도 표명한 적이 없다는 것이다.[26] 니카라과는 정부 간 서신교환에 이어서 양국 간 해양경계획정 협상이 시작된 1977년이 결정적 기일이라고 하였다. 니카라과에 의하면 해양경계선 분쟁에는 관련 수역 내 도서분쟁도 포함되므로 양 분쟁의 결정적 기일은 동일하다고 하였다.[27]

---

24 *Ibid.*, para.117; *Sovereignty over Pulau Ligitan and Pulau Sipadan (Indonesia/ Malaysia)*, Judgement, ICJ Reports, 2002, para.135.

25 *Nicaragua v. Honduras Case*, *op.cit.*, para.118.

26 *Ibid.*, paras.119-120.

재판소는 본 사건처럼 서로 연결되어 있는 두 개의 분쟁이 있는 사건의 경우에 꼭 단일의 결정적 기일이 있어야 하는 것은 아니며 두 개의 분쟁에 각각 결정적 기일이 존재할 수 있다고 보았다. 따라서 본 사건에서는 도서영유권 귀속에 관한 결정적 기일과는 별도로 해양수역 경계획정에 관한 결정적 기일을 정하게 되었다.[28]

　　중미지역에서의 스페인의 통치는 1821년 종료되었다. 따라서 재판소는 우선 도서영유권과 해양경계선 획정에 대한 *uti possidetis juris* 원칙의 적용가능성 문제를 다루었으며, *uti possidetis juris* 원칙에 근거한 권원이 존재하지 아니하는 경우에는 식민시대 이후에 이루어진 *effectivités*에 기인하는 도서영유권과 묵시적인 합의의 존재여부를 확인하게 되었다. 재판소는 두 가지 분쟁이 구체화된 시점을 참고하여 결정적 기일을 결정하게 되었다.[29]

　　ICJ에 의하면 스페인 왕이 중재판정을 내린 1906년은 결정적 기일이 될 수가 없었다. 중재판정은 니카라과와 온두라스 양국 간의 육상경계선에 관한 것인 데 비해, 본 사건은 양국 간 해양경계획정과 도서영유권에 관한 분쟁이기 때문이다.[30] 재판소는 해양에 대한 권리는 연안국의 육지에 대한 주권으로부터 나온다는 원칙 즉 "육지가 해양을 지배한다"는 원칙에 따라 도서영유권 문제는 해양경계획정에 앞서서 그리고 해양경계획정과는 독립적으로 결정되어야 한다고 하였다.[31] 재판소는 도서분쟁의 결정적 기일은 2001년이라고 보았는데, 그것은 니카라과가 영유권을 주장하였던 모든 소도(islets)와 암석(rocks)에 대

27　*Ibid.*, paras.121-122. 온두라스는 양국 간 외교공문에 해양문제가 언급된 바 없으며 1977년 서신교환 등에서도 대립되는 주장이 나타난 것은 아니므로 이를 분쟁의 구체화로 볼 수는 없다고 하였다.

28　*Ibid.*, para.123.

29　*Ibid.*, para.124.

30　*Ibid.*, para.125.

31　*Ibid.*, para.126.

한 주권적 권리를 명시적으로 유보한 것이 2001년에 등록된 진술서이 었기 때문이다.[32]

해양경계획정 분쟁과 관련하여 재판소는, 1924년 마브로마티스 팔레스타인 양허사건에서 상설국제사법재판소(PCIJ)가 제시하여 지금도 분쟁에 대한 확고한 정의로 평가되는 "분쟁이란 법이나 사실에 대한 불일치와 법적인 관점이나 이해의 충돌"(a dispute is a disagreement on a point of law or fact, a conflict of legal views or of interests)이라는 관점에서 볼 때, 1977년의 서신교환(exchange of letters)이 분쟁이 구체화된 시점은 아니라고 보았다.[33]

해양경계획정과 관련하여 결정적 기일을 정하는 데 있어서 재판소는 온두라스의 공문이 1982년 3월 17일 "한 온두라스 선박이 온두라스 관할권이 적용되는 수역에서 조업 중에 니카라과 순시선에 나포되어 니카라과 항구로 나포되어 갔다"고 표현한 데 유의하였다. 동년 3월 21일에는 두 척의 니카라과 연안경비대 선박이 Bobel Cay와 Media Luna Cay 수역에서 4척의 온두라스 어선을 나포하였는데, 온두라스는 3월 23일 니카라과 순시선이 "양국이 전통적으로 분계선으로 인정해 온" 15도선에서 16해리 북쪽의 모래톱까지 침입해 들어왔다고 항의하였다. 1982년 4월 14일 니카라과는 그러한 전통적 경계선의 존재를 부인하였지만, 온두라스는 그러한 국경(frontier)이 "법적으로 획정된"(legally delimited) 것은 아닐지라도 "전통적으로 수용되어 온 선"(a traditionally accepted line)이 존재하고 있거나 최소한 존재했었다는 사실을 부인할 수는 없다고 하였다. 재판소는 해양경계획정에 관한 분쟁이 존재했다고 말할 수 있는 것은 상기한 두 사건이 발생한 때부터라고 하였다.[34]

---

32 Ibid., para.129.

33 Ibid., para.130; Mavrommatis Palestine Concessions, Judgement, No. 2, 1924, PCIJ, Series a, No. 2, p.11.

34 Ibid. (Nicaragua v. Honduras Case), para.131.

Ⅴ. 도서영유권 문제

1. 개 요

1821년 중앙아메리카 국가들의 독립 당시부터 부근의 도서 중에 무주지가 없었다는 것은 일반적으로 인정되었다. 19세기 초 중남미 신생국들은 스페인 통치 아래 있었던 모든 영토에 대해 주권적 권원을 주장하였으며, 그 권원은 이전의 모든 스페인식민지에 대한 승계 (succession)에 기초해 있었다.[35]

국제사법재판소는 본 사건의 2중적인 성격 즉 본 사건이 해양경계획정과 도서영유권 결정에 관한 사건인 것과 "육지가 해양을 지배한다"는 원칙을 고려하여, 우선 분쟁수역 내에 있는 지형의 법적 성격을 평가하였다.[36] 본 사건에서는 Bobel Cay, Savanna Cay, Port Royal Cay, South Cay 등 니카라과와 온두라스 양국의 영해 밖에 위치하면서 니카라과가 주장하는 경계획정선인 2등분선과 온두라스가 주장하는 경계획정선인 15도선 사이에 위치하는 섬들이 관심대상이었다.[37] 분쟁당사국들과 재판소는 이러한 섬들이 해양법협약 제121조의 섬의 정의와 제도에 속하는 '섬'(island)이라고 간주하였다.[38]

니카라과는 최종제안(final submission)에서 재판소에 분쟁수역 내 도서와 모래톱에 대한 영유권 문제를 결정해 주도록 요청하였으나, 구

---

35 이는 "콜롬비아와 베네수엘라 간 국경분쟁"(Frontier Dispute between Columbia and Venezuela) 사건에서 중재자(arbitrator)로 활동하였던 스위스연방이사회 (Swiss Federal Council)의 결정문에 잘 나타나 있다. United Nations, *Reports of International Arbitral Awards (RIAA)*, vol. Ⅰ, p.228.

36 *Nicaragua v. Honduras Case, op.cit.*, para.135.

37 *Ibid.*, para.136.

38 *Ibid.*, para.137.

체적으로 도서의 명칭을 제시하지는 않았다. 반면에 온두라스는 최종 제안에서 보다 구체적으로 Bobel Cay, Savanna Cay, Port Royal Cay, South Cay에 대해 영유권을 주장하였다.[39]

재판소는 간출지(low-tide elevation)처럼 항구적으로 수면 위에 존재하지 아니하며 한 국가의 영해 외측에 위치하는 지형은 다른 도서들과 구분되어야 한다고 하였다. 재판소는 이미 카타르 대 바레인 사건에서 전유(appropriation)의 문제와 관련하여 "간출지의 전유를 분명하게 허락하거나 배제하는 관습규칙의 생성을 초래할 한결같고 광범위한 국가관행(uniform and widespread state practice)"을 알고 있지 못하다고 한 바 있다. 또한 동 판결에서 재판소는 다음과 같이 말하였다.[40]

일부 기존의 법규칙도 간출지가 섬과 같은 의미에서의 영토라는 일반적 추정을 정당화하지 아니한다. 섬이 육지를 형성하며 영토획득의 규칙과 원칙에 종속된다는 것에는 이론이 없는바, 해양법이 섬에 부여하는 효과와 간출지에 부여하는 효과의 차이는 상당히 크다. 다른 규칙이나 법원칙이 존재하지 아니하는 경우 영유권 획득이란 관점에서 간출지가 섬이나 다른 육지영토와 동일시될 수 있는가 하는 것은 확실하지 아니하다.

본 사건에서는 상기한 4개의 섬 이외에 Logwood Cay와 Media Luna Cay 문제도 제기되었다. 구두절차에서 Gaja 임시재판관은 당사국들에게 이들이 해양법협약 제121조 1항의 섬의 조건을 갖추었는지 문의하였으며, 양국은 Media Luna Cay는 현재 수면 아래에 있으므로 섬이 아니라고 하였다. 반면에 Logwood Cay에 대해서 온두라스는 그

---

39 *Ibid.*, paras.139-140. 니카라과가 말하는 '분쟁수역'(area in dispute)은 15도선과 니카라과가 주장하는 2등분선 사이의 해양수역을 의미하였다.

40 *Ibid.*, para.141; *Qatar and Bahrain Case*, *op. cit.*, paras.207-206.

것이 만조시 수면 위에 존재한다고 하였으나, 니카라과는 만조시 완전히 수면 아래 잠긴다고 하였다.[41] 이러한 상황들을 감안하여 재판소는 분쟁수역에 존재하는 해양지형 중에서 이미 언급된 4개의 섬 즉 Bobel Cay, Savanna Cay, Port Royal Cay, South Cay 이외의 해양지형에 대해서는 확정적으로 판단할 수 없다고 하였다.[42]

2. *Uti Possidetis Juris* 원칙

온두라스는 분쟁대상 도서에 대한 영유권의 근거로서 *uti possidetis juris* 원칙을 원용하였다. 온두라스는 이 원칙은 가메즈-보닐라조약 (Gamez-Bonilla Treaty)에 내포되어 있는 것으로 1906년 스페인 왕의 중재판정과 1960년 ICJ 판결에 의해 확인된 바 있으며, 본 사건에서는 양국 간에 그 본토영토(mainland territory)와 경계획정 문제가 걸려 있는 양국의 해양에 인접한 해양수역과 분쟁수역 내 도서문제에 적용가능하다고 하였다. 그런데 온두라스가 말하는 *uti possidetis juris* 원칙에 기초한 해양경계선이란 15도선이었다.[43]

니카라과도 *uti possidetis juris* 원칙이 도서에 대한 영유권을 확정하는 데 관련이 있을 수 있다고 보았으나 본 사건에 적용하는 데에는 반대였다. 그 이유는 "스페인 왕이 지명조차 없는 수십 개의 Lilliputian 모래톱을 과테말라 식민지(Captaincy-General of Guatemala)의 어떤 지방에 귀속시켰다는 증거는 없다"는 것이었다. 니카라과에 의하면 당시 영해는 마드리드 스페인 당국의 배타적 관할 아래 있었으며 지방정부

---

41 *Ibid.* (*Nicaragua v. Honduras Case*), para.143.
42 *Ibid.*, para.144.
43 *Ibid.*, paras.146-147. 온두라스는 1760년 12월 17일의 국왕령을 통하여 스페인의 영해는 6해리까지 확대되었는바, 니카라과와 온두라스 양국은 1821년 그 본토영토는 물론 6해리 해양수역에 대한 권리를 계승하였다고 하였다. *Ibid.*, para.148.

의 통제 아래 있지 아니하였다는 것이다.[44]

재판소는 분쟁도서들의 위치와 당시 이 도서들의 낮은 경제적·전략적 중요성을 감안할 때 이들 도서들에 대한 식민지 시대의 *effectivités*를 찾아내기는 어렵다고 하였다. 따라서 재판소는 *uti possidetis juris* 원칙은 이들 도서에 대한 영유권을 결정하는 데 도움이 되지 않는다고 결론지었다.[45]

3. 실효적 주권행사

온두라스는 만일 재판소가 *uti possidetis juris*에서 연유하여 식민시대 이후 *effectivités*에 의해 확인된 자국의 도서에 대한 시원적 권원 (original title) 주장을 받아들이지 아니한다면 "양국 중에 어떤 국가가 도서에 대한 권한의 실제행사 또는 시현(actual exercise or display of authorities) 및 주권적 의사(sovereign intent)에 기초하여 우월한 주장을 전개하였는지를 검토하여" 결정해야 한다고 하였다.[46]

니카라과는 온두라스가 원용하는 실효적 주권행사가 근접성에 기초한 자국의 도서에 대한 시원적 권원을 대체할 수 없다고 하였다. 니카라과는 자신의 실효적 주권행사와 관련하여 도서를 포함한 분쟁 중에 있는 해양수역에 대한 자국 영유권의 행사는 19세기에 시작되어 1960년대에도 진행 중이었던 영국과의 거북조업 협상과 합의에 의해 증명된다고 하였다.[47]

주권적 권원은 어떤 영토에 대한 국가권한에 속하는 실효적 권한 행사를 통해서도 추론될 수 있는데, 그것을 위해서는 몇 가지 조건이

---

44 *Ibid.*, para.150.
45 *Ibid.*, paras.166-167.
46 *Ibid.*, paras.169-170.
47 *Ibid.*, para.171.

충족되어야 한다. PCIJ는 1933년 동부그린란드사건 판결에서 "할양조약과 같은 특별한 조치나 권원이 아닌 '지속적인 권한행사'(continued display of authority)에 기초한 영유권 주장은 존재가 증명되어야 하는 두 가지 요소 즉 주권자로서 행동하고자 하는 의사와 그러한 권한의 실제 행사 또는 표현을 포함한다"고 하였다.[48]

그러나 국제법원과 재판소에서는 본 사건처럼 작은 해양지형에 대한 영유권은 그 질과 양에 있어서 상대적으로 미약한 국가권한의 표현에 근거해서도 증명될 수 있다고 하였다. 인도네시아와 말레이시아 사건에서 재판소는 "리기탄(Ligitan)과 시파단(Sipadan)처럼 경제적으로 중요하지 않아서(적어도 최근까지) 사람이 거주하지 아니하거나 항구적으로 살고 있지 아니한 '매우 작은 섬'(very small islands)의 경우에는 실효적 주권행사도 일반적으로 부족하다"고 하였다.[49] 그리하여 재판소는 인도네시아/말레이시아 사건에서의 접근방법에 유념하면서, 본 사건에서 분쟁당사국들이 원용한 활동들이 비록 숫자는 적지만 '관련있는 주권의 표현'(relevant display of sovereign authority)인지 검토하였다. 아울러 재판소는 그러한 활동들이 상당한 기간에 걸쳐 있고 국가기능 수행의도를 보여주는 등 일정한 패턴을 보여주고 있는지 판단하는 것이 중요하다고 하였다.[50]

실효적 주권행사 즉 *effectivités*와 관련하여 본 사건에서 검토된 요소들, 특히 법적·행정적 통제(legislative and administrative control), 민·형사법의 적용과 집행(application and enforcement of criminal and civil law), 이민규제(regulation of immigration), 어업활동규제(regulation

---

48 *Ibid.*, para.172; *Legal Status of Eastern Greenland*, Judgement, 1933, PCIJ, Series A/B, No. 53, pp.45-46.

49 *Nicaragua v. Honduras Case*, *op.cit.*, para.174; *Indonesia/Malaysia Case*, *op.cit.*, para.134.

50 *Ibid. (Nicaragua v. Honduras Case)*, para.175.

of fisheries activities), 해군순찰(naval patrol), 석유양허(oil concession), 공공사업(public works)을 살펴본다.

(1) 법적·행정적 통제권

온두라스는 자국이 섬들에 대해 법적·행정적 통제권을 행사해 왔다고 주장하면서 그러한 주장을 뒷받침하는 근거들을 제시하였다. 반면에 니카라과는 자신의 법적·행정적 통제를 입증하기보다는 온두라스가 제시한 증거들의 미흡함을 지적하였다.[51] 온두라스의 주장은 그 헌법과 1936년의 농지법(Agrarian Law)에 근거해 있다. 1957, 1965, 1982년의 온두라스 헌법은 대서양에 위치한 자국의 섬들을 일일이 열거하였으며, 특히 1982년 헌법은 역사적·법적·지리적으로 자국에 속하는 대서양의 섬들을 나열하면서 Medina Luna, Rosalind, Serranilla 등을 추가하였다. 1936년 농지법 역시 모래톱과 기타 대서양에 위치한 섬들은 자국에 속한다고 하였다.[52]

재판소는 온두라스 헌법과 농지법에 계쟁중인 4개 섬에 대해 언급이 없는 점에 주목하면서, 온두라스가 이들 법적인 문서들을 어떤 방법으로 섬들에 적용하였는지 증거가 없다고 하였다. 재판소는 자국이 문제의 섬들에 대해 법적·행정적 통제권을 행사해 왔다는 온두라스의 주장은 설득력이 없다고 하였다.[53]

(2) 민·형사법의 적용과 집행

온두라스는 분쟁수역에서 자국 민법이 적용되었다고 하면서 여러 사례를 제시하였다. 특히 그 수역에서 발생한 잠수부 관련 사건들은 니카라과가 아닌 온두라스 당국에 보고되었으며, 자국 법원은 이러한

---

51 *Ibid.*, para.177.
52 *Ibid.*, paras.178-179.
53 *Ibid.*, para.181.

사건들이 온두라스 영역에서 발생한 것으로 간주하여 사건을 다루었다고 하였다.[54] 온두라스는 자국 법원은 문제의 섬들에서 발생한 범죄행위에 대하여 그 형법을 적용하고 집행하였으며, Savanna와 Bobel 섬에서 발생한 절도와 폭행사건 역시 온두라스 당국과 그 법원에서 다루어졌다고 하면서 관련 증거들을 제출하였다. 온두라스는 온두라스 당국과 미국마약단속국(United States Drug Enforcement Administration: DEA)에 의한 1993년 마약단속작전에도 법적인 의미를 부여하였다.[55]

니카라과는 온두라스의 주장을 반박하였을 뿐 자국 민·형사법의 적용 및 단속과 관련해서는 아무런 주장도 하지 않았다. 니카라과는 온두라스가 인용한 사례들은 자국이 주장하는 결정적 기일인 1977년보다 훨씬 뒤인 1990년대에 발생하였고, 사건들이 온두라스 법원에서 다루어진 것은 사건에 온두라스 국민들이 관련되었기 때문이지 사건이 온두라스 영역에서 발생하였기 때문은 아니라고 하였다.[56]

재판소는 본 사건에서 온두라스에 의한 민·형사법 적용의 실효적 주권행사와의 관련성에 대하여 다음과 같이 긍정적으로 말하였다.

재판소는 온두라스가 제공한 자국 민·형사법 적용과 집행에 관한 증거들이 본 사건에서 법적인 의미가 있다는 의견이다. 재판소가 도서와 관련하여 결정적 기일을 2001년으로 보았기 때문에 이러한 많은 조치들이 1990년대에 취해진 사실은 그 관련성을 인정하는 데 방해가 되지 않

---

54 *Ibid.*, para.182.
55 *Ibid.*, para.183. 위성작전계획(Satellite Operation Plan)이라 알려진 이 작전에는 불법적인 마약거래를 포함한 범죄활동을 무력화하기 위하여 항공사진을 촬영하여 마약밀매에 사용될 가능성이 있는 목표나 수역 또는 시설물을 확인하고 찾아내기 위한 정찰활동이 포함되어 있었는데, 거기에는 '적절한 장비를 갖춘 항공기'로 하여금 '국가 대기권 상공을 비행'하도록 하는 규정도 들어 있었다. 특히 위성작전계획에 포함된 '소도와 모래톱'(islets and cays)에는 Bobel Cay, South Cay, Half Moon Cay, Savanna Cay가 포함되어 있었다.
56 *Ibid.*, para.184.

왔다. 범죄행위가 본 사건에서 계쟁중인 도서(South Cay와 Savanna Cay)에서 발생하였으므로 형사사건 역시 관련성을 가진다. 1993년 마약단속작전은 온두라스 형법의 적용과 집행 사례는 아니지만 온두라스가 미국마약단속국(DEA)에게 문서에 언급된 분쟁수역 내에 위치한 도서의 상공을 비행할 권리를 허락한 것으로 볼 수 있다. 온두라스가 DEA에 '국가영공'(national air space)을 비행하도록 허가하고 4개 도서를 특별히 언급한 것은 한 국가의 주권행위(sovereign act)로 받아들여져 당해 수역에서 관련있는 *effectivites*가 되었다.[57]

(3) 이민규제

온두라스는 자국에 거주하는 외국인 관련 이민기록을 가지고 있으며, 그러한 기록에는 일상적으로 Bobel Cay, South Cay, Half Moon Cay, Savanna Cay에 거주하는 외국인에 관한 정보도 들어 있었다. 재판소는 1999년과 2000년 온두라스에 의하여 섬 주민들의 이민 및 고용허가증 관련 규제와 관련하여 '상당한 활동'(substantial activity)이 이루어진 것에 주목하였으며, 온두라스는 관련 증거들을 제출하였다. 니카라과는 온두라스의 이민규제활동에 관한 증거에 반대하였는데, 그러한 활동들이 결정적 기일 이후인 1999년에 이루어졌다는 것이었다.[58]

재판소는 비록 이민규제가 1990년대 후반에야 시작되었지만, 온두라스가 제공한 이민규제에 관한 증거들에게 *effectivités*로서 법적인 의미(legal significance)를 부여할 수 있다고 하였다. 자메이카와 니카라과 국민들에게 고용허가증(work permit)과 비자를 발급한 것은 온두라스의 규제권을 보여주는 것이며, 온두라스 이민국 관리의 도서 방문은 비록 그 목적이 섬에서의 이민규제보다는 감시에 있었다고 하더라

---

57 *Ibid.*, para.185.
58 *Ibid.*, paras.187-188.

도 관할권적 권한의 행사로 볼 수 있다고 하였다.[59]

(4) 어업활동 규제

온두라스는 자국이 어민들에게 발급한 *bitácoras*, 즉 어업허가증
은 어업이 정부권한 아래 있음을 보여주는 증거라고 주장하면서, 온두
라스 정부의 허가를 받은 어민들은 문제의 섬들을 방문하고 그곳에 거
주하기도 하였다고 하였다.[60] 온두라스는 Puerto Limpera 당국의 허가
를 받아서 Savanna Cay에 건설된 건물에 관한 증거를 제출하였으며,
Savanna Cay에 거주하고 있는 한 자메이카 출신 어부는 자기들이 그
섬에 있는 모든 건물들은 지었으며 그 건물들은 Puerto Limpera 시당
국에 등록되었다고 증언하였다. 온두라스는 South Cay에 어구들이 보
관되어 있었던 것 역시 자국 지방당국(local authorities)으로부터 받은
어업허가증에 따른 것이라고 하였다.[61]

니카라과는 온두라스의 어업활동 규제가 분쟁도서에 대한 권원을
입증해 준다는 증거를 제출하지 못하였다고 하였다. 나아가 온두라스
가 해양경계획정 관련 활동을 구분하지 못하고 있다고 하였다.[62]

재판소는 사인들의 활동(activities by private persons)은 그것이 '공
적인 규제'(official regulations)에 근거하거나 '정부권한'(governmental
authority)에 따른 것이 아닌 한 *effectivités*가 될 수 없다고 하였다.[63]
재판소는 온두라스가 제출한 어업활동에 관한 모든 증거들은 그러한

---

59 *Ibid.*, para.189. 니카라과 측은 1990년대를 전후하여 분쟁도서에서 이민규제
    를 하였다는 아무런 주장도 제기하지 않았다.

60 *Ibid.*, para.190. 온두라스는 재판소에 28명의 증인진술서(witness statement)
    를 제출하였는데, 그중에서 24명은 문제의 섬들에서의 조업에 대하여 언급하였
    다.

61 *Ibid.*, paras.191-192.

62 *Ibid.*, para.193.

63 *Indonesia/Malaysia Case*, *op.cit.*, para.140 참조.

활동이 온두라스의 허가를 받아 문제의 섬들 부근 수역에서 이루어졌음을 보여주지만, 어로활동이 문제의 섬들 자체로부터 이루어진 것은 아니라고 보았다. 온두라스는 자국이 건축과 어선보관과 같은 섬에서의 어업관련 활동을 허가하였다는 증거를 제공하였다. 재판소는, 전체적으로 볼 때, 어업허가는 문제의 섬 주변에서의 어업에 활용되었으며 섬에 숙소를 건축하도록 허가한 것도 어업활동 관련 목적을 위한 것이었다고 보았다. 따라서 재판소는 온두라스 당국이 어업허가증을 발급한 것은 온두라스가 문제의 섬들에 대한 영유권으로 인하여 자국이 섬들 주변의 해양수역에 대하여 법적 권원을 가지고 있다는 믿음에 따른 것이라고 보았다. 재판소는 온두라스의 규제를 받는 어선과 섬에서의 건축활동에 관한 증거는 행정적·법적 통제의 범주에 속하는 것이라고 간주하였던 것이다.[64] 재판소는 Savanna Cay에 숙소의 건축을 허용하는 온두라스 당국이 발급한 허가증과 지방자치단체 Puerto Limpera가 제공한 Savanna Cay에의 어구보관 허가증 역시 미약하지만 권한행사의 증거이자 분쟁도서에 대한 *effectivités*의 증거로 간주된다고 하였다.[65]

니카라과는 19세기에 시작되어 20세기 초까지 이어진 영국과의 바다거북어업 분쟁과 관련하여 자국이 문제의 도서들에 대한 관할권을 행사해 왔다고 주장하였다. 니카라과는 1960년대까지 Cayman 도서민들의 바다거북 어업의 근거로 남아 있었던 1916년 양자조약의 개정을 위한 1950년대 영국과의 협상도 분쟁도서에 대한 니카라과 영유권의 증거가 된다고 하였다. 그러나 재판소는 니카라과 연안에서의 바다거북 어업권 개정을 위한 1950년대 영국과 니카라과 간의 협상이 분쟁도서에 대한 니카라과 영유권의 증거가 된다는 주장은 설득력이 없다고 보았다. 결국 재판소는 니카라과와 영국 간의 바다거북 어업분쟁

---

64 *Nicaragua v. Honduras Case, op. cit.*, para. 195.

65 *Ibid.*, para. 196.

에 *effectivités*를 위한 법적의미를 부여하지 않았다.[66]

(5) 석유양허와 공공사업

서면변론에서 온두라스는 석유양허에 관한 증거들을 분쟁도서에 대한 영유권의 증거로서 제출하였으나, 구두절차에서는 그러한 주장을 하지 않았다. 그러나 온두라스는 구두변론에서는 "온두라스의 석유양허가 도서에서의 주권활동의 근원이 되었다"고 하였다. 반면에 니카라과는 양국의 석유양허에 관한 실행은 도서영유권에 관한 한 모두 일관성이 없었다고 하였다. 재판소는 당사국들의 연안에서의 석유탐사 활동에 관한 증거들이 분쟁 중인 도서에 아무런 영향이 없다고 하면서, 도서에서의 석유양허관련 조치는 공공사업(public works) 부분에서 검토하였다.[67]

온두라스는 자국의 허가로 Union Oil을 지원하기 위하여 1975년 Bobel Cay에 건설된 안테나를 *effectivités*의 추가적인 증거로서 제시하였다. 아울러 온두라스는 1976년 미국과의 합의에 의해 1980년과 1981년 Savanna Cay, South Cay, Bobel Cay에 세워진 3각측량(triangulation) 표시도 *effectivités* 증거로 제출하였다.[68]

국제사법재판소는 이미 2001년 카타르 대 바레인사건에서 일부 공공사업에 법적인 의미를 부여할 수 있다고 하였다.[69] 본 사건에서 재

---

66 *Ibid.*, paras.197-198. 니카라과는 영국의 수로학자 케네디(Kennedy) 중령의 1958년 지도를 제출하였다. 그러나 재판소는 지도에서 케네디 중령이 섬들이 니카라과에 속한다고 분명하게 밝힌 것은 아니었다는 데에 주목하였다.

67 *Ibid.*, paras.202-204.

68 *Ibid.*, para.205.

69 국제사법재판소는 2001년 카타르 대 바레인사건 판결에서 다음과 같이 말하였다. "바레인이 원용한 우물굴착과 같은 일부 활동들이 자체로서 '주권자로서'(*à titre de souverain*) 행해진 활동으로 간주될 수 있는가 하는 것은 논란의 여지가 있다. 그러나 항해보조장치(navigational aids)의 건설은 매우 작은 섬의 경우라면 법적 관련성이 있는 것으로 보아야 한다. 본 사건에서 섬의 면적을 고려

판소는 1975년 Bobel Cay에 Geophysical Services 회사가 Union Oil 회사를 위하여 10미터 길이의 안테나를 설치한 것은 이미 인가된 석유 양허에 따른 시추활동 지원을 위한 측지망의 일부라고 보았다. 온두라스는 안테나의 설치가 "온두라스가 인가한 석유탐사활동"의 불가분의 일부라고 주장하였다. 석유회사는 이러한 활동에 관한 보고서를 정기적으로 온두라스 당국에 제출하였으며, 보고서에는 상응하는 기납부 세금금액이 나타나 있다. 반면에 니카라과는 Bobel Cay에 안테나를 건설한 것은 정부의 특별한 인가가 필요치 않은 사적 행위(private act)라고 하였다.[70] 재판소는 온두라스의 입장을 지지하면서 다음과 같이 말하였다.

안테나는 인가된 석유탐사활동을 위하여 건설되었다는 것이 재판소의 견해이다. 나아가 그러한 활동과 관련한 세금납부는 일반적으로 안테나의 건립이(일반적 활동의 일부인) 정부의 인가에 의해 이루어졌다는 추가적인 증거라고 할 수 있다. 따라서 재판소는 온두라스가 언급한 공공사업은 온두라스의 분쟁도서에 대한 영유권을 지지하는 *effectivités*를 형성한다고 본다.

4. 소 결

도서영유권 문제와 관련하여 식민시대 이후의 실효적인 주권행사를 검토한 후 재판소는 다음과 같이 결론지었다. 재판소는 양 당사국이 제출한 주장과 증거를 숙고한 결과, 온두라스가 원용한 *effectivités* 는 "주권자로서 행동하겠다는 의도와 의지"(intention and will to act as

---

할 때, 바레인이 그 섬에서 수행한 활동들은 자신이 섬에 대해 영유권을 갖는다는 바레인의 주장을 지지하는 데 충분한 것으로 판단된다."

70 *Nicaragua v. Honduras Case, op. cit.*, para. 207.

sovereign)를 입증하였으며, 4개 도서에 대한 "소박하지만 진정한 권한 표시"(a modest but real display of authority)를 형성한다고 보았다. 또한 4개의 섬이 경제적·전략적으로 중요한지는 확인되지 아니하였고 국가권위행위(act of state authority)는 부족하지만, 온두라스는 Bobel Cay, South Cay, Half Moon Cay, Savanna Cay에 대하여 주권자로서 행동하겠다는 의사표시를 하는 데 충분한 행위패턴(a sufficient pattern of conduct)을 보여주었다고 하였다. 특히 재판소는 실효적 주권행사의 조건을 갖춘 온두라스의 조치들을 알 수 있었음에도 불구하고 니카라과 측으로부터 아무런 항의가 없었던 점에 주목하였다고 하면서, 니카라과에 대해서는 주권자로서 행동하려는 의지와 의사에 관한 증거와 도서에 대한 실제적인 권한의 행사나 표시에 관한 증거를 발견하지 못하였다고 하였다.[71]

VI. 해양경계획정 문제

1. *Uti Possidetis Juris* 원칙

온두라스는 가메즈-보닐라조약(Gámes-Bonilla Treaty)과 1906년 스페인 왕의 중재판정에 언급되어 있는 *uti possidetis juris* 원칙은 온두라스와 니카라과 연안 해양수역에도 적용되므로 15도선(the line of 15th parallel)이 해양경계획정선이라고 하였다. 온두라스는 자국과 니카라과 양국은 1821년 6해리에 이르는 해양수역을 승계하였으며, *uti possidetis juris*는 15도선 북쪽의 대륙붕과 EEZ에 대한 자국의 권원을 추정하게 한다고 하였다.[72]

---

71 *Ibid.*, para. 208.
72 *Ibid.*, para. 229.

온두라스는 1821년 양국의 독립 이전에는 Cape Gracias a Dios가 식민당국의 관할지역이 나뉘는 지점이었다고 하였다. 온두라스의 주장에 의하면 1745년 8월 23일의 국왕령(Royal Order)에 의해 처음으로 Government of Honduras와 General Command of Nicaragua의 해양수역에 대한 군사관할권(military jurisdiction)이 분할되었으며, Cape Gracias a Dios는 2개 군사관할권이 나뉘는 곳을 표시하였다고 하였다. 더구나 온두라스는 경선과 위선을 관할권 구분에 사용하였던 스페인의 관행을 감안할 때 1803년의 국왕령이 15도선 아닌 다른 선을 따라 해양을 구분하는 것은 있을 수 없으며 15도선이 바로 니카라과와 온두라스 간의 전통적인 해양경계선이라고 하였다.[73]

반면에 니카라과는 당시 영해에 대한 관할권은 Captaincy-General과 같은 지방정부가 아니라 마드리드의 스페인 당국에게 속해 있었다고 하면서, 스페인 왕의 6해리 영해 주장은 온두라스와 니카라과 양국 간의 영해한계선과는 아무런 관련이 없다고 하였다. 니카라과는 재판소가 오늘날의 법제도인 EEZ와 대륙붕의 권원을 확정하기 위해 *uti possidetis*에 의존하는 데 반대하였다.[74]

재판소는 역사적 만이나 영해와 관련하여 일정한 상황에서는 *uti possidetis juris* 원칙이 해양경계획정에서 일정한 역할을 할 수 있다고 보았다. 그러나 Cape Gracias a Dios가 양국 간 해양관할권의 분기점이라는 온두라스의 주장을 받아들인다고 하여도, 그 이원 해양경계선도 15도선을 따라 확장되어야 하는 이유를 제대로 설명하지는 못하였다고 하였다.[75] 재판소는 다음과 같이 말하였다.

재판소는 신생독립국인 니카라과와 온두라스는 *uti possidetis juris* 원

---

73 *Ibid.*, para. 230.
74 *Ibid.*, para. 231.
75 *Ibid.*, para. 232.

칙에 따라 독립 당시 영역을 구성하고 있었던 본토와 도서영토 및 영해에 대해 권한을 가진다고 본다. 그러나 재판소는 이미 *uti possidetis juris* 원칙에 근거하여 문제의 도서에 대한 영유권을 결정할 수는 없다고 판시한 바 있다. 스페인 왕이 영해의 범위 안에서 니카라과와 온두라스 식민지의 해양관할권을 나누었는지는 확인되지 않는다. 모든 국가가 독립과 함께 영해에 대한 권원을 획득한다는 것은 인정될 수 있지만, 그러한 법적사실이 인접국들의 인접한 바다 간 해양경계선의 위치를 결정해 주지는 않는다. 본 사건의 상황에 비추어 볼 때, *uti possidetis juris* 원칙이 15도선에 따르는 해양구분의 기초를 제공했다고 볼 수는 없다.[76]

재판소는 *uti possidetis juris* 원칙이 15도선을 따르는 '전통적인'(traditional) 해양경계선의 기초라는 온두라스의 주장을 받아들이지 아니한 것이다.[77]

2. 묵시적 합의

1958년 대륙붕협약과 1982년 해양법협약 모두 당사국 간 합의에 의한 경계획정을 중요시 한다. 따라서 재판소에 해양경계획정 관련 사건이 부탁되면 재판소는 당사국 간 명시적·묵시적 합의의 존재여부를 검토한다. 재판소는 경계획정의 시작점과 종착점이나 관련 해안 또는 기준선 등에 관해 '부분적인 합의'(partial agreement)가 있는 경우에도 이를 경계획정의 기초로 고려하는 것이다.[78]

---

76 *Ibid.*, para. 234.
77 *Ibid.*, paras. 235-236. 재판소는 *uti possidetis juris* 원칙에 근거한 1906년의 중재판정 역시 양국 간 해양경계획정 문제를 다루지 않았으며 양국 간 해양경계선이 15도선임을 확인하지도 않았다고 보았다.

온두라스는 1979년 산디니스타(Sandinista) 혁명을 전후하여 형성된 일련의 요소들을 거론하였는데, 그러한 요소들은 당사국들의 묵시적 합의에 근거하여 15도선(14°59′48″N)을 경계선으로 하는 '사실상의 경계선'(de facto boundary)이 존재하였음을 보여준다고 하였다. 온두라스는 이러한 묵시적 양해는 해양법협약 제15조, 제74조, 제83조에 나타나 있는 '합의'(agreement)에 해당한다고 하였다.[79] 온두라스는 이러한 '전통적인'(traditional) 합의는 1906년 판정에서 스페인 왕이 니카라과의 15도선 북쪽 육지 및 해양에 대한 주장을 기각한 데에 그 뿌리를 두고 있다고 하였다. 온두라스는 경계획정에 관한 "공적이고 서면에 의한 양자조약"이 존재하지 아니하는 것은 인정하지만, 판정이 제시된 이후 15도선에 관한 당사국들의 일관된 석유양허관행으로 인하여 그러한 묵시적 합의가 나타나게 되었다고 하였다.[80] 온두라스는 15도선에 걸쳐 있는 공동합작유정(joint venture oil well)인 코코마리나(Coco Marina)는 니카라과의 명시적인 승인을 받음으로써 경계선 합의에 관한 결정적인 증거가 되었다고 하였다. 온두라스는 분쟁수역에서의 어로활동 역시 15도선에 대해 당사국 간에 묵시적합의가 있었음을 보여준다고 하였으며, 1976년 해군창설 이후 그 순시선들이 안보유지와 어업 및 이민법 집행을 위해 15도선 북쪽에서 여러 가지 기능을 수행해 왔다고 주장하기도 하였다.[81]

---

78 Shi Jiuyong, "Maritime Delimitation in the Jurisprudence of the International Court of Justice," *Chinese Journal of International Law*, Vo. 9, 2010, p.277.

79 *Nicaragua v. Honduras Case*, op. cit., para.237.

80 온두라스는 국제사법재판소가 카메룬 대 나이지리아 사건에서 "석유양허계약이 당사국 간의 명시적이거나 묵시적 합의에 기초한 것인 경우에는 고려될 수 있다"고 한 것을 중시하였다. 온두라스는 일련의 양허계약에서 남쪽으로 15도선까지 양허하였으나 니카라과의 항의가 없었으며, 니카라과의 양허는 15도선을 승인하기까지 하였다고 주장하였다. *Ibid.*, para.238.

81 *Ibid.*, paras.239-240. 온두라스는 남쪽으로 15도선까지 어업허가를 하였으나, 니카라과는 1986년 15도선의 북쪽 수역까지 어업허가를 하였을 때 온두라스가

온두라스는 제3국의 실행도 15도선을 따르는 "묵시적으로 합의된 경계선의 존재"를 확인해 준다고 주장하였다. 온두라스는 자국의 도서 영유권과 해양수역 주장을 뒷받침해주는 제3국에 의한 승인의 증거로서, 1977년 자메이카가 Savanna Cay에 난파한 12명의 자국인 구출을 위해 온두라스 수역에 들어갈 수 있도록 요청한 일, 1975년 아르헨티나가 15도선 부근 온두라스 상공비행을 요청한 사실, 2000년 10월 미국 National Imagery and Mapping Agency가 발간한 *Gazette of Geographic Features*에서 니카라과에 속하는 최북단 도서의 위치를 북위 14°59′이라고 한 것을 예로 들었다. 온두라스는 식량농업기구(FAO), 유엔개발계획(UNDP), 미주개발은행(Inter-American Development Bank)과 같은 국제기구들도 15도선을 승인하였다고 주장하였다.[82]

본 사건에서 재판소는 진술서 형태의 증언을 신중하게 다루었는데,[83] 온두라스가 제출한 선서진술서들은 온두라스 선박들은 15도선

항의하자 이를 철회하였다고 한다. 특히 2000년 15도선 남쪽에서 불법조업 중에 니카라과 순시선에 나포된 한 온두라스 선박은 15도선까지 호송되어 석방되었다.

82 *Ibid.*, para.242.

83 *Ibid.*, para.244. 진술서와 관련하여 재판소는 다음과 같이 말하였다. "진술서를 평가함에 있어서 재판소는 여러 가지 요소들을 고려하여야 한다. 여기에는 진술서가 국가공무원이 작성한 것인지 아니면 재판의 결과에 관심이 없는 사인이 작성한 것인지 그리고 어떤 특정한 진술서가 사실의 존재를 증명하는 것인지 아니면 어떤 사안에 관한 의견을 표시한 것인지가 포함된다. 재판소는 어떤 경우에는 "관련기간과 동시대인 증거"(evidence which is contemporaneous with the period concerned)가 특별한 가치를 가질 수 있다는 데에 주목하였다. 소송을 위하여 국가공무원이 작성한 이전 사실에 대한 선서진술서는 관련 사건이 발생하였을 당시 작성된 선서진술서에 비하여 무게가 약하다. 다른 경우 즉 사인이 보다 일찍 증언해야 할 이유가 없던 경우에는, 진술서가 소송을 위해 준비된 것이라고 할지라도 재판소는 증언된 내용이 선서증서를 받은 사람들의 영향을 받은 것인지 알아보고 증언된 내용의 유용성도 판단하기 위하여 세밀히 조사하게 된다. 따라서 재판소는 소송목적에서 제출된 진술서가 어떤 특정한 사람의 사실에 대한 개인적인 지식을 증명하는 것이라면 이를 접수하는

북쪽에서 그리고 니카라과 선박들은 그 남쪽에서 어로를 하였으며, 연안의 경계선은 항상 15도선을 기준으로 삼았다는 일반적인 인식이 있었음을 증명하려는 것이었다. 그러나 재판소는 그 내용을 검토한 후 그 어떠한 진술도 니카라과와 온두라스가 승인한 15도선에 따른 '전통적인'(traditional) 해양경계선의 존재의 증거로 고려될 수는 없다고 하였다. 진술서에 15도선을 따르는 경계선이 언급되어 있는 것은 본질적으로 '사실에 대한 지식'(knowledge of a fact)이라기보다는 '개인적인 의견'(personal opinion)일 뿐이라는 것이 그 이유였다.[84]

온두라스는 위선과 경선을 해양경계선으로 활용하는 '지역관행'(regional practice)의 존재를 주장하였다.[85] 그러나 니카라과는 자국이 15도선을 온두라스와의 해양경계선으로 수용 또는 승인하였다는 주장

것은 적절하지 아니하다. 아울러 재판소는 증인의 특정한 사실에 대한 입증능력도 고려해야 하는바, 경계선에 대한 관련 정부공무원의 진술은 사인의 선서 진술서보다 무게가 있게 될 것이다."

84 Ibid., para.245. 증언의 증거능력에 대한 국제사법재판소의 입장은 이미 니카라과사건에서도 밝혀진바 있다. 그 판결에서 재판소는 다음과 같이 말하였다. "재판소는 사실에 대한 기술이 아닌 어떤 가능성이나 증인이 직접 인지하지 아니한 사실의 존재에 대한 단순한 의견의 표현인 증언은 증거로 취급하지 아니하였다. 매우 주관적일 수 있는 이러한 종류의 증언은 증거의 지위를 가지지 못한다. 증인이 밝힌 견해는 어떤 가능성에 대한 개인적이고 주관적인 평가일 뿐이어서 사실에 부합하는지는 검증되어야 하므로, 그것은 그 자체를 증명하지는 못하며 재판소가 사실문제를 확정하는 일을 도울 뿐이다. 증인이 직접 인지하지 못하고 소문을 통해 알게 된 문제에 대한 증언도 마찬가지이다." *Military and Paramilitary Activities in and against Nicaragua*, Judgment, ICJ Reports, 1986, para.68.

85 Ibid., para.246. 온두라스는 1928, 1986, 1993년에 콜롬비아가 당사자인 양자 조약들을 들어 15도선을 온두라스와 니카라과 간의 해양경계로 인정하는 지역관행이 있음을 입증하고자 하였다. 1928년 니카라과와 콜롬비아는 조약을 통해 82도 경선을 따라 15도선까지 해양경계선을 확정하였으며, 1986년 자국과 콜롬비아가 체결한 조약에서 콜롬비아는 15도선 북쪽 수역이 자국수역의 일부임을 인정하였고, 1993년 콜롬비아와 자메이카 간의 조약 역시 15도선이 국제적으로 보다 일반적인 승인을 받고 있음을 보여 주었다는 것이다.

에 반대하였다. 니카라과는 온두라스가 '전통적인 해양경계선'(tradi-tional maritime boundary)이라 부르는 선의 존재는 1960년 ICJ가 1906년 스페인 왕에 의한 판정의 유효성과 구속력을 확인하기까지 니카라과가 15도선 북쪽 온두라스 영토를 점유해 온 사실과 상충된다고 하였다. 또한 자국이 석유양허계약을 체결할 때 합의된 경계선을 제시하지 아니하고 북쪽 한계선을 그냥 "온두라스공화국과의 경계선"(the border line with the Republic of Honduras)이라 한 것도 합의된 경계선이 없음을 보여주는 것이라고 하였다. 나아가 자국이 코코마리나(Coco Marina) 사업과 관련하여 온두라스의 Union Oil Company와 니카라과의 Union Oil Company of Central America 간의 합작사업약정(joint venture arrangement)을 요구하여 단독으로 사업을 수행할 수 없게 한 것도 경계선에 관한 합의가 존재하지 않았기 때문이라고 하였다.[86]

니카라과는 온두라스가 15도 경계선에 대한 일반적 승인이 있었던 사실을 보여주기 위하여 '제3국 실행'(third party practice)을 거론하지만 그것은 아전인수이고 관련성과 신뢰성에도 의심이 간다고 하였다.[87] 니카라과는 온두라스가 "국제적으로 승인된 전통경계선"(internationally recognized traditional line)의 증거로서 인용한 조약들에 대해서도 반박하였다. 우선 1928년 자국과 콜롬비아 간 조약의 타당성 및 해석과 관련하여 ICJ에서 별건 소송이 진행 중임을 환기시켰다. 1986년 콜롬비아와 온두라스 간 해양경계획정 조약에 대해서는 조약체결 이후 자국

---

86 *Ibid.*, paras. 247-248.
87 *Ibid.*, para. 249. 니카라과는 온두라스가 인용한 FAO 보고서에는 해양경계획정이나 해양경계선에 영향을 미치지 아니한다는 배제조항(disclaimer)이 포함되어 있으며, 자국과 자메이카가 15도선 북쪽 해양경계획정에 관한 협상을 한 것은 자메이카가 15도선을 니카라과의 북방한계선으로 인정하였다는 주장과 배치되는 것이라고 하였다. 니카라과는 또한 자국이 1979년 산디니스타(Sandinista) 혁명 이후 온두라스 및 미국과 무력분쟁을 벌인 바 있으므로, 이 문제에 대한 미국의 입장은 이를 감안하여 고려해야 한다고 하였다.

이 반복적으로 조약에 항의해 왔다고 하였으며, 1993년 콜롬비아와 자메이카 간 조약은 본 사건과 관련이 없다고 하였다.[88]

니카라과는 양국 간에 법적인 경계획정이 이루어진 적이 없음을 온두라스도 잘 알고 있다고 주장하였다. 특히 니카라과는 자국의 해안경비대(coast guard)가 15도선 북쪽 16마일 해상 Bobel Cay와 Medina Luna Cay 근처에서 고기잡이를 하던 4척의 온두라스 선박을 나포하였던 사건을 원용하였다. 온두라스 외교부는 동년 5월 3일 각서에서, 양국 간에 '전통적으로 수용된 선'(traditionally accepted line)이 있음을 주장하면서도, "온두라스와 니카라과 간 해양경계선이 법적으로 획정되지는 않았다는 데 동의하였다"(agreed that the maritime border between Honduras and Nicaragua had not been legally delimited)는 것이다. 따라서 니카라과는 15도선이 역사적으로 그리고 국가실행에 있어서 다른 무엇을 의미하든, 당사국 모두 그것을 실질적인 법적인 가치를 갖는 것으로 간주한 것은 아니라고 하였다. 니카라과는 1979년 종언을 맞이한 소모사(Somoza) 정부부터 오르테가(Ortega) 정부에 이르기까지 모든 니카라과 정부의 공식입장은 카리브 해에서 니카라과와 온두라스 간에 경계획정선이 존재한 적이 없다는 것이라고 하였다.[89]

이미 *uti possidetis juris*에 의해 설정된 경계선은 존재하지 않는다고 결정한 재판소는 이제 경계선을 확증하는 데 충분한 묵시적 합의의 유무에 대해 결정해야 했다. 이 문제에 관하여 재판소는 다음과 같이 말하였다.

> 묵시적인 법적 합의에 관한 증거는 '설득력이 있는'(compelling) 것이어야 한다. 항구적인 해양경계선을 설정하는 것은 매우 중요한 문제이므로 합의를 쉽게 추정할 수 없다. '사실상의 선'(*de facto* line)은 일정한

88 *Ibid.*, para.251.
89 *Ibid.*, para.252.

상황에서는 합의된 경계선의 존재에 해당하기도 하고 잠정적인 선이나 희소자원의 분배와 같은 특수하고 제한된 목적의 선으로서의 성격을 갖기도 한다. 일정한 기간 편리한 잠정적인 선이 있었다고 하더라도 이것은 국제적인 경계선과는 구분되어야 한다.[90]

온두라스가 제시한 석유양허에 관한 증거와 관련하여 재판소는, 니카라과가 그 북쪽 한계선을 개방된 상태로 남겨두거나 온두라스와의 경계선에 대한 언급을 회피함으로써 온두라스와의 해양경계선에 대한 입장을 유보한 것과 니카라과가 1986년 콜롬비아와 온두라스 간 조약과 1993년 콜롬비아와 자메이카 간 조약에 대하여 '지속적인 반대'(persistent objection)를 유지해 온 것에 유념하였다.[91] 재판소는 '기간에 따라서' 15도선이 당사국의 행위에 일정한 관련성을 가졌던 것을 인정하였다. 그러나 '짧은 기간에 걸친'(spanning a short period of time) 이러한 일들은 재판소로 하여금 양국 간에 법적으로 확립된 국제적인 해양경계선이 있었다고 결론을 짓기에는 충분하지 않았다.[92]

재판소는 특히 1982년 5월 3일자 온두라스 외무장관의 각서는 15도선을 따르는 소위 '승인된 경계'(acknowledged boundary)의 존재에 대해 다소 불명확한 입장이었던 것으로 보았다. 온두라스는 1977년 각서교환에서 카리브 해에서의 궁극적인 해양경계획정에 관한 예비적인 대화를 시작하는 데 동의하였으나, 분쟁은 1982년 5월 3일의 각서에 이르는 일련의 사건들을 통해 '구체화'(crystallize)된 것으로 보아야 한다는 것이 재판소의 판단이었다. 각서에서 온두라스 외무장관은 "온두라스와 니카라과 간의 해양경계는 법적으로 획정된 적이 없다"는 니카라과 외무부의 입장에 동의하였으며, 경계선으로 인한 더 이상의 사건발생을

---

90 *Ibid.*, para.253.
91 *Ibid.*, paras.254-255.
92 *Ibid.*, para.256.

방지하기 위하여 경계선에 대하여 최소한 '임시적인'(temporary) 약정이라도 체결할 것을 제안하였었다. 재판소는 당시 법적인 경계획정이 존재하지 않았다고 시인한 것은 "교섭과정에 이루어진 어떤 제안이나 양보가 아닌 '사실에 대한 진술'(a statement of facts)로서 외교부에 전달된 것으로, 당시 (온두라스의) 공식적인 입장에 관한 증거로 보아야 한다"고 하였다.[93]

외교문서교환을 포함한 이러한 관행을 살펴본 후, 재판소는 1982년 당시 양국 간에는 법적으로 구속력이 있는 해양경계선을 수립할 정도의 묵시적 합의는 존재하지 않았다고 결론지었다.[94]

3. 해양경계선 획정

(1) 해양경계획정 방법

니카라과는 최종제안(final submission)에서 "변론서에 기술되어 있는 양국 해변을 나타내는 선의 2등분선이 니카라과 해저융기 지역의 분쟁대상인 영해, EEZ, 대륙붕 경계획정의 목적을 위한 단일해양경계선을 형성한다"고 주장하였으며, 경계획정의 출발점은 코코강 주요 입구의 탈베그가 되어야 한다고 하였다. 반면에 온두라스는 재판소가 획정할 해양경계선의 시작점은 북위 14°59.8′, 서경 83°05.8′에 위치한다고 하면서, 그 동쪽에서는 온두라스와 니카라과의 영해, EEZ, 대륙붕을 나누는 단일해양경계선은 북위 14°59.8′ 위선을 따라서 제3국의 관할수역까지 이어져야 한다고 주장하였다.

그런데 양국은 최종제안에서도 분쟁수역에서 각국에게 영해, EEZ, 대륙붕을 획정하는 '단일해양경계선'(single maritime boundary)을

---

93 *Ibid.*, para.257; *Minquiers and Ecrehos(France/United Kingdom)*, Judgement, ICJ Reports, 1953, p.71.

94 *Ibid. (Nicaragua v. Honduras Case)*, para.258.

획정해 주도록 재판소에 요청하였다. 또한 니카라과와 온두라스 양국은 15도선 북쪽의 4개의 섬으로서 온두라스 소유로 결정된 Bobel Cay, Savanna Cay, Port Royal Cay, South Cay와 15도선 남쪽의 니카라과 소유인 Edinburgh Cay는 모두 연안국을 위해 자체의 영해를 창설할 수 있다고 보았으며, 재판소는 당사국들이 분쟁도서 주변에 영해 이외에 다른 해양수역을 주장한 바 없다고 하였다.[95]

영해의 너비와 관련하여, 니카라과는 만일에 Bobel Cay, Savanna Cay, Port Royal Cay, South Cay가 온두라스에 귀속된다면 그 섬들은 3해리 영해 위요지(enclave)를 가져야 한다고 하였다. 반면에 온두라스는 영해의 너비는 12해리이므로 섬에 대하여 상이한 기준을 적용하는 것은 부당하다고 하였다. 이에 재판소는 해양법협약 제3조에 따라 한 국가의 영해는 12해리 너머로 확장될 수 없다고 하였다. 섬들은 상호간에 24해리 이내에 위치하고 있으며 서쪽의 본토로부터는 24해리 이상 떨어져 있으므로, 단일해양경계선은 도서의 영해의 중복수역을 경계획정하는 부분과 그 주변의 대륙붕과 EEZ를 경계획정하는 부분으로 구성되게 되었다.[96]

ICJ는 카타르 대 바레인 사건에서 단일해양경계선 획정은, 다자간 조약법이 아니라 국가관행에서 나온 것이고 그 근거는 각국에게 속하는 다양한 해양관할수역을 경계획정하는 중단되지 아니하는 경계선을 수립하고자 하는 외도에서 나온 것이라고 하였다. 재판소는 메인만 사건에 대한 판결도 인용하였는데, 관할권 중복수역의 경우에 단일경계선의 결정은 "어떤 하나의 기준이나 결합된 기준들을 적용하여 수행될 수 있는데, 다른 목적을 손상하면서까지 어떤 하나의 목적을 특별대우하지 아니하며 동시에 양 수역의 분할에 동등하게 적합한 것이어야 한다"고 하였다.[97]

---

95 *Ibid.*, para.262.
96 *Ibid.*, para.264.

해양법협약 제15조는 영해경계획정과 관련하여 "두 국가의 해안이 서로 마주보고 있거나 인접하고 있는 경우, 양국 간 달리 합의하지 않는 한 양국의 각각의 영해 기선상의 가장 가까운 점으로부터 같은 거리에 있는 모든 점을 연결한 중간선 밖으로 영해를 확장할 수 없다"고 하였다. ICJ는 해양법협약 제15조 규정의 적용과 관련하여, 카타르 대 바레인 사건에서 언급한 대로, "가장 논리적이고 널리 사용되는 방법은 우선 잠정적으로 등거리선을 획정하고 이어서 특별상황의 존재를 고려하여 그 선을 조정할 것인지 검토하는 것"이라고 하였다.[98] 그리고 재판소가 이미 북해대륙붕사건에서 언급한 바와 같이 영해의 범위 내에서 인접해 있는 국가 간의 등거리선에 따른 왜곡효과는 그리 크지 않다고 하였다.[99] 결국 니카라과와 온두라스 양국 간 영해경계획정은 중간선·등거리선에 의해 획정되게 되었다.

---

97 *Delimitation of the Maritime Boundary in the Gulf of Maine Area (Canada/United States of America)*, ICJ Reports, 1984, para.194; *Qatar v. Bahrain Case, op.cit.*, paras.173-174; *Nicaragua v. Honduras Case, op.cit.*, para.265. ICJ는 카타르 대 바레인 사건 판결에서, 영해에 대한 연안국의 권한은 기능적인(functional) 것이 아닌 영토적인(territorial) 것이고 해저와 상부수역 및 상공에 관한 것이므로, 영해경계획정은 EEZ와 대륙붕 경계획정과는 다르다고 하였다. 따라서 영해경계획정의 임무를 수행할 때 재판소의 가장 중요한 임무는 다른 목적에도 부합하는 단일해양경계선을 획정하는 것임을 고려하되, 영해경계획정에 관한 원칙과 국제관습법 규칙을 우선적으로 가장 중요하게 적용해야 한다고 하였다.

98 *Qatar v. Bahrain Case, op.cit.*, para.176; *Ibid.* (*Nicaragua v. Honduras Case*), para.268.

99 *Ibid.* (*Nicaragua v. Honduras Case*), para.269. 해양경계획정에는 중간선이 종종 사용되어 왔다. 특히 1936년 보그스(Boggs)가 중간선을 획정하는 과학적인 방법을 고안해 낸 이래 중간선과 등거리선은 해양경계획정에 관한 협상이나 재판에서 매우 자주 활용되었다. 이 방법이 이처럼 자주 사용되게 된 것은 경계선 획정이 편리하고 단순할 뿐 아니라 주권평등 사고에 부합하여 경계획정을 둘러싼 분쟁의 소지를 없애주며, 대부분의 경우에 형평에 맞는 경계선을 만들어내는 장점을 가지기 때문이다. Prosper Weil, *The Law of Maritime Delimitation-Reflections*, Grotius Publications, 1989, pp.205-206.

EEZ와 대륙붕 경계획정과 관련하여서는 그간 많은 이론적 대립이 있었다. 형평의 원칙을 지지하는 입장과 중간선·등거리선을 주장하는 입장 사이에 전개된 치열한 논쟁은 결국 해양법협약의 관련규정을 모호하게 만들어 놓았다. 해양법협약 제74조 1항과 제83조 1항은 경제수역과 대륙붕의 경계획정은 국제법을 기초로 합의에 의하여 형평에 맞는 해결을 달성하기 위하여 이루어져야 한다고 하였으나, 그 의미에 대한 해석을 둘러싸고 양측의 입장은 첨예한 갈등을 보였다. 그러나 최근 형평의 원칙과 중간선·등거리선 방법 사이에 화해가 모색되는 가운데, 해양경계획정 시 중간선이나 등거리선을 잠정경계선으로 획정하여 사용하는 방법이 널리 행해지고 있다. 그리하여 ICJ는 카메룬/나이지리아 사건에서 "단일해양경계선을 구상함에 있어서 재판소가 여러 번에 걸쳐 분명히 밝힌 것은, 관할범위가 겹치는 복수의 수역을 포괄하는 경계선을 결정할 때 소위 형평원칙/관련상황 방법이 유용하게 적용될 수 있으며 이 방법이 형평에 맞는 결과를 가져오는 데에도 적합하다는 것"이라고 하면서, "이 방법은 우선 등거리선을 긋고 이어서 형평에 맞는 결과를 달성하기 위하여 그 선의 조정이나 이동을 요구하는 요소들이 있는지 고려하는 것"이라고 하였다.[100] 니카라과 대 온두라스 사건에 대한 판결에서 ICJ는, 해양경계획정에서 등거리선 방법이 널리 사용되는 이유로 그 방법의 '과학적 성격'(scientific character)과 사용에 있어서의 '상대적 편의성'(relative ease)을 들었다. 하지만 등거리선 방법이 다른 경계획정 방법에 비해 자동적으로 우월한 것은 아니라고 하였으며, 특히 등거리선 방법의 적용을 부적절하게 하는 요소들이 있는 경우에는 그러하다고 하였다.[101]

---

100 *Land and Maritime Boundary between Cameroon and Nigeria (Cameroon v. Nigeria)*, Judgement, ICJ Reports, 2002, para. 288; *Nicaragua v. Honduras Case, op. cit.*, para. 271.

101 *Ibid. (Nicaragua v. Honduras Case)*, para. 272.

니카라과는 본 사건은 등거리선/특별상황 방식의 적용이 적합한 경우가 아니라고 하였다. 니카라과는 양국 간 육지경계선의 끝인 코코 강 입구의 불안정성과 15도선 남쪽과 북쪽의 섬과 모래톱의 불안정성을 고려할 때 기점을 정하고 잠정등거리선을 획정하는 것은 많은 문제를 야기하므로, 재판소는 해안지리(coastal geography)를 고려하여 양국의 전체해변을 대표하는 2개의 선의 2등분선으로부터 단일해양경계선을 구성할 것을 주장하였다.[102] 반면에 온두라스는 양국 간에 단일해양경계선으로서의 15도선에 관한 묵시적 합의가 있었다는 주장을 하였다. 온두라스도 수직선이나 2등분선과 같은 기하학적 경계획정 방법들도 형평에 맞는 경계획정을 만들어 낼 수 있음을 인정하였으나, 코코강 입구의 변화를 감안하여 등거리선 적용을 선호하지 않았다.[103] 비록 온두라스가 그 재항변서(rejoinder)에서 도서를 기점으로 한 잠정등거리선에 대하여 언급하기는 하였으나, 본 사건에서 양국 모두 잠정등거리선 설정을 통한 해양경계획정을 적합한 것으로 보지는 않았던 것이다.[104]

본 니카라과 대 온두라스 사건에서 ICJ는 잠정등거리선을 활용하지 아니하는 다른 방법에 의한 경계획정을 고려하게 되었다. 그 배경에 대해 재판소는 다음과 같이 말하였다.

니카라과와 온두라스 간 육상경계선이 끝나는 Cape Gracias a Dios는 날카롭게 볼록 튀어나온 돌기로서 북쪽과 서남쪽에 오목하게 들어간 해안선을 접하고 있다. 해양법협약 제15조와 지리적 형상을 감안하면 Cape 끝의 코코 강 양쪽 제방에 위치할 두 기점은 등거리선을 구성하는 데 있어서, 특히 그것이 해안으로부터 시작되므로, '상당한 지배력'

---

102 *Ibid.*, para. 273.
103 *Ibid.*, para. 274.
104 *Ibid.*, paras. 274-276.

(considerable dominance)을 가지게 된다. 기점이 상호간에 아주 근접해 있는 것을 고려할 때, 기점의 위치를 정하는 데 있어서의 어떤 차이나 착오는 그 결과인 등거리선에는 엄청나게 큰 영향을 미치게 될 것이다. 더구나 당사국들도 동의한 대로, 코코 강에 의하여 운반되어 바다에 쌓인 퇴적물은 그 삼각주와 해안선을 Cape의 북쪽과 남쪽으로 밀어내어 활발한 구조역동성(morpho-dynamism)을 보여주고 있다. Cape에의 지속적인 첨부(accretion)는 오늘날 그어진 어떤 등거리선도 머지 않아 자의적이고 비합리적인 것으로 만들 수 있다.[105]

본 사건에서는 기점설정과 관련하여서도 특이한 고려사항들이 있었다. 첫째, 해양법협약 제16조에 따르면 해양법협약 당사국은 영해기선과 그 한계 및 해양경계선을 해도에 표시하거나 지리적 좌표목록을 공표하며 유엔에 기탁해야 하는데, 니카라과는 기점이나 기선의 좌표를 기탁한 바 없으며, 온두라스가 제출한 지리적 좌표 중에서 기점 17(Point 17)은 1962년 혼합위원회가 코코 강의 탈베그에 설치한 것으로 이제는 코코 강의 강구에 위치해 있지 않아서 기점으로 사용하기에 적합하지 않았다. 둘째, 코코 강구에 형성된 소도(islets)들에 대한 영유권에 관한 1906년 스페인 왕의 중재판정의 해석과 적용에 관한 양국 간의 견해차이도 적합한 기점의 결정을 어렵게 하였다.[106]

이러한 상황들을 감안할 때 재판소가 기점을 설치하고 잠정등거리선을 그어서 당사국들의 본토해안에 단일해양경계선을 획정하는 것은 불가능하였다. 더구나 코코 강의 입구에 형성된 불안정한 섬들과 가변적인 해안으로 인하여 섬의 영유권을 정하고 기점을 설치하는 것도 곤란하였다. 해양법협약 제15조는 "역사적 권원이나 그 밖의 특별한 사정에 의하여 이와 다른 방법으로 양국의 영해의 경계를 획정할

---

105 *Ibid.*, para. 277.
106 *Ibid.*, paras. 278-279.

필요가 있는 경우에는" 중간선에 대한 예외를 인정할 수 있게 하였는데, 거기에는 지형학적 문제를 '특별상황'에서 제외하는 암시는 물론이고 특별상황을 경계선에 대한 교정적 요소(corrective element)로만 사용해야 한다는 시사도 없다. 해양법협약 제15조는 영해경계획정 방법에 대한 논의 없이 채택된 것으로 1958년 영해협약 제12조 1항의 조문과 대동소이하며, 영해협약 제12조의 기원은 '해안의 특별한 형상'(special configuration of the coast)이 있을 때에는 별도의 경계획정방법이 필요하다는 것을 염두에 둔 것임을 보여준다는 것이다.[107]

(2) 2등분선

최근 루마니아와 우크라이나 간 흑해사건에서 ICJ도 인정한 바와 같이, 해양경계획정에서 등거리선 방법은 일부 지리적 환경에서는 적용이 불가능하며 형평에 맞는 해결을 이끌어낼 수가 없는 경우도 종종 있다. 그 대표적인 예는 인접한 국가들이 매우 긴 해안에 각각 하나의 기점만을 가지거나 두개의 기점이 상대적으로 가까이 붙어 있는 경우인데, 이런 곳에서는 기점의 배치에 따라 200해리에 이르는 전체 경계선의 방향이 결정된다. 이런 경우에는 인접한 양국 해안의 일반적 방향을 나타내는 선에 수직선을 긋는 대안적인 방법이 사용될 수 있다.[108]

본 사건에서 재판소는 본토로부터의 등거리선 획정이 타당하지 않다고 보고 당사국들이 제안한 대안들의 적용가능성을 검토하였다. 니카라과는 본래 본토로부터의 경계획정에 "양국의 전체해변을 대표하는 선의 2등분선"을 적용할 것을 주장하였으며, 온두라스는 15도선

---

107 *Ibid.*, para. 280.
108 David H. Anderson, Maritime Delimitation in the Black Sea Case(Romania v. Ukraine), *The Law and Practice of International Courts and Tribunals*, vol. 8, 2009, p.326.

을 따르는 경계획정을 주장하였지만 수직선이나 2등분선과 같은 기하학적 경계획정 방법의 형평성을 부인하지 않았다.[109]

재판소는 관련본토해안(relevant mainland coast)을 대표하는 선들에 의하여 만들어지는 각도의 2등분선이 경계획정의 기초가 될 수 있는지를 고려하였다. 그 결과 해안선의 선형근사화(linear approximation)에 의하여 만들어진 각도를 2등분하여 형성된 2등분선의 사용은 등거리선 사용이 불가능하거나 적절하지 아니한 일정한 상황에서 사용가능한 대체방법(substitute method)임이 입증되었다고 하였다. 그리고 해양경계획정에서 2등분선 적용을 정당화하는 것은 관련해변(relevant coastal fronts)과 경계획정수역의 형상 및 상호관계라고 하였다.[110] 아울러 등거리선 방법은 지정된 일련의 기점들 간의 관계를 고려하여 양당사국 관련해안 간의 관계에 근접해 가는 것으로, 2등분선 방법도 관련해안 간의 관계에 접근해 가는 것은 마찬가지이지만, 해안의 2개의 점 사이에 그려진 하나의 선에 의하여 대표되는 해안선의 거시지리 (macro-geography)를 기초로 한다는 점에서 크게 다르다고 하였다.[111]

니카라과는 2등분선 방법의 사용을 정당화하기 위하여 여러 가지 이유를 제시하였는데, 특히 2등분선 방법의 형평적 성격은 형평에 맞는 결과가 확인해 준다고 하였다. 그러나 재판소는 이러한 주장의 적절성에 동의하지 않았다. 재판소가 보기에 보다 중요한 요소는 해안의 지리적 형상과 육상경계선 종점이 위치한 지역의 지형학적 형상이었

---

109 *Nicaragua v. Honduras Case, op. cit.*, paras. 284-286. 온두라스는 재항변서에서 15도선의 북쪽과 남쪽에 위치한 섬들을 기점으로 하는 잠정등거리선을 언급하였으며, 구두절차에서는 재판소가 15도선을 경계선으로 하자는 자국의 주장이 받아들이지 않는다면 조정된 등거리선을 경계획정선의 기초로 활용할 것을 주장하였다.

110 *Ibid.*, para. 287.

111 *Ibid.*, para. 289. 재판소는 2등분선 방법이 적용되는 곳에서는 "자연을 완전히 재구성"(completely refashioning nature)하는 것을 피하여야 한다고 하였다. *North Sea Continental Shelf Cases, op. cit.*, para. 91.

다.[112] 본 사건에서 당사국들은 해양경계획정의 목적상 2등분선 획정을 위해 필요한 관련 본토해안에 대하여 상이한 생각을 가지고 있었다. 니카라과는 각 당사국의 관련해안은 카리브해 해안 전체가 되어야 한다고 주장하였으나, 온두라스는 Cape Gracias a Dios로부터 북쪽으로는 Falso까지 그리고 남쪽으로는 Laguna Wago까지를 관련해안으로 보았다.[113] 관련해안과 관련하여 재판소는 1962년 혼합위원회가 Cape Gracias a Dios에 설정한 점을 당사국들의 해변이 만나는 지점으로 활용하는 것이 가장 편리하다고 보았다.[114] 결국 재판소는 Cape Gracias a Dios에서 Punta Patuca에 이르는 해변을 온두라스의 관련해안으로 삼았고, Cape Gracias a Dios에서 Wouhnta에 이르는 해변을 니카라과의 관련해안으로 보았다. 그 결과 생겨난 2등분선은 70°14′41.25″의 각도를 가지게 되었다.[115]

---

112 *Ibid.*, paras. 290-292. 2등분선 방법의 형평성은, 이 방법이 해안 간의 관계의 효율적인 반영이고, 분쟁지역의 동등분할의 원칙을 표현하는 것이며, 비잠식의 원칙(principle of non-encroachment)을 준수하는 장점이 있고, 가능한 관련 당사국 해안의 해양으로의 투사의 차단을 방지하며, 당사국들의 개발권행사를 보장해 준다는 것이다. 나아가 니카라과는 2등분선의 형평성을 보여주기 위하여 여러 관련상황을 거론하였고 이 방법이 천연자원의 귀속과 관련해서도 형평에 맞는 결과를 만들어낸다고 하였다.

113 *Ibid.*, para. 293.

114 *Ibid.*, para. 294.

115 *Ibid.*, para. 298.

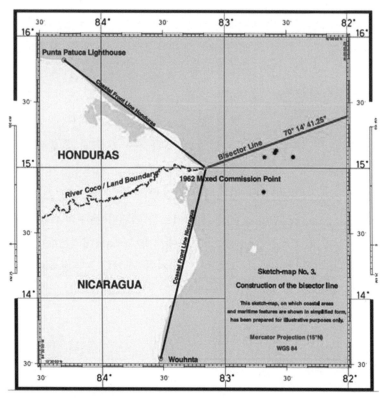

〈지도 6-1〉 니카라과 대 온두라스 사건에서 2등분선 해양경계선

(3) 도서주변 경계획정

　본토로부터의 해양경계획정에 이어 재판소는 15도선 북쪽과 남쪽에 위치한 섬들의 주변과 섬들 간의 경계선을 획정하게 되었다. 그런데 니카라과와 온두라스는 이미 15도선 북쪽의 4개의 섬과 남쪽의 한 개의 섬은 각각의 영해를 가진다는 데 대하여 의견의 일치를 보였다. 따라서 재판소는 이 분쟁수역에 등거리선과 영해경계획정 원칙을 적용하는 문제를 검토하게 되었다.

　온두라스는 이들 섬들도 완전한 12해리 영해를 가져야 한다고 하였다. 그러나 니카라과는 그 섬들이 온두라스에 귀속되는 경우에는 그 크기(size)와 불안정성(instability)을 고려하여 3해리 영해 위요지(enclave)를 가져야 한다고 주장하였다. 그 이유는 이들 섬들에게 완전한 12해리 영해를 인정하는 것은 결과적으로 온두라스에게 비례에 어긋나게 과도한 해양수역을 부여하는 것이기 때문이라고 하였다.[116]

ICJ는 해양법협약 제3조에 따라서 온두라스는 그 본토와 소유의 섬들 주변에 12해리 너비의 영해를 설정할 권리를 가진다고 하였다. 온두라스 소유인 Bobel Cay, Savanna Cay, Port Royal Cay, South Cay와 니카라과 소유인 Edinburgh Cay가 모두 12해리 너비의 영해를 가지게 됨에 따라서 양국의 영해는 일부 중복되었다. 여기에서 재판소는 가장 논리적이고 널리 행해지는 방법은 우선 잠정적으로 등거리선을 긋고 이어서 그 선을 특별상황의 존재에 비추어 조정해야 할 것인지 고려하는 것이라는 카타르 대 바레인 사건의 판결문을 인용하였다.[117] 재판소는 이들 섬 간의 해양경계획정에 대하여 다음과 같이 판시하였다.

> 마주보고 있는 섬들 사이에 영해경계획정을 위한 잠정등거리선을 긋는 것은 본토로부터의 등거리선을 그을 때 야기되는 문제들을 야기하지 않았다. 당사국들은 재판소에 15도선 북쪽의 4개의 섬과 남쪽의 Edinburgh Cay의 좌표를 재판소에 제공하였다. 이 작은 섬들의 경계획정은, Bobel Cay, Port Royal Cay, South Cay와 니카라과 소유인 Edinburgh Cay의 영해간 중복수역에서 섬들의 좌표를 영해를 위한 기점으로 활용하여 잠정등거리선을 획정함으로써 성공적으로 끝낼 수 있었다. 온두라스의 Savanna Cay의 영해는 Edinburgh Cay의 영해와 중복되지 않았다. 재판소는 이 수역에는 잠정선의 조정을 요구하는 법적으로 관련있는 '특별상황'이 존재하는 것으로 보지 않았다.[118]

---

116 *Ibid.*, para.300.
117 *Qatar v. Bahrain Case*, *op.cit.*, para.176; *Ibid.*, para.303.

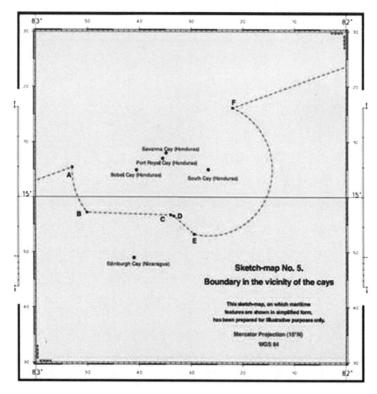

〈지도 6-2〉 니카라과 대 온두라스 사건에서 도서주변 해양경계선

VII. 판결주문과 평가

1. 판결주문

국제사법재판소(ICJ)는 니카라과 대 온두라스 사건에서 다음과 같이 판결하였다.[119]

---

118 *Ibid. (Nicaragua v. Honduras Case)*, para.304.
119 *Ibid.*, para.321.

(1) 만장일치로

온두라스 공화국이 Bobel Cay, Savanna Cay, Port Royal Cay, South Cay에 대해 영유권을 갖는다고 판시한다.

(2) 15 대 2로

니카라과 공화국과 온두라스 공화국의 영해, 대륙붕, 배타적 경제수역을 나누는 단일해양경계선의 시작점은 좌표 북위 15°00′52″와 서경 83°05′58″ 지점에 위치함을 판결한다.

(3) 15 대 3으로

좌표 북위 15°00′52″와 서경 83°05′58″ 지점에서 시작하는 단일해양경계선은 방위각 70°14′41.25″를 따라서 Bobel Cay의 영해의 12해리 호와 만나는 지점인 Point A(좌표 북위15°05′25″와 서경 82°52′54″)에 이른다. 경계선은 Point A로부터 Bobel Cay 영해의 12해리 호를 따라 남쪽방향으로 나아가 Edinburgh Cay의 영해의 12해리 호와의 교차점인 Point B(좌표 북위 14°57′13″와 서경 82°50′03″)에 이른다. Point B로부터 경계선은 온두라스의 Bobel Cay, Port Royal Cay, South Cay와 니카라과의 Edinburgh Cay 간의 등거리점에 의하여 형성되는 중간선을 따라가, Point C(좌표 북위 14°56′45″와 서경 82°33′56″)와 Point D(좌표 북위 14°56′35″와 서경 82°33′20″)를 지나서, 경계선은 South Cay(온두라스)와 Edinburgy Cay(니카라과)의 영해의 12해리 호들과 교차하는 지점인 Point E(좌표 북위 14°53′15″와 서경 82°29′24″)에 이른다. 경계선은 Point E부터 South Cay 영해의 12해리 호를 따라 북쪽으로 나아가 방위각 선과 만나는 Point F(좌표 북위 15°16′08″와 서경 82°21′56″)에 이른다. Point F로부터 경계선은 방위각 70°14′41.25″인 선을 계속하여 따라가 제3국의 권리가 영향을 받게 될 곳까지 이른다.

(4) 16 대 1로

당사국들은 성실하게 교섭하여 1906년 중재판정에 의해 설정된 육지경계선의 종점과 재판소가 좌표 북위 15°00′52″와 서경 83°05′58″ 지점에 위치하도록 결정한 단일해양경계선의 시작점 사이의 영해 부분의 경계획정선의 경로에 대하여 합의하여야 한다.

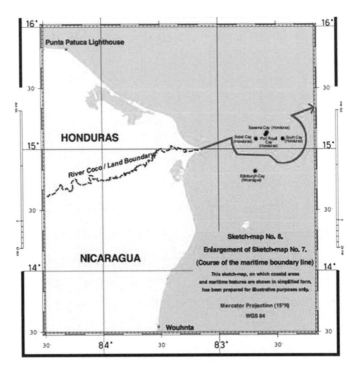

〈지도 6-3〉 니카라과 대 온두라스 간 해양경계선

2. 평 가

국제해양법적 측면에서 「니카라과와 온두라스 간 카리브해 영토 및 해양분쟁 사건」에 대한 국제사법재판소 판결의 의미를 요약해 보면 다음과 같다.

첫째, 국제사법재판소에서 소송절차가 진행 중에 있을 때 제기된 새로운 주장의 수리가능성에 관한 것이다. 본 사건은 본래 카리브해 해양경계획정에 관한 사건이었지만, 니카라과는 구두절차 말미에 최종제안을 통해 분쟁수역 내 도서영유권 문제를 제기하였다. 이에 대해 재판소는 니카라과의 도서영유권에 관한 주장은 그것이 카리브해에서의 니카라과와 온두라스 간 해양경계획정에 관한 본래의 주장에 내재해 있는 것이므로 수리가능하다고 하였다. 이것은 재판소가 해양경계선 문제와 기타 해양문제의 해결을 위하여 필요한 경우에는 도서영유권 문제도 함께 다룰 수 있는 길이 있음을 보여주는 것이다.

둘째, 도서영유권 문제와 관련하여 실효적 지배에 관한 부분이다. 본 사건에서 온두라스는 실효적 주권행사를 보여주기 위하여 다양한 증거들을 제시하였다. 재판소는 민·형법의 분쟁도서에의 적용, 이민규제, 어업활동, 도서에서의 공공사업 관련 실적을 실효적 주권행사의 증거로 받아들였고, 법적·행정적 통제와 해군순찰 및 석유양허 관련 증거들은 받아들이지 않았다.

셋째, 본 판결은 해양경계획정에 있어서 그 원칙보다는 형평한 해결에 도달하기 위한 방법론 쪽이 중요해지고 있음을 보여주었다. 해양경계획정과 관련하여 과거에는 형평의 원칙과 등거리선 원칙 간에 첨예한 대립이 있었으나, 오늘날에는 그러한 원칙들을 상호보완적인 것으로 이해하려는 경향이 강해지고 있다. 오늘날 해양경계획정은 우선 등거리선이나 중간선을 잠정경계선으로 획정하고 관련상황을 평가하여 형평에 맞는 해양경계선에 접근해 가는 방법을 사용하고 있다. 그러나 등거리선 방법이 형평에 맞는 해결을 만들어 낼 수 없는 경우에는 인접한 양국 해안의 일반적 방향을 나타내는 선에 수직선을 긋는 대안적인 방법을 사용하기도 한다. 본 니카라과 대 온두라스 사건은 그 좋은 예이다.

넷째, 섬의 해양수역에 관한 부분이다. 해양법협약은 제121조에서 자연적으로 형성되어 만조시 수면위에 있는 모든 지형들을 섬으로 인정하여 자체의 영해와 접속수역·경제수역·대륙붕을 가질 수 있게 하되, 인간의 거주 또는 독자적인 경제생활을 유지할 수 없는 암석은 자체의 배타적 경제수역과 대륙붕을 가지지 못한다고 하였다. 그러나 국제사법재판소는 본 니카라과 대 온두라스 사건에 이어 루마니아와 우크라이나 간 흑해사건에서도 해안에서 상당한 거리에 있는 작은 섬들은 EEZ와 대륙붕 경계획정 시 기점으로 활용하는 데 한계가 있을 뿐 아니라 해양경계선에 대한 효과도 제한적이 된다는 것을 보여 주었다.

싱가포르와 말레이시아의 페드라 브랑카 도서 분쟁: 도서의 영유권 분쟁에서 주권자로서의(à titre de souverain) 행위가 갖는 법적 함의*

I. 서 론

페드라 브랑카(Pedra Branca), 미들 락스(Middle Rocks) 및 사우스 레지(South Ledge)의 영유권에 대한 사건은 리기탄과 시파단 양 도서에 대한 사건에 이어 두 번째로 동아시아에서 국제사법재판소에 분쟁이 회부되어 판결이 내려진 사건이다. 이와 같이 국제사법재판소(ICJ)가 영토 문제에 관련된 케이스에서 내린 판결의 내용은 국제법의 발전에 중요한 영향을 미치며, 많은 국가들이 이를 중시한다. 특히 영유권 분쟁이나 갈등을 안고 있는 국가들은 이러한 판결에서 국제사법재판소가 필연적 추론으로 제시하는 국제법 원칙을 발견하고, 분쟁의 평화적 해결을 위한 국제정치적 맥락과 그 의미를 주목한다. 따라서 유사한 문제를 안고 있는 국가들은 국제사법재판소가 내린 판결문과 당사국들이 제출한 재판문서 및 변론의 내용을 치밀하게 분석하여, 그로부터 파생되는 법적·정치적 함의를 이해해야 할 것이다.[1] 국제사회에서

---

* 이 연구는 2014년 2월에 발간된 「서울법학」 제21권 3호에 게재된 판례평석을 수정·보완한 것이다.

1 영토 문제가 갖는 법적·정치적 함의에 대해서는 Lee Chang-Wee, "Legal and

영유권 분쟁은, 무력의 사용에 의하지 않는 한, 통상 사법적 방식으로 해결되는 것으로, 순수하게 외교적 합의에 의해 해결되는 경우는 흔치 않다.

특히 이 사건은 독도 문제와 관련하여 우리에게 시사하는 바가 적지 않다. 해양경계획정이 이루어지지 않은 양국 사이의 무인도에 대한 분쟁이라는 점, 상대국의 행위에 대한 항의의 결여가 묵인으로 인정된 점, 구체적인 국가의 행위가 주권자의 자격으로 이루어질 때 주권의 변경을 가져올 수 있다는 점 등은 특히 주목해야 할 부분이다. 싱가포르가 말레이시아에 비하여 소송전략을 치밀하게 준비하면서 선택과 집중에 의해 설득력 있는 부분의 대항력을 높인 점도 참고로 해야 할 것이다.

2012년 8월 이명박 전 대통령의 독도 방문 이후 일본은 독도 문제를 국제사법재판소에 회부하자는 주장을 다시 하고 있다.[2] 일본은 한국의 평화선 선포 이후인 1954년과 국교정상화 전인 1964년에 각각 독도문제를 국제사법재판소에 회부하여 해결하자고 주장했다. 따라서 2012년의 일방적 제소 주장은 공식적으로 세 번째 주장인 셈이다. 엄연한 우리의 영토인 독도를 국제사법재판소에 회부하여 영유권을 다툴 필요는 없지만, 일본의 주장에 대비하여 만반의 준비를 갖출 필요는 있을 것이다. 기존의 영유권 분쟁 관련 사건을 분석하여 일본의 주장에 대한 대응논리를 개발하는 것이 중요하기 때문이다.

이러한 점들을 고려하여, 이하 말레이시아와 싱가포르의 준비서면(memorial)과 답변서(counter-memorial) 및 항변서(reply)에 상대적인 중점을 두어 이 사건을 분석하기로 한다. 판결문의 내용은 필요한 부

Political Aspects of Dokdo Issue: Interrelationship between International Law and International Relations", *Korean Journal of Defense Analysis*, Vol 25, No 2, 2013, pp.228-242를 참조.

2 Korea Herald, September 10, 2012.

분을 중심으로 간략하게 다룰 것이다.

II. 사건의 개요

페드라 브랑카는 싱가포르해협의 우측에 위치한 작은 섬이다. 페드라 브랑카라는 도명은 영국과 싱가포르가 사용해온 영어 명칭이며, 말레이시아는 이 섬을 풀라우 바투 푸테(Pulau Batu Puteh)라고 부른다.[3] 섬의 길이는 137미터이고 평균 폭은 60미터이며, 그 면적은 대략 8,500평방미터에 이른다. 싱가포르의 동쪽 약 24해리의 거리에 위치한 이 무인도는 말레이시아의 조호르 지방으로부터 약 7.7해리, 인도네시아의 빈탄 섬으로부터 약 7.6해리의 거리에 있다. 페드라 브랑카의 남쪽 0.6해리의 거리에 위치한 미들 락스는 두 개의 암초로 구성되어 있다. 사우스 레지는 페드라 브랑카의 남서쪽 2.2해리의 거리에 위치한 간조노출지 내지 저조고지(low-tide elevation)이다.[4]

싱가포르해협은 오랫동안 인도양과 남중국해를 연결하는 중요한 항해의 요지였으며, 이 섬들은 항해의 표지 내지 위험한 장애물로 그 해협의 입구에 존재해 왔다. 즉, 좁은 싱가포르해협에서 많은 선박들이 이 섬들로 인해 난파하거나 좌초해왔다.[5] 따라서 페드라 브랑카에

---

3 페드라 브랑카와 풀라우 바투 푸테는 하얀 바위(white rock)라는 뜻이다. 본고에서는 서술의 편의상 이 섬에 대하여 페드라 브랑카라는 명칭만 사용할 것이다.[*Judgment of Case concerning Sovereignty over Pedra Branca/Pulau Batu Puteh, Middle Rocks and South Ledge*(2008), para.17].

4 *Ibid.*, paras.16-18.

5 S Jayakumar and Tommy Koh, *Pedra Branca: The Road to the World Court*, NUS Press, Singapore, 2009, p.8; 구체적으로, 1824년부터 1851년 사이에 16척의 선박이 싱가포르해협에서 난파했으며, 9척의 선박이 페드라 브랑카 근처에서 좌초했다[*Memorial submitted by the Government of Singapore*(2004), para.2.6].

는 일찍부터 항해보조시설이나 등대의 설치가 필요했다.

이에 싱가포르의 영국 식민지 당국은 항행의 안전을 확보하기 위하여 1847년에 페드라 브랑카에 등대를 건설하기 시작했다. 1850년에 완공된 이 등대는 영국의 유명한 수로학자인 제임스 호스버그(James Horsburgh)를 기념하여 호스버그(Horsburgh)라고 명명되었다. 이렇게 영국이 동남아시아에서 최초로 건설한 호스버그 등대는 1851년 10월부터 영국 식민지 당국에 의해 운영되었으며, 이는 싱가포르의 독립 후 싱가포르에 의해 계승되어 실질적으로 운영되었다. 호스버그 등대의 시설은 밀물 시에 페드라 브랑카의 대부분 지역을 차지한다.[6] 이 등대의 건설 후, 그 운영을 둘러싼 국가 권한의 행사 및 그와 관련된 국가의 작위와 부작위는 국제사법재판소의 영유권 판단에 결정적인 역할을 한다.

페드라 브랑카의 영유권을 둘러싼 양국의 분쟁은 유엔해양법협약 규정에 의해 말레이시아가 싱가포르해협의 해도와 지리적 좌표를 공표하는 과정에서 불거졌다.[7] 즉, 말레이시아가 1979년 12월 21일에 이 섬을 자국의 영해 내에 위치한 도서로 표시한 「말레이시아의 영해 및 대륙붕 경계」라는 지도를 출간하고, 싱가포르가 1980년 2월 14일 말레이시아에게 이 지도의 출간에 대해 항의하고 그 수정을 요구하면서 분쟁이 구체화되었다.[8]

양국은 처음에 외교적으로 이 문제를 해결하기 위하여 양자 간 교섭을 계속했다. 그러나 교섭 과정에서 페드라 브랑카 외에 미들 락스와 사우스 레지에 대한 분쟁도 구체화되는 등 그러한 노력이 결실을

---

6 Coalter G Lathrop, "Sovereignty over Pedra Branca/Pulau Batu Puteh, Middle Rocks and South Ledge," *American Journal of International Law*, Vol.102, No.4, Oct 2008, pp.828-834.

7 유엔해양법협약 제16조.

8 *Judgment of Case concerning Sovereignty over Pedra Branca/Pulau Batu Puteh, Middle Rocks and South Ledge*(2008), para.30.

맺지 못하자, 결국 양국은 이 문제를 국제사법재판소에 회부하기로 합의했다. 즉, 2003년 2월 6일에 이 분쟁을 국제사법재판소에 회부하여 해결한다는 특별협정이 체결되고, 그에 따라 동년 7월 14일에 국제사법재판소에 이 분쟁이 회부되었다.[9] 말레이시아가 싱가포르의 제안을 받아들여서 국제사법재판소에 이 문제를 회부하게 된 것은 인도네시아와의 리기탄 및 시파탄 도서 분쟁에서 승소한 것이 크게 작용한 것으로 간주된다.[10]

국제사법재판소는 양측의 주장을 검토한 후, 페드라 브랑카에 대한 주권이 싱가포르에 있다는 판결을 내렸다. 이 섬의 시원적 권원은 말레이시아의 선행국인 조호르 술탄국에 있었지만, 1852년 이후 호스버그 등대의 운영에 관련된 영국의 행위 및 기타 다양한 영국과 싱가포르의 주권자로서의 행위, 그리고 조호르와 말레이시아의 부작위 내지 침묵을 고려하여, 이 섬의 주권이 싱가포르로 이전되었다고 판단했다. 다만, 미들 락스와 사우스 레지에 대한 싱가포르의 주권은 인정하지 않았다.

III. 양국의 주장

1. 말레이시아의 주장

말레이시아는 페드라 브랑카가 태초로부터 조호르 술탄국의 고유의 영토였으며 어느 시점에서도 무주지로 간주된 적이 없다고 주장했다. 즉, 조호르의 고유 영토였던 이 섬에 대하여 술탄은 그 영유권을

---

9 *Ibid.*, para.31.
10 *Sovereignty over Pulau Ligitan and Pulau Sipadan (Indonesia v. Malaysia)*, (2002) *ICJ Reports*.

포기하거나 양도한다는 의사표시를 한 적이 없으므로, 현재 말레이시아가 당연히 이 섬의 영유권을 갖는다고 주장했다. 특히, 1847년에 영국이 페드라 브랑카에서의 등대 건설과 관련하여 영유의사를 표명했을 때도 이 섬은 말레이시아의 영토였으며, 이러한 사실은 수많은 자료와 역사적 사실에 의해 입증된다고 했다. 비록 싱가포르가 등대의 유지와 관련하여 현재 이 섬을 점유하고 있지만, 이는 섬에 대한 영유권의 부여를 위해서는 불충분한 것이라고 했다.[11]

구체적으로 말레이시아는 동 섬이 조호르 술탄국의 고유 영토라는 역사적 배경을 다음과 같이 주장했다. 첫째, 1824년 전까지 조호르 술탄의 영지는 싱가포르해협의 북부와 남부에 미쳤으며, 해협 부근에 있는 모든 섬들을 포함했다. 둘째, 영국과 네덜란드는 1824년 양국 간 조약에 따라 이 지역에서 그들의 영향력을 배분했는데, 페드라 브랑카는 조호르 술탄에 속한 지역으로 남아 영국의 영향력 하에 놓여졌다. 셋째, 싱가포르 섬으로부터 10마일 외에 위치한 페드라 브랑카는 1824년 싱가포르 정착지를 위한 영국에 대한 할양에 포함되지 않았다. 넷째, 영국 식민지로서 해협 정착지, 조호르, 말레이시아와 싱가포르의 독립과 관련된 다양한 헌법적 전개는 이러한 각각의 영역적 범위에 아무런 영향도 주지 못했다. 따라서 이들은 현재 말레이시아의 일부인 조호르주에 속하는 섬으로서 페드라 브랑카의 지위를 변경하지 못했다.[12]

또한 말레이시아는 호스버그 등대가 조호르 술탄국의 허가에 의해 건설되었다는 점도 다음과 같이 강조했다. 첫째, 호스버그 등대의 건립 시도는 수로학자를 기리고 항행에 도움을 주기 위한 사적인 것으로, 주권 문제와는 아무런 관련이 없는 것이었다. 둘째, 조호르 술탄이 그 지역의 주권자였기 때문에 싱가포르 해협 내의 남중국해 입구에 등

---

11 *Judgment of Case concerning Sovereignty over Pedra Branca/Pulau Batu Puteh, Middle Rocks and South Ledge*(2008), paras.37-38.

12 *Memorial submitted by the Government of Malaysia*(2004), para.72.

대를 건설하기 위하여 영국 당국은 조호르 술탄의 동의를 구했는데, 이러한 인가에는 페드라 브랑카를 포함한다. 셋째, 등대의 건설은 영국을 위하여 섬에 대한 영유권의 획득이 수반되지 않았고, 영국을 위한 어떠한 기타 주권 주장도 개진되지 않았다. 넷째, 등대의 건설과 유지는 주권행위를 구성하지 않고, 주권행위로 보이지도 않으며, 따라서 영유의사도 내포하지 않는다. 다섯째, 동인도회사가 호스버그 등대의 소유권을 획득하였지만, 이는 페드라 브랑카에 대한 주권 획득을 의미하지는 않는다.[13]

결국 조호르 술탄국은 호스버그 등대의 건립 후에도 페드라 브랑카에 대한 주권을 유지했는데, 이는 등대 건립 후 싱가포르의 행위로부터도 확인된다. 즉, 1844년 조호르 술탄국이 페드라 브랑카에 등대 건설을 허락한 이후 싱가포르와 그의 이전 당국들은 이 섬에 대한 주권을 주장하지 않았다. 싱가포르의 등대관리 행위는 등대관리 및 통제 범위 내에서 행해졌으며, 말레이시아와의 양자적 행위를 포함한 싱가포르의 행위는 페드라 브랑카가 말레이시아 이외의 다른 국가에 속한다는 확신을 명백히 나타내지 않는다. 이러한 행위는 1946년부터 1965년까지 싱가포르의 헌법적 발전기간을 포함하여 20세기 전체에 걸친 것이며, 이외의 기간 동안 싱가포르의 당국들은 싱가포르 영토의 한계에 대하여 매우 발전된 인식을 보여주었다.[14]

예컨대 1952년에 1824년의 영국과 네덜란드 간 조약, 크로퍼드조약 및 1927년 합의에 의해 규정된 싱가포르의 영토 한계에 대한 분명한 이해를 보여주는 싱가포르의 내부적 교신이 이루어진 점, 1953년의 싱가포르 식민지 장관과 조호르 외무장관 대리 사이의 교신, 1968년에 싱가포르의 항의 없이 특히 페드라 브랑카에 인접한 수역에 관하여 말레이시아의 대륙석유회사에게 양허를 부여한 점, 1969년에 특히 페드라

---

13 *Ibid.*, para.177.
14 *Ibid.*, para.283.

브랑카에 인접한 대륙붕의 경계획정에 관하여 싱가포르의 항의 없이 인도네시아와 말레이시아가 협정을 체결한 점, 그리고 1973년에 인도네시아와 싱가포르가 영해협정을 체결한 점 등을 고려하면, 말레이시아의 이 섬에 대한 권원을 인정하는 싱가포르의 행위와 이 섬에 대한 말레이시아의 영토 주권에 대한 행위는 일관적이므로, 페드라 브랑카에 대한 말레이시아의 시원적 권원은 의문의 여지가 없다는 것이다.[15]

한편 말레이시아는 미들 락스와 사우스 레지에 대해서도 다음과 같이 말레이시아의 주권이 미친다고 주장했다. 즉, 역사적으로 조호르 술탄국의 행위는 미들 락스와 사우스 레지에 대한 주권의 행사가 분명하므로 이들은 현재 말레이시아의 부분으로 간주된다는 것이다. 따라서 이들에 대한 싱가포르의 추후 주장은 페드라 브랑카에 대한 그들의 주장을 지지하기 위한 목적에서 이루어진 것이라고 했다. 특히 말레이시아의 주권행위에 대한 싱가포르의 항의의 부재는 이들에 대한 말레이시아의 주권을 묵인한 것을 보여준다고 했다.[16]

말레이시아는 결론적으로 다음과 같이 주장했다. 첫째, 페드라 브랑카와 미들 락스 및 사우스 레지 기타 싱가포르 해협 내 및 주변의 도서들은 1824년 이전 조호르 술탄 영지의 일부였으며, 이는 해협의 남쪽의 도서와 영토에만 관련된 1824년 영국과 네덜란드 사이의 조약에 의해 영향을 받지 않았다. 둘째, 이러한 술탄의 영지 범위는 영국에 의해 반복적으로 승인되었는데, 이러한 상황은 싱가포르 섬과 싱가포르에서 10마일 이내의 모든 암석들과 소도를 영국에 할양한 1824년 크로퍼드조약에 의해서 확인되었다. 셋째, 페드라 브랑카는 무주지가 아니며, 조호르의 피지배자들인 말레이 주민들에 의해 어업과 기타 목적으로 사용되었고, 이는 해적의 진압과 같은 주권의 행사로 확인된다. 넷째, 영국의 동인도회사는 호스버그 등대를 그들의 영토에 건설하기 위

---

15 *Ibid.*, paras.284-285.
16 *Ibid.*, para.300.

해 술탄과 그의 신하인 족장 테멩공(Temenggong)의 허가를 구했지만, 페드라 브랑카에 대해 주권자로서 행동하지 않았다. 등대의 소유권이나 유지 및 관리는 주권적 권리의 행사와 무관하다. 다섯째, 영국과 싱가포르는 분쟁에 관련된 결정적 기일, 즉 페드라 브랑카에 대한 1980년 및 두 지형에 대한 1993년 이전의 어느 시기에서도 그에 대한 주권을 주장한 바 없다. 여섯째, 싱가포르의 법률과 조약 관행, 출간물 및 지도, 싱가포르 공무원의 성명 등은 모두 세 지형들이 싱가포르의 영토가 아니라는 것을 확인해주고 있으며, 그에 비해, 조호르와 그 계승국인 말레이시아는 세 지형들에 대한 주권을 결코 포기한 적이 없다.[17]

2. 싱가포르의 주장

싱가포르는 선행국이었던 영국의 페드라 브랑카에 대한 계속적인 권한의 행사와 그에 대한 조호르 술탄국의 묵인으로 이 섬에 대한 주권이 결국 싱가포르로 이전되었다고 주장했다. 즉, 영국 정부의 공식적인 활동으로 이 섬에 등대가 건설되고 운영됨으로써 영국은 주권자로서 이 섬에 대한 권원을 취득했으며, 그 후 조호르와 말레이시아가 이와 관련하여 이를 묵인하여 그 권원이 싱가포르에 이전되었다는 것이다. 싱가포르는 말레이시아가 주권을 포기한 증거로서 1953년의 조호르 국무장관 대리의 서한 및 기타 공식 문서와 지도를 제시했다. 그리고 1953년 이후 이 섬 주변 해역에 있어서 영국과 싱가포르에 의해 주권자의 자격으로 이루어진 다양한 행위가 이를 입증한다고 주장했다. 미들락스 및 사우스 레지는 페드라 브랑카의 종속물로 간주되어야 하므로 역시 주권이 싱가포르에 귀속된다고 주장했다.[18] 또한 싱가포

---

17 *Ibid.*, para.328.

18 *Judgment of Case concerning Sovereignty over Pedra Branca/Pulau Batu Puteh, Middle Rocks and South Ledge*(2008), paras.39-40.

르는 구두변론 시에 페드라 브랑카는 무주지(terra nullius)였기 때문에, 그 섬이 조호르의 주권하에 있었다는 증거가 없다고 주장했다.[19]

구체적으로 싱가포르는 1847년부터 1851년 사이에 영국왕실이 페드라 브랑카에 대한 권원을 취득했다는 것을 다음과 같이 주장했다. 첫째, 페드라 브랑카에 관련된 주권 주장의 근거는 1847년에서 1851년 사이 일련의 공식적인 조치들에 의해 이루어진 이 섬에 대한 합법적인 점유이다. 이 기간은 1847년 6월 21일부터 7월 9일까지의 어떤 시기에 싱가포르의 조사관인 톰슨(J. T. Thomson)이 페드라 브랑카에 처음 상륙한 때부터, 1851년 9월 27일 등대의 공식적인 가동까지의 기간을 말한다. 둘째, 이 섬에 등대를 건설하기로 한 결정은 영국왕실의 공식 기관인 동인도회사의 이사회에 의해 내려졌으며, 기획, 부지 선정, 건설의 전 과정은 영국왕실 및 그 대표들의 배타적 통제와 승인에 따라 이루어졌다. 셋째, 1947년부터 1951년까지 이루어진 행동 유형과 공식적 방문은 호스버그 등대와 부속물들을 건립하고 영구히 보존할 목적으로 페드라 브랑카에 대하여 주권을 주장하려는 영국왕실의 의사를 분명하게 표명한 것이라 할 수 있다. 넷째, 점유 취득의 행위는 평화적이고 공개적으로 이루어졌으며, 타국의 어떠한 반대도 없었기 때문에, 페드라 브랑카에 대한 권원은 1847년부터 1851년 사이에 영토 취득에 대한 법적 원칙들에 따라 영국왕실에 의해 취득되었다. 즉, 이러한 사실에 의해 영국왕실의 섬에 대한 주권의 취득이 입증되고, 그러한 권원은 그 이후 싱가포르에 승계되었다.[20]

다음 싱가포르는 1851년 이후 싱가포르와 그 선행국이 페드라 브랑카에 대하여 계속적이고 평화적이며 또 효율적으로 국가권한을 행사해 왔다는 것을 다음과 같이 주장했다. 첫째, 위와 같이, 1847년부터

---

19 *Ibid.*, para. 41.

20 *Memorial submitted by the Government of the Republic of Singapore*(2004), paras. 5.112-5.113.

1851년까지 이 섬에서의 공식적 조치들의 결과로서 섬의 주권이 영국 왕실에게 그리고 그 후에 싱가포르에게 귀속되었으며, 그 이후 영국과 싱가포르는 이 섬에 대한 권원을 확인하고 유지하는 공개적이고 계속적인 유형의 국가활동을 수행했다. 둘째, 이러한 활동들은 공식적인 성격을 가진 것으로서, 주권자의 자격으로(à titre de souverain)로 수행되었는데, 이는 그 섬 전체 및 그 영해와 관련된 광범위한 국가기능을 포함하는 것이었다. 셋째, 페드라 브랑카에 대한 싱가포르의 행정과 통제는, 많은 경우, 말레이시아 공무원들의 섬에 대한 접근의 통제를 포함했는데, 이 공무원들은 섬을 방문하기 위해 싱가포르의 승인을 구했다. 그 외에, 해난사고에 대한 조사, 해군의 순찰 및 연습, 군사통신시설의 설치, 간척 사업의 제안 등이 싱가포르에 의해 이루어졌다.[21] 넷째, 이러한 활동들은 약 140년 동안 공개적이고 당당하며 평화적으로 이루어졌지만, 어떠한 활동에 대해서도 말레이시아로부터 항의를 받지 않았으며, 말레이시아는 단지 이 섬이 자국의 관할권 내에 있다고 표시된 지도를 발간한 1979년에 이 섬에 대한 영유권을 주장하려고 했다. 싱가포르는 이 지도에 대해 즉시 항의했다. 다섯째, 그 후 말레이시아는 이 섬에 대해 문서상 청구를 시도했지만, 이러한 시도들은 분쟁이 이미 명확해지고 싱가포르가 항의한 것으로서 모두 자기충족적인 성격을 가졌다. 여섯째, 이에 비하여, 1979년 이후 페드라 브랑카와 그 영해 내에서 이루어진 싱가포르의 활동은 싱가포르가 그 날짜 이전에 그 섬에 대하여 오랫동안 수행한 행정의 계속을 나타낼 뿐이었다.[22]

또한 싱가포르는 말레이시아가 싱가포르의 페드라 브랑카에 대한 주권을 다음과 같이 승인했다고 주장했다. 첫째, 싱가포르가 1847년부터 1989년 사이에 페드라 브랑카와 그 주변 해역에 대하여 계속적이고 명확하게 주권을 표시한 데 대하여, 말레이시아가 지속적으로 항의하

21 *Ibid.*, para.6.105.
22 *Ibid.*, para.6.122.

지 않은 것은 싱가포르의 주권에 대한 명백한 승인을 구성한다. 둘째, 말레이시아는 침묵뿐만 아니라 적극적이고 명시적인 행위와 행동에 의해, 특히 페드라 브랑카의 방문과 그 주변 해역에서의 활동 수행을 위해 싱가포르의 허가를 반복적으로 요청함으로써, 이 섬과 그 주변 해역에 대한 싱가포르의 관할권에 복종하여 싱가포르의 이 섬에 대한 주권을 명백하게 승인했다. 셋째, 1979년 이전에 발간된 말레이시아 자신의 공식적인 지도들은 이 섬이 싱가포르에 속한다는 것을 인정하고 있다.[23] 이러한 결론은 말레이시아의 선행국인 조호르가 페드라 브랑카에 대한 권원을 명시적으로 포기했던 1950년대 초의 공식적인 서한의 교환과 일치하며, 또한 그러한 서한의 교환에 의해 확인되어 왔다.[24]

이어서 싱가포르는 조호르가 다음과 같이 1953년 9월 21자 서한에서 페드라 브랑카에 대한 권원을 명시적으로 포기했다고 주장했다. 첫째, 싱가포르의 식민지장관은 조호르 정부에게 보낸 1953년 6월 12일자 서한에서 페드라 브랑카의 법적 지위에 대한 명확한 입장을 구했는데, 이 서한의 내용은 싱가포르에 있는 식민 당국이 싱가포르가 이 섬에 대한 주권적 권리를 가졌다고 인식했다는 것을 보여 준다. 둘째, 조호르의 국무장관 대리는 그가 1953년 9월 21일자 서한에서 "… 조호르 정부는 페드라 브랑카의 소유권을 주장하지 않는다"라고 선언하여 이러한 싱가포르의 입장을 확인했다. 셋째, 그러한 부인 문언은 조호르가 그 섬에 대한 주권을 갖지 않으며, 필연적 추론에 의해 조호르가 싱가포르의 주권을 수락했다는 것을 명백하게 인정한 것으로, 이는 조호르의 승계국인 말레이시아를 완전하게 구속한다.[25]

싱가포르는, 이상과 같은 사실과 주장들에 의해, 말레이시아가, 첫째, 싱가포르가 주장하고 행사한 주권적 권리에 관한 말레이시아의

---

23 *Ibid.*, para.7.51.

24 *Ibid.*, para.7.52.

25 *Ibid.*, para.8.40.

"수동적이거나 소극적인 행동"에, 둘째, 페드라 브랑카와 그 주변에서의 활동 수행을 위한 싱가포르에의 반복적인 허가 요청에, 그리고 셋째, 그 선행국의 이 섬에 대한 공식적인 권리의 부인에 구속된다는 것은 의문의 여지가 없다고 주장했다.[26]

한편 싱가포르는 미들 락스와 사우스 레지에 대해서도 다음과 같이 페드라 브랑카와 함께 싱가포르의 주권이 미친다고 주장했다. 첫째, 미들 락스와 사우스 레지는 페드라 브랑카의 단순한 부속물로서 전체가 단일한 해양 지형의 집단을 형성하는데, 이는 양국의 실행과 해도에 의해 인정되었다. 둘째, 사우스 레지는 어떤 경우에도 간조노출지로서 그 자체가 독자적인 전용의 대상이 아니며, 미들 락스는 단지 본 섬이 재융기한 것인데, 두 지형 모두 명확하게 페드라 브랑카의 영해 내에 있다. 셋째, 싱가포르는 그 주변 해역에서 항상 일관되게 주권적 권한을 행사해 왔으므로, 페드라 브랑카에 대한 주권이 명확하게 싱가포르에 속하듯이, 미들 락스 및 사우스 레지에 대한 주권도 그러하다.[27]

IV. 판결의 내용

국제사법재판소는 우선 말레이시아가 페드라 브랑카에 대한 시원적인 권원을 가졌는지에 대한 문제, 즉 이 섬이 무주지였는지 여부를 검토했다. 이와 관련하여, 동 재판소는 싱가포르 주재 영국 판무관의 1824년 세 서한과 1843년 싱가포르 자유신문의 기사를 검토한 뒤, 1512년에 조호르 술탄국이 성립한 이후 17세기부터 19세기 초에 걸쳐서 조호르 술탄국의 영역은 말레이반도의 많은 부분과 싱가포르해협에

---

26 *Ibid.*, para.8.41.
27 *Ibid.*, para.9.52.

걸쳐 있으며 그 범위에 페드라 브랑카 주변도 포함된다고 했다. 국제사법재판소는 네덜란드 동인도회사의 선박 포획에 대한 술탄의 항의나 영국의 고위관리인 크로퍼드의 서한도 이를 입증한다고 언급했다.[28]

동 재판소는 팔마스 섬 사건을 언급하면서, 조호르 술탄국이 이 섬에 대한 타국과의 주권 경합 없이 계속적이고 평온하게 주권을 행사한 것으로 간주되는 점유를 했다고 했다. 그 이유로서, 첫째, 페드라 브랑카는 선박이 항해에 조심해야 하는 곳이며, 또한 미지의 해역도 아니기 때문에 조호르 술탄국의 일반적인 영역 범위 내에 포함되는 것으로 추정된다는 것, 둘째, 구 조호르 술탄국의 전 역사를 통하여 이 섬에 대한 타국의 주권 주장이 없었다는 것을 들었다. 특히, 후자와 관련하여, 국제사법재판소는 "타국의 주권 주장이 없었다는 것과 지리적 특징을 감안하여, 지극히 희박한 주권의 행사라도 주권의 표시로 충분하다"는 1933년 동부그린란드 사건에서의 판시도 인용했다. 또한 싱가포르해협에 거주하면서 다양한 활동을 전개한 해양족인 오랑 라우트(Orang Laut)족에 대한 조호르 술탄의 권한 행사도 실례로 들었는데, 술탄이 행사한 권한의 성격과 정도를 고려하면, 이는 해협 내 도서에 대한 조호르 술탄의 고래의 원시적인 권원을 입증하는 것이라고 했다.[29]

국제사법재판소는 조호르 술탄국의 분리를 정한 영국과 네덜란드 사이의 1824년 조약이 이 섬의 권원을 판단하는 데에 중요하다고 했다. 당시 조호르 술탄국으로부터 리아우 링가(Riau-Lingga) 술탄국이 분리되어 두 개의 술탄국이 그 지역에 존재하게 되었는데, 그로 인해 1824년부터 1840년 사이에 새로운 조호르 술탄국이 기존의 조호르 술탄국을 승계하는지와 또한 그 영역에 페드라 브랑카도 포함되는지가 문제가 되었다.[30] 동 재판소는 말레이시아가 제출한 문서를 검토하여,

---

28 *Judgment of Case concerning Sovereignty over Pedra Branca/Pulau Batu Puteh, Middle Rocks and South Ledge*(2008), paras.52-59.

29 *Ibid.*, paras.60-75.

1512년부터 1824년까지 조호르 술탄국은 동일한 주권적 체제(sovereign entity)로 존재했으며, 1824년 조약에 의해서도 그러한 사정은 변경되지 않았다고 했다.[31] 즉, 1824년 조약 제12조에 의해 싱가포르해협 전체가 영국의 영역 범위에 계속 남았으므로, 조호르 술탄국의 영역권이 이 해협에서 소멸되어 페드라 브랑카에 대한 무주지 선점이 가능했다는 싱가포르의 주장은 받아들여지지 않는다고 했다.[32] 따라서 1844년에 영국이 등대의 건설을 준비하기 시작했을 때, 페드라 브랑카는 조호르 술탄국의 주권하에 있었다고 판단했다.[33]

또한 국제사법재판소는 주권의 확실성과 안정성을 담보하기 위하여 어떠한 주권의 이전에도 관계국의 합의가 필요하다고 했다. 다만, 그러한 합의의 형식으로서 조약과 같은 명시적인 방식 외에 당사자의 행위와 같은 묵시적인 방식도 특정한 상황 하에 있을 수 있다고 했다. 예컨대, 팔마스 섬 케이스에서와 같이, 타국의 명확한 영역 주권의 표시에 대하여 대응해야 할 주권국이 그러한 대응을 못하는 경우가 그에 해당된다. 즉, 타국의 영역 주권의 표시나 명확한 표명과 같은 주권자로서의 행위에 대응하지 못하는 경우는 묵인을 구성하여 주권의 이전을 초래할 수 있다는 것이다. 동 재판소는 영역과 영역 주권의 안정성 및 확실성이 중요하다는 것을 강조하여, 그러한 경우, 영역 주권의 이전은 당사국의 행위와 관련 사실에 의해 명확하고 의문의 여지가 없는 형식으로 이루어져야 한다고 했다. 특히 당사국이 실질적으로 자국 영역의 일부를 포기한 경우에는 더욱 그런 점이 강조된다고 했다.[34]

결국 국제사법재판소는 페드라 브랑카에 대한 주권 이전을 확인

---

30 *Ibid.*, para.85.

31 *Ibid.*, paras.86-94.

32 *Ibid.*, para.100.

33 *Ibid.*, para.117.

34 *Ibid.*, paras.118-125.

하기 위하여 관련되는 명확한 형식의 양국의 행위를 고찰했다. 특히 동 재판소는 호스버그 등대의 건설과 운용 및 1953년의 서한 교환을 중시하여 검토했는데, 구체적으로, 등대의 건설과 운용이 영국의 주도로 이루어졌고, 그 준공식에 조호르의 당국자가 참석하지 않았다는 점을 확인했다. 그리고 영국이 주권의 선언과 같은 의식을 하지 않았다는 것도 확인했다. 이에, 국제사법재판소는 1847년부터 1851년 사이에 등대의 건설에 관련된 영국의 행위가 주권의 취득과 직접 관련이 되었는지 여부를 명시적으로 언급하지 않았다.[35] 따라서 등대의 건설 이후 국가 실행이 이 문제에 대하여 결정적인 역할을 했다. 특히 1953년에 싱가포르의 식민지 장관이 조호르의 영국인 고문관에게 식민지 영해의 경계획정과 관련하여 페드라 브랑카의 법적 지위를 문의한 데에 대하여 조호르의 국무장관 대리는 중요한 답변을 했다. 그는 "… 조호르 정부는 페드라 브랑카의 소유권을 주장하지 않는다"라고 회답하여, 국제사법재판소의 영유권 판단에 중요한 계기를 제공했다. 조호르 국무장관의 회신에 대한 법적인 문제도 일부 제기되었지만, 어쨌든 이 서한이 영유권 판단에 중요한 역할을 한 것은 부인할 수 없다.[36]

이와 같이 국제사법재판소가 양국 내지 양측의 국가행위로부터 주권의 이전을 확인하는 과정은 매우 신중했다. 득히, 등대의 운용이나 서한의 왕래로부터 섬의 주권이나 권원에 대한 직접적인 판단의 근거를 도출하지 않고, 다만, 섬의 주권에 대한 조호르와 싱가포르 당국의 견해의 전개(evolving views) 내지 발전적 이해(developing understanding)를 판단하는 데에 중요한 의의가 있다고 한 점이 주목된다.[37] 물론 신중하게 접근하여 점차적인 주권의 이전을 판단하든, 구체적인 계기를 통해 직접적인 이전을 확인하든, 그 효과는 마찬가지일 것이다.

---

35 *Ibid.*, paras. 161-162.
36 *Ibid.*, paras. 192-196.
37 *Ibid.*, paras. 197-225.

국제사법재판소는 1953년 이후 영국과 싱가포르가 이와 관련하여 주권자로서의 행위를 다음과 같이 수행했다고 밝혔다. 즉, 그들의 행위는 등대 운영자로서의 행위라는 부분이 많았지만, 섬 주위에서의 해난사고의 조사, 도항 통제, 군사통신시설의 설치, 간척 내지 매립 사업의 제안 등은 주권자의 자격으로(à titre de souverain) 수행된 것이라고 했다. 또한 이 섬에서의 군기 게양, 말레이시아의 영해 경계획정, 기타 관련 공식 지도나 보고서 등은 싱가포르에 유리하게 작용한다고 했다. 이러한 행위는 군사통신시설의 설치를 제외하고 모두 조호르 및 말레이시아에 통보되었지만, 그에 대한 반론이나 항의는 이루어지지 않았다.[38]

이상과 같은 점을 고려하여, 국제사법재판소는 양국의 행위를 포함한 관련사실이 페드라 브랑카의 권원에 대한 양국 입장의 수렴적 전개(a convergent evolution of the positions of the Parties)를 나타낸다고 했다. 그리고 싱가포르와 그 선행국의 주권자로서의(à titre de souverain) 행위 및 그에 대한 무대응을 포함한 말레이시아와 조호르의 행위를 함께 고려하여, 1980년까지 페드라 브랑카의 주권은 싱가포르로 이전되었다고 판단했다.[39] 다만 미들 락스는 조호르가 시원적 권원을 갖고 있었으며, 권원을 이전할 만한 효과를 갖는 상황이 없었으므로 그 권원은 말레이시아에게 존치한다고 했다. 사우스 레지는 저조고지이므로 그곳이 존재하는 영해 해당 국가에 귀속된다고 판단했다. 즉, 해양경계획정은 동 재판소의 임무가 아니라고 판단하여 영유권의 귀속 결정을 회피한 것이다.[40]

---

38 *Ibid.*, paras. 231-272.

39 *Ibid.*, paras. 273-277.

40 *Ibid.*, paras. 288-300; 許淑娟, "主権者としての(à titre de souverain)行為", 『国際法判例百選』有斐閣(2011), pp. 62-63.

V. 평 석

페드라 브랑카 사건 판결의 요지는, 이 섬에 대한 싱가포르의 주권자로서의 행위와 그에 대한 말레이시아의 묵인으로 인해, 말레이시아의 시원적 권리가 싱가포르로 이전되었다는 것이다. 구체적으로, 영국이 1844년에 등대의 건설을 준비하기 시작한 시점에 이 섬은 조호르 술탄국, 즉 현재의 말레이시아의 주권하에 있었지만, 조호르가 그에 대한 소유권을 주장하지 않는다고 한 1953년의 서한과 싱가포르의 주권자로서의 행위를 고려할 때, 분쟁이 구체화한 1980년 2월 14일 이전에 섬의 주권이 싱가포르에 이전되었다는 것이 국제사법재판소의 판단이다. 이는 권리의 창설과 권리의 유지는 다르다고 한 팔마스 섬 사건의 판정 내용을 더 발전시킨 것이다.[41] 즉, 영유권을 갖는 국가가 타국의 주권자로서의 행위에 대하여 반응하지 않으면, 그 행위를 묵인한 것으로 간주되어 영유권이 이전될 수 있다는 점이 판결의 핵심인 셈이다.

무인도와 같은 작은 섬이나 인간의 거주가 희박한 지역에 대한 영유권 분쟁의 경우, 그에 대한 시원적 권원이 인정되지 않으면, 일반적으로 발견이나 선점과 같은 무주지에 대한 권원이나 대립되는 에펙티비테(effectivités)의 경중을 평가하여 영유권을 결정하게 된다.[42] 그러나 페드라 브랑카에 대한 분쟁은 무주지가 아니므로, 국가 간 합의가 아닌 어떤 방식으로 영유권이 정해졌는지, 즉 영유권의 이전이 이루어졌는지가 문제였다. 이와 관련하여, 국제사법재판소는 당사국의 행위에 의한 묵시적 합의로 또는 상대국의 주권자로서의 행위에 대한 항의의 결여로 영

---

41 Yoshifumi Tanaka, "Passing of Sovereignty: the *Malaysia/Singapore* Territorial Dispute before the ICJ", *The Hague Justice Portal*, 25 August 2008, p.11.

42 David Colson, "Sovereignty over Pulau Ligitan and Pulau Sipadan", *American Journal of International Law* Vol.97, No.2(2003), pp.398-406.

유권의 이전이 이루어진다고 판단했다.[43] 양자는 묵시적 동의의 존재 여부에 따라 구분되지만, 그 차이는 미미하다. 국제사법재판소는 견해의 전개(evolving views),[44] 발전적 이해(developing understanding),[45] 당사국들이 공유한 이해의 전개(evolving understanding shared by Parties)[46] 및 양국 입장의 수렴적 전개(a convergent evolution of the positions of the Parties)와 같은 표현을 사용함으로써 권원의 이전이 점진적으로 이루어졌다는 점을 밝혔다.[47] 그런 의미에서 이를 파생적 권원(derivative title)이라 평가하기도 한다.[48]

국제사법재판소의 판결이 내려진 후, 싱가포르는 판결에 대하여 만족한다는 뜻을 표명했다. 그에 비해 말레이시아는 판결에 승복하지만 불만이라는 입장을 밝혔다. 특히, 페드라 브랑카에 대한 영유권은 싱가포르가 가졌지만, 미들 락스의 영유권은 말레이시아에 존치되어, 어느 정도 균형이 이루어졌다고 평가하기도 했다. 그러나 말레이시아 정부의 소송전략이 잘못되었다고 비난한 야당과 조호르주 정부의 반대가 심했다.[49] 그리고 사우스 레지는 영유권 판단이 유보되었기 때문에 양국의 추가적 해양경계획정 협상에 의해 분쟁의 최종적 해결을 기대할 수 있을 것이다.

우리는 독도 문제와 관련하여 다음과 같은 점들을 생각해야 한다. 우선, 한국의 고유 영토인 독도의 역사적인 근거를 더욱 확고하게 정

---

43 *Judgment of Case concerning Sovereignty over Pedra Branca/Pulau Batu Puteh, Middle Rocks and South Ledge*(2008), paras.120-121.

44 *Ibid.*, para.162.

45 *Ibid.*, para.203.

46 *Ibid.*, para.224.

47 *Ibid.*, para.276.

48 Coalter G Lathrop, *op. cit.*, pp.830-834.

49 Tan Hsien-Li, "Notes-Case concerning Sovereignty over Pedra Branca/Pulau Batu Puteh, Middle Rocks and South Ledge(Malaysia/Singapore)", *Singapore Year Book of International Law*, 12(2008), pp.260-262.

비할 필요가 있다. 국제사법재판소가 페드라 브랑카에 대한 조호르 술탄국의 시원적 권원을 인정한 판결 내용을 참고하여, 구체적인 사료를 발굴하고 정리해야 할 것이다. 사실, 독도에 대한 사료들의 내용은 애매한 부분이 있어서 해석상 논란의 여지가 있다. 따라서 세종실록지리지를 비롯한 여러 사료에 나타난 우산도, 삼봉도, 석도 등 독도에 대한 옛 명칭들이 현재의 독도를 가리킨다는 추가적인 증거를 확보하는 것이 중요하다.

다음, 무인도에 대한 주권이나 관할권의 행사는 매우 희박한 것이라도 그 국가의 영유권을 입증하기에 충분하다는 내용도 주목해야 할 부분이다. 과거의 여러 판례에서 확인되었듯이, 주민이 상주하지 않는 지역에 대한 국가 관할권의 계속적인 행사를 입증하기는 쉽지 않기 때문이다. 따라서 국제사법재판소가 동부그린란드 사건의 판시를 인용하여 강조한 부분, 즉 지리적 특징을 감안한 주권의 행사 부분을 주목하여 독도에 대한 대책을 마련해야 할 것이다. 예컨대, 세종 때에 추진된 울릉도에 대한 쇄환정책 내지 공도정책이 독도에 대한 영유권 포기가 아니라는 점을 분명히 해야 한다. 3년마다 울릉도에 파견된 수토관이 울릉도의 영유권을 확인했을 뿐 아니라, 독도에 대해서도 실효적 관리를 했다는 것을 입증하는 것이 중요하다. 이 판결 내용의 취지대로, 울릉도에 대한 점유나 지배의 정도보다 무인도인 독도에 대한 관리의 정도는 낮을 수밖에 없다는 것을 감안하여, 관련 자료를 발굴하고 정리할 필요가 있다. 쇄환정책의 기간뿐 아니라, 예컨대, 1948년 8월 15일 정부 수립 이후 1953년 1월 18일 평화선 선언 시까지의 기간에 있어서도 이런 부분을 분명히 해야 한다.

싱가포르의 주권자로서의 행위에 대한 말레이시아의 묵인도 눈여겨봐야 한다. 예컨대, 해난사고의 조사, 도항에 대한 관리와 통제, 군기의 게양, 군사통신시설의 설치, 간척 내지 매립 사업의 제안과 같은 행위가 도서의 영유권 판단에 중요한 역할을 했다는 부분을 주목해야 한다. 즉, 일방 당사국의 국가관할권 행사에 대하여 묵인한 상대국은 영유권에 대한 대항력이 없다는 점을 고려하여, 독도에 대한 지금까지의 일본의 묵인을 확인하고 앞으로도 그러한 부분을 주의하여 관련 정책을 펴야 할 것이다. 역으로, 우리의 무대응이 묵인이 되지 않도록 일본의 도발에 대해서는 단호하게 대처할 필요가 있다. 다만, 지나친 대응으로 독도의 분쟁적 성격이 국제적으로 부각되는 것은 피해야 한다. 어쨌든 단호하되 의연한 대응으로 독도에 대한 주권을 수호하는 전략적 태도를 확립해야 한다.

구체적으로, 우리에게 가장 중요한 자료 중의 하나인 울릉도 행정구역 개편에 대한 대한제국 칙령 41호는 관련 자료를 더 발굴하여 철저하게 연구할 필요가 있다. 일본은 이 칙령에 규정된 석도는 독도가 아니라 울릉도 근처의 관음도라고도 주장하는 만큼, 그런 부분을 반박할 수 있는 확고한 논리를 개발해야 한다. 위치나 면적으로 볼 때, 관음도는 칙령에 규정될 정도의 섬이 아니라는 것을 논리적으로 입증해야 한다. 만약, 석도가 독도라는 점이 구체적인 자료나 설득력 있는 해석으로 입증된다면, 이는 우리에게 결정적으로 유리한 자료가 될 것이다.

또한 일본의 시마네현 고시도 좀 더 치밀하게 분석할 필요가 있다. 시마네현 고시는 독도가 무주지라는 것을 전제로 하고 있지만, 이를 반박할 수 있는 일본 측 자료는 적지 않다. 예컨대 대마도종가문서, 막부와 돗토리현의 질의응답서, 조선국교제시말내탐서 및 태정관지령 등은 우리의 입장을 뒷받침하는 근거 자료가 될 수 있다. 본 사건에서 싱가포르가 말레이시아의 자료를 이용하여 자국의 입장을 강화한 점은 독도 문제에 대한 중요한 포인트가 될 것이다. 특히, 태정관지령이나 돗토리현의 질의응답서와 같은 일본 측 자료는 본 사건에 있어서 조호르 국무장관 대리의 1953년 서한보다 더 결정적인 자료가 될 것이다. 동 서한에서 페드라 브랑카의 소유를 포기하겠다고 한 말레이시아의 입장은 독도가 일본과 무관하다는 일본 측 자료의 취지와 동일한 것이라 할 수 있다.

한편 1999년의 한일어업협정이 독도에 대한 한국의 입장을 약화
시켰다거나 금반언의 원칙에 어긋난다는 지적이 일부 있는데,[50] 이는
협정의 규정과 실제 운용을 고려할 때 설득력 있는 해석이 아니다. 예
컨대, 협정에 의해 중간수역에 독도를 위치시킴으로써 독도에 대한 분
쟁이 없다는 기존의 정부 입장이 번복되었다는 주장, 그리고 1999년
어업협정을 체결할 당시, 한국은 독도에 대한 기점 주장을 포기하고
울릉도를 기점으로 주장하다가, 2006년 해양과학조사 분쟁을 계기로
독도를 기점으로 주장함으로써 금반언의 원칙에 위배된다는 주장 등,
다양한 주장이 제기되었다. 그러나 독도에 분쟁 자체가 존재하지 않는
다는 우리 정부의 입장은 분쟁적 성격의 확산을 막기 위한 명분에 의
한 것으로, 실제로 독도가 분쟁지역으로 국제사회에서 인식된다는 것
은 부인하기 힘들다. 국제 판례도 이러한 점을 분명히 하고 있다.[51] 따
라서 한일어업협정과는 무관하게 독도에 대한 분쟁은 국제사회에서
객관적으로 인식되어 왔으며, 한일어업협정으로 그러한 성격이 외부
적으로 좀 더 부각되었을 뿐이라고 평가할 수 있다. 즉, 동 협정 자체
는 독도의 영유권과는 무관하게 중립적 성격을 갖는다는 것이 타당한
해석이라 할 수 있다.

울릉도 기점 문제도 해양경계획정의 실현 가능성을 제고하기 위
해 우리 정부가 취했던 최소한의 기본적인 정책으로서, 독도 영유권
문제와는 무관한 것이다. 독도를 현실적으로 영유하고 있는 우리는 밑
져야 본전이라는 식으로 독도 기점을 주장한 일본과는 입장이 같을 수

---

50 김명기, "페드라 브랑카 사건 판결과 독도 문제", 법률신문, 2009.1.15.

51 John Collier and Vaughan Lowe, *The Settlement of Disputes in International
Law* (New York: Oxford University Press, 2000), pp.10-11; Yoshiro Matsui,
"International Law of Territorial Acquisition and Dispute over the Senkaku
(Diaoyu) Islands", *Japanese Annual of International Law*, No.40, 1997, pp.4-5.

가 없다. 어쨌든 양국이 모두 독도를 기점으로 주장한 이상, 이제 한일 어업협정을 당분간 유지하면서 일본의 입장 변경을 설득할 수밖에 없 다. 다만, 본 사건의 판결과 관련하여, 조호르 국무장관 대리의 1953년 서한이 말레이시아 입장의 금반언 원칙 위배를 초래했다는 점은 특히 잘 이해해야 한다. 한일어업협정의 운용이나 해석으로 독도에 대한 우 리의 입장이 훼손된 것은 아니며, 더구나 조호르 국무장관 대리가 페 드라 브랑카의 포기를 밝힌 것처럼, 우리가 독도의 영유권을 포기한 것은 전혀 아니기 때문이다.

이 사건에서 등대의 설치와 유지 문제도 독도와 관련하여 주목해 야 할 부분이다. 원래 등대나 항해보조시설의 설치 자체는 영유권 행 사와 크게 관련이 없었지만, 다른 권원이 없고 작은 섬의 경우 고려될 수 있다는 것이 재판소의 입장이었다. 특히 등대의 운영에 주권자로서 의 행위가 수반된다면, 그 의미는 다를 수밖에 없을 것이다. 다만, 이 경우 등대의 설치와 운영에 대한 상대국의 묵인이 중요한데, 일본의 묵인을 유도하기가 쉽지는 않다. 이승만 대통령은 1952년 1월 18일 평 화선을 선포한 후, 방미 기간 중인 1954년 8월 10일 독도에 등대를 점 화했다. 그 이후 우리 정부가 이를 계속 운영하고 있지만, 일본의 항의 는 끊이지 않고 있다. 따라서 일본의 항의를 억제하면서 등대와 같은 시설물을 설치하고 운영해야 할 필요가 있다. 예컨대, 최근에 설치 문 제를 둘러싸고 논란이 되고 있는 독도해양과학기지 건도 그런 연장선 에서 바라볼 필요가 있다. 대규모 해양과학기지는 등대나 항해보조시 설보다 법적 의미가 크기 때문에 일본의 묵인을 유도하기가 쉽지 않을 것이다.

이상 살펴본 바와 같이, 페드라 브랑카의 영유권을 둘러싼 말레이 시아와 싱가포르의 분쟁은 독도 문제의 인식과 접근에 중요한 의미를 갖는다. 한일 양국의 지금까지의 국가실행이 구체적으로 어떻게 독도 의 영유권에 유리하게 또는 불리하게 작용할지 예단할 수는 없다. 다

만, 우리의 입장에서 이 도서 분쟁 케이스가 갖는 함의를 냉정하게 분
석하여, 일본에 대한 대응논리를 개발하는 것이 중요하다.

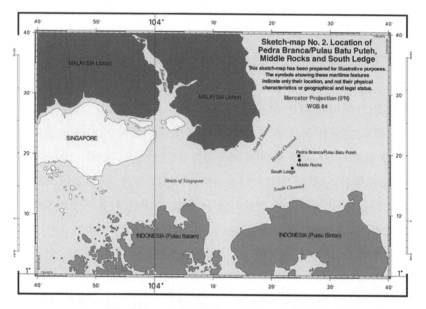

〈지도 7-1〉 페드라 브랑카, 미들 락스, 사우스 레지

루마니아와 우크라이나 사이의 흑해 해양경계 사건*

Ⅰ. 서 론

1. 판결의 의미

국제법적으로 볼 때, 해양경계획정에 있어서 가장 큰 걸림돌은 관계 당사국 사이의 경계획정에 대한 원칙과 관련 사정 및 대상 수역의 범위에 대한 이견이라고 할 수 있다. 각국은 자국의 해양관할권 확대를 위하여 당연히 자국에게 유리한 요소를 적극적으로 수용하여 상대국에게 주장한다.[1] 따라서 해양경계에 대한 많은 문제를 둘러싸고 각국은 쉽게 합의를 이루지 못하고, 제3의 기관을 이용하여 그에 대한 해

---

* 이 연구는 2010년 6월에 발간된 「법학논고」 제33집에 게재된 판례평석을 수정·보완한 것이다.
1 물론 그러한 법적 측면 외에 정치적, 전략적 내지 역사적 시각에서 해양경계획정 문제를 접근할 수도 있다. 그러나 그러한 접근은, 넓게 봤을 때, 해양경계획정의 교섭에 임하는 국가의 정책적 문제이므로 구체적인 법적 분석에 있어서 중시되는 경우가 많지는 않다. 다만, 국제법의 정치적 성격 내지 외교적 성격을 중시하여 해양경계 문제를 바라보면, 결국 경계획정의 완성을 위한 국가의 협상태도에 대한 분석은 그러한 접근을 도외시하고 이루어지기 힘들기 때문에 일정 부분 주목하지 않으면 안 된다[Bernard H. Oxman, "Political, Strategic and Historical Considerations," *Intrnational Maritime Boundaries*, Vol. Ⅰ (Jonathan I. Charney & Lewis M. Alexander ed.), 1993, pp.39-40].

결을 모색하는 경우가 많다.

해양경계획정에 대한 문제나 분쟁은 국제사법재판소나 중재재판소에 의해 해결되는 경우가 많은데, 지금까지 많은 판례를 통하여 경계획정 관련 원칙이나 경계획정의 경향이 언급되었다. 그러나 각 해양의 지리적, 지형적, 지질적 기타 특성과 개별 국가의 구체적인 사정 및 환경이 다르기 때문에, 그러한 판례를 통하여 일반적인 원칙이나 경향을 추론한다는 것은 쉽지 않았다.[2] 다만, 유엔해양법협약이 발효하고 각국의 실행이 집적되면서, 관련 규정에 대한 해석 및 판례를 통해 해양경계획정의 교섭 단계와 적용 가능한 관련 사정에 대한 일반화 내지 예측은 어느 정도 가능하게 되었다.

즉, 1969년 북해대륙붕사건에서 중간선원칙에 대신하여 육지의 자연연장을 중시하는 형평의 원칙의 적용을 강조한 후, 이른바 형평을 지지하는 국가와 중간선을 지지하는 국가가 치열하게 대립해 왔지만, 배타적 경제수역 제도의 정착으로 적어도 400해리의 범위 내에서는 어느 정도 해양경계획정의 완성을 위한 절차적 예측가능성이 확립되었다고 볼 수 있을 것이다. 그러한 인식의 연장선에서 국제사법재판소의 최근의 판례는 매우 중요한데, 특히 2009년의 흑해 해양경계 사건에 대한 판결은 지금까지 국제사법재판소 및 중재재판소에 의해 확인되어 온 판례의 경향을 확인하고, 또한 도서의 지위를 비롯한 관련 사정 내지 적용 문제를 정리한 점에 큰 의의가 있다고 하겠다. 특히 한반

---

2 우선, 대륙붕, 어업수역, 배타적 경제수역 등 확대된 해양관할수역의 성격이 다르고, 적용해야 할 원칙과 관련사정이 다르기 때문에 그러한 일반화가 쉽지 않다는 것이다. 그런데, 각국은 국내법을 통해 또는 상대국과의 구체적인 교섭을 통해 경계획정의 원칙 내지 자국의 입장을 밝혀왔기 때문에, 그에 대한 다양한 각국의 입장으로부터 경계획정의 원칙 및 관련 사정에 대한 개략적인 분류 내지 도식화는 가능하다(Nuno Marques Antunes, *Towards the Conceptualisation of Maritime Delimitation — Legal and Technical Aspects of a Politcal Process*, 2003, pp.559-580).

도 주변 해역의 해양경계를 완성하지 않은 우리나라로서는 향후 상대
국과의 해양경계 교섭에 참고로 해야 할 내용이 적지 않다.

2. 세르팡 섬의 처리

혹해의 연안국인 루마니아와 우크라이나는 2차대전이 종결된 후
오랫동안 양국 간의 해양경계획정 문제를 해결하지 못했는데, 특히 양
국 사이에 위치한 세르팡 섬(Serpents' Island)의 처리를 둘러싸고 이견
을 보였다.[3] 다뉴브강 하구 동쪽으로 약 20해리의 거리에 위치한 세르
팡 섬은 약 0.17㎢의 면적과 2,000m 길이의 해안선으로 구성된 작은
섬으로, 현재 우크라이나의 연구원 100명 정도가 연구를 위해 상주하
고 있다.[4] 이 섬을 해양경계획정에 있어서 어떻게 처리할 것인지에 따
라 방대한 해역의 귀속이 달려 있어서 양국의 합의가 쉽게 이루어지지
않은 것이다. 더구나 혹해는 석유자원이 풍부하게 매장되어 있어서 세
르팡 섬의 처리에 따른 해역의 귀속은 양국이 쉽게 양보할 수 없는 사
안이었다.

3. 분쟁의 경위

세르팡 섬은 2차대전 후 1947년 연합국과 루마니아 간의 파리평

---

3 혹해는 다다넬스해협, 마르마라해와 보스포러스해에 의해 지중해와 연결된 폐
   쇄해로서, 북위 40도56분과 북위 46도33분 사이 및 동경 27도27분과 동경 41도
   42분 사이에 위치해 있다. 혹해는 약 432,000㎢의 면적을 가지고 있으며, 연안
   국들의 영해와 배타적 경제수역으로 이루어져 있다. 크림반도는 우크라이나 본
   토에서 남쪽으로 혹해까지 뻗어 있다[Case concerning Maritime Delimitation
   in the Black Sea(Romania v. Ukraine), Judgement of 3 February 2009(이하
   "The Black Sea Delimitation Case"라 함), para.15].
4 The Black Sea Delimitation Case, para.16.

화조약과 1948년 소련과 루마니아 사이의 국경의정서에 의해 소련에 귀속됐다. 파리평화조약이 직접 세르팡 섬의 귀속을 규정하지는 않았지만, 국경선을 명시한 의정서의 부속서에 그 내용이 규정된 것이다.[5] 그리고 1991년 소련의 해체와 우크라이나의 독립에 따라 섬의 영유권은 우크라이나로 이전됐으며, 그러한 사정은 2003년 국경체제조약에서 확인됐다.

루마니아와 우크라이나는 1997년에 체결한 선린 및 협력조약의 부속협정에서 흑해의 대륙붕과 배타적 경제수역의 경계획정을 위해 교섭한다는 데에 동의했다(부속협정 제4항). 그와 같은 교섭은 선린 및 협력조약의 발효일로부터 3개월 내에 가능한 한 조속히 개시하기로 했다. 그에 의해 양국은 1998년 1월부터 대륙붕과 배타적 경제수역의 경계획정에 대한 교섭을 시작했다. 그러나 전문가 차원의 10여 차례 협상을 포함하여 24차에 걸친 협상에도 불구하고 2004년 9월에 열린 마지막 협상에서도 경계획정에 대한 어떠한 합의도 이루어지지 못했다.[6] 결국 이러한 상황 하에 루마니아가 2004년 9월 16일 소장을 국제사법재판소 사무국에 제출함으로써 재판이 시작됐다.

II. 양국의 주장

1. 세르팡 섬의 법적 지위

양국은 1997년에 체결한 선린 및 협력조약의 부속협정 제4항에 의해 양국 간의 해양경계획정에 유엔해양법협약 제121조를 적용하기로 했다. 즉, 도서의 법적 지위를 명시한 동 규정의 해석을 통해 양국

---

5 *Ibid.*, para. 56.
6 *Ibid.*, para. 18.

간 해양경계에 있어서 세르팡 섬의 법적 지위와 관련 효과를 다루기로 한 것이다.

　루마니아는 제121조 3항 및 관련 사례에 의해 세르팡 섬은 암석으로서 12해리 영해 이외의 수역을 가질 수 없다고 주장했다. 그에 대해 우크라이나는 세르팡 섬은 무인 암석이 아니므로 완전한 섬으로서 법적 지위를 갖는다고 주장했다. 구체적으로, 루마니아는 섬의 지질 구조, 담수의 부존재, 인간의 거주나 독자적 경제생활의 불가능 등을 이유로 들었으며,[7] 우크라이나는 섬의 면적, 빗물의 이용, 경작이 가능한 토양의 존재 등을 이유로 들었다.

2. 세르팡 섬의 효과와 경계획정

　루마니아는 세르팡 섬은 배타적 경제수역이나 대륙붕을 가질 수 없고, 12해리의 영해만 갖는다고 주장했다. 따라서 세르팡 섬을 우크라이나의 기점에서 제외하고 양국의 중간선을 해양경계로 해야 한다고 주장했다. 특히 루마니아는 섬 주변의 원호 형태인 12해리 영해선은 2003년 국경체제조약에서 확인됐다고 주장했다. 또한 세르팡 섬은 크림반도의 우크라이나 해안으로부터 멀리 떨어져 있어서 대향하는 해안 쪽 해역의 경계획정에 있어서 아무런 역할도 할 수 없다고 했다. 요컨대, 루마니아는 세르팡 섬이 비록 "특별한 사정"을 구성할 수 있지만 12해리를 넘는 어떤 효과도 부여되어서는 안 된다고 판단했다.[8]

　반면, 우크라이나는 세르팡 섬에 대한 완전한 효과를 인정하여, 양국의 해양경계는 동 섬을 우크라이나의 기점으로 한 중간선이 되어야 한다고 주장했다. 특히 그 섬의 해안은 경계획정을 위한 우크라이나의 관련 해안 부분을 구성하므로, 잠정적 등거리선이 설정된 후 두

7　*Ibid.*, para. 180.

8　*Ibid.*, para. 182.

번째 경계획정 단계에서 고려되는 하나의 관련 사정으로 격하될 수 없다고 했다.[9] 따라서 우크라이나의 긴 해안선을 고려하여 우크라이나에 더 많은 해역이 배분되어야 한다고 했다. 특히 세르팡 섬 주위의 12해리 호는 극히 일부만 합의된 것으로 해양경계가 아니라고 주장했다.[10]

III. 판결의 주요 내용

1. 판결 요약

국제사법재판소는 만장일치로 다음의 5개 지점을 연결하는 해양경계선을 확정했다. 즉, 양국의 해양경계선은, 2003 국경체제조약 제1조에서 당사국들이 동의한 바에 따라 제1지점에서 시작하여, 양국의 12해리 호가 인접 해안으로부터 등거리에 있는 선과 교차하는 제2지점(북위 45도03분18.5초와 동경 30도09분24.6초의 좌표)을 지나고, 제3지점(북위 44도46분38.7초와 동경 30도58분37.3초의 좌표)과 제4지점(북위 44도44분13.4초와 동경 31도10분27.7초의 좌표)을 통과하는 등거리선을 따라 제5지점(북위 44도02분53.0초와 동경 31노24분35.0초의 좌표)에 이르고, 제5지점으로부터 해양경계선은 대략 남쪽 방향으로 등거리에 있는 선을 따라 계속 진행하여, 그 해양경계선이 제3국의 권리가 영향을 받을 수 있는 해역에 이른다고 결정했다.[11] 이에 의해 계쟁구역의 70% 이상이 루마니아의 해역으로 배분됐다.

---

9 *Ibid.*, para.183.
10 *Ibid.*, paras.50-52.
11 *Ibid.*, para.219.

2. 경계획정 절차 및 관련 사정

국제사법재판소는 해양경계획정의 일반적인 절차가 다음과 같이 확립됐다고 판시했다. 즉, 중복청구구역이나 대상수역이 정해지면, 우선, 잠정적 중간선 내지 등거리선을 긋고, 다음, 형평한 결과의 달성을 위해 관련 사정을 고려하여 이를 조정하며, 최종적으로, 비례성을 적용하여 현저한 불균형이 없는지 확인하여 이를 마무리한다는 것이다.

이에 국제사법재판소는 양국 간 해양경계획정의 출발점으로서 중간선을 채택하고, 그러한 중간선이 여러 관련 사정(relevant circumstance)에 비추어 형평한지 여부를 판단하여 최종적인 해양경계선을 획정했다. 구체적으로, 우크라이나의 세르팡 섬과 루마니아의 수리나 제방은 기점으로 인정하지 않았는데, 특히 세르팡 섬과 같은 작은 섬이 갖는 해역은 배후의 육지 영역이 발원하는 배타적 경제수역이나 대륙붕과 크게 다르지 않으므로 이를 무시한다고 한 점이 주목된다.[12]

국제사법재판소는 관련 해안의 결정에 있어서 전반적인 형태 내지 모양을 주목하여, 각 해안의 바다로의 투영 내지 돌출(projection)이 상대국 해역 쪽으로 미치지 않으면 이를 관련 해안에서 제외했다. 이에 따라 우크라이나의 일부 해안이 해안선 길이의 비교에서 제외됐다. 이렇게 관련 해안을 결정하고 해안선의 길이를 비교한 결과, 루마니아와 우크라이나 해안선의 비율은 대략 1:2.8이 된다고 했는데, 이러한 차이는 얀마이엔 사건(1:9) 및 리비아·몰타 사건(1:8)에서와 같은 현저한 길이의 차이가 아니라고 했다.[13]

또한 국제사법재판소는 잠정적인 중간선의 설정에 의해 루마니아와 우크라이나에 배분되는 해역의 면적은 대략 1:2.15가 되며, 이는 형평한 배분으로 간주되어 이를 조정할 불균형이 존재하지 않는다고 판

---

12 *Ibid.*, para.187.
13 *Ibid.*, para.215.

단했다.[14] 얀마이엔 사건에서는 약 1:3의 해역 면적이 배분됐다.[15] 다만, 해안선 길이의 비교와 배분되는 해역 면적의 비교 사이의 균형이 어느 정도 되어야 합리적인지에 대한 기준이 제시되지 않은 점은 문제라고 할 수 있다.[16]

그 외에 국제사법재판소는 기타 잠정적인 중간선을 조정할 만한 사정으로 안보적 요소나 단절 효과 등을 검토하였으나, 잠정적인 중간선을 조정할 이유가 되지 않는다고 결정했다. 어로 활동이나 석유·가스 채굴에 대한 국가 활동도 고려 대상에서 제외했다. 이에 대한 구체적인 몇몇 사항은 아래에서 상술하기로 한다.

3. 해안 길이의 불균형

우크라이나는, 경계선을 루마니아의 해안 가까이로 이동시킴으로써 잠정적 등거리선이 조정되어야 한다는 주장을 정당화하기 위해, 경계해역에 접한 당사국들 해안의 길이 사이의 불균형을 관련 사정으로 원용했다.[17]

구체적으로, 해안의 형상이 주도하는 역할과 관련하여, 우크라이나는 관련 사정으로서의 범위에 대해 광범위한 이해의 여지가 있다고 진술하고, 해안의 형상이, 해안의 길이라는 표현으로도 마찬가지지만, 관련 해역에 있어서 우크라이나의 지리적 우세를 명확하게 보여준다고 주장했다. 즉, 우크라이나의 관련 해안은 루마니아의 해안보다 네 배 이상이 길다는 것이다. 우크라이나는 국제법정에서 다루어진 거의

---

14 *Ibid.*, paras.215-216.

15 Dissenting Opinion of Judge ad hoc Fischer, *ICJ Reports 1993*, p.309, para.14.

16 田中嘉文, "海洋境界劃定における比例性概念－その機能と問題點－", (村瀬信也·江藤淳一, 『海洋境界劃定の國際法』), 2008, pp.42-43.

17 *Ibid.*, para.158.

모든 해양경계 사건들에서 "관련 해안의 길이에 대한 비교는 지금까지 내려진 수많은 판결들에 있어서 아주 중요한 위치를 차지했으며 심지어 결정적인 역할도 했다"고 주장했다. 따라서 우크라이나에 의하면, 당사국들의 해안 길이 사이의 현저한 불균형은 경계선의 설정에 있어서 고려되어야 할 관련 사정으로서, 형평한 결과를 달성하기 위해 잠정적 등거리선의 변화를 가져와야 한다.[18]

한편 루마니아는 해안의 일반적 형상이 특별한 지리적 상황에서 등거리선의 조정을 위해 고려될 수 있는 관련 사정을 구성할 것이라는 것을 인정했다. 그러나 특히 당사국들의 해안 길이 사이의 특정 불균형과 관련하여, 루마니아는 해양 경계획정에서 당사국들의 해안 사이의 불균형이 특징적으로 관련 사정이 되는 경우가 드물다고 주장했다. 더구나 현재의 사건에서 루마니아와 우크라이나 각각의 해안의 길이에 명백한 불균형은 없다고 했다.[19]

루마니아는, 어떠한 경우에도, 균형은 "형평의 원칙/특별 사정 접근의 적용에 의해 도출되는 선을 확인한 후에만" 다루어져야 한다고 추가적으로 주장했다.[20] 결론적으로 루마니아는 의심스러운 "그 해역에 있어서 우크라이나의 지리적 우세"와 당사국들의 "해안 길이 사이의 불균형"은 이 사건에서 관련 사정으로 고려되어서는 안 된다는 견해를 갖는다고 주장했다.[21]

이에 대하여, 국제사법재판소는 해안의 각각의 길이는 잠정적으로 설정된 등거리선을 확인하는 데에 어떠한 역할도 할 수 없다고 했다. 경계획정은 자원이나 해역의 배분과는 다른 기능이기 때문에,[22] 잠

---

18 *Ibid.*, para.162.
19 *Ibid.*, para.159.
20 *Ibid.*, para.160.
21 *Ibid.*, para.161.
22 North Sea Continental Shelf (Federal Republic of Germany/Denmark; Federal Republic of Germany/Netherlands), Judgment, *ICJ Reports 1969*, p.22,

정적 등거리선의 초기 설정과 관련되는 것으로서의 비례성의 원칙이라는 것은 없다고 했다.[23] 다만, 해안 길이에 있어서 불균형이 특별히 현저한 경우, 국제사법재판소는 그러한 지리적 사실을, 어느 정도 조정이 필요한, 설정될 잠정적 등거리선에 대한 관련 사정으로 다루도록 선택할 수 있다고 했다.[24]

국제사법재판소는 카메룬과 나이지리아 사이의 육지·해양경계 사건에서 "당사국들 각각의 해안선 길이의 실질적 차이가 잠정적 등거리선을 조정하거나 변경하기 위해 고려되어야 할 요소가 될 수 있다"고 인정했다.[25] 그러나 국제사법재판소는 동 사건에서 등거리선을 변경할 어떠한 이유도 없다고 했다.

국제사법재판소는 그린란드와 얀마이엔(덴마크 대 노르웨이) 사이의 해역에서의 해양경계획정에 대한 사건에서, 얀마이엔과 그린란드의 해안의 길이 사이의 불균형(대략 1:9)은 잠정적 중간선의 수정이 필요한 "특별 사정"을 구성한다고 했는데, 이는 대륙붕과 어업수역에 있어서 불형평한 결과를 피하기 위해 그 선을 얀마이엔의 해안에 더 가까이 하는 것이었다. 국제사법재판소는 다음과 같이 판단했다.

"그러나 해안 길이의 불균형에 대한 고려가 동부그린란드 해안 앞부분의 길이와 얀마이엔의 그것 사이의 관계의 직접적이고 수학적인 적용을 의미하지 않는다는 것은 분명히 해야 한다."[26]

그리고 국제사법재판소는 1985년 리비아·몰타대륙붕사건의 판

---

para. 18.

23 *The Black Sea Delimitation Case*, para. 163.

24 *Ibid.*, para. 164.

25 Judgment, *ICJ Report 2002*, p. 446, para. 301.

26 Judgment, *ICJ Reports 1993*, p. 69, para. 69.

결 내용을 상기했다. 이 사건은 대향국 간의 대륙붕의 경계획정에 대한 사건인데, 이탈리아의 소송 참가가 거부되어 이탈리아의 대륙붕에 영향을 주지 않는 범위에서 경계획정이 이루어졌다. 국제사법재판소는 대륙붕 제도에 한정된 관련사정을 고려하여 형평의 원칙을 적용함으로써, 시실리가 고려되어 몰타 쪽으로 이동된 경계선을 결정했다.[27] 즉, 국제사법재판소는 다음과 같은 내용을 인용하여, 특히 비례성을 적용할 때의 문제점을 지적했다.

"만약 비례를 그렇게 사용하는 것이 옳다면, 다른 고려를 위한 어떤 여지가 남아 있는지 찾아내기는 정말 어렵다. 왜냐하면, 그것은 대륙붕 관련 권리들에 대한 권원의 원칙이 되는 동시에 또한 그 원칙을 실행하는 방법이 될 것이기 때문이다. 그러나 주장의 기초로서 비례를 사용한다는 것의 약점은, 자신의 권리 내의 수단으로서 비례의 사용이 국가실행, 특히 제3차 유엔해양법회의에서 국가 견해의 공식적 표명에 있어서, 또는 판결에 있어서 지지가 부족하다는 것이다."[28]

또한 국제사법재판소는 이 사건에서 몰타와 리비아의 관련 해안 길이에 있어서 차이(1:8의 비율)가 "중간선의 조정을 정당화할 수 있을 정도로 크다"는 견해를 밝혔다. 또한 국제사법재판소는 "그러한 조정의 정도는 엄밀한 수학적 운용에 의존하지 않고 앞으로 검토할 것이다"라고 했다.[29]

한편 국제사법재판소는 1984년 메인만 해역의 해양경계획정에 대한 사건(캐나다 대 미국)에서 소재판부가 "경우에 따라서 양국 해안 범위의 어떠한 불균형도 동일한 경계획정 구역이 되는 적절한 결과가 도출될 수 있다"고 판단했다는 것을 주목했다.[30] 그러나 소재판부는,

---

27 Case Concerning the Continental Shelf(Libyan Arab Jamahiriya/Malta)(Judgment of 3 June 1985), paras.45-54.

28 *Ibid.*, p.45, para.58.

29 *Ibid.*, p.50, para.68.

무엇이 "국제적 해양경계에서 고려될 적절한 기준"이 될 것인지에 대한 논의의 문맥에서, 그렇게 고려했다는 것을 잊지 말아야 한다는 것을 강조했다.[31]

이와 관련하여, 또한 국제사법재판소는 다음과 같이 상술하고 있다.

"관련 당사국 각각의 해안의 범위를 고려한다는 자체가 경계획정을 위한 직접적인 근거가 되는 기준을 구성하거나, 그러한 경계획정의 실행에 이용될 수 있는 방법을 구성하는 것은 아니다. 소재판부는, 이러한 개념은, 다른 기준에 근거하여 그리고 그 개념과 무관한 방법으로 처음에 설정된 잠정적 경계선이 특정 사건에서 어떤 지리적 특징과 관련하여 만족스럽게 여겨질 수 있는지, 그리고 그것이 합리적인지, 또는 그렇지 않다면 그에 따라 수정할 수 있는지 여부를 확인하는 수단으로서 주로 제시됐다고 인식한다. 이 문제에 대한 소재판부의 견해는 다음과 같이 요약될 수 있을 것이다. 즉, 해양경계획정은 분명히 관련 해역에서 당사국에 속하는 해안의 길이 각각에 비례하여 계쟁수역을 직접 구분하여 설정될 수는 없지만, 다른 근거로 설정된 경계선으로부터 도출된 그러한 해안의 길이에 대한 상당한 불균형은 적절한 수정이 필요한 사정을 분명히 구성한다."[32]

이러한 미국과 캐나다 간의 메인만 경계획정사건은 국제사법재판소의 소재판부, 즉 특별재판부가 어업수역과 대륙붕에 대한 단일 경계획정을 다룬 사건이다. 미국은 육지가 바다를 지배한다는 원칙(the land dominates the sea), 지리적 여건 및 기타 여건을 고려한 형평의 원

---

30 Judgment, *ICJ Reports 1984*, p.313, para.157.
31 *Ibid.*, p.312, para.157.
32 *Ibid.*, p.323, para.185.

칙을 주장했고, 캐나다는 등거리선 원칙, 역사적, 인적 요인 등을 주장했다. 국제사법재판소는 형평한 기준의 적용 및 그 지역의 관련사정을 고려한 형평한 결과의 확보가 경계획정에 있어서 중요하다는 점을 밝혔다. 결국 분쟁해역을 세부분으로 나누어 경계선이 획정됐는데, 캐나다에게 다소 유리한 판결이 되었다. 그러나 이는, 형평의 원칙을 적용한 것이 아니고 형평한 결과를 위한 조정과 화해에 불과하기 때문에, 국제법의 해석과 발전에 기여하지 못했다는 비판도 있었다.[33]

국제사법재판소는 이러한 사정을 고려하여 우크라이나와 루마니아의 관련 해안 사이에서 잠정적 등거리선의 조정이 필요한 특별히 현저한 불균형을 이 시점에서 찾을 수 없다고 했다. 즉, 비록 당사국들의 관련 해안의 길이에 엄연한 차이가 있다 하더라도, 국제사법재판소는 앞에서 카르키니츠카만의 해안(대략 278㎞)을 추가적인 고려로부터 제외했다는 점을 상기했다.[34] 또한 국제사법재판소는, 우크라이나 해안의 상당한 부분이 우크라이나 해안의 다른 구역과 마찬가지로 동일 해역을 향하는 관련 돌출로 간주되고, 따라서 그것이 우크라이나의 권원을 강화하지만, 우크라이나 해역을 확장시키지는 않는다는 사실을 간과할 수 없다고 판단했다.[35]

4. 흑해의 폐쇄적 성격과 기존 경계선

루마니아는 흑해의 폐쇄적 성격도 역시 경계획정될 구역의 지리적 문맥을 고려해야 할 광범위한 필요성의 일부로서 관련 사정이라고 주장했다. 루마니아에 의하면, 등거리선의 형평한 성격을 고려할 때,

---

33 奧脇直也,「排他的經濟水域の境界劃定」,『海洋法條約體制の進展と國內措置』第1號, 1997, pp.62-66.

34 The Black Sea Delimitation Case, para.100.

35 *Ibid.*, para.168.

흑해의 "일반적인 해양 지리"는 반드시 평가되어야 하며, 또한, 불형평한 결과를 초래하지 않기 위하여, 어떤 새로운 경계획정도 같은 해역에서 이전에 다른 연안국들 사이에 사용됐던 방법과 확연하게 차이가 나지 않도록, 이러한 지리적 요소는 이전에 존재하던 경계협정들과 함께 고려되어야 한다는 것이다.[36]

　　루마니아는 흑해 내의 모든 경계협정들이 대륙붕과 배타적 경제수역의 경계획정을 위한 방법으로서 등거리선을 사용했다고 주장했다. 또한 루마니아는 이러한 협정들 중 두 협정에 의해 설정된 경계획정선들은 임시로 정해진 구역들과 함께 마무리되었는데, 그 최종적인 방향은 추후 논의에 따르게 됐다고 주장했다. 그 이유는 당사국들이 제3국의 이익에 대한 침해를 피하기를 원했고, 그러한 대상으로 루마니아를 염두에 뒀기 때문이라고 주장했다.[37]

　　따라서 루마니아는 흑해의 폐쇄해적 성격과 다소 좁은 흑해의 규모는, 유효한 경계협정들에 의해 정해진 해결책들과 함께, 루마니아와 우크라이나의 해역에 있어서 경계획정 과정에 반드시 고려되어야 할 관련 사정을 구성한다고 했다.[38]

　　반면 우크라이나의 견해에 의하면, 폐쇄해로서 흑해의 특징과, 흑해에 인접한 다른 국가들 사이에 과거에 체결된 해양경계협정들의 중요성에 대한 루마니아의 주장과 관련하여, 법적으로나 또는 사실적 문맥에 있어서 어떠한 지지도 존재하지 않는다고 했다. 단순히 이러한 특성 때문에 폐쇄해에서 이루어지는 경계획정들에 대한 어떤 특별한 체제도 존재하지 않는다는 것이다. 따라서 우크라이나는 흑해의 폐쇄해적 성격이 "그 자체로서 경계획정 목적에 관련되는 것으로 간주되어야 하는 사정은 아니며", 현재의 소송절차에 적용될 경계획정 방법과

36　*Ibid.*, para.169.
37　*Ibid.*, para.170.
38　*Ibid.*, para.171.

아무런 관련도 없다고 주장했다.[39]

또한 우크라이나는 일반적으로 양자 간 협정은 제3국들의 권리에 영향을 미칠 수 없으며, 그러한 이유로, 흑해에 현존하는 해양경계협정들은 현재의 분쟁에 영향을 미칠 수 없다고 주장했다.[40]

우크라이나는 오직 제한된 의미 내에서 경계획정이 이루어질 해역 근처의 제3국의 존재가 관련 사정으로 고려될 수 있다고 진술했다. 그러나 이는 실제적인 경계획정 방법의 선택이나 해양의 특성(폐쇄해인지의 여부)과는 무관하다. 우크라이나에 의하면, 제3국의 존재는 단지 국제사법재판소가 경계획정 구역의 주위에 있는 국가들에 대한 잠재적 침해를 피하기 위해 경계획정선의 정확한 종점을 확인하는 과정에서 특별히 주의해야 하는 정도로만 관련될 수 있다.[41]

국제사법재판소는, 경계획정 방법을 간략하게 설명했을 때, 잠정적 등거리선을 설정할 것이라고 앞서 암시했다는 것을 상기시켰다.[42] 흑해와 관련된 모든 경계협정들에서 이러한 방법이 사용되었다는 사실에 의해 이러한 선택이 이루어진 것은 아니라는 것이다.

흑해와 관련된 두 경계협정은 국제사법재판소의 주의를 환기시켰다. 첫 번째, 흑해에서의 대륙붕 경계획정에 관한 협정은 1978년 6월 23일 터키와 소련 사이에 체결됐다. 대략 8년 후, 그들은 1986년 12월 23일과 1987년 2월 6일자 각서교환에 의해, 그들의 1978년 협정에서 합의한 대륙붕 경계가 역시 그들의 배타적 경제수역 사이의 경계가 된다고 합의했다. 이 선의 서쪽 끝 부분은 북위 43도23분43초와 동경 32도00분00초의 좌표 및 북위 43도26분59초와 동경 31도20분48초의 좌표를 갖는 두 지점 사이에서 각각 획정되지 않은 채 남아 있었는데, 추

---

39 *Ibid.*, para.172.
40 *Ibid.*, para.173.
41 *Ibid.*, para.173.
42 *Ibid.*, para.116.

후 적절한 시기에 해결하도록 되어 있었다. 1978년 협정과 각서교환에 의해 이루어진 협정은, 1991년 말 소련의 해체 후, 소련의 국제적 법인 격을 승계한 국가로서 러시아연방에게 뿐만 아니라 흑해에 인접한 소련의 승계국들에게도 효력이 유지되었는데, 우크라이나는 그런 국가 중 하나였다.[43]

두 번째 협정은 레조프스카/무트루데(Rezovska/Mutludere)강 하구에서의 경계획정과 흑해 내 양국 사이 해역의 경계획정에 대한 1997년 12월 4일 터키와 불가리아 사이의 협정이다. 북위 43도19분54초와 동경 31도06분33초의 지리적 지점 및 북위 43도26분49초와 동경 31도20분43초의 지리적 지점 사이에서 북동쪽 방향으로 추가로 대륙붕 및 배타적 경제수역의 경계선을 획정하는 것은 나중에 적절한 시기에 교섭할 수 있도록 남겨 두었다.[44]

국제사법재판소는, 현재의 사건에서 획정하도록 요청받은 단일 해양경계선의 종점을 고려할 때, 터키와 우크라이나 사이뿐 아니라 터키와 불가리아 사이의 합의된 해양경계획정도 유념할 것이라고 했다.[45] 그럼에도 불구하고 국제사법재판소는, 전술한 경계협정들과 흑해의 폐쇄해적 성격에 비추어, 임시로 그어진 등거리선에 대한 어떠한 조정도 요청되지 않는다고 판단했다.[46]

5. 당사국들의 행위

우크라이나는 관련 해역 내의 국가 활동이 "우크라이나가 제안하는 대륙붕/배타적 경제수역 주장선에 유리하게 작용하는 관련 사정을

---

43 *Ibid.*, para.175.
44 *Ibid.*, para.176.
45 *Ibid.*, para.177.
46 *Ibid.*, para.178.

구성한다"고 제안했다. 우크라이나는 묵시적 합의나 잠정협정으로 인한 어떠한 선의 존재를 보여주기 위해 당사국들의 이러한 행위를 지적하는 것은 아니라고 설명했다. 그 대신, 우크라이나는 당사국들의 실질적 행위와 관련된 주장들을 평가하려고 했다. 우크라이나에 의하면, 루마니아의 활동이나 또는 활동의 결여가, 계쟁구역 내에서 "X지점"에 이르기까지 기존 해양경계획정이 있었다는 루마니아의 주장과 "근본적으로 일치하지 않는다"는 점이 중요하다. 게다가 우크라이나는, 계쟁구역 내에서 루마니아에 의한 유사한 활동의 결여는 국제사법재판소의 소송절차에 있어서 루마니아가 취한 입장과 양립하지 않는다고 했다.[47]

우크라이나는 현재 사건에서 우크라이나가 주장하고 있는 대륙붕/배타적 경제수역에 있어서 석유와 가스 광상에 대한 탐사와 관련된 활동을 1993년, 2001년 그리고 2003년에 허가했다고 주장했다. 우크라이나는, 이러한 허가들의 존재가, 이 소송절차에서 루마니아가 주장하는 대륙붕 구역 내의 석유 및 가스 광상에 대한 탐사와 관련된 활동에 대해, 우크라이나가 1997년 부속협정을 전후하여 권한을 부여했다는 것을 보여준다고 주장했다. 우크라이나는 2001년 이전에 루마니아가 현재 주장하고 있는 구역에서 우크라이나의 석유 및 가스 채취활동에 대해 전혀 항의하지 않았다는 점을 추가로 설명했다.[48]

우크라이나는 이와 관련하여, 자국의 석유 관련 활동은 자국의 경계획정선과 양립하고 있으며, 또한 그것은 다른 관련 사정들, 특히 자연 지리와 함께, 형평한 결과를 달성하기 위해 고려되어야 한다고 결론을 내린다.

우크라이나는 또한, 우크라이나가 주장하는 배타적 경제수역과 대륙붕의 경계가, "루마니아와 우크라이나 양국이 흑해의 북서쪽 구역에

---

47 *Ibid.*, para.189.
48 *Ibid.*, para.190.

서 그들의 어획관리에 있어서 존중한 것처럼", 당사국들의 배타적 어업 수역의 한계와 더 일반적으로 일치한다고 주장한다. 우크라이나는 그 구역에서 단속 활동을 한 것은 루마니아가 아니라 우크라이나였다는 점을 강조한다. 우크라이나는, 루마니아가 그 해역의 순찰에 대해 어떠한 관심도 나타내지 않았을 뿐만 아니라, 우크라이나의 연안경비대가 독자적인 책임하에 불법 조업선박들을 나포하고, 가능한 경우, 그들을 우크라이나의 배타적 경제수역 밖으로 호송했으며 그리고 기타 적절한 조치를 취했다는 사실에 대해 전혀 반대하지 않았다고 주장했다.[49]

루마니아가 제출한 결정적 기일과 관련하여, 우크라이나는 "설사 결정적 기일이 있었고, 그 결정적 기일이 해양경계획정에 있어서 어떤 역할을 했다고 가정하더라도, 그것은 루마니아의 신청 날짜, 즉 2004년 9월 16일이 된다"고 주장했다.[50]

한편 루마니아는, 관련 해역에서의 국가 활동, 즉 석유와 가스의 탐사 및 개발과 어업 실행에 대한 허가들은 관련 사정을 구성한다고 판단하지 않았다. 법적 원칙의 문제로서, "권한의 행사" 또는 "국가 활동"은 해양경계획정에 고려되는 요소를 구성할 수 없다. 해양에 대한 "권한의 행사"는 그들이 경계획정을 위한 관련 사정을 구성할 수도 있다는 어떤 묵시적 합의를 반영하는 경우에만 고려될 수 있다고 루마니아는 주장했다. 루마니아는 결정적 기일 이전의 국가 활동만이 이러한 일반적 규칙에 대한 예외로서 관련될 수 있으며, 그것들은 "어떤 묵시적 합의나 잠정협정이 존재한다는 것을 증명할 수 있을 정도로 충분해야 한다"고 주장했다. 루마니아에 의하면, 우크라이나가 제시한 "권한의 행사"는 어떤 "사실상의 선"이나 당사국들 사이의 합의를 그럭저럭 증명하는 "행위의 유형", 또는 해양경계획정에 어떤 식으로든 관계된 루마니아의 묵인의 존재를 나타내지 않는다. 따라서 이러한 활동은

---

49 *Ibid.*, para.191.

50 *Ibid.*, para.192.

"1949년 합의의사록과 관련된 루마니아의 주장을 반박하는" 요소를 구성할 수 없다. 루마니아는, 계쟁구역에서의 국가 활동과 관련된 모든 요소들로 미루어 볼 때, 우크라이나가, 이러한 국가 활동들이, 사실적 또는 법적으로, 그것들을 경계획정에 영향을 줄 수 있는 관련 사정으로 변화시킬 수 있는 적절한 기준을 따랐다고 보여주는 데 실패했다는 것이 명백하다고 결론을 내렸다.[51]

참고로 국제사법재판소는 1982년의 튀니지와 리비아 간 해양경계획정 사건에서 형평의 원칙에 따라 모든 관련 사정을 고려하여 구체적인 경계선을 획정했는데, 지리적 조건, 해안선의 형상, 섬의 존재와 함께 석유 양허의 부여를 관련 사정의 일부로 고려했다.[52]

또한 루마니아는 1997년 부속협정에 의해 양 당사국이 해양경계획정과 관련된 분쟁의 존재를 서면으로 명확하게 인식했고, 경계획정 협정의 체결을 위한 추후 협상의 틀을 세웠다는 점을 상기했다. 루마니아는 분쟁의 존재에 대한 협정 규정들은 이미 오랫동안 존재했던 사실적 상황의 단순한 확인이라는 점을 덧붙였다. 따라서 루마니아의 견해에 의하면, 1997년 부속협정의 체결 이후 발생한 어떠한 석유 관련 실행도 분쟁이 그 날짜까지 이미 구체화되었기 때문에 현재의 소송절차와는 무관하다.[53]

루마니아는 다음과 같은 이유로 우크라이나의 석유 양허 실행이 우크라이나가 주장하는 경계획정에 아무런 근거도 제공하지 못한다고 결론을 내렸다. 첫째, 우크라이나의 양허에 포함되는 해역은 "현재의 소송절차상의 우크라이나의 주장과 대략적으로도 일치하지 않는다."

---

51 *Ibid.*, para.193.
52 Louis B. Sohn and John E. Noyes, *Cases and the Materials on the Law of the Sea*, pp.311-316; 山本草二, 『海洋法と國內法制』, 1988, pp.175-177; 山本草二, 『海洋法』, 1992, pp.208-209.
53 *Ibid.*, para.194.

둘째, 세 개의 허가 중 두 개는 2001년과 2003년, 즉 1997년의 결정적 기일 이후에 발급됐다. 게다가 루마니아는 일관되게 우크라이나의 탄화수소 활동에 대하여 반대했다.[54]

어로 활동과 관련하여, 루마니아는 당사국들의 실행이 현재 사건에 있어서 해양경계획정에 대하여 어떤 의미를 갖는다는 데에 반대했다. 왜냐하면, 어느 당사국도 원양어종이 한정된 해역에서 어로 활동에 경제적으로 의존하지 않고 있기 때문이다. 우크라이나가 원용하는 실행은 최근의 것으로 계쟁구역의 일부를 포함하고 있을 뿐이다. 그리고 루마니아는 그에 대해 항상 이의를 제기했으며, 또한 제3국은 그것을 인정한 적이 없다. 해군 순찰과 관련하여, 비록 그것들이 관련 사정으로 간주될 수 있을지라도, 루마니아는 우크라이나가 주장하는 모든 해군 관련 사건은 결정적 기일 이후의 일이며, 따라서 그것은 어떤 경우에도 관계가 없다고 주장했다.[55]

국제사법재판소는 당사국들의 대륙붕 및 배타적 경제수역의 경계획정에 대한 당사국들 사이의 유효한 협정이 존재하지 않는다고 이전에 결론을 내렸던 것을 상기했다.[56] 또한 국제사법재판소는 우크라이나가 당사국들 사이의 각각의 배타적 경제수역과 대륙붕을 구분하는 선에 대한 묵시적 합의나 잠정협정을 증명하기 위해 국가 활동에 의존하는 것은 아니라고 판단했다. 우크라이나는 그보다 루마니아가 주장하는 선을 반박하기 위해 국가 활동을 언급했다.[57]

국제사법재판소는, 현재 사건의 경우, 이러한 해양경계획정과 관련하여 위에서 원용된 국가 활동에 어떤 특별한 역할도 발견할 수 없다고 했다.[58] 바르바도스와 트리니다드토바고 간 사건에 있어서 중재

---

54 *Ibid.*, para.195.
55 *Ibid.*, para.196.
56 *Ibid.*, para.76.
57 *Ibid.*, para.197.

재판소가 밝혔듯이, "국제재판소와 법원은 판결에서 자원과 관련된 기준을 보다 신중하게 다루어왔는데, 일반적으로 그러한 요소를 관련 사정으로 적용하지 않았다."[59] 국제사법재판소는 어업과 관련하여, 우크라이나가, 자신이 주장했던 것 외의 다른 경계획정선이 "주민의 생활과 경제적 행복에 파멸적인 영향을 줄 수 있다"는 어떠한 증거도 국제사법재판소에 제출하지 않았다는 점을 추가했다.[60]

국제사법재판소는, 전술한 국가 활동들이 현재 사건에 있어서 관련 사정을 구성한다고 생각하지 않기 때문에, 당사국들에 의해 논의된 결정적 기일 문제에 대해 국제사법재판소가 답변할 필요가 없다고 판단했다.

6. 안보에 대한 고려

해양경계획정에 있어서 안보 문제는 경우에 따라서 당사국 간에 가장 중요한 이슈가 되기도 한다. 특히 정치적 대립이 심한 국가들은 안보에 대한 측면을 소홀히 처리할 수 없을 것이다. 과거에 해양선진국과 연안국이 이른바 착탄거리설(cannon shot rule)에 의해 영해의 범위를 둘러싸고 대립했던 것도 그러한 맥락에서 이해할 수 있다. 또한, 해양경계에 있어서 안보적 측면은 군사수역이나 안보수역과 같은 특별한 해역의 설정 문제에 관한 논의의 배경이 되었다는 것도 주목할 필요가 있다.[61] 이번 사건에서 언급된 안보 문제도 그러한 맥락에서 이해할 수 있을 것이다.

---

58 *Ibid.*, para.198.

59 Award of 11 April 2006, RIAA, Vol. XXVII, p.214, para.241.

60 Delimitation of the Maritime Boundary in the Gulf of Maine Area (Canada/United States of America), Judgment, *ICJ Reports 1984*, p.342, para.237.

61 Douglas M. Johnston, *The theory and history of ocean boundary-making*, McGill-Queen's University Press, 1988, pp.12-14.

우선, 루마니아는 자국에 의해 제시된 경계획정이 12해리의 해양 공간대를 갖는 세르팡 섬을 포함하는 우크라이나의 안보 이익에 적대적인 영향을 미친다는 주장에 대해 어떠한 증거도 없다고 주장했다. 루마니아의 견해에 의하면, 우크라이나의 경계획정선은 비합리적으로 루마니아의 해안 가까이에 있으며, 따라서 루마니아의 안보 이익을 침해한다는 것이다.[62]

우크라이나는, 자국의 경계획정선은 루마니아의 해안선 앞바다의 대륙붕 및 배타적 경제수역을 루마니아에게 부여하기 때문에, 루마니아의 어떠한 안보 이익도 결코 침해하지 않는다고 주장했다. 이러한 관점에서 우크라이나는, "안보 및 기타 문제들에 대해 우크라이나가 갖는 지배적 이익을, 해안 삼면에서 흑해의 이러한 부분을 따라가는 우크라이나의 지리적 위치의 기능"이라 부르고, 우크라이나가 그 해역을 순찰하고, 그 해역에서의 불법어로 및 기타 활동을 방지하는 유일한 당사국이었다고 주장했다. 우크라이나에 의하면, 자국의 주장은 이러한 당사국들의 행위 양상과 부합되지만, 루마니아의 주장은 그렇지 않다는 것이다.[63]

이에 대하여, 국제사법재판소는 논점을 두 가지로 제한했다. 첫째, 당사국들의 적법한 안보에 대한 고려는 최종 경계획정선의 결정에 있어서 어떤 역할을 할 수 있다.[64] 둘째, 그러나 현재 사건에서 국제사법재판소가 그은 잠정적 등거리선은 루마니아나 우크라이나에 의해 그어진 선들과 근본적으로 다르다. 국제사법재판소에 의해 결정된 잠정적 등거리선은 각 당사국의 적법한 안보 이익을 충분히 반영하고 있다. 따라서 이러한 고려에 근거하여 그 선을 조정할 필요는 없다.[65]

---

62 The Black Sea Delimitation Case, para.202.

63 *Ibid.*, para.203.

64 Continental Shelf (Libyan Arab Jamahiriya/Malta), Judgment, *ICJ Reports 1985*, p.42, para.51.

IV. 시사점

이 사건은 흑해라는 폐쇄해에서 루마니아와 우크라이나 양국이 해양경계획정 문제를 국제사법재판소의 판결에 의해 해결한 것으로, 여러 가지로 우리나라의 해양경계획정에 참고가 될 수 있다. 특히 비교적 좁은 해역에서 도서의 처리를 둘러싸고 대립하고 있는 한중일 삼국은 도서의 영유권 문제를 차치하면 어떤 형태로든 이를 참고로 하여 해양경계를 완성해야 할 입장에 처해 있다.[66]

예컨대 해양경계획정 절차에 대한 일반적 경향의 확인, 잠정적 등거리선의 설정, 관련 해역의 설정 및 다양한 관련 사정의 취급은 현실적으로 한반도 주변의 해양경계획정에 대하여 시사하는 바가 적지 않다. 또한 세르팡 섬에 대한 기점 효과의 부인은 독도에 대한 처리와 관련하여 우리가 주목해야 할 부분이다. 다만, 유엔해양법협약 제121조 3항과 관련하여, 양국이 이를 구체적으로 적용하여 세르팡 섬을 처리하기로 합의했음에도 불구하고 국제사법재판소가 명시적인 언급을 회피한 것은 아쉬운 부분으로 남는다.[67] 물론, 세르팡 섬에 대한 영유권 문제가 제기되지 않고, 섬 주변 해역에 대한 처리 및 기점 효과만을 다룬 점이 독도와 다르지만, 어쨌든 폐쇄해 내지 반폐쇄해로서 동북아지

---

65 The Black Sea Delimitation Case, para. 204.

66 한중일 삼국의 해양경계에 대한 입장은 이 사건에 있어서 루마니아나 우크라이나의 입장과 크게 다르지 않다. 즉, 가능한 한, 자국의 입장에 유리한 원칙과 관련 사정을 주장하여 해양관할권의 확대를 실현하려고 한다. 예컨대, 일본이 중간선원칙을 주장하고 중국이 형평의 원칙을 주장하는 것은 결국 자국의 해저지형을 고려한 국제법 정책의 연장선에서 이해할 수 있다(이창위, "새로운 어업질서와 동북아지역의 해양경계", 『해사법연구』 14권 1호, 2002, pp. 28-30).

67 이 사건의 해양경계획정 문제에 대한 시사점 중 독도의 처리나 섬의 법적 지위에 대한 비판적 고찰은, 김용환, "ICJ 흑해 해양경계획정 판결의 주요 쟁점 및 시사점", 국제법학회논총 54권 2호, 2009, pp. 245-247에도 언급되어 있음.

역의 해역을 주목하면 이 사건은 많은 참고가 될 것이다.

본고에서 중점적으로 살펴본 해안 길이의 불균형에 대한 문제는 우리나라와 중국 간의 서해에 있어서 해양경계획정과 관련하여 특히 중요하다. 한반도의 서해안은 비교적 굴곡이 심하고 도서가 산재해 있어서 중국의 동중국해 쪽 해안과 여러 가지로 비교되기 때문이다. 물론 일국의 복잡한 해안이 상대국의 단순한 해안보다 길이나 범위에 있어서 상대적으로 우위에 있다고 일률적으로 말할 수는 없겠지만, 그것은 경계획정의 대상구역, 즉 관련 해안과 해역의 설정 시에 고려해야 할 요소는 된다. 우리나라는 본 사건에서 루마니아와 우크라이나 양국이 주장한 구체적인 내용과 그에 대한 국제사법재판소의 판단을 고려하여 관련 해안과 해역의 결정에 참고로 할 필요가 있다. 특히 현저한 불균형이 존재하지 않으면 중간선의 조정을 위한 고려 요소는 없다고 한 판결 내용은 우리가 주목해야 할 부분이다.

다만, 비례성을 고려하여 불균형을 수정하더라도, 실제로는 잠정적인 중간선 내지 등거리선을 조정할 때 이미 관련 사정의 적용에 의해 비례성도 적용된다는 점을 고려하면,[68] 그러한 경계선의 형평성을 검증하기 위한 기준으로서 비례성은 형식적인 것이 되기 쉽다는 것을 유의해야 할 것이다. 따라서 중간선을 조정할 때 관련 사정의 적용에 의한 비례성의 실현을 염두에 두고 경계획정 협상에 임하는 것이 중요하다.

흑해의 폐쇄적 성격 및 기존의 경계선에 대한 부분은 비교적 한반도 주변 해역의 경계획정과 관련하여 직접 참고가 될 수 있는 점은 적을 것으로 판단된다. 다만, 한일 간의 해양경계와 관련하여, 기존 대륙붕경계협정 및 공동개발협정은 어떤 형태로든 한일양국이 처리해야 할 문제가 된다. 따라서 대륙붕과 배타적 경제수역의 관계 내지 양자 간 경계획정의 관계를 정립하여 경계획정 교섭을 진행해야 할 것이다.

68　田中嘉文, *supra* note 16, pp. 42-43.

기타 본고에서 상술한 당사국들의 관련 행위 및 안보적 요소, 그리고 유효한 기점이나 폐쇄효과 등도 주의 깊게 분석하여 중국이나 일본과의 경계획정 교섭에 참고가 될 수 있도록 해야 할 것이다. 특히 안보적 요소는 중국과의 해양경계에 있어서 이어도나 가거초에 설치된 해양과학기지의 성격에 대한 중국 측의 의문을 해소하면서 신경을 써야 할 부분이다. 어쨌든 이어도는 영유권 문제의 대상이 될 수 없는 수중 암초라는 점을 분명히 해야 할 필요가 있다.

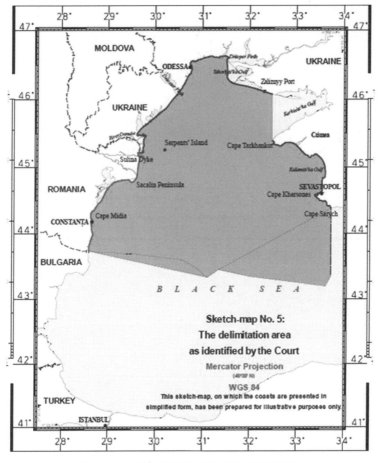

〈지도 8-1〉 국제사법재판소에 의한 경계획정해역

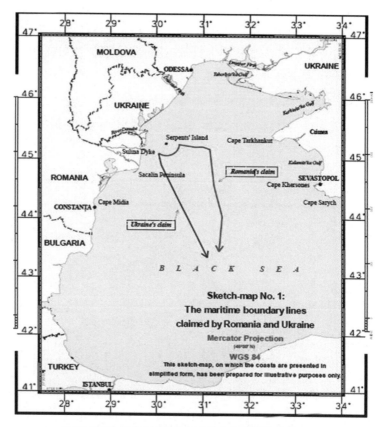

〈지도 8-2〉 루마니아와 우크라이나가 주장한 해양경계선

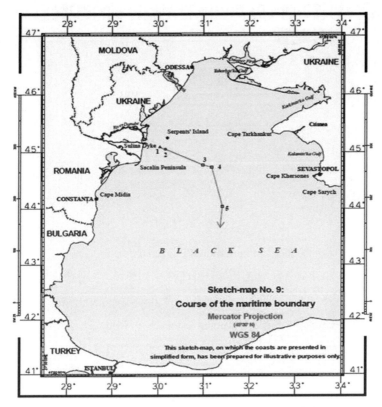

〈지도 8-3〉 국제사법재판소에 의한 최종 해양경계선

방글라데시와 미얀마 간 벵갈만 해양경계선 획정 분쟁*

I. 서 론

국제해양법재판소(International Tribunal for the Law of the Sea: ITLOS)는 2012년 3월 14일 「방글라데시와 미얀마 간 벵갈만 해양경계 선 획정분쟁」(Dispute concerning Delimitation of the Maritime Boundary between Bangladesh and Myanmar in the Bay of Bengal, 이하 벵갈만 사 건 또는 벵갈만 해양경계획정사건)에 대해 판결하였다.[1] 벵갈만 해양경 계획정사건은 ITLOS의 사건목록에 16번째로 등재되어 있다. 그러나 이 사건은 ITLOS가 사이가(Saiga)호 사건에 이어 분쟁의 본안에 대해 판결한 두 번째 사건이며, 특히 ITLOS가 다룬 첫 번째 해양경계획정 사건이라는 점에서 큰 의미가 있다.[2] 해양경계획정은 국제사법재판소 (ICJ)와 국제중재재판에서 가장 많이 다루어진 중요한 국제분쟁이었으

---

* 이 글은 2013년 6월 발간된 『강원법학』 제39권에 게재된 논문을 수정 · 보완한 것이다.

1 *Dispute Concerning Delimitation of the Maritime Boundary between Bangladesh and Myanmar in the Bay of Bengal(Bay of Bengal Case)*, Judgment, ITLOS, 2012.

2 Robin Churchill, "The Bangladesh/Myanmar Case: Continuity and Novelty in the Law of Maritime Boundary Delimitation," *Cambridge Journal of International and Comparative Law*, vol. 1, 2012, p.137.

므로, ITLOS가 이 분야의 사건을 다루게 된 것은 다소 늦은 감은 있지만 해양법전문 재판소로서는 매우 의미가 있는 일이라고 하겠다.

벵갈만 사건에서 ITLOS의 주요 임무는 방글라데시와 미얀마 간에 3개의 해양경계선을 긋는 것이었다. 그것은 양국 간의 영해경계선, 배타적 경제수역(Exclusive Economic Zone: EEZ)과 대륙붕의 단일해양경계선, 양국의 기준선 200해리 이원에서의 대륙붕경계선이다. ITLOS는 사건에 대한 판결에서 국제사법재판소와 국제중재재판소가 해양경계획정과 관련하여 그간 정립해 온 판례법을 비교적 충실히 따른 것으로 평가되었다. 다만, ITLOS가 국제법원과 재판소 중에서는 처음으로 200해리 이원 대륙붕에 경계선을 획정하였다는 점이 다소 특징적이라고 하겠다.[3]

이 글에서는 「방글라데시와 미얀마 간 벵갈만 해양경계선 획정분쟁」과 관련하여 사건의 배경을 살펴보고, 양국 간의 영해경계선과 EEZ와 대륙붕 단일경계선 획정에 관련된 쟁점들을 분석해 보며, 200해리 이원 대륙붕경계선 획정 문제에 대하여 고찰하고, 끝으로 ITLOS의 본 사건 판결이 국제해양법의 발전과 우리나라와 주변국가 간의 해양경계획정 문제에 미치게 될 영향을 분석해 본다.

II. 배경과 절차

벵갈만 해양경계획정 사건에서 경계획정이 필요한 수역은 벵갈만의 북동쪽 부분이다. 인도양 북동쪽에 위치한 이 만의 면적은 2,200,000km²이며, 스리랑카와 인도, 방글라데시, 미얀마의 영토로 반쯤 둘러싸여 있다. 벵갈만의 북쪽과 북동쪽에 위치하는 방글라데시는

---

3 *Ibid.*, p.138.

그 육지면적이 147,000㎢ 이며, 인도 및 미얀마와 접해 있다. 미얀마는 벵갈만의 동쪽에 위치하며 그 면적은 678,000㎢이다.[4]

방글라데시는 1970년대부터 인도 및 방글라데시와 해양경계선에 관한 교섭을 하였으나 2009년에 이르기까지 해결의 실마리를 찾지 못하고 있었다. 당시 방글라데시는 미국과 아일랜드 기업에게 석유자원이 풍부한 벵갈만의 3개 구역을 개발하도록 허가하고자 하였으나, 인도와 미얀마는 그 구역들이 자국의 해양수역과 중복된다고 하여 반대하였다. 이에 방글라데시는 돌파구를 마련하기 위하여 해양법협약의 분쟁해결제도에 따른 국제소송을 통하여 자국과 주변국가 간에 분명한 해양경계선을 획정하는 쪽을 택하게 되었다.[5]

2009년 당시 방글라데시, 미얀마, 인도는 모두 유엔해양법협약의 당사국이었지만, 어느 국가도 협약 제287조에 따라 분쟁해결수단을 선택한 바 없었다. 따라서 방글라데시는 동년 9월 8일 자국과 미얀마 그리고 자국과 인도 간의 해양경계선 분쟁해결을 위해 해양법협약 제7부속서에 따라 구성되는 중재재판소에 의한 중재절차를 시작하게 되었다.[6] 그러나 그 후 미얀마와 방글라데시는 2009년 11월 4일과 동년 12월 12일 벵갈만에서의 해양경계선 획정에 관한 분쟁해결과 관련하여

---

4 *Bay of Bengal Case*, *op. cit.*, paras. 33-35.

5 Churchill, *op. cit.*, pp. 138-139.

6 해양법협약 제287조는 1항에서 어떠한 국가도 협약에 서명, 비준, 가입할 때 또는 그 이후 언제라도 서면 선언에 의하여 이 협약의 해석이나 적용에 관한 분쟁의 해결을 위하여 (a) 제6부속서에 따라 설립된 국제해양법재판소, (b) 국제사법재판소, (c) 제7부속서에 따라 구성된 중재재판소, (d) 제8부속서에 따라 구성된 특별중재재판소 중에서 하나 또는 그 이상을 선택할 수 있다고 하였다. 또한 동조 3항은 유효한 선언에 포함되어 있지 아니한 분쟁의 당사자인 당사국은 제7부속서에 따른 중재를 수락한 것으로 본다고 하였으며, 5항은 분쟁당사자가 그 분쟁에 관하여 동일한 분쟁해결절차를 수락하지 아니한 경우에는 당사자가 달리 합의하지 아니하는 한 그 분쟁은 제7부속서에 따른 중재에 회부된다고 하였다.

ITLOS의 관할권을 받아들인다는 선언을 ITLOS 재판소장에게 통고하였는바, ITLOS가 본 방글라데시와 미얀마 간 해양경계획정 사건을 맡게 되었다.[7]

ITLOS에 방글라데시와 미얀마 출신 재판관은 없었으므로, 양국은 각각 1명의 임시재판관(judge *ad hoc*)을 선임하였다. 방글라데시는 로우(Vaughan Lowe) 교수를 그리고 미얀마는 옥스만(Bernard H. Oxman) 교수를 각각 선임하였으나, 2010년 9월 로우 교수의 사퇴로 방글라데시는 멘사(Thomas Mensah)를 대신 선임하였다.[8] 재판소규칙(Rules of the Tribunal) 제75조 2항에 따라 방글라데시와 미얀마가 최종제안(final submission)을 한 것은 2011년 10월이었다.[9]

III. 영해경계획정

1. 기존의 명시적 또는 묵시적 합의

벵갈만에서의 영해경계획정과 관련하여 ITLOS는 주로 방글라데시가 주장한 명시적·묵시적 합의의 존재와 법적 성격을 검토하였으며, 이어서 해양법협약 제15조를 적용하여 방글라데시와 미얀마 간의 영해경계선을 획정하였다.[10]

---

7 *Bay of Bengal Case, op. cit.*, paras. 2-4.

8 *Ibid.*, paras. 13-15.

9 양국의 제안(submission)과 최종제안(final submission)에 대해서는 다음을 볼 것. *Ibid.*, paras. 31-32.

10 해양법협약 제15조는 영해경계획정에서 가장 중요한 것은 대향국 또는 인접국 간의 합의임을 암시하면서, 그러한 합의가 존재하지 아니하는 경우에는 연안국들은 그들의 영해를 중간선을 기준으로 경계획정할 수 있다고 한 것이다. 해양법협약이 이처럼 영해경계획정에 중간선을 적용하도록 한 것은, 영해의 경우에는 오래전부터 중간선에 의한 경계획정이 적합하다는 국가들의 믿음이 있었기

방글라데시와 미얀마 간 영해경계선 문제를 다루면서 ITLOS는 우선 양국 간에 과거에 관련 합의가 있었는가 하는 문제를 검토하였다. 재판소는 양국이 1974년과 2008년 합의의사록(Agreed Minutes)에 서명함으로써 또는 묵시적 합의에 의하여 사실상 영해경계선을 획정한 것은 아닌지 검토한 것이다. 방글라데시와 미얀마 양국은 1974년부터 2010년까지 영해를 포함한 양국 간 해양수역 경계획정 문제에 대하여 협의하였으며, 1974년에는 '합의의사록'(Agreed Minutes)을 작성한 바 있기 때문이다.[11]

방글라데시는 최종제안에서 방글라데시와 미얀마 간의 영해경계선은 1974년 합의되어 2008년에 확인된 것임을 선언해 달라고 재판소에 요청하였다. 양국은 1974년 11월 두 번째 협상에서 합의에 도달하였고 '특별해도 114호'(Special Chart No.114)는 합의된 경계선을 함께 도안하여 양측이 서명한 것이라고 하였다.[12] 방글라데시는 1974년 자국이 제안한 조약초안(draft treaty)에 미얀마가 서명하지 않은 것은 EEZ와 대륙붕을 포함하는 포괄적인 해양경계획정 조약에 대한 합의가 포함되지 않았기 때문이며 미얀마가 합의된 영해경계선에 반대하였기 때문은 아니라고 하였다.[13] 방글라데시는 1974년 합의의사록은 유효하고 구속력이 있는 것으로서 해양법협약 제15조가 말하는 '합의'(agreement)에 해당한다고 하였다.

반면에 미얀마는 양국 간에 해양법협약 제15조가 말하는 '합의'는 존재하지 않는다고 하였다. 미얀마는 1974년 합의의사록의 '형식과 언어'에 비추어 보건대 그것은 기술적 레벨에서의 대화단계에서 합의된

때문이다. Budislav Vukas, *The Law of the Sea*, Martinus Nijhoff Publishers, 2004, pp.86-87.

11 *Bay of Bengal Case, op. cit.*, paras.56-57.

12 Ibid., paras.60-61.

13 Ibid., para.62.

'양해'(understanding) 또는 '조건부합의'(conditional agreement)에 불과하다고 하였다.[14] 미얀마는 자국은 수차례에 걸쳐 다른 수역의 경계획정 분쟁을 동시에 해결하지 못하는 조약에는 서명·비준하지 않을 것이며, EEZ와 대륙붕에 관한 합의가 이루어지기 전에는 영해에 관한 합의도 있을 수 없다는 점을 분명히 밝혀 왔다고 하였다.[15] 그리고 그간의 판례법에 비추어 볼 때 해양경계합의는 "쉽게 추론될 수 없는"(not lightly to be inferred) 문제라는 점을 강조하였다.[16]

방글라데시는 해양법협약 제15조의 '합의'(agreement)란 꼭 공식적으로 교섭되고 구속력을 가져야 하는 것은 아니라는 입장이었으나, 미얀마는 해양법협약 제15조가 상정한 것은 국제법적으로 구속력이 있는 합의라고 하였다.[17] 방글라데시는 1974년 합의의사록은 St. Martin's 섬과 미얀마의 중간을 지나는 경계선을 명시하였으며, 그것은 '특별해도 114'(Special Chart 114)에도 나타나 있다고 하였다. 방글라데시는 1974년 합의의사록은 2곳에 약간 변화가 있기는 하였지만 2008년 합의의사록에도 반영되었다고 하였다.[18] 반면에 미얀마는 '합의의사록'(Agreed Minutes)은 국제관계에서 '회의기록'을 위해서 자주 사용되나 조약형성을 원하는 문서에는 널리 사용되지 않는다고 하였다.[19] 미얀마는 1974년 합의의사록의 제1조에서 보듯이 그 의사록은 처음부터 법적인 구속력을 가지는 합의로 의도된 것이 아니며 그냥 대화록(record of discussion)일 뿐이라고 하였다.[20]

---

14 *Ibid.*, paras.65-66.

15 *Ibid.*, para.66.

16 *Ibid.*, para.69; *Territorial and Maritime Dispute between Nicaragua and Honduras in the Caribbean Sea (Nicaragua v. Honduras)*, Judgment, ICJ Reports, 2007, para.253.

17 *Ibid. (Bay of Bengal Case)*, paras.70-71.

18 *Ibid.*, paras.72-73.

19 *Ibid.*, para.75.

20 *Ibid.*, paras.78-79. 미얀마는 1974년과 2008년의 합의의사록 체결당시 상황을

ITLOS는 1974년 합의의사록이 해양법협약 제15조가 말하는 합의에 해당하는지 결정해야 했다. 재판소는 해양법협약 제15조의 목적을 감안할 때 여기에서 '합의'(agreement)란 법적 구속력 있는 합의를 의미하는 것이며, 중요한 것은 문서의 형식이나 명칭이 아니라 그 법적 성격과 내용이라고 하였다.[21] ITLOS는 '호신마루'(Hoshinmaru)호 사건에서 '러일어업위원회'(Russian-Japanese Commission on Fisheries)와 같은 공동위원회(joint commission)의 의정서(protocol)나 의사록(minutes)이 당사국 간 권리와 의무의 원천이 될 수 있다고 한 바 있으며, ICJ는 카타르 대 바레인 사건에서 국제적인 합의에는 여러 가지 형태가 있으며 다양한 명칭이 부여될 수 있다고 하면서 합의의사록도 구속력이 있는 합의가 될 수 있다고 한 것을 상기하였다.[22] 하지만 ITLOS는 1974년 합의의사록의 조문들은 교섭과정에서 합의된 '조건부양해'(conditional understanding)에 관한 기록이므로 해양법협약 제15조가 말하는 합의는 아니라고 하였다.[23] ITLOS는 결국 당사국들이 1974년 합의의사록에 서명을 함으로써 법적 구속력이 있는 합의에 이르게 되었다고 판단할 근거는 없다고 결론지었다.[24]

ITLOS는 이미 1974년에 자국과 미얀마 간 영해경계선이 획정되었다는 방글라데시의 주장을 기각한 데 이어, 지난 30년간의 일관된 국가실행으로부터 영해경계선에 관한 묵시적인 또는 사실상의 합의가 있었다는 방글라데시의 주장도 거부하였다.[25] 방글라데시는 양국이

보면, 그것은 '임시조건부양해'(*ad hoc* conditional understanding)에 불과한 것이었다고 하면서, 이것을 흑해사건에서 검토된 루마니아와 우크라이나 간의 '일반의사록'(General Proces-Verbal)과 비교할 수는 없다고 하였다.

21 *Ibid.*, paras.88-89.
22 *Hoshinmaru, Prompt Release*, ITLOS, 2007, p.18, para.86; *Maritime Delimitation and Territorial Questions between Qatar and Bahrain(Qatar v. Bahrain)*, Judgement, ICJ Reports, 2001, para.23.
23 *Ibid. (Bay of Bengal Case)*, para.92.
24 *Ibid.*, para.98.

30년 이상 합의된 경계선에 따라 행동한 것은 영해경계선에 대한 묵시적인 또는 사실상의 합의의 존재를 보여준다고 하였다. 나아가 양국은 각자 합의된 영해에서 평화롭게 도전받지 아니하며 시정권과 통제권을 행사하였으며, 자국은 미얀마 선박들이 St. Martin's 섬 부근수역을 지나서 Naaf 강에 이르는 자유로운 항행을 허용하였다고 하였다.[26] 반면에 미얀마는 1974년 합의의사록을 포함한 양 당사국의 실행을 통해 양국 간에 영해경계획정에 관한 묵시적·사실상의 합의가 이루어졌다는 주장에 반대하였으며, 자국이 영해경계획정을 묵인한 사실도 없다고 주장하였다.[27]

영해경계선에 관한 묵시적인 또는 사실상의 합의가 있었다는 방글라데시의 주장과 관련하여, ITLOS는 해군사관과 어민들의 진술서와 미얀마 정부의 성명과 구상서 등을 검토하였으나 방글라데시의 주장을 뒷받침하는 설득력 있는 증거를 찾아내지 못하였다. ITLOS는 ICJ가 니카라과 대 온두라스 사건에서 "묵시적인 법적 합의의 증거는 강력한 (compelling) 것이어야 한다"고 한 입장에 동의하면서, 방글라데시가 제시한 증거들은 묵시적 또는 사실상의 영해경계선에 관한 합의의 존재를 입증하기에는 부족하다고 하였다.[28]

---

25 Churchill, *op. cit.*, p.140.
26 *Bay of Bengal Case, op. cit.*, para.101. 방글라데시는 그 증거자료로서 어민들의 진술서, 해군과 해양경찰의 진술서, 상대방인 미얀마의 실행에 관한 자료들을 제시하였다. *Ibid.*, paras.102-106 참조.
27 *Ibid.*, para.107. 미얀마는 방글라데시가 제출한 해군사관과 어민들의 진술서는 본 사건 관련 증거를 포함하고 있지 않으며, 방글라데시 해군사관과 공무원들은 해양경계선의 위치와 관련하여 방글라데시의 입장을 옹호하는 데 분명한 이익을 갖고 있다고 하였다. *Ibid.*, para.109.
28 *Ibid.*, paras.112-118.

2. 영해경계획정

EEZ나 대륙붕의 경계획정에 있어서는 거시지리적(macro-geographical) 상황이 중요하지만, 영해경계획정에서 중요한 것은 분쟁당사국의 육지경계선이 해양과 만나는 지점 부근의 지리이다. 그런데 방글라데시와 미얀마 국경선의 마지막 부분은 Naaf 강을 따라서 형성되어 있으며 그 강구에서 국경선도 끝이 난다. Naaf 강구 부근에는 방글라데시 소유의 St. Martin's 섬이 있는데, 이 섬은 강구에서 5 내지 6해리 떨어진 지점에서 동남쪽으로 미얀마 해안에 평행하게 뻗어 있다. 이 섬의 면적은 8㎢이며 그곳의 주민 수는 7,000명 정도이다.[29]

방글라데시와 미얀마 간에는 해양경계선에 관한 합의가 존재하지 아니하므로, 양국 간 영해경계선은 다음의 해양법협약 제15조 규정에 따라서 획정되게 되었다.

제15조 대향국 간 또는 인접국 간의 영해의 경계획정

두 국가의 해안이 서로 마주보고 있거나 인접하고 있는 경우, 양국 간 달리 합의하지 않는 한 양국의 각각의 영해 기선상의 가장 가까운 점으로부터 같은 거리에 있는 모든 점을 연결한 중간선 밖으로 영해를 확장할 수 없다. 다만, 위의 규정은 역사적 권원이나 그 밖의 특별한 사정에 의하여 이와 다른 방법으로 양국의 영해의 경계를 획정할 필요가 있는 경우에는 적용하지 아니한다.

해양법협약 제15조는 대향국이나 인접국 간의 영해경계선은 다른 합의가 없는 한 등거리선이나 중간선에 의하여 획정한다고 한 것이다.

---

29 Churchill, *op. cit.*, pp.139-140.

그러나 등거리선 방법에 의한 영해경계선 획정은 역사적 권원이나 그 밖의 특별한 사정이 존재하지 아니하는 경우에 추진되는 것이므로, 먼저 그러한 사유가 존재하는지 확인하는 것이 필요하였다. 확인결과 ITLOS는 대상수역에 그러한 역사적 권원의 증거는 존재하지 않으며 당사국 모두 그러한 권원의 존재를 원용하지 않았다고 하였다.[30]

또 하나의 중요한 쟁점은 St. Martin's 섬을 영해경계획정과 관련하여 특별상황(special circumstance)으로 볼 것인가 하는 것이었다. 미얀마는 St. Martin's 섬은 양국 간의 영해경계획정에서 중간선으로부터의 이탈을 요구하는 '중요한 특별상황'(important special circumstance)이라고 하였다. 미얀마는 이 섬은 방글라데시의 지리에서 외따로 존재하는 지형으로 방글라데시가 아닌 미얀마의 본토 맞은편에 위치해 있다는 것이다. 따라서 St. Martin's 섬에 영해경계획정에서 완전한 효과를 부여하면 해안선의 일반적인 형상에 심각한 왜곡을 초래하게 된다는 것이 미얀마의 주장이었다.[31] 미얀마는 방글라데시 본토해안, 미얀마의 본토해안, St. Martin's 섬의 공간적인 관계에서 볼 때, 이 섬은 양국 본토해안 간의 경계획정선의 미얀마 쪽 즉 경계획정선의 '반대쪽에'(on the wrong side)에 위치한다는 것이다. 미얀마는 자국의 주장을 뒷받침하기 위하여 영불대륙붕사건, 튀니지/리비아 대륙붕사건, 메인만 사건 등 많은 사례들을 거론하였으며, 국가실행 역시 '작거나 중간크기'(small or middle-size)의 섬들은 대개 무시하여 아무런 효과도 부여하지 않거나 약간의 효과를 부여하는 것이 압도적인 경향이라고 하였다.[32]

방글라데시는 미얀마의 특별상황 주장은 관련 수역의 해안지리에 비추어 볼 때 잘못된 것이며, St. Martin's 섬이 양국 간 등거리선의 '반

---

30 *Bay of Bengal Case, op. cit.*, paras. 129-130.
31 *Ibid.*, paras. 131-132.
32 *Ibid.*, paras. 134-137.

대쪽에' 위치해 있다는 주장도 St. Martin's 섬의 12해리 영해를 인정해 온 미얀마의 오랜 입장에 배치된다고 하였다.[33] 또한 카타르 대 바레인 사건, 니카라과 대 온두라스 사건, 흑해사건 등을 원용하면서 St. Martin's 섬이 완전한 효과를 가져야 한다고 주장하였다. 특히 방글라데시는 해양법협약 제121조 1항에 규정된 요건을 갖춘 섬은 12해리 영해는 물론이고 원칙적으로 자체의 EEZ와 대륙붕도 갖는다는 점을 강조하면서, St. Martin's 섬은 면적 8㎢에 인구 7,000면 가량의 작지 않은 섬으로, 그곳에는 자국해군과 해양경비대의 중요한 기지가 있으며 농업과 어업이 행하여지고 있고 매년 360,000명의 관광객들이 방문한다고 하였다.[34] 결론적으로 방글라데시는 St. Martin's 섬의 자국 본토에의 근접성, 많은 인구, 중요한 경제적 역할 등을 감안할 때 이 섬은 방글라데시 해안선의 불가분의 일부이므로, 완전한 12해리 영해를 가져야 한다고 하였던 것이다.[35]

ITLOS는 관습법과 국가실행 모두 해양경계획정 시 도서에 부여될 효과에 관한 일반적인 규칙은 존재하지 않는 것으로 보고 있다고 하면서, 경계획정에서 도서에 부여될 효과는 경계획정이 영해에 관한 것인지 아니면 영해 너머 다른 해양수역에 관한 것인지에 따라서 달라진다고 하였다.[36] ITLOS는 국제판례법을 보면 영해경계획정 시 도서들이 완전한 효과를 부여받지 못한 전례가 없었던 것은 아니지만, 그러한 대우를 받은 도서들은 카타르 대 바레인 사건에서의 Qit'at Jarada처럼 매우 작고 사람도 살지 않는 보잘 것 없는 해양지형들이었다고 하면서, 그에 비하면 St. Martin's 섬은 그 크기와 인구, 경제활동 범위 등의 관점에서 상당히 중요한 해양지형이라고 하였다. 결론적으로, ITLOS

---

33 *Ibid.*, paras.138-139.
34 *Ibid.*, paras.143-144.
35 *Ibid.*, para.145.
36 *Ibid.*, paras.147-148.

는 이 사건에서 St. Martin's 섬을 해양법협약 제15조의 특별상황으로 다루어야 할 설득력 있는 이유를 찾을 수 없다고 하면서, 양국 간 영해의 경계획정선을 긋는 데 있어서 St. Martin's 섬에 완전한 효과를 부여할 수밖에 없다고 하였다.[37]

경계획정선 작도의 첫 단계는 기점의 선택(selection of base points)인데, 양국의 기점은 모두 해안의 저조선에 설정되어 있었다. ITLOS는 기점설정에 대한 이러한 양국의 입장을 고려하여 양국이 사용한 해도에 나타나 있는 저조선을 활용하여 등거리선을 긋게 되었다.[38] 양국은 경계획정선의 시작점(starting point)에 대하여도 동일한 입장이었는데, 시작점은 1966년 파키스탄과 버마 간에 합의된 육상경계선의 종점으로서 양국이 작성한 지도에는 Point A로 표시되어 있는 좌표 북위 20°42′15.8″ 동경 97°22′07.2″ 지점이었다. 그러나 양국은 St. Martin's 섬의 영향으로 인한 등거리선의 첫 번째 변곡점(first turning point)의 위치에 대해서는 입장이 달랐다.[39] 특히 Point C 이원에서는 St. Martin's 섬에 부여될 효과에 대한 입장차이로 인하여 양국이 제안한 경계획정선은 크게 달랐다. ITLOS는 St. Martin's 섬에 완전한 효과(full effect)를 부여하기로 결론지은 후, 경계획정선은 등거리선을 따라 양국의 영해가 더 이상 중복되지 아니하는 지점까지 이른다고 하였다.[40] ITLOS는 방글라데시가 등거리선에 따라 제시한 좌표가 St. Martin's 섬을 포함한 양국해안의 저조선으로부터 측정된 등거리선을 적절히 묘사하는 것으로 보았고, 양국 간 영해를 경계획정하는 등거리선을 나타내는 좌표를 제시하였다.[41]

---

37 *Ibid.*, paras. 151-152.
38 *Ibid.*, paras. 153-156.
39 *Ibid.*, paras. 157-158.
40 *Ibid.*, paras. 163-164.
41 *Ibid.*, paras. 165-166.

결국 ITLOS는 방글라데시와 미얀마의 저조선(low-water line)에 위치한 양국이 설정한 기점을 활용하여 영해경계선으로 등거리선을 그었다. 그 경계선은 Naaf 강 입구의 육지경계선의 종점에서 시작하여 양국의 본토해안의 등거리선을 따라서 남서쪽으로 잠깐 진행한 후, 미얀마의 본토해안선과 St. Martin's 섬의 해안 간의 등거리선을 따라 동남쪽으로 진행하게 되었다. 임시재판관으로 본 재판에 참여한 멘사(Mensah)와 옥스만(Oxman)은 이 영해경계선은 1974년 합의의사록에서 양국이 고려하였던 경계선과 거의 동일한 것이었다고 하였다.[42]

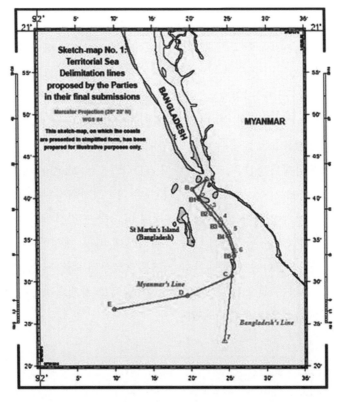

〈지도 9-1〉 방글라데시 미얀마 간 영해경계획정선

---

42 Churchill, *op. cit.*, p.141.

IV. EEZ와 대륙붕 경계획정

1. 해양경계획정 원칙과 방법

ITLOS는 방글라데시와 미얀마 양국의 입장을 반영하여 EEZ와 대륙붕에 단일경계선을 긋기로 하였다. 또한 벵갈만 해양경계획정에 적용할 해양법협약의 규정은 EEZ 경계획정에 관한 제74조와 대륙붕경계획정에 관한 제83조라고 하였는데, 각조의 1항은 "서로 마주보고 있거나 인접한 연안을 가진 국가 간의 배타적 경제수역(대륙붕) 경계획정은 공평한 해결에 이르기 위하여, ICJ규정 제38조에 언급된 국제법을 기초로 하는 합의에 의하여 이루어진다"는 동일한 규정을 두었다. ITLOS는 해양법협약 제74조 1항과 제83조 1항은 경계획정에 관한 합의에 대해서 말하고 있지만, 이 규정은 사법적인 또는 중재에 의한 경계획정에도 적용된다고 하였다. 또한 ITLOS는 해양경계획정에 적용할 법을 결정하는 데 있어서 수많은 국제판례를 통해 정립되어 온 국제판례법의 역할도 중시하였다.[43]

해양경계획정의 원칙을 둘러싸고 한때에는 형평의 원칙과 등거리선 원칙이 대립하였었다. 그러나 오늘날 양자의 관계는 오히려 상호보완적인 것으로 이해하려는 경향이 강해지고 있는바, 국제관습법과 해

---

43 *Ibid.*, para.184. ITLOS는 ICJ 규정 제38조에 나타난 국제재판소의 결정 역시 해양법협약 제74조와 제83조에 따라 해양경계획정에 적용할 법의 내용을 결정하는 데 매우 중요하다고 하면서, 2006년 4월 11일 중재재판소의 판정에 동의한다고 하였다. 바베이도스/트리니다드토바고 중재사건에서 재판부는 "지난 60년 동안 엄청난 진전이 이루어진 문제에서는 관습법도 특별한 역할을 맡게 되는바, 이는 사법적·중재적 결정과 함께 경계획정의 모든 과정에 적용되는 고려사항들이 형성되는 데 기여하였다"고 평가하였다. *Arbitration between Barbados and The Republic of Trinidad and Tobago*, 11 April 2006, RIAA, vol. XXVII, para.223.

양법협약이 추구하고자 하였던 것도 형평의 원칙과 등거리선 원칙을 혼합한 것이라는 것이다.[44] 따라서 ICJ는 카타르 대 바레인 사건에서 등거리선 규칙과 1958년 이후의 국제판례법 가운데 발전해 온 형평의 원칙은 서로 밀접히 연관되어 있다고 하였던 것이다.[45]

방글라데시는 등거리선 방법도 형평에 맞는 해결을 이루어낸다는 것을 인정하면서도, 벵갈만의 경우에는 등거리선 방법으로는 형평에 맞는 결과를 만들어 낼 수 없다고 하였다. 방글라데시는 북해대륙붕사건에 대한 판결에서 ICJ가 언급한 바와 같이 등거리선은 일정한 상황에서는 매우 부자연스럽고 불합리한 결과를 초래하는바,[46] 북부 벵갈만과 같이 오목 들어간(concave) 해안에서 등거리선 방법은 '불합리한 결과'(irrational results)를 만들어 내게 된다고 하였다.[47] 방글라데시는 북부 벵갈만 해안의 특수한 형상 등을 감안하여 방글라데시와 미얀마 간의 EEZ 및 대륙붕 경계획정에는 각도2등분법(angle-bisector method)을 사용하여야 형평에 맞는 결과에 도달할 수 있다고 하였다.[48]

미얀마는 해양경계획정의 원칙과 방법으로 등거리선/중간선 방법을 주장하였다. 미얀마는 1982년 해양법협약의 채택 이후 '경계획정법'(law of delimitation)에 엄청난 발전이 있었다고 하면서,[49] ICJ가 니

---

44 Shi Jiuyong, "Maritime Delimitation in the Jurisprudence of the International Court of Justice," *Chinese Journal of International Law*, Vo. 9, 2010, p.274.

45 *Qatar v. Bahrain Case*, *op. cit.*, paras. 230-231.

46 *Bay of Bengal Case*, *op. cit.*, paras. 208-210.

47 Ibid., paras. 211. 리비아/몰타 사건에서 ICJ는 등거리선은 "어떤 해안이 현저하게 불규칙하거나 현저하게 오목 들어가거나 볼록 나온 곳에서는 비례에 어긋나는 결과를 초래할 수 있다"고 하였다.

48 *Ibid.*, para. 213. 방글라데시에 의하면, ICJ는 각도2등분방법은 1982년 튀니지/리비아 사건에서 처음 사용되었고, 메인만 사건과 기니/기니비소 사건에서도 사용되었다고 하였다. 방글라데시는 특히 "등거리선 사용이 불가능하거나 부적절한 일정한 상황에서는 각도2등분선의 사용이 실행가능한 대안적 방법임이 입증되었다"는 니카라과/온두라스 사건에서의 ICJ의 판결을 인용하였다. *Ibid.*, paras. 214-215; *Nicaragua v. Honduras Case*, *op. cit.*, para. 287.

카라과 대 온두라스 사건에서 등거리선 방법은 과학적일 뿐 아니라 적용에 있어서도 편리함을 갖추고 있기 때문에 해양경계획정에서 널리 사용되고 있다고 한 것을 강조하였다.[50] 미얀마는 리비아/몰타 사건에서 ICJ가 해안이 아주 불규칙하거나 현저하게 오목하거나 볼록한 곳에서 등거리선 방법의 적용은 비례에 어긋나는 결과를 가져올 수 있다고 하면서도, 실제 경계획정 때에는 등거리선 방법을 사용한 것을 특별히 강조하였다.[51] 벵갈만에서도 경계획정 시 등거리선 원칙을 사용해야 형평의 요구에도 부합하는 결과에 도달할 수 있다는 것이 미얀마의 주장이었다.[52]

사실 해양법협약 제74조 1항과 제83조 1항은 EEZ와 대륙붕 경계획정은 국제법을 기초로 형평에 맞는 해결을 달성하기 위하여 이루어져야 한다는 원칙을 제시하였으나 구체적인 적용방법은 명시하지 않았다. 그리하여 국제법원과 재판소들은 해양경계획정에 관한 판례법을 통하여 해양경계획정 방법을 구체화하여 주관성과 불확실성을 줄여왔다.[53] 이와 관련하여 처칠(Churchill)은 1993년 그린란드/얀마엔 사건에 대한 판결 이후 국제법원과 재판소들은 대향국 간 또는 인접국 간 EEZ와 대륙붕 경계획정에서 일관되게(니카라과 대 온두라스 사건은 제외) 등거리선/특별상황 규칙을 채택해 왔다고 말한 바 있다.[54] ITLOS는 그간 국제법이 등거리선/관련상황 방법을 선호하는 방향으로 발전해 왔으며 실제로 해양경계획정 사건에서 국제법원과 재판소들이 이 방법을 채택한 것을 주목하였다. 따라서 ITLOS는 방글라데시와 미얀

---

49 *Ibid.*, para.218.

50 *Ibid.*, para.220; *Nicaragua v. Honduras Case, op. cit.*, paras.272, 280.

51 *Continental Shelf (Libyan Arab Jamahiriya/Malta)*, Judgment, ICJ Reports, 1985, para.56; *Ibid.*, para.221.

52 *Ibid. (Bay of Bengal Case)*, paras.223-224.

53 Ibid., paras.225-226.

54 Churchill, *op. cit.*, pp.142-143.

마 간의 EEZ와 대륙붕 경계획정에도 등거리선/관련상황 방법을 사용하는 것이 적절하다고 보았다.[55]

ITLOS는 해양경계획정 방법과 관련하여 2단계방법, 3단계방법, 각도2등분선방법을 검토하였다. 2단계방법은 ICJ가 그린란드/얀마옌 사건에서 사용되었는데, 잠정경계선인 중간선을 획정하고 그 선의 조정이나 이동을 요구하는 특별상황이 있는지 검토하는 것이다.[56] 3단계방법은 ICJ가 1985년 리비아/몰타사건 판결에서 검토하였던 것으로, 등거리선 방법에 따른 임시경계선 획정, 관련상황을 고려한 임시경계선의 조정, 결과의 형평성의 확인절차를 거치는데, 이 방법은 루미니아와 우크라이나 간 흑해사건에서 자세하게 검토되었다.[57] 각도2등분선방법은 등거리선 방법의 적용이 불가능하거나 적절하지 아니한 경우 그 대안으로 사용되어 왔으며 실제로는 등거리선 방법과 유사한 것이라고 평가된다.[58] ITLOS는 해양경계획정에 관한 방법들을 검토한 후 3단계방법을 사용하기로 하였다. ITLOS는 다음과 같이 말하였다.

> 재판소는 등거리선/관련상황 방법을 본 사건의 경계획정에 적용하는데 있어서, 이러한 문제에 대한 국제법원과 재판소의 법학을 고려해 가면서 최근의 판례법에서 발달된 3단계방법(three-stage approach)을 따르기로 하였다. 따라서 재판소는 다음과 같은 단계로 진행된다. 첫 번째 단계에서 재판소는 당사국 해안의 지리와 수학적 계산을 기초로 잠정등거리선(provisional equidistance line)을 구성한다. 일단 잠정등거

---

55 *Bay of Bengal Case*, op. cit., paras. 238-239.
56 2단계방법은 ICJ에 의하여 카타르 대 바레인 사건과 카메룬 대 나이지리아 사건에서 활용되었으며, 바베이도스/트리니다드토바고 사건에서 중재재판소는 경계획정선의 결정은 보통 2단계 방법을 따른다고 하였다.
57 *Case Concerning Maritime Delimitation in the Black Sea(Romania v. Ukraine)*, Judgement, ICJ, 2009, paras. 116-122.
58 각도2등분선 방법은 1982년 튀니지/리비아 사건, 1984년 메인만 사건, 1985년 기니/기니비소 사건, 2007년 니카라과 대 온두라스 사건 판결에 사용되었다.

리선이 그어지면 재판소는 절차의 두 번째 단계로 나아가는데, 이 단계에서는 잠정등거리선의 조정(adjustment)을 요구하는 관련상황이 있는지를 결정하고 그러한 경우에는 조정을 통하여 형평에 맞는 결과를 만들어 낸다. 절차의 3번째이자 마지막 단계에서 재판소는 조정된 경계선이 각국의 해안선 길이 간의 비율과 각 당사국에게 속하게 될 관련 해양면적 간의 비율 사이에 '심각한 불비례'(significant disproportion)를 초래하지는 않는지 점검하게 된다.[59]

2. 잠정등거리선

ITLOS가 EEZ와 대륙붕 단일해양경계선 획정을 위한 잠정등거리선을 획정하는 데 있어서 제일 먼저 해야 할 일은 기점을 선정하는 것이었다. 미얀마는 방글라데시 해안에 2개 그리고 자국 해안에 3개의 기점을 제시하면서, "잠정등거리선 구성에 있어서 이례적인 지형의 사용은 당해 수역의 우세한 지리적 현실과 완전히 괴리될 수 있다"는 이유에서 미얀마의 May Yu 섬과 방글라데시의 St. Martin's 섬을 기점에서 제외할 것을 주장하였다.[60] 방글라데시는 잠정등거리선 획정에 찬성하지 않았기 때문에 기점을 밝히지 않았지만, "St. Martin's 섬은 상당한 해안지형으로 당연히 대륙붕과 EEZ를 창설한다"고 하면서 미얀마가 등거리선 설정에 있어서 St. Martin's 섬을 무시하려는 것을 비판하였다.[61]

ITLOS는, 연안국들은 경계획정의 목적상 자국의 기점을 결정할

---

59 *Bay of Bengal, op. cit.*, para. 240.

60 *Ibid.*, paras. 247-251. 미얀마는 흑해사건에서 100해리를 넘는 경계선을 경계획정하는 데 5개 기점이, 영불대륙붕사건에서 경계선의 서쪽부분 170해리에 달하는 수역의 경계획정에 3개의 기점이, 그리고 카메룬 대 나이지리아 사건에서는 잠정등거리선 획정에 단 2개의 기점이 사용되었던 사실을 상기시켰다.

61 *Ibid.*, para. 257.

수 있지만, 재판소로서는 그러한 기점을 그대로 수용해야 할 의무는 없다고 하면서, 재판소는 지리적 사실에 기초하여 별도로 기점을 결정할 수 있다고 하였다.[62] ITLOS는 EEZ와 대륙붕 경계획정과 관련하여 St. Martin's 섬에 기점을 설정하는 데 반대하였다. ITLOS는 다음과 같이 말하였다.

> St. Martin's 섬이 기점으로 사용될 수 있는가 하는 문제에 관하여, 재판소는 그 섬이 Naaf 강의 당사국 간 육상경계선 종점의 미얀마 쪽 본토 바로 앞에 위치하고 있기 때문에, St. Martin's 섬에 기점을 설정하게 되면 결국 미얀마 해안으로부터 해양 쪽으로의 투사를 차단하는 경계선이 만들어진다고 보았다. 재판소의 견해로는 이는 경계획정선의 부당한 왜곡을 초래하는 것으로 '지리의 사법적 재구성'(judicial refashioning of geography)에 해당하는 것이다. 이러한 이유에서 재판소는 St. Martin's 섬을 기점의 원천에서 배제하였다.[63]

ITLOS는 미얀마가 잠정등거리선 설정을 위해 선정한 5개의 기점을 적절한 것으로 판단하였으며, 잠정등거리선의 마지막 선분을 위해 미얀마의 Myay Ngu Kyun 섬 남쪽 끝에 하나의 기점을 추가하였다.[64] ITLOS는 방글라데시와 미얀마 양국의 해안에 위치한 기점으로부터 잠정등거리선을 획정하였다. 잠정등거리선은 Naaf 강에서 시작하여 6개의 기점에 의하여 만들어지는 4개의 변곡점을 연결하여 획정되었다.[65]

---

62 *Ibid.*, para.264. 이러한 입장은 흑해사건에서 ICJ가 밝힌 입장과 유사하다. *Romania v. Ukraine Case*, *op.cit.*, 2009, para.137.

63 *Ibid.*, para.265.

64 *Ibid.*, para.266.

65 구체적인 잠정등거리선은 판결문 86쪽의 Sketch-map No.5를 볼 것.

3. 관련상황

ITLOS는 잠정등거리선을 획정한 후 형평에 맞는 해결을 위하여 그 선의 조정을 요구하는 관련상황이 존재하는지를 검토하였다. 미얀마는 벵갈만에는 잠정등거리선의 조정을 필요로 하는 관련상황은 존재하지 않는다고 하였으나, 방글라데시는 3가지 지리적·지질학적 특징을 제시하였다. 그것은 서쪽 인도와의 육상경계선으로부터 동쪽 미얀마와의 육상경계선에 이르는 자국해안의 '오목한 모양'(concave shape), St. Martin's 섬의 존재, 방글라데시 본토에서 벵갈만까지 하나로 연결된 벵갈만의 퇴적체계(depositional system)이다.[66]

방글라데시는 자국해안은 2중의 만곡으로 인하여 자국과 인접국가인 인도 및 미얀마 간의 등거리선이 한곳으로 모아지므로 자국의 해양수역은 해양 쪽으로 나가면서 급격히 좁아지는 쐐기(wedge)모양을 하게 되며 200해리까지 나아가지도 못하게 된다고 하였다.[67] 이에 대해 미얀마는 방글라데시의 해안선이 전체적으로 오목한 모양을 하고 있는 것은 사실이지만, 그로 인한 효과는 그리 크지 않기 때문에 잠정등거리선의 수정을 요구할 정도의 관련상황은 아니라고 하였다.[68] ITLOS는 EEZ와 대륙붕의 경계획정 시 만곡(concavity) 그 자체가 관련상황은 아니라고 하면서도, 획정된 등거리선이 어떤 국가의 해양수역에 차단효과(cut-off effect)를 가져오는 경우에는 형평에 맞는 결과에 도달하기 위하여 그 선의 조정이 필요하다고 하였다. 아울러 ITLOS는 본 벵갈만 사건에서 자신이 획정한 등거리선이 방글라데시의 해양으로의 투사에 차단효과를 초래하는 것은 사실이라고 하면서, 그 선을

---

66 *Ibid.*, paras. 275-278.
67 *Ibid.*, para. 279. 방글라데시는 북해대륙붕사건에서의 독일과 기니/기니비소 사건에서 기니의 경우를 예로 들면서 잠정등거리선의 교정을 요구하였다.
68 *Ibid.*, para. 288.

조정하지 아니하는 경우에는 해양법협약 제74조와 제83조가 규정한 형평에 맞는 결과를 도출 할 수 없다고 하여 오목한 방글라데시 해안을 관련상황으로 인정하였다.[69]

방글라데시는 St. Martin's 섬은 벵갈만에서 중요한 지형 중의 하나이므로 당연히 관련상황으로 고려되어야 한다고 주장하였다. 반면에 미얀마는 이 섬이 양국 간 육상경계선에 너무 근접해 있고 아주 예외적으로 등거리선의 반대쪽에 위치해 있어서 해양경계선에 과도한 왜곡을 초래할 수 있다고 하여 관련상황으로 고려되면 아니 된다고 하였다.[70] ITLOS는 EEZ와 대륙붕 해양경계선 획정에 있어서 도서에 부여될 효과는 '지리적 사실과 그 특정한 사건의 상황'(the geographic realities and the circumstances of the specific case)에 따라 달라진다고 하였다. 그러한 점에서 일반적 규칙은 존재하지 아니하며 사안마다 특이하고 특별한 처리가 요구되는바, 궁극적인 목표는 형평에 맞는 해결책에 도달하는 것이라고 하였다.[71] ITLOS는 St. Martin's 섬은 관련상황으로 고려될 수 있는 중요한 지형임을 인정하였지만, 이 섬에 어떤 효과를 부여하는 경우에는 그 위치 때문에 EEZ와 대륙붕 경계획정 시 미얀마 해안으로부터 해양으로의 투사를 차단하게 되어 부당한 왜곡을 초래할 수 있다고 하였다.[72] 결국 ITLOS는 St. Martin's 섬은 관련상황이 아니라고 결론지었으며, EEZ와 대륙붕 경계획정을 위해서는 그 섬에 아무런 효과도 부여하지 않았다.[73]

---

69 *Ibid.*, paras.292-293, 297.

70 *Ibid.*, paras.298, 309.

71 *Ibid.*, para.317.

72 *Ibid.*, para.318.

73 *Ibid.*, para.319. 앤더슨(David H. Anderson)은 ICJ는 니카라과/온두라스 사건에 이어 흑해사건에서도 해안의 작은 섬들은 EEZ와 대륙붕 경계획정에서 기점으로 활용되기 어렵다는 것을 보여주었다고 하였다. 해양법협약 제121조 2항의 섬이라고 할지라도 작은 섬들은 잠정등거리선을 비례에 어긋나는 범위까지 이동하게 하여 왜곡시킬 수 있기 때문이다. David H. Anderson, "Maritime

방글라데시는 자국의 대륙괴(landmass)와 벵갈만 해저간의 물리적·지질학적·지형학적 연관성도 경계획정시 관련상황으로 고려되어야 한다고 주장하였다. 그러나 ITLOS는 200해리 이내에서의 단일해양경계선은 경계획정수역 해저의 지질이나 지형이 아니라 국가들의 해안지리에 기초하여 획정되어야 한다고 하여 퇴적체계를 관련상황으로 인정하지 않았다.[74]

4. 경계획정선

방글라데시 해안의 오목함을 반영하기 위하여 잠정등거리선을 조정하는 것과 관련하여, ITLOS는 그러한 조정은 여러 가지 방법을 사용하여 이루어질 수 있다고 하였다. 리비아/몰타 사건에서는 잠정등거리선의 위치를 이동하는 방법에 의하여, 그린란드/얀마옌 사건에서는 등거리선의 위치와 방향을 조정하는 방법의 의하여, 바베이도스/트리니다드토바고 사건에서는 등거리선의 방향을 바꾸는 방법에 의하여 조정이 이루어졌는데, ITLOS는 벵갈만 사건에서는 바베이도스/트리니다드토바고 중재사건에서처럼 등거리선의 방향을 바꾸는 방법이 타당하다고 보았다. 따라서 ITLOS는 그곳의 지리적 상황을 감안하여 잠정등거리선이 방글라데시 해안의 해양 쪽으로의 투사를 차단하기 시작하는 곳에서 등거리선의 방향을 바꾸도록 하였다.[75] ITLOS는 다소 간결한 표현을 통해 경계선의 방위각은 방글라데시와 미얀마 해안의 해양에의 투사를 차단하지 아니하도록 215°가 되어야 한다고 하였는데, 이것은 당초 방글라데시가 각도2등분방법(angle-bisector method)의 사

Delimitation in the Black Sea Case(Romania v. Ukraine)," *The Law and Practice of International Courts and Tribunals*, vol. 8, 2009, p.321.

74 Churchill, *op. cit.*, p.144.

75 *Bay of Bengal Case*, *op. cit.*, paras.328-329.

용을 주장하면서 제시하였던 각도이다.[76]

벵갈만에서의 방글라데시와 미얀마 간 EEZ와 대륙붕 경계획정선
은 방글라데시의 영토인 St. Martin's 섬의 12해리 영해의 호와 등거리
선이 교차하는 지점(Point 9)에서 시작하며, 그곳에서부터 등거리선의
조정이 시작되는 지점(Point 11X)까지 나아가고, 그 후에는 방위각
215°를 지나는 측지선을 따라서 방글라데시 영해기준선에서 200해리
지점까지 나아가게 되었다.[77]

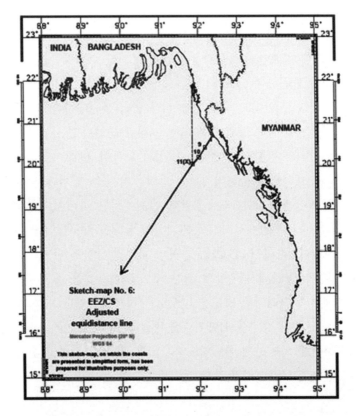

〈지도 9-2〉 방글라데시와 미얀마 간 EEZ/대륙붕 경계획정선

---

76 Churchill, *op. cit.*, pp.144-145; Ibid., paras.333-334.
77 *Bay of Bengal Case*, *op. cit.*, paras.337-340.

V. 200해리 이원 대륙붕 경계획정

1. ITLOS의 관할권

　방글라데시와 미얀마는 ITLOS에 200해리 이내 벵갈만에서의 양국 간 EEZ와 대륙붕을 경계획정해 주도록 요청하였지만, ITLOS가 200해리 이원 대륙붕에 대해서도 경계선을 획정할 수 있는 관할권이 있는지에 대해서는 입장이 달랐다.[78] 미얀마는 원칙적으로 200해리 이원의 대륙붕에 대한 경계획정이 ITLOS의 관할권에 속한다는 것은 다투지 않았다. 그러나 본 사건과 관련해서는 200해리 이원 대륙붕 외측한계 설정에 관한 대륙붕한계위원회(CLCS)의 권한과 관련하여 경계획정에 대한 재판소의 관할권 행사의 타당성 문제를 제기하였다.[79] 방글라데시는 ITLOS가 해양법협약 제76조와 제83조에 따라 대륙붕경계획정에 관한 국제분쟁을 사법적으로 해결할 수 있는 권한을 분명히 부여받았다는 입장이었다. 해양법협약은 200해리 안쪽 대륙붕과 그 이원 대륙붕에 대한 관할권을 구분하지 않으므로, 모든 대륙붕의 경계획정은 협약 제83조에 따라 이루어지며, ITLOS는 당연히 200해리 이원 대륙붕 경계획정에 대하여 관할권을 갖는다는 것이다.[80] ITLOS는 대륙붕의

78　*Ibid.*, para.341.
79　*Ibid.*, para.342. 미얀마는 국가들이 제출한 제안(submission)에 대한 CLCS의 검토(review)와 권고(recommendation)는 연안국에 의한 대륙붕외측한계 결정의 전제조건이라고 하면서, ICJ는 니카라과 대 온두라스 사건에서 CLCS가 아직 양국의 200해리 이원 대륙붕에 관한 권고를 채택하지 않았다는 이유에서 양국 간 200해리 이원 대륙붕에 대한 경계획정을 거부한 바 있다고 하였다. 미얀마는 ITLOS가 본 사건에서 200해리 이원 대륙붕 경계획정에 대해 관할권을 행사하는 경우에도 당사국들이 CLCS의 권고에 따라 입장을 결정하기까지는 판결을 늦추어야 한다고 하였다. *Ibid.*, paras.345-349.
80　*Ibid.*, para.350.

경계선을 획정하고 CLCS는 대륙붕의 외측한계 설정과 관련하여 권고를 하므로, ITLOS와 CLCS의 역할 사이에 충돌은 없으며 오히려 상호 보완적인 관계에 있다는 것이 방글라데시의 생각이었다.[81]

ITLOS는 해양법협약은 제76조에서 단일대륙붕 개념을 구체화하였으며, 제77조 1항과 2항에서는 연안국은 200해리 이내의 대륙붕과 이원의 대륙붕을 구분함이 없이 그 전체 대륙붕에 대하여 배타적인 주권적인 권한을 행사한다고 하였고, 제83조의 대안국 및 인접국 간의 대륙붕 경계획정에서도 200해리 이내의 대륙붕과 이원의 대륙붕을 구분하지 않았다고 보았다.[82] ITLOS는 특히 바베이도스/트리니다드 토바고 사건에서 중재재판소가, "본 재판소가 다룰 분쟁에는 외측대륙붕 (outer continental shelf)도 포함되는바, 그것은 외측대륙붕도 분쟁의 일부를 구성하거나 분쟁과 아주 밀접하게 관련되어 있고, 법적으로는 '내측대륙붕'(inner continental shelf)과 별도의 '광역 또는 외측대륙붕' (extended or outer continental shelf)이 존재하기보다는 단일의 대륙붕이 존재하기 때문"이라고 한 것에 주목하였다. 따라서 ITLOS는 상기한 이유에서 전체 대륙붕에 대하여 경계획정 할 수 있는 관할권을 가지고 있다고 하였다.[83]

ITLOS는 이어서 각국이 해양법협약 제76조 8항에 따라 내륙붕의 외측한계를 정하였거나 아니면 최소한 CLCS가 각국의 제안을 심사 · 권고한 후 각국이 그 권고에 반응하기까지는 200해리 이원 대륙붕 경계획정에 대한 관할권 행사를 자제해야 하는가 하는 문제를 검토하였

---

81 *Ibid.*, para.356. 미얀마의 주장에 의하면 ITLOS는 CLCS의 조치를 그리고 CLCS는 ITLOS의 조치를 기다려야 하는데, 그럴 경우 200해리 이원 대륙붕에 관한 분쟁에 해양법협약 제15부 2절의 구속력있는 결정을 수반하는 강제절차를 적용하는 것이 불가능해질 수 있다는 것이 방글라데시의 주장이었다.

82 *Ibid.*, para.361.

83 *Ibid.*, paras.362-363; *Arbitration between Barbados and Trinidad and Tobago*, Decision of 11 April 2006, RIAA, vol. 27, para.213.

다. 이에 대해 ITLOS는, 기준선이 해양수역의 외측한계에 영향을 미침에도 불구하고 기준선에 대해 의견의 불일치가 있다고 해서 영해나 EEZ를 경계획정할 수 없는 것은 아니라고 하면서, 어떤 해양수역의 확정된 외측한계의 결여가 그 해양수역의 경계획정을 배제하지 않는다는 점을 분명히 하였다.[84] ITLOS는 해양법협약 제83조에 따른 대륙붕 경계획정과 제76조에 따른 외측한계설정은 분명이 다른 것이라고 하면서, 해양법협약, CLCS 절차규칙, CLCS의 실행 등 그 어느 것도 대륙붕 경계획정이 CLCS의 기능수행에 방해가 된다는 시사는 없으며, 국제법원과 재판소의 해양경계획정에 대한 관할권 행사 역시 CLCS의 대륙붕 외측한계 설정에 방해가 되지 않는다고 하였다.[85]

그런데 방글라데시는 2009년 7월 23일 유엔사무총장에게 보낸 구상서(note verbale)에서, 위원회 절차규칙 46과 그 제1부속서에 비추어 볼 때 벵갈만 대륙붕 부분에 대한 권원과 관련하여 자국과 미얀마 간에 분쟁이 있으므로, CLCS는 그러한 분쟁당사국들의 사전동의가 없이는 미얀마가 제출한 제안서를 심사하면 아니 된다고 하였다. CLCS는 방글라데시의 그러한 입장을 고려하여 미얀마가 제출한 문서와 방글라데시가 제출한 문서에 대한 심사를 연기하였다.[86] CLCS의 이러한 결정으로 인하여, ITLOS가 200해리 이원 대륙붕에 대한 경계획정을 거부하는 경우에는 협약 제83조에 따른 경계획정과 제76조에 따른 대륙붕 외측한계 설정이 모두 미제로 남게 될 가능성도 있었다. 이에 ITLOS는 200해리 이원 대륙붕관련 분쟁에 대한 관할권 행사거부는 분쟁해결에 실패하는 것일 뿐 아니라 해양법협약의 효율적인 운용에도 반하는 것이라고 보았다. 해양법협약 규정의 효과적인 이행을 담보하기 위하여 협약에 의해 창설된 CLCS와 ITLOS의 부작위(inaction)는 결

---

84 *Ibid.*, paras.369-370.
85 *Ibid.*, paras.376-379.
86 *Ibid.*, para.387-389.

국 당사국들로 하여금 대륙붕에 대한 권리를 행사하지 못하게 할 수 있다는 것이다.[87]

결국 ITLOIS는 본 벵갈만 해양경계획정사건에서 해양법협약 제15부 제2절에 나타나 있는 자신의 책임을 다하기 위하여 이 분쟁에 대하여 판결하고 200해리 이원 대륙붕을 경계획정해야 하는 의무가 있다고 결론지었다. 그리고 그러한 경계획정은 해양법협약 제76조 8항에 따른 대륙붕 외측한계 설정에는 영향을 미치지 않는다고 하였다.[88]

2. 대륙붕에 대한 권원과 경계획정

해양법협약 제76조 1항은 "연안국의 대륙붕은 영해 밖으로 영토의 자연적 연장에 따라 대륙변계의 바깥끝까지, 또는 대륙변계의 바깥끝이 200해리에 미치지 아니하는 경우, 영해기선으로부터 200해리까지의 해저지역의 해저와 하층토로 이루어진다"고 하여, '자연적 연장에 따른 대륙변계의 끝'과 '200해리 거리'에 의하여 대륙붕의 범위를 정하도록 하였다. 그러나 벵갈만 사건에서 방글라데시와 미얀마 간에는 '자연적 연장'(natural prolongation)의 의미에 대하여 의견대립이 있었다. 특히 방글라데시는 200해리 이원 대륙붕에 대한 연안국의 권원과 관련하여, ITLOS는 자국과 미얀마의 관할권주장이 중복되는 대륙붕에 대하여 오직 방글라데시가 권원을 가지고 있음을 인정해 줄 것을 요청하였다.[89] 그러나 ITLOS는 해양법협약 제76조 1항의 자연적 연장에 대한 언급은 대륙붕과 대륙변계(continental margin)을 정의하는 동조의 다른 규정에 비추어 이해되어야 한다고 하면서, 200해리 이원 대륙붕에 대한 권원은 동조 4항 규정대로 '대륙변계의 바깥끝'(outer edge of

---

87 *Ibid.*, paras.390-392.
88 *Ibid.*, para.394.
89 *Ibid.*, paras.403-404.

continental margin)을 참조하여 결정된다고 하였다. ITLOS는 버마판 (Burma Plate)과 인도판(Indian Plate)을 나누는 지리적 단절을 이유로 미얀마의 200해리 이원 대륙붕에 대한 권원을 부정하고자 하였던 방글라데시의 주장을 배척한 것이다.[90]

ITLOS는 벵갈만 사건에서 200해리 이원 대륙붕의 경계획정방법은 200해리 이내 대륙붕의 경계획정방법과 다르지 않다고 하였다. 따라서 등거리선/관련상황 방법이 200해리 이원 대륙붕에서도 그대로 적용되게 되었다.[91] 그런데 이러한 입장은 200해리 이내에서의 경계획정이 대륙붕만이 아닌 EEZ와 대륙붕의 단일해양경계선이란 사실을 고려할 때, ITLOS가 지질학적·지형학적 요소가 관련상황으로 고려되어야 한다는 방글라데시의 주장을 주저함 없이 거절하게 된 이유를 보다 분명히 알게 된다.[92] 반면에 200해리 이내에서의 EEZ와 대륙붕 경계획정 시 관련상황으로 고려되었던 방글라데시 해안의 오목함은 200해리 이원에서도 계속 효과를 발휘하게 되었다. 따라서 ITLOS는 200해리 이내에서 양국 간 EEZ와 대륙붕을 경계획정하면서 사용한 '조정된 등거리선'(adjusted equidistance line)을 200해리 이원까지 연장하였으므로 그 대륙붕경계선은 제3국의 권리가 영향을 받게 되는 지점까지 나아가게 되었다.[93]

VI. 판결과 평가

ITLOS는 다음과 같이 결정하였다. 즉 (1) 영해경계획정에 관한 해

---

90 *Ibid.*, paras. 437-438.
91 *Ibid.*, para. 455.
92 Churchill, *op. cit.*, p. 149.
93 *Bay of Bengal Case, op. cit.*, pp. 461-462.

양법협약 제15조의 의미에 속하는 당사국 간의 합의는 존재하지 아니하며, (2) 1966년 당사국 간 합의대로, 좌표 북위 20°42′15.8″ 동경 92°22′07.2″인 기점1에서 출발한 단일해양경계선은 측지선을 따라서 좌표 북위 20°40′45.0″ 동경 92°20′29.0″인 기점2까지 나아가고, 기점2부터는 St. Martin's 섬과 미얀마 간의 중간선을 따르되 좌표 북위 20°22′46.1″ 동경 92°24′09.1″인 기점8을 지나고, 기점8부터는 St. Martin's 섬을 둘러싼 12해리 영해 원호포락선을 따라서 북서 방향으로 나아가 기점9(좌표 북위 20°26′39.2″ 동경 92°9′50.7″)에서 당사국 간 EEZ와 대륙붕 경계획정선과 교차하고, (5) 기점9(Point 9)부터 단일해양경계선은 좌표 북위 20°13′06.3″ 동경 92°00′07.6″인 기점10(Point 10)에 이르고 이어서 다른 측지선을 따라서 좌표 북위 20°03′32.0″ 동경 91°50′31.8″인 기점11(Point 11)까지 나아간 후, 기점11(Point 11)에서 방위각 215°에서 출발하여 측지선을 따라 나아가서 방글라데시 영해기준선으로부터 200해리에 이르는 지점에 도달하며, (6) 해양경계선은 200해리를 넘어서 기점11(Point 11)에서 방위각 215°로 출발하여 제3국의 권리가 영향을 받는 곳까지 나아간다고 하였다.[94]

　　ITLOS가 「방글라데시와 미얀마 간 벵갈만 해양경계선 획정분쟁」 사건을 성공적으로 본안재판하게 된 것은 국제적인 재판기관으로서의 ITLOS의 위상정립은 물론이고 국제해양법의 발전에 있어서도 매우 의미가 있는 일이다. 본 벵갈만 사건은 ITLOS의 사건목록에 16번째로 등재되었으나, ITLOS가 이제까지 사이가(Saiga)호 사건 이외에는 본안판결을 내린 적이 없었다는 점을 감안하면 그 의미가 자못 크다고 하겠다. 더구나 그간 선박의 신속한 석방(prompt release)과 잠정조치(provisional measure) 사건만을 주로 다루어 온 ITLOS가 가장 중요한

94　*Ibid.*, para.506.

해양법 문제인 국가 간 해양경계획정 문제에 대하여 재판관할권을 행사하였다는 것은 해양법에 특화된 전문재판소인 ITLOS에게는 중요한 발전의 계기가 마련된 것이라고 할 수 있다.

방글라데시와 미얀마 간 벵갈만에서의 영해경계선 획정은 해양법 협약 제15조를 적용하여 이루어졌다. 양국 간에 별다른 합의가 없었고 역사적 권원 역시 존재하지 아니하는 것으로 간주되었으나, St. Martin's 섬을 특별상황(special circumstance)으로 볼 것인가 하는 것이 쟁점이었다. 미얀마는 방글라데시 소유의 이 섬은 양국 간 영해경계획정에서 중간선으로부터의 이탈을 요구하는 특별상황이라고 주장하였으나, 방글라데시는 반대하였다. ITLOS는 국제판례법에서 영해경계획정 시 완전한 효과를 부여받지 못한 섬들은 아주 작고 사람도 없는 보잘 것 없는 해양지형뿐이었다고 하면서, St. Martin's 섬은 그 크기와 인구, 경제활동 범위에 있어서 상당히 중요한 해양지형이므로 영해경계획정 시 완전한 효과를 갖는다고 하였다.

벵갈만에서의 EEZ와 대륙붕 경계획정과 관련하여, 방글라데시는 북부 벵갈만 해안의 특수한 형상 등을 감안하여 각도2등분법의 사용을 주장하였으며, 미얀마는 등거리선 방법에 의한 경계획정을 주장하였다. ITLOS는 그간 국제관습법이 등거리선 방법을 선호하는 방향으로 발전해 온 사실을 확인하고, 벵갈만의 EEZ와 대륙붕 경계획정에도 등거리선 방법을 사용하기로 하였다. ITLOS는 벵갈만의 EEZ와 대륙붕 경계획정에 3단계방법을 적용하였다. EEZ와 대륙붕 경계획정을 위해 잠정등거리선을 구성하는 데 있어서는 St. Martin's 섬을 기점으로 사용할 것인가 하는 것이 중요한 문제이었다. ITLOS는 St. Martin's 섬에 기점을 설치하는 경우에는 미얀마 해안으로부터 해양 쪽으로의 투사가 차단되므로 이 섬을 기점에서 배제하였다. 다음 잠정등거리선의 수정을 요구하는 관련상황의 존재와 관련하여서는 방글라데시가 제기한 해안의 '오목한 모양'(concave shape)과 St. Martin's 섬의 존재를 검토하였다. ITLOS는 방글라데시 해안의 오목한 모양에 대해서는 차단효과를 방지하기 위하여 이를 관련상황으로 인정하였지만, St. Martin's 섬은 해양경계선에 지나친 왜곡을 초래할 수 있다는 이유에서 관련상황으로 인정하지 않았다. 그리고 방글라데시 해안의 오목함을 반영하기 위하여 등거리선의 각도를 조정하였다. ITLOS의 벵갈만에서의 EEZ와 대륙붕 경계획정은 기존의 국제판례법의 일반적인 방향을 따른 것으로 평가되나, 해양경계선에 지나친 왜곡을 초래할 수 있다는 이유에서 관련상황으로 인정받지 못한 St. Martin's 섬의 처리방법이 다소 관심대상이라고 하겠다.

ITLOS는 영해·EEZ·대륙붕에 이어 영해기준선에서 200해리 이원 대륙붕에 대해서도 경계획정을 하였다. 그런데 200해리 이원 대륙붕에 경계획정을 하는 것은 대륙붕 외측한계의 설정과 관련하여 임무를 부여받은 대륙붕한계위원회(CLCS)의 권한 및 절차에 저촉되는 부분이 있으므로, ITLOS가 CLCS의 심사와 권고가 이루어지지 아니한 상황에서 당해수역의 경계획정에 나설 수 있는가 하는 문제가 제기되었다. 하지만 ITLOS는 해양법협약 제76조 대륙붕의 정의에 나타나 있는 단일대륙붕 개념, 제77조 1항과 2항이 200해리 이내와 이원의 대륙붕을 구분함이 없이 전체 대륙붕에 대해 연안국의 관할권을 인정한 사실, 제83조의 대륙붕 경계획정에 관한 규정에서도 200해리 이내와 이원의 대륙붕을 구분하지 아니한 사실을 중시하였다. 결국 ITLOS는 자신이 200해리 이원을 포함하는 전체 대륙붕에 대하여 경계획정할 수 있는 권한을 가지고 있음을 확인하였다. 또한 ITLOS는 200해리 이원 대륙붕에 대한 권원은 해양법협약 제76조 4항의 '대륙변계의 바깥끝' (outer edge of continental margin)을 참조하여 결정된다고 하여, 지리적 단절을 이유로 미얀마의 200해리 이원 대륙붕에 대한 권원을 부정하였던 방글라데시의 주장을 배척하였다. 결국 ITLOS는 200해리 이내 수역에서 EEZ와 대륙붕을 경계획정하면서 사용한 등거리선을 200해리 이원까지 연장하였던 것이다. Churchill의 말대로 ITLOS가 벵갈만 사건에서 200해리 이원 대륙붕에 대하여도 경계선을 획정한 것은 그곳의 독특한 환경에 비추어 볼 때 정당화될 수 있지만, 앞으로 다른 사례에서도 그럴 수 있는지는 다소 의문이다.

페루와 칠레 간의 해양경계분쟁사건

Ⅰ. 사건의 개요

   페루와 칠레 간 태평양해역에서 양국 간 해역 간의 경계획정에 관하여 의견이 일치되지 않아 분쟁이 발생하였는데, 이 분쟁은 페루해안에서 200해리내에 있는 광범위한 해역을 페루의 해역으로 인정할 수 있느냐 하는 문제이다. 그런데 칠레는 이 해역을 공해의 부분으로 고려하였다. 2008년 1월 페루는 「1948년 평화적 해결에 관한 미주조약」(일명 Bogota Pact) 제31조를 근거로, 페루와 칠레 간 해양경계획정 및 칠레가 관할권을 주장하는 일정해역에 대한 과도한 관할권 주장에 대한 판단을 구하는 소송을 ICJ에 제기하였다. 소송이 제기된 지 6년이 지난 2014년 1월 27일, ICJ는 페루와 칠레 간 해양경계획정에 대한 최종판결을 내렸다.[1] 이 분쟁을 이해하기 위하여 양국 간의 역사적 관계를 파악할 필요가 있으며, 그 이후 분쟁발생상황을 살펴본다.

1. 역사적 배경

   칠레와 페루는 약 300년 동안 스페인의 식민통치를 받았으며, 칠

---

1 *Maritime Dispute (Peru v, Chile), ICJ Judgment* (27 January 2014), para.1.

레는 1818년 스페인에서 독립하였고, 페루는 1821년 독립하였다. 독립당시에 페루와 칠레는 인접국가가 아니었다. 양국 사이에는 스페인의 식민영토인 Carcas지역이 있었으며, Carcas지역은 1825년부터 볼리비아가 되었다. 1879년 칠레는 페루와 볼리비아에 전쟁을 선포하였는데, 이 전쟁은 역사적으로 The War of the Pacific(태평양전쟁)[2]으로 부르고 있다. 1883년 칠레와 페루 간의 전쟁상태는 Treaty of Ancon을 체결하여 종료되었다. 이 조약에 따라 페루는 칠레에게 Tarapaca해안지역을 양도하였다. 이에 따라 칠레는 페루의 Tacna지역과 Arica지역을 10년 동안 소유하게 되었는데, 10년 기간 이후에는 이 지역에 대한 주권을 결정하기 위한 주민투표를 실시하기로 하였다. 1884년 볼리비아와 칠레 간의 정전협정의 체결과 1904년 볼리비아와 칠레 간의 평화우호조약 체결 후, 볼리비아의 모든 해안은 칠레로 귀속되었다.

그런데 칠레와 페루는 상기의 주민투표의 조건에 합의를 하지 못하였다. 그래서 1929년 6월 3일 미국 대통령의 중개에 의하여 양국은 Tacna지역과 Arica지역에 관한 분쟁해결조약(이하에서 1929년 Lima조약이라 함)과 추가의정서를 체결하였는데, 이에 의하면 Tacna지역은 페루에 반환하고 Arica지역은 칠레가 계속 소유하게 되었다. 또한 1929년 Lima조약은 양국 간에 육지국경선을 확정하였다. Lima조약 제3조에 의하면, 양 당사국은 Mixed Commission of limits(국경위원회)가 경계표지(markers)를 사용하는 합의된 국경선을 확정하고 표시하기 위하여 설립되어야 한다고 합의하였다. 1930년 Final Act(최종합의서)에서 1929-1930 Mixed Commission은 육지국경선을 획정하기 위한 80

---

2 The War of the Pacific은 일방은 볼리비아와 페루동맹이고 타방은 칠레 간에 남서아메리카 지역에서 발생한 전쟁이다. 이 전쟁은 1879년 2월 14일 시작되었으며 1883년 10월 20일 Treaty of Ancon의 체결로 종료되었다. 볼리비아도 1884년 칠레와 정전협정을 체결하였다. https://archive.org/stream/treatyofanconin100bela/treatyofanconinbela_djvu.txt.

개의 markers로 구체적 위치를 표시하였다.

1947년 칠레와 페루는 일방적으로 자국의 해안으로부터 200해리까지 확장하는 해양에 대한 권리를 선언(이하 칠레와 페루의 선언들을 각각 "1947년 Proclamations"이라 함)하였다. 즉, 칠레 대통령은 1947년 6월 23일 자국의 주장에 관한 선언을 공표하였다(이하 1947 Declaration 혹은 칠레의 1947년 Declaration이라 함). 페루 대통령은 1947년 8월 1일 자국의 권리를 주장하는 Supreme Decree No.781을 공표하였다(이하 1947 Decree 혹은 페루의 1947 Decree라 함).

1952년, 1954년과 1967년, 칠레, 에콰도르와 페루는 이 분쟁사건에서 언급하는 12개의 조약을 협상하였다. 4개의 조약은 1952년 8월 Conference on the Exploitation and Conservation of the Marine Resources of the South Pacific에서 채택되었다.[3] 6개의 조약은 1954년 12월 Lima에서 채택되었다.[4] 그리고 CPPS[5]의 기능에 관한 2개의 조약이 1967년 5월 Quito에서 서명되었다.

1973년 12월 3일 12개의 조약이 UN헌장 제102조에 의한 등록을

---

3 4개의 조약은 다음과 같다. Regulations for Maritime Hunting Operations in the Waters of the South Pacific; Joint Declaration concerning Fishing Problems in the South Pacific; Santiago Declaration; Agreement Relating to the Organization of the Permanent Commission of the Conference on the Exploitation and Conservation of the Marine Resources of the South Pacific.

4 6개의 조약은 다음과 같다. Complementary Convention to the Declaration of Sovereignty on the Two-Hundred-Mile Maritime Zone; the Convention on the System of Sanctions; Agreement relating to Measures of Supervision and Control in the Maritime Zones of the Signatory Countries; Convention on the Granting of Permits for Exploitation of the Resources of the South Pacific; Convention on the Ordinary Annual Meeting of the Permanent Commission for the South Pacific; Agreement Relating to a Special Maritime Frontier Zone.

5 CPPS는 Permanent Commission for the South Pacific의 스페인어 표현의 약자임.

위하여 3개국에 의해 UN사무국에 제출되었다. 1952년 4개의 조약은 1976년 5월 12일 등록되었다. United Nations *Treaty Series*는, 1952년 4개의 조약이 1952년 8월 18일 서명에 의해 발효되었다고 설명하였다. 1954년 Special Maritime Frontier Zone Agreement(특별해양경계구역에 관한 협정)는 2004년 8월 24일 UN사무국에 등록되었다. United Nations *Treaty Series*는 1954년 Special Maritime Frontier Zone Agreement가 비준서교환에 의해 1967년 9월 21일 발효되었다고 발표하였다. 1967년 2개의 협정에 관하여, 이 조약들은 순전히 내부조직의 문제에 관한 것이므로, 서명국들이 이 조약들의 등록을 요구하지 않기로 합의하였다고 UN사무국은 1976년 통보받았다. 3개국의 대표는 Agreement for the Regulation of permits for the Exploration of the Resource of the South Pacific(남태평양 자원 개발을 위한 허가서의 규칙을 위한 협정)을 1955년에 서명하고 나중에 비준하였다.

2. 분쟁의 발생

1986년 페루정부는 칠레에게 해양경계문제에 관하여 의견이 불일치된다고 전달하였다. 그리고 페루는 칠레와 여러 차례의 협상이후에 Memorandum을 전달하였다. 페루는 이 Memorandum에서 1954년 Agreement on a Special Maritime Frontier Zone(특별해양경계구역에 관한 협정)에 의해 제시된 방법은 안보에 관하여 당사국들의 요구를 더 이상 충족시키지 못하였으며, 칠레의 해석방식은 불공평한 상황을 만들며 페루에게 위협이 된다고 발표하였다.

2000년 9월 21일 칠레는 UN해양법협약의 규정에 따라 UN사무총장에게 칠레의 통상기선과 직선기선, 대륙붕, 영해, 접속수역, 특별경제수역을 지리적 좌표와 함께 표시하고 지도를 제출하였다. 이 지도에서 칠레는 페루와 칠레 간 해양경계선으로 남위 18°21′00″로 표기하였다.

2000년 10월 20일 페루정부는 칠레정부에 이의를 제기하는 memo (각서)를 전달하였다. 페루는 이에 대하여 해양경계가 칠레와 확정되지 않았다고 주장하였다. 수년 후 2004년 7월 19일 페루는 칠레에게 해양경계를 확정하기 위한 공식대화의 시작을 요청하였다. 2004년 9월 10일 칠레정부는 양국 간의 해양경계문제를 이미 국제협정에 의해 해결되었다고 반박하였다. 2005년 11월 3일 페루의회는 페루의 해역의 기선에 관한 법률을 통과시켰으며, 이 법률의 내용은 처음으로 페루해역의 범위를 규정한 것이다.[6]

2007년 7월 28일 페루는 칠레와의 분쟁을 평화적으로 해결하기 위하여 이 분쟁사건을 국제사법재판소에 제소하겠다고 선언하였다. 2008년 1월 16일 페루는 ICJ에 칠레를 상대로 태평양에서 양국 간의 해역의 경계선을 획정하고, 페루해안에서 200해리 이내 해역에 대하여 칠레가 그 해역이 공해의 부분으로 간주하지만 페루의 해역으로 인정해 달라는 소송을 요청하는 청원서(Application)를 제출하였다. 페루는 청원서에서 1948년 4월 30일 체결된 분쟁의 「평화적 해결에 관한 미주조약」(American Treaty on Pacific Settlement, 일명 Pact of Bogota임) 제31조를 ICJ 재판관할권의 근거로 제시하였다. ICJ 규약 제40조 2항에 따라, ICJ의 서기는 칠레정부에 즉각 청원서를 전달하였다.

ICJ는 재판부 내에 양 당사국의 국적재판관을 포함하고 있지 않았으므로, 양 당사국은 ICJ규약 제31조 3항에 따라 이 분쟁사건의 특별재판관(judge *ad hoc*)을 선정하는 권리를 행사하였다. 페루는 Mr. Gibert Guillaume를, 칠레는 Mr. Franscisco Orrego Vicuna를 각각 특별재판관으로 선정하였다.

---

6 Vishal Gehrana, "Maritime Delimitation: Dispute Amongst Peru and Chile International Court of Justice, 2008-2014", *Florida Journal of International Law*, August, 2014, pp.332-335.

II. 당사국들의 주장

페루와 칠레는 이 사건에서 완전히 다른 입장을 주장하였다. 페루는 양국 간에 합의된 해양경계선이 존재하지 않으며, ICJ가 형평한 결과에 도달하도록 등거리 방식을 사용하여 경계획정을 실행하여 달라고 주장하였다. 칠레는 1952년 Santiago Declaration이 페루와 칠레 간 육지경계선의 출발점을 통과하는 위도의 평행선을 따라 최소 200해리까지 확장되는 국제적 해양경계선을 설정하였다고 주장하였다. 칠레는 이러한 경계선의 증거로서 여러 협정과 그 이후 계속적인 실행을 내세웠다. 따라서 칠레는 ICJ가 이 경계선을 확인해 줄 것을 요청하였다.

페루는 또한 해양경계선이 끝나는 지점 바깥에서 페루의 기선으로부터 200해리까지 해역에 대한 배타적인 주권적 권리를 행사할 권한이 있다고 주장하였다. 칠레는 칠레가 주장하는 해양경계선인 남위 18°21′00″를 통과하는 위도의 평행선의 남쪽에 있는 모든 해역에 대하여 페루는 권한이 없다고 주장하였다.

칠레는 pacta sunt servanda 원칙과 국경선 안정의 원칙에 따라 이미 합의된 경계선을 ICJ가 다시 긋는 것을 금지하고 있다고 주장하였다. 칠레는 양국 간에 오랫동안 확립된 해양경계선의 안정의 결과로서 양국 간에 중요한 혜택이 있었다고 주장하였다.

페루의 주장에 의하면, 칠레가 주장하는 경계획정선은 칠레에게 완전한 200해리 해양확대를 인정하기 때문에 불공평하며, 반대로 페루는 심각하게 해역이 잘라지는 효과를 겪게 된다는 것이다. 페루의 주장에 의하면 칠레가 페루해역보다 2배 이상을 인정하는 해양경계선을 획정하려는 것은 의외라는 것이다.

Ⅲ. 합의된 해양경계선의 존재여부

ICJ는 칠레가 주장하는 바와 같이 합의된 해양경계선이 존재하는 가를 검토하였다. 양 당사국은 1947년 Proclamations, 1952년 Santiago Declaration과 1952년 및 1954년 체결된 다양한 협정들의 중요성을 주장하였다.

1. 1947년의 선언들(Proclamations)

칠레와 페루는 1947년 자국의 선언들(Proclamations)에서 일방적으로 자국의 해안으로부터 200해리까지 확장하는 해역에 대한 권리를 선언하였다. 양국은 1947년 선언들(Proclamations)의 내용과 법적 중요성을 다르게 해석하였다.

페루는 자국의 1947년 Decree가 잠정적인 것이며 페루의 최종적인 관할권 한계를 확정하는 것이 아니라고 주장하였다.

칠레는 양국의 1947년 Proclamations이 상호 간에 일치가 되는 일방적 선언들(Proclamations)[7]인 것으로 고려하고 있다고 주장하고 200해리까지 양국이 주권을 주장하는 것이라는 입장을 밝혔다. 페루는 칠레의 주장에 대하여 1947년 칠레의 Declaration과 페루의 Decree는 그 대상과 시점이 밀접하게 관련되어 있지만 양국 간에 조정되고 합의가 된 것이 아니라고 반박하였다.

ICJ는 양 당사국이 1947년 Proclamations가 그 자체로는 해양경계선을 설정하지 않았다고 당사국들이 동의하고 있다는 점을 주목하

---

7 양국의 Proclamations란 표현에서, 칠레는 Declaration이란 용어를 사용하고 페루는 Decree란 용어를 사용하고 있는데, ICJ는 두 개의 용어를 합친 의미로 Proclamations란 용어를 사용하고 있다.

여, 양국 간의 향후 해양경계선의 설정이 관련되는 경우 이 Proclamations의 문구가 당사국들의 양해의 증거를 나타내는가를 확인할 목적으로만 심의하였다. ICJ는 1947년 Proclamations의 문구와 그 잠정적 성격으로 보면 이 Proclamations는 해양경계획정에 관하여 당사국들의 공통된 양해를 반영하는 것으로 해석되는 것을 배제하고 있다고 판단하였다. 또한 ICJ에 의하면, 당사국들의 1947년 Proclamations은 양국의 해역에서 각각의 권리와 관할권에 관한 비슷한 주장을 내포하고 있는데, 이러한 사실은 향후 이들 해역의 외측한계를 설정할 필요성을 발생시킨다고 판단하였다.

2. 1952년 Santiago Declaration

Santiago Declaration은 1952년 칠레의 Santiago에서 개최된 남태평양의 해양자원의 이용과 보존에 대한 회의에서 칠레, 에콰도르와 페루에 의해 서명되었다. Santiago Declaration에 대하여 ICJ는 이 Declaration이 국제조약이라는 점에 이의가 제기되지 않았다는 것을 주목하였다. ICJ의 임무는 이 Declaration이 당사국들 간의 해양경계선을 설정하였는가를 확인하는 것이다. 그래서 ICJ는 조약법에 관한 비엔나협약 제31조와 제32조에 반영된 조약해석의 방법에 따라 Santiago Declaration을 분석하였다.

ICJ는 이 Declaration이 당사국들의 해안으로부터 각 해역의 해양경계선의 획정에 관한 명백한 언급을 하지 않는다는 점을 주목하였다. 그렇지만 Santiago Declaration은 해양경계획정에 관한 몇 가지 요소들을 포함하고 있다고 지적하였다. 이 Declaration의 관련 조문들을 검토한 후 ICJ는 이 조문들이 섬의 해역과 육지의 해안으로부터 출발하는 해역 간의 한계에 관한 당사국들의 합의를 설정하는 것 이상은 아니라고 결론지었다.

그리고 ICJ는 1952년 Santiago Declaration의 대상과 목적을 심의하였는데, 이 Declaration의 前文은 당사국들의 해역의 확장을 통하여 경제적 발전의 목적으로 당사국들의 자연자원의 보존과 보호에 중점을 두고 있다고 판단하였다. 그래서 이 Declaration의 의미를 결정하기 위하여 이 Declaration의 준비작업문서와 체결시의 상황 같은 보충적 수단에 의거할 필요가 없다고 언급하였다. 그럼에도 불구하고 Declaration의 해석을 확인하기 위하여 관련 문서를 고려하였다.

그러나 ICJ는 1952년 Santiago회의에 제출한 칠레의 제안(해역의 일반적 경계획정의 효과를 가지는 것으로 보이는 제안)과 한 당사국의 해역에서 200해리 내에 있는 다른 당사국의 섬의 해역의 한계로서 평행선의 사용 같은 다양한 요소들은 당사국들의 해양경계선에 관한 일반적 성격을 나타내는 공동의 양해가 될 수 있다는 점을 나타낸다고 지적하였다. 그래서 ICJ는 1952년 Santiago Declaration은 당사국들의 육지경계선의 바다쪽 지점에서 태평양으로 위도선을 따라 페루와 칠레 간 외측해양경계의 설정을 합의하지 않았다고 판단하였다.

3. 다양한 1954년 협정들

ICJ는 페루와 칠레 간에 체결된 협정들을 검토하였는데, 칠레는 이 협정들에서 위도의 평행선이 해양경계선을 이루고 있다고 주장하였다.

1954년 협정들 중에서 칠레는 특히 1954 Complementary Convention to the 1952 Santiago Declaration, Agreement relating to Measures of Supervision and Control of the Maritime Zone of the Signatory Countries, Special Maritime Frontier Zone Agreement를 강조하였다. Complementary Convention to the 1952 Santiago Declaration의 기본적 목적은 주요한 해양강대국에 대하여 칠레, 에콰도르, 페루가 자국의 해안으로부터 최소한 200해리까지 1952년에 공동으로

선언한 주권 및 관할권의 요구를 주장하는 것이다. 또한 해양강대국에 의한 항의에 대하여 공동의 방어를 준비하려는 것이었다.

칠레는 Agreement relating to Measures of Supervision and Control of the Maritime Zone of the Signatory Countries에서 자신의 주장을 강화하려고 하였다. 그러나 ICJ는 이 협정은 해역의 경계선의 위치나 성격에 대하여 나타내는 것이 없다고 판단하였다.

그리고 ICJ는 칠레, 에쿠아도르, 페루에 의해 서명된 1954년 Special Maritime Frontier Zone Agreement를 심의하였는데, 이 협정은 해안으로부터 12해리의 거리에서 두 국가 간에 해양경계선을 이루는 평행선의 한쪽과 다른 쪽에 10해리의 폭으로 중간수역인 특별해양경계해역을 설정하였다. 특별해양경계해역은 항해에 필요한 장비를 갖추지 못한 소형어선에게 이 해역에서 혜택을 주려는 것이고 이러한 어선들에 의한 해양경계선의 위반의 결과로서 관련국가 간의 충돌을 피하려는 것이다. ICJ에 의하면 이 협정에서 에쿠아도르와 페루 간 해양경계선에만 이 협정의 적용범위를 제한할 수 있는 규정은 없다는 것이다.

ICJ의 의견에 의하면, 1954년 Special Maritime Frontier Zone Agreement의 규정과 목적을 이 단계에서 고려할 문제는 아니었다. ICJ의 주된 관심사는 해양경계선의 존재에 관한 것이다. 이러한 점에 대하여 ICJ는 1954년 Special Maritime Frontier Zone Agreement의 내용은 특히 이 협정의 前文과 제1조를 고려하여 보면 분명하다. 즉 당사국들은 구속력 있는 국제협정에서 해양경계선이 이미 존재하고 있다는 것을 인정하고 있다.

그러나 ICJ는 1954년 Special Maritime Frontier Zone Agreement가 이 해양경계선이 언제 어떠한 방법에 의해 합의되었는가를 나타내지 않는다고 지적하였다. 그리하여 ICJ는 당사국들에 의한 해양경계선의 존재에 대한 명백한 인정은 당사국들이 이전에 도달한 묵시적 합의에 근거하고 있다고 판단하였다. 이 점에 관하여 ICJ가 이미 언급한 바와 같이 1947년 Proclamations들의 일부 요소들과 1952년 Santiago Declaration의 일부 요소들이 이 해양경계선에 관하여 당사국들 간에 양해가 되었다는 것을 시사한다고 ICJ는 상기시켰다. 묵시적인 법적 합의의 증거는 영향력을 갖는 것이어야 한다고 ICJ는 강조하였다. 이 분쟁사건에서 ICJ는 당사국들 간의 평행선을 따라가는 해양경계선이 이미 존재하였다는 Special Maritime Frontier Zone Agreement를 갖고 있는 것이다. 1954년 Special Maritime Frontier Zone Agreement는 이 점에 있어서 결정적이다. 이 Agreement는 묵시적 합의를 굳건히 하고 있다.

게다가 ICJ는 1954년 Special Maritime Frontier Zone Agreement가 해양경계선의 성격에 대한 징후를 나타내지는 않는다고 지적하였다. 이 Agreement는 해양경계선의 범위를 나타내고 있지는 않지만, 이 Agreement의 규정은 해양경계선의 해안으로부터 12해리를 넘어서 확대된다는 점을 명확히 하고 있다.

4. 1968-1969년 등대협정

1968년-1969년 양 당사국은 공동의 국경선이 바다에 도착하는 지점인 국경기준점 No.1 가까이에 등대를 설립하기 위한 협정을 체결하였다. 이 점에 관하여 1968년 4월 26일 양국의 대표는 1개의 문서에 서명하였는데, 이 문서에 의하면 양국은 국경기준점 No.1에서부터 해양경계선을 이루는 평행선을 구체화하기 위하여 바다에서부터 보이는 표지를 설정하기 위한 현장조사를 실시할 임무를 수행한다는 것이다.

국경기준점 No.1을 위하여 이 문서는 다음과 같이 규정하였다. "구체화하려는 평행선은 1930년 8월 1일 Lima에서 서명된 Act에 표기된 지리적 위치에 해당하는 것이므로, 이 지점이 작업을 이행하기 전에 공동위원회에 의해 확인되어야 한다는 것을 양국대표가 제안한다."

칠레는 이 문서에서 당사자들이 양국 간에 해양경계선이 존재하였으며 해양경계선은 국경기준점 No.1을 통과하는 평행선을 따라간다고 양해한 것을 명확히 기록한 것으로 보고 있다. 페루의 견해에 의하면, 이 협정에 따라 세워진 등대는 1960년대에 연안어업사고에서 발생한 실제적 문제를 해결하려는 명백히 실용적 방책이었다는 것이다.

ICJ의 의견에 의하면, 당사국들이 인정하는 바와 같이 이 협정의 목적과 지리적 범위는 제한적이라고 판단하였다. 협정에 이르는 과정의 기록과 등대의 건축은 과거에 존재하던 어떠한 경계획정협정도 언급하지 않고 있다는 점을 ICJ는 지적하였다. 그러나 ICJ의 견해에서 중요한 것은 이 협정이 12해리를 넘어서 평행선을 따라 확장되는 해양경계선은 이미 존재한다는 근거에서 이루어졌다는 것이다. 1954년 Special Maritime Frontier Zone Agreement(특별해양경계지역협정)와 함께, 이 협정은 이러한 사실을 인정하고 있다는 것이다. 그러나 이 협정은 해양경계선의 범위와 성격을 보여주고 있지 않다.

5. 합의된 해양경계선의 성격

당사국들이 해양경계선의 존재를 인정하였다고 판단한 이후, ICJ는 해양경계선의 성격을 결정해야 하는데, 즉 바다의 상부수역, 해저 및 해저하층토에 적용가능한 단일해양경계선인지 혹은 상부수역에만 적용가능한 해양경계선이가를 결정해야 한다. 1954년 Special Maritime Frontier Zone Agreement에서 인정된 묵시적 합의는 1947년 Proclamations와 1952년 Santiago Declaration의 내용에 따라 이해되어야 한다고 ICJ는 지적하였다. 이러한 협정문서들은 해저와 해저위의 상부수역과 그 자원에 대한 요구를 표명하고 있으며, 이 점에 관하여 당사국들은 이러한 해역들 간에 그 당시나 그 이후에 어떠한 구별도 하지 않고 있다고 ICJ는 판단하였다.

6. 합의된 해양경계선의 범위

ICJ는 합의된 해양경계선의 범위를 결정하기 위하여 1950년대 초반과 중반의 당사국들의 관련된 실행과 그 당시 해양법의 발전을 포함한 광범위한 상황을 차례로 검토하였다. 이러한 분석은 당사국들이 해양경계선의 범위에 관하여 도달한 묵시적 합의내용의 결정에 도움이 되었다.

ICJ는 당사국들의 어업능력과 활동을 파악하기 위하여 해양경계선 해역의 지리와 생태를 검토하였다. 페루는 이 해안을 따라서 있는 Ilo시를 주요한 항구로 지정하였는데, 양국의 육지경계선의 북서쪽으로 약 120㎞ 떨어져 있는 항구이다. 칠레 측에선 Arica항구도시가 양국 간의 육지경계선에서 남쪽으로 15㎞ 떨어져 있으며, Iquique도시가 남쪽으로 200㎞ 떨어져 있다.

페루는 주장하기를, 페루와 칠레의 해안 바깥쪽 해역은 해양자원이 풍부한데, 양국 간의 분쟁해역은 홈볼트 해류(Humboldt Current)가 지나는 거대한 해양생태계에 위치한다고 지적하였다. 페루에 의하면 이 홈볼트 해류는 풍부한 해양생활을 조성하고 있으며, 이 해양생태계에서 전 세계 어획량의 약 18-20%가 어획되고 있다고 지적하였다. 1958년 UN해양법회의에서 페루대표는 페루의 전문가 의견을 언급하면서, 홈볼트해류의 생태적 거리한계는 여름에는 해안에서부터 80해리에서 100해리까지 형성되며, 겨울에는 200해리에서 250해리까지 형성되어 있다고 지적하였다. 페루에 의하면 이 해역의 엄청난 어업능력과 포경업으로 인하여 이 해역의 연안국인 3개국(페루, 칠레, 에콰도르)은 1952년 200해리 수역을 선포하게 되었다는 것이다.

1950년 초반의 어로활동은 해안에서 60해리 이내에서 보통 이루어졌다. 이런 상황에서 ICJ는 이 지역의 해안의 지형과 그 당시 당사국들의 가장 중요한 관련된 항구의 위치에 주목하였다. 페루의 Ilo항구는 양국의 육지경계선의 해안 지점에서 약 120㎞ 떨어져 있는데, 페루는 이 항구를 페루남부에서 주요한 어항의 하나이며 가장 중요한 어업센터라고 주장하였다. 칠레 측의 Arica항구는 양국의 육지경계선의 해안지점에서 남쪽으로 15㎞ 떨어져 있다. 칠레에 의하면, 칠레의 중소형 어선의 상당한 부분(significant proportion)이 Arica시에 등록되어 있는데, 그 다음 중요한 항구는 남쪽으로 200㎞ 떨어진 Iquique항구이다.

1954년 Special Maritime Frontier Zone Agreement의 목적은 항해에 필요한 장비를 갖추지 못한 소형어선을 위하여 위도의 평행선을 따라 양국 간의 중간수역(Zone of tolerance)을 설정하는 것이었다. 어로활동을 위하여 Arica항구에서 출발한 어선은 해안에서 60해리 이내에서 서북서 방향으로 진행하는데, 해양경계선의 출발점으로부터 약 57해리 밖에 있는 평행선을 통과할 수는 없다. 이 지역에서 해안의 지형은 북서방향으로 되어 있는데, 페루 측에서 Ilo항구를 출발하는 어선은 남서쪽 방향으로 나아가며 해양경계선의 출발점에서 약 100해리 지점에서 위도의 평행선을 넘어갈 수 있다(첨부된 지도 참조).

ICJ는 1954년 당사국들에 의해 해양경계선의 존재가 인정된 해양경계선의 외측한계를 결정하기 위하여 어업이 양국의 해안에 거주하는 주민들에게 아주 중요하다는 점을 알고 있었다. 200해리까지 자원의 가능한 범위와 장래의 수산업의 범위를 양 당사국이 파악하고 있는가는 ICJ는 중요하다고 판단하지 않았다. 어획의 지표에 의하면 1950년 초반에 주요한 해양활동은 소형어선에 의한 어업이었는데, 이러한 소형어선들은 1954년 Special Maritime Frontier Zone Agreement에 언급되어 있으며 1968-1969년 등대에 관한 협정들의 혜택을 받는 소형어선들이다.

1950년에 3개국(에콰도르, 페루, 칠레)의 주요 관심사는 외국선박에 의한 원양어업이었는데, 3개국은 이러한 원양어업을 종료시키기를 원하였다. 이러한 관심사와 3개국이 자국 해안 바깥의 홈볼트 해류(Humboldt Current)의 어족자원의 범위를 파악함으로써 칠레와 페루가 1947년에 일방적으로 200해리 수역을 결정하는 주요한 요인이 되었다.

게다가 ICJ가 지적한 바에 의하면, 해양경계선의 다목적용 성격으로 인하여 어업활동에 관한 증거 자체는 해양경계선의 범위에 관하여 결정적 요소가 될 수 없다는 것이다. 그럼에도 불구하고 어업활동은 당사국들이 그들 간의 합의된 해양경계선의 존재를 인정하였을 당시에 당사국들은 해양경계선이 200해리까지 확대되는 것으로 간주하지는 않았을 것이라고 ICJ는 판단하였다.

ICJ는 구체적이고 지역적인 상황을 검토한 후에 해양경계선의 존재를 당사국들이 인정하였을 당시인 1950년에 존재하였던 광범위한 상황을 검토하였다. 광범위한 상황은 영해바깥의 수역의 설정과 이러한 수역의 경계획정에 관한 국가들의 실행과 이에 대한 다른 국가들의 반응들을 포함한다. ICJ는 판단해야 하는 대상이 되는 기간 동안 영해바깥의 수역에 대한 국가의 권리에 대한 제안은 6해리 영해를 주장한 것이고 여기에 6해리 어업수역이 추가된 것이라고 판단하였다. ICJ가 이전에 지적한 바와 같이, 이 시기에 200해리 배타적 경제수역의 개념은 아직도 긴 세월이 필요하였으며 국가들의 실행과 1982년 UN해양법협약에서 일반적으로 승인하는 데 30년을 기다려야 하였다. 게다가 양 당사국이 1952년 Santiago Declaration에서 제안한 요구는 그 당시의 국제법에 부합하지 않았다는 것을 인정하였고 그 당시에 제3국에 대하여 집행할 수 없다는 것을 인정하였다고 ICJ는 ICJ의 회원국이 제기한 질문에 대한 답변에서 상기시켰다.

페루와 칠레 간의 분쟁지역의 주요한 항구에서 60해리까지 활동한 그 당시 당사국들의 어업활동, 타 국가들의 관련실행 및 해양법에 관한 UN국제법위원회의 작업에 근거하여, ICJ는 활용가능한 증거에 의하면 합의된 해양경계선은 해안의 출발점에서 80해리를 넘어서 확대되었다고 결론을 내릴 수는 없다고 판단하였다.

이러한 잠정적 결론에 비추어서, ICJ는 합의된 해양경계선의 범위에 관련될 수 있는 1954년 이후의 실행들을 검토하였다. ICJ는 1952년 Santiago Declaration에 대한 1955년 가입의정서를 검토하기 전에 당사국들의 입법활동과 제3국의 선박에 대한 법률집행활동을 검토하였다. 그리고 나서 ICJ는 1968-1969년 등대협정들과 1975-1976년 칠레와 볼리비아 간 협상기록들을 분석하였다.

칠레와 볼리비아 간 협상은 영토의 교환에 관한 것인데 볼리비아에게 바다로 통하는 통로와 인접수역을 제공하는 것이었다. 또한 ICJ는 제3차 UN해양법회의에서 당사국들의 입장을 심의하였으며, 해양경계선을 확정하기 위하여 1986년 5월 23일 주 칠레 페루대사가 칠레 외무부에 보낸 외교각서(Memorandum)와 1986년 이후 당사국들의 실행을 심의하였다.

ICJ가 검토한 요소들에 의하면 ICJ가 이전에 도달한 잠정적 결론을 수정하는 것은 없다고 판단하였다. 그러므로 ICJ는 관련된 증거 전체에 근거하여, 당사국 간 합의된 해양경계선은 해안의 출발점에서 평행선을 따라 80해리까지 확대된다고 결론지었다.

IV. 합의된 해양경계선의 출발점

당사국 간 합의된 해양경계선이 존재한다고 판단하였으므로 ICJ는 합의된 해양경계선의 위치를 확인하여야 한다. 양 당사국은 당사국 간 육지경계선이 1929년 Treaty of Lima 제2조에 따라 80년 전에 해결되었으며 경계획정이 되었다는 데 합의하였다고 ICJ는 지적하였다. 1929

년 Treaty of Lima은 페루와 칠레의 영토 경계선은 'Concordia'라 불리우는 해안의 지점에서 출발하는데, 이 지점은 Lluta강의 다리의 북쪽방향으로 10km에 있다.

육지경계선의 물리적 경계획정에 사용하는 첫번째 경계표지는 국경기준점 No.1(Boundary Marker No.1)[8]이므로, 1929년 Treaty of Lima 제3조에 따라 경계선은 공동위원회(Mixed Commission)에 의해 확정되었다고 ICJ는 지적하였다. 페루는 국경기준점 No.1(Boundary Marker No.1)이 합의된 육지경계선의 출발을 표시하는 것이 아니었다고 주장하였으며, 이와는 달리 칠레는 이 경계표지가 육지경계선의 출발점이라고 주장하였다. 이 점에 관하여 ICJ는 지적하기를, 당사국들에 의해 제출된 많은 논란들은 1929년 Treaty of Lima 제2조에 Concordia로 확인된 육지경계선의 출발점의 위치에 관한 문제라고 하였다. ICJ에 부과된 임무는 당사국들이 해양경계선의 출발점을 합의하였는가와 해양경계선의 문제를 다루기 위한 ICJ의 관할권이 논란이 되는가를 확인하는 것이라고 ICJ는 상기시켰다.

해양경계선의 출발점을 결정하기 위하여 ICJ는 1968-1969년 등대협정들에 이르는 과정의 기록과 당사국들이 제출한 지도에 의한 증거를 고려하고 분쟁지역에서 어업과 기타 해양활동과 관련하여 제출된 증거를 고려하였다. 마지막 2개의 요소들은 이 문제와 관련이 없다고 ICJ는 판단하여, ICJ는 1968-1969년 등대협정들에 집중하였다.

ICJ의 판단에 의하면, 등대협정들에 의해 알리고자 의도한 해양경계선은 국경기준점 No.1(Boundary Marker No.1)을 통과하는 평행선에 의해 설정되어 있다는 것이다. 그래서 양 당사국은 양 당사국이 합의한 바와 같이 등대들을 건축하였으며 국경기준점 No.1을 통과하는 평행선을 알리게 되었다고 ICJ는 판단하였다. 그러므로 1968-1969년 등

---

8 Boundary Marker No.1은 좌표가 남위 18°21'03″ 서경 70°22'56″이며, 파도에 의한 파괴를 방지하기 위하여 해안의 저조선에서 약간 떨어져 있다.

대협정들은 합의된 해양경계선이 국경기준점 No.1(Boundary Marker No.1)을 통과하는 평행선을 따라간다는 강력한 증거가 되는 것이다.

당사국들 간에 육지경계선이 출발하는 Concordia지점의 위치에 관한 선언을 하도록 ICJ는 요청받지 않았다는 점을 강조하면서, Concordia의 지점이 상기에 규정된 해양경계선의 출발점과 일치하지 않는다는 것이 가능할 수 있다고 ICJ는 지적하였다. 그러나 ICJ는 그러한 상황은 당사국들 간에 도달한 합의의 결과일 수 있다고 지적하였다. 당사국 간의 해양경계선의 출발점은 국경기준점 No.1(Boundary Marker No.1)이 통과하는 위도선과 저조선의 교차점이라고 ICJ는 결론지었다.

V. Point A로부터 해양경계선의 방향(course)

합의된 단일 해양경계선이 당사국 간에 존재하고 이 경계선은 국경기준점 No.1(Boundary Marker No.1)을 통과하는 위도선과 해안의 저조선의 교차점에서 출발하며, 해양경계선은 평행선을 따라 80해리까지 계속된다고 ICJ는 결론을 내렸으므로, ICJ는 이제 상기의 교차점에서 해양경계선의 방향(course)을 결정하게 되었다.[9]

칠레는 유엔해양법협약을 서명하고 비준하였지만, 페루는 이 협약의 당사국이 아니다. 양국은 200해리 해역에 대한 권리를 주장한다. 양국은 이 분쟁사건과 관련된 해역에서 대륙붕의 확대를 주장하는 것은 아니다. 칠레는 12해리의 영해를 주장하고 해안에서 200해리까지 배타적 경제수역과 대륙붕을 요구한다. 페루는 200해리의 '해역'(maritime domain)을 주장하는 것이다. 페루의 대변인(Agent)은, '해역'(maritime domain)이란 용어는 1982년 유엔해양법협약에 규정된 해역(maritime

---

9 *Maritime Dispute(Peru v. Chile), ICJ Judgment* (27 January 2014), para.177.

zones)과 일치되게 사용되었다고 선언하였다. ICJ는 이 선언을 주목하였는데, 이 선언은 페루의 공식적 약속을 나타내는 것이다.[10]

ICJ는 국제관습법을 반영하는 것으로 ICJ가 인정한 유엔해양법 제74조 1항과 제83조 1항에 따라 경계획정을 시작하였다. 이 조문들은 동일한 내용인데, 유일한 차이는 제74조가 배타적 경제수역에 관한 것이고 제83조는 대륙붕에 관한 것이다. 이 조문은 다음과 같다.

"서로 마주보고 있거나 인접한 연안을 가진 국가 간의 배타적 경제수역(대륙붕) 경계획정은 공평한 해결에 이르기 위하여, 국제사법재판소규정 제38조에 언급된 국제법을 기초로 하는 합의에 의하여 이루어진다."[11]

ICJ가 형평적 해결을 위하여 사용하는 방법은 3단계를 포함한다. 첫 번째 단계에서, 등거리선을 금지하는 강제적 이유가 없다면 ICJ는 잠정적 등거리선을 긋는다. 두 번째 단계에서, 형평적 해결에 도달하기 위하여 잠정적 등거리선의 조정을 필요로 하는 관련상황이 있는가를 고려한다. 세 번째 단계에서, 조정된 등거리선의 효과가 당사국들의 관련된 해역에서 각각의 배분이 당사국들의 해안의 길이에 현저히 불비례하게 되어 있는지 평가하는 불비례성 리스트를 실행한다.[12]

이 분쟁사건에서 페루는 3단계 접근방식을 양국 간의 해양경계선의 경계획정에서 따라야 한다고 제안하였다. 페루는 3가지 점을 지적하였다. 첫째, 경계획정이 실시되는 관련해안과 관련해역은 각 당사국의 해안에 둘러싸여 있으며 양국의 육지경계선의 출발점에서 200해리 내에 있다. 이 해역대에서 잠정적 등거리선을 긋는 것은 쉬운 일이다. 둘째, 잠정적 등거리선의 조정이 필요한 특별한 상황은 없으므로 잠정적 등거리선이 형평적인 해양경계획정을 나타낸다. 즉 이러한 결과로

---

10 *Ibid.*, para.178.

11 *Ibid.*, para.179.

12 *Ibid.*, para.180.

서 그어진 선은 당사국들의 중첩되는 해양의 권리를 형평적으로 배분하는 효과가 있으며 당사국들의 각각의 해안이 차지할 해역에 대하여 부당하게 잠식하거나 절단하는 효과를 가져오지 않는다. 셋째, 비례성 기준의 사후적용이 등거리선의 형평적 성격을 확인해준다.[13]

칠레는 이 문제에 대하여 논쟁을 하지 않았다. 소송절차에서 칠레의 입장은 당사국들이 1952년 협정에 의하여 분쟁해역 전체를 이미 경계획정을 하였다는 것이다. 따라서 해양경계획정이 ICJ에 의해 실시되지 않아야 한다는 입장이다.[14]

이 분쟁사건에서, 분쟁해역의 경계획정은 합의된 해양경계선의 끝지점(end point)에서 시작되어야 하는데, 이 지점은 ICJ가 결정한 바와 같이 80해리 거리에 있다(Point A지점). 실제 많은 경계획정이 저조선에서 시작되지 않고 바다 쪽으로 더 나아간 지점에서 시작되고 있다(캐나다와 미국 간 메인만 해양경계획정사건, 1984년 ICJ판결, para.212; 카메룬과 나이지리아 간 육지 및 해양경계선 사건, 2002년 ICJ판결, para. 268-269; 루마니아와 우크라이나 간 흑해의 해양경계획정사건, 2009년 ICJ판결, para.218). 이 분쟁사건에서 해양경계획정을 위한 출발점은 해안에서 바다 쪽으로 훨씬 더 멀리 있는 특별한 상황인데, 칠레 해안의 가장 가까운 지점에서 80해리이며 페루해안의 가장 가까운 지점에서 45해리이다.[15]

ICJ가 통상적으로 사용하는 경계획정방법은 형평적 해결에 도달하려는 목적을 갖는다. 이러한 방법에 따라서 ICJ는 기존의 해양경계선의 끝지점(end point)에서 시작하는 잠정적 등거리선을 긋게된다(Point A).[16]

등거리선을 긋기 위하여 ICJ는 우선 적절한 기준점을 선택하게 된

---

13 *Ibid.*, para.181.
14 *Ibid.*, para.182.
15 *Ibid.*, para.183.
16 *Ibid.*, para.184.

다. 해안으로부터 80해리의 거리에 있는 Point A의 지점을 고려하여 보면, 칠레해안에서 가장 가까운 최초의 기준점은 페루와 칠레 간 해양경계선의 출발점 가까이가 되며, 페루해안에서는 Point A로부터 반경 80해리의 원의 호가 페루해안과 교차하는 지점이 된다. 〈지도 10-3〉에 표시된 원의 호는 페루의 첫 번째 기준점을 확인하기 위하여 사용된 것이다. 잠정적 등거리선을 긋기 위한 추가적인 기준점들은 경계획정의 대상이 되는 해역에서 가장 가까이 있는 해안의 지점들이 선정되었다.[17]

상기의 방식에 의하여 그어진 잠정적 등거리선은 양국의 해안의 완만한 특성을 반영하여 거의 일직선으로 남서방향으로 나아가며, 칠레의 영해기준선으로부터 200해리까지 나아간다(Point B). Point B지점의 바깥에서 각 당사국들의 해안에서 200해리의 해역은 더 이상 겹치지 않는다.[18]

이러한 통상적 방법을 계속 적용하기 전에, ICJ는 페루가 두 번째 신청사항에서 공동의 해양경계선이 끝나는 지점 바깥에서 페루의 영해기준선으로부터 200해리까지 확대되는 해역에 대한 주권적 권리를 행사할 권한이 있다는 것을 판결하고 선언해 달라고 요청하였다는 점을 상기시켰다. 이러한 주장은 〈지도 10-2〉의 어두운 부분에 관한 것이다.[19]

칠레해안에서 200해리 바깥이며 페루해안에서 200해리 내에 있는 해역에서, 페루는 국제법에 의해 연안국에게 인정된 권리를 갖고 있으며 칠레는 그러한 권리를 갖고 있지 않다고 주장하였다. 이에 대해 칠레는 1952년 Santiago Declaration의 제2항을 언급하면서 최소한 200해리까지 당사국들의 모든 해역에 대한 단일의 외측한계를 Santiago

---

17 *Ibid.*, para. 185.
18 *Ibid.*, para. 186.
19 *Ibid.*, para. 187.

Declaration이 설정하고 있다고 주장하였다.[20]

위도선을 따라가는 합의된 해양경계선은 해안으로부터 80해리에서 종료된다고 ICJ는 이미 결론을 내렸으므로, 칠레의 주장은 근거가 없게 되었다. 게다가 ICJ는 등거리선을 그어서 당사국들의 중첩되는 해역에 대한 경계획정을 하기로 결정하였기 때문에 페루의 두 번째 신청사항은 대상이 없는 것이 되었고 ICJ는 이에 대해 판결할 필요가 없게 되었다.[21]

Point B 이후에, 등거리선에 근거하며 경계획정된 당사국들이 주장하는 해역의 200해리 외측한계는 더 이상 중첩되지 않는다. Point B부터 칠레가 주장할 수 있는 해역의 200해리 외측한계는 일반적으로 남쪽방향으로 따라간다. 그래서 해양경계선의 마지막 부분은 Point B에서 Point C로 나아가며, Point C가 당사국들이 주장할 수 있는 해역의 200해리 외측한계의 교차점이 된다.[22]

그 후 ICJ는 형평적 결과에 도달할 목적으로 잠정적 등거리선의 조정을 요구하는 관련상황이 있는가를 결정하게 되었다. 이 분쟁사건에서 등거리선은 각 당사국들이 차지할 해역을 과도하게 단절시키지는 않았다. ICJ에 제출된 문서는 고려하여야 할 어떠한 적절한 상황도 나타나지 않았으므로, 잠정적 등거리선을 조정할 근거가 없게 되었다.[23]

다음 단계는 Point A에서 그어진 잠정적 등거리선이 관련된 해안의 길이와 관련된 해역의 배분에 비추어보아 심각하게 불비례한 결과를 낳는가를 결정하는 것이다. 이 목적은 결과의 형평적 성격을 평가하려는 것이다.[24]

---

20 *Ibid.*, para. 188.
21 *Ibid.*, para. 189.
22 *Ibid.*, para. 190.
23 *Ibid.*, para. 191.

ICJ가 이미 지적한 바와 같이 위도선을 따라 80해리까지 나아가는 합의된 경계선의 존재는 특별한 상황을 나타낸다. 이러한 경계선의 존재는, ICJ가 비례성에 대한 통상적인 수학적 계산을 한다면, 관련된 해안의 길이와 관련되는 해역의 범위의 계산을 어렵게 할 수 있을 것이다. ICJ는 과거에 어떤 분쟁사건에서, 분쟁사건의 특별한 상황에서 발생한 실제적 어려움으로 인하여 이러한 계산(비례성에 관한 수학적 계산)을 하지 못하였던 것을 상기시켰다. 리비아와 몰타 간 대륙붕에 관한 사건에서 그러한 점을 ICJ는 지적하면서 다음과 같이 선언하였다.

"ICJ가 해양경계선의 양쪽에 있는 대륙붕지역의 범위에 유의한다면, 수학적 방법으로 형평성을 표현함이 없이, 결과의 형평성에 대해 대략적인(broad) 평가를 하는 것이 가능하다."(Continental shelf case 〈Libyan Arab Jamahiriya / Malta〉, Judgment, ICJ Report 1985, para.74 and 75)

최근에 ICJ는 경계획정의 마지막 단계에서, 수학적 계산이 상세히 되는 것을 목표로 하지 않고 대략적으로 된다는 점을 지적하였다. 즉 "경계획정의 목적은 해역의 동등한 배분이 아니라 형평적인 경계획정에 도달하는 것이다." [Maritime Delimitation in the Black Sea (Romania v. Ukraine), Judgment, ICJ Reports 2009, p.100, para.111; see similarly Maritime Delimitation in the Area between Greenland and Jan Mayen (Denmark v. Norway), Judgment, ICJ Reports 1993, pp.66-67, para.64, and p.68, para.67, referring to difficulties, as in the Continental Shelf (Libyan Arab Jamahiriya/Malta) case, in defining with sufficient precision which coasts and which areas were to be treated as relevant; and Land and Maritime Boundary between Cameroon and Nigeria (Cameroon v. Nigeria: Equatorial Guinea intervening), Judgment, ICJ. Reports 2002,

---

24 *Ibid.*, para.192.

pp.433-448, paras.272-307, 이러한 판결에서 ICJ는 관련된 해안선과 관련된 해역을 언급하였지만 이에 대해 상세한 계산은 하지 않았다.] 상기의 사건들에서 ICJ는 불비례성에 대하여 대략적인 평가를 하였다.[25]

현재의 분쟁사건은 특별한 상황이므로, ICJ는 상기와 같은 동일한 접근방식을 따르게 되었고 잠정적 등거리선의 형평적 성격을 문제삼을 수 있는 심각한 불비례성이 명백하지 않다고 결론지었다. 그리하여 ICJ는 양국 간의 해양경계선이 Point A로부터 Point B까지 등거리선을 따라가며, 그 후 칠레의 영해기준선으로부터 200해리 한계로 Point C까지 따라간다고 결론을 내렸다.[26]

VI. 판결주문

당사국 간의 해양경계선은 국경기준점 No.1(Boundary Marker No.1)을 통과하는 위도의 평행선과 저조선의 교차점에서 출발하여, 위도의 평행선을 따라 Point A까지 80해리까지 따라간다고 ICJ는 결론을 내렸다. Point A로부터 해양경계선은 Point B까지 등거리선을 따라가며, 그 후 칠레의 영해기준선으로부터 측정되는 200해리 한계를 Point C까지 따라간다.

이 분쟁사건의 상황에 비추어 보면, ICJ는 당사국들 간 해양경계선을 상세한 지리적 좌표를 결정하지 않고 규정하였다. 게다가 ICJ는 당사국들의 소송신청서에서 그렇게 하도록 요청받지도 않았다. ICJ는 당사국들이 선린의 정신에 비추어 현재의 판결에 따라 해양경계선의 지리적 좌표들을 결정할 것이라고 판단하였다.

상기의 이유로 ICJ는 다음과 같이 결정한다.

---

25 *Ibid.*, para.193.
26 *Ibid.*, para.194.

(1) 15:1로, 페루와 칠레 간 각각의 해역을 경계획정하는 단일해양경계선의 출발점은 국경기준점 No.1(Boundary Marker No.1)을 통과하는 위도의 평행선과 저조선의 교차점이라고 결정한다.

(2) 15:1로, 단일해양경계선의 시작부분(initial segment)은 국경기준점 No.1(Boundary Marker No.1)을 지나는 위도선을 따라 서쪽으로 향하는 것으로 결정한다.

(3) 10:6으로, 해양경계선의 시작부분(initial segment)은 단일해양경계선의 출발점으로부터 80해리의 거리에 위치한 Point A까지 나아가는 것으로 결정한다.

(4) 10:6으로, 단일해양경계선은 Point A로부터 페루와 칠레의 해안에서 등거리선을 따라 남서쪽으로 나아가며, 칠레의 영해가 측정되는 기준선으로부터 200해리와의 교차점(Point B)까지 진행한다고 결정한다. Point B로부터, 단일해양경계선은 칠레의 200해리 한계를 따라 남쪽방향으로 나아가는데, 페루와 칠레의 영해가 각각 측정되는 기준선으로부터 측정되는 200해리 한계의 교차점(Point C)까지 나아간다.

(5) 15:1로, 등거리선에 의하여 당사국들의 중첩되는 해역에 대한 경계획정을 하기로 ICJ는 결정하였기 때문에(para.189 참조), 페루의 2번째 신청사항에 대해서는 ICJ는 판단하지 않기로 결정하였다.[27]

Ⅶ. 평 가

1945년 미국의 트루먼 선언으로 남미 국가들을 중심으로 200해리 관할권 주장이 득세하였다. 당시에는 국가들 간 해양경계획정을 위한 구체적인 방법이 아직 발달하지 못하였다. 따라서 페루와 칠레 간 200

---

27 *Ibid.*, para.198.

해리 관할권 주장을 할 당시에는 육지로부터 연장되어 뻗어나가는 위도의 평행선이 해양경계의 역할을 했을 가능성이 매우 농후하다. 그러나 해양경계획정에서 '추정'에 의한 해양경계의 획정은 법리적으로 매우 취약할 수 있다. 따라서 당시 페루와 칠레 어선의 조업 활동, 관련 국들의 국가관행, 유엔국제법위원회의 의견 등을 검토한 ICJ의 접근방법은 비교적 설득력이 있다. 또한 오늘날 해양경계획정의 일반원칙으로 자리매김한 3단계 검토방법인 ① 잠정적 등거리선 ② 관련사정 존재여부 ③ 비례성 충족여부의 검토방식을 사용함으로써, 이러한 3단계 검토방법이 이미 해양경계획정에 있어서 잘 확립(well established)된 방식임을 보여준다. 그런데 비례성에 대한 평가에 있어서 ICJ는 이 분쟁사건에서 위도선을 따라 80해리까지 나아가는 페루와 칠레 간에 합의된 경계선의 존재는 특별한 상황을 나타내므로, 비례성에 대한 통상적인 수학적 계산을 한다면 관련된 해안의 길이와 관련된 해역의 범위의 계산을 어렵게 할 수 있다고 판단하였다. 그래서 ICJ는 경계획정의 마지막 단계에서 수학적 계산이 상세히 되는 것을 목표로 하지 않고 대략적으로 된다는 점을 지적하면서, 경계획정의 목적은 해역의 동등한 배분이 아니라 형평적인 경계획정에 도달하는 것이라는 입장을 표명하였다.[28]

이번 판결로 페루는 약 50,000㎢의 해양을 획득하였고, 칠레는 약 21,000㎢의 해양을 상실하여 페루의 일방적인 승소로 보이지만, 어족자원의 상당수가 칠레가 인정받은 기존의 경계선 내에 위치하고 있어 칠레의 경제적 손실은 상대적으로 경미하다. 예컨대, 이 수역 대부분의 어족을 구성하는 연간 1억$어치의 정어리와 고등어는 칠레수역에 남게 되었다.[29] 대신 페루는 새로 할당된 수역에서 황새치, 참치, 대왕오징어 어획량이 늘 것으로 전망된다.

---

28 *Ibid.*, para.193.

29 http://www.economist.com/node/21595481(2014-5-12 검색)

판결 직후인 2014년 1월 29일 양국 정상이 "점진적이지만 신속하게, 상호신뢰에 기초하여"이행하기로 한 합의에서도 잘 나타나 있다. 그리고 페루-칠레의 양국의 교역관계를 고려할 때에도 조업구역 갈등이 상당부분 자연스럽게 해소될 것으로 보인다.[30]

2014년 1월 27일, 국제사법재판소(ICJ)의 해양경계획정(페루-칠레)에 관한 판결의 내용이 우리나라에 주는 시사점은 다음과 같다.

첫째, 국가 간 쌍무적 행위 내지 조약 체결 시 어떤 특정사안에 대한 암묵적 합의(tacit agreement)의 존재와 추후 조약에서의 확인은 해당 법률행위의 법률효과를 발생시킨다는 점에서 향후 제반 조약 체결 시 의사표시를 명확히 해야 한다.

둘째, 본 판결에서 채택하고 있는 3단계 분석방법〈① 잠정적 등거리선(provisional equidistance line), ② 관련사정 존재여부(relevant circumstances), ③ 비례성 검토(proportionality analysis)〉은 해양경계획정에서 일반적인 원칙으로 자리 매김(well-established)하였다는 것을 시사하고 있다. 실제 페루와 칠레 간 분쟁사건에서 ICJ는 경계획정을 함에 있어서 형평적 결과에 도달할 목적으로 잠정적 등거리선을 긋고 이에 대한 조정을 요구하는 관련상황이 있는가를 결정하게 되었다. 이 분쟁사건에서 등거리선은 각 당사국들이 차지할 해역을 과도하게 단절시키지 않았다. 또한 ICJ에 제출된 양당사국의 문서도 잠정적 등거리선의 조정을 위하여 고려하여야 할 어떠한 적절한 상황도 나타나지 않았으므로 ICJ는 잠정적 등거리선을 조정할 이유가 없었다, 향후 한국-중국, 한국-일본 해양경계획정에 대비하여 해안선의 길이 등 '관련사정'(relevant circumstances)에 관한 충분한 검토를 통해 이러한 국제법정의 분석 방식을 고려하여 해양정책을 수립해야 할 것이다.

---

30 *Ibid.*

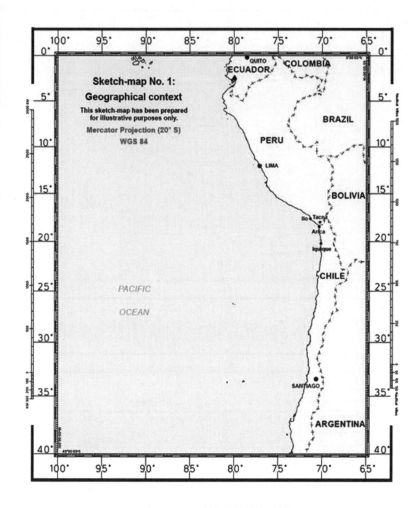

〈지도 10-1〉 페루와 칠레의 지형

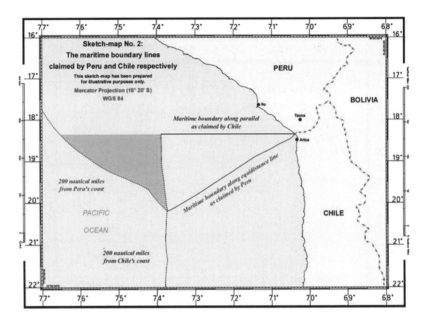

〈지도 10-2〉 페루와 칠레가 주장하는 해양경계선

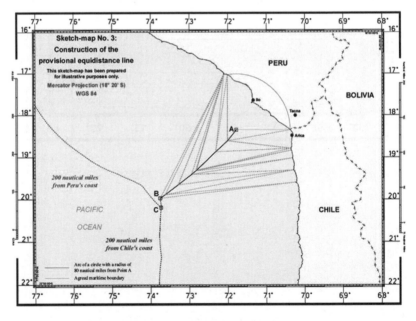

〈지도 10-3〉 페루와 칠레 간 잠정적 등거리선

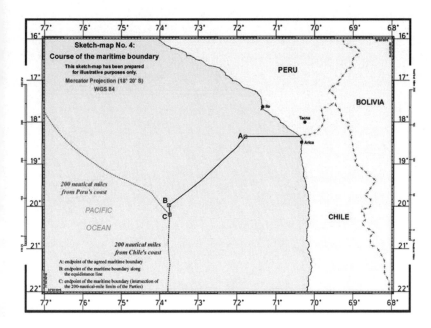

〈지도 10-4〉 페루와 칠레 간 확정된 해양경계선

이석용

고려대학교 학사, 석사, 박사(국제법)
해양법포럼 회장
대한국제법학회 회장
국제해양법학회 회장
현 한남대학교 법과대학 교수

이창위

고려대학교 학사, 석사
일본 게이오대학교 박사(국제법)
국제법학회 부회장
현 국제해양법학회 회장
　서울시립대학교 법학전문대학원 교수

김채형

고려대학교 학사, 석사
프랑스 파리1대학 박사(국제법)
해양법포럼 회장
국제해양법학회 회장
현 부경대학교 법학과 교수

국제해양법 판례연구

2015년 6월 15일 초판 인쇄
2015년 6월 25일 초판 발행

저　자　이석용·이창위·김채형
발행인　이　방　원
발행처　세창출판사
　　　　서울 서대문구 경기대로 88 냉천빌딩 4층
　　　　전화 723-8660　팩스 720-4579
　　　　e-mail: sc1992@empas.com
　　　　http://www.sechangpub.co.kr
　　　　신고번호 제300-1990-63호

정가 23,000원

ISBN 978-89-8411-527-9　93360

이 도서의 국립중앙도서관 출판예정도서목록(CIP)은 서지정보유통지원시스템 홈페이지
(http://seoji.nl.go.kr)와 국가자료공동목록시스템(http://www.nl.go.kr/kolisnet)에서 이
용하실 수 있습니다.(CIP제어번호: CIP2015016732)